気まぐれ古本さんぽ

岡崎武志

工作舎

岡崎武志 2006→2014

気まぐれ古本さんぽ　目次

＊――本文の註は二〇一五年八月現在の情報を元にしています。

1月　名古屋市「名古屋古書会館」

2月　大津市「古今書房」

3月　東京・阿佐ヶ谷「風船舎」ほか

4月　神戸市「口笛文庫」ほか

5月　東京・大田区大森「天誠書林」ほか

6月　東京・中野新橋「古書 猫額洞」「伊呂波文庫」ほか

7月　逗子市「海風舎」

8月　東京・足立区千住「健文堂書店（おたけちゃん書店）」

9月　宇都宮市・東武百貨店「東武古書の市」

10月　「ブックカフェ ワイルドバンチ」ほか

11月　長野県北佐久郡「古書 追分コロニー」

12月　盛岡市「キリン書房」

【第一部】二〇〇六

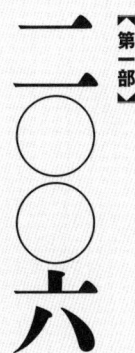

なにがなんでも中河与一

二〇〇六年一月——名古屋市「名古屋古書会館」

名古屋古書会館

　名古屋とは不思議に縁があって、これまでも何度となく足を運んでいる。拙著『気まぐれ古書店紀行』でも数回取り上げているはずだ。その名古屋に古書会館があること、定期的に即売会が開かれていることも知っていた。ところが、過去においてはタイミングが悪く、足を運ぶにはいたらなかった。

　そしてタイミングは巡ってきた。二〇〇五年一〇月から、月に一回、名古屋へ通うことになったのだ。中日新聞主催の「栄中日文化センター」というカルチャー講座で古本について六回にわたって喋っている。十数名の生徒さんのうち半分は女性。しかも二〇代後半から四〇代前半と若い。どうも二〇〇五年春に出した、角田光代さんとの共著『古本道場』（ポプラ社）の影響ではないか、と睨んでいる。彼女たちはモロに角田さんの読者層と重なるからだ。そんななか、Aさんという女性が、これは間違いなく私の読者で、そういう人が一人いるだけでも勇気づけられる。

　最初の授業があった二〇〇五年一〇月一六日は、ちょうど古書会館で即売会（最終日）が開かれていた。授業を終えて、Aさんと、もう一人二〇代の女性と初の名古屋古書会館探訪を果たした。中日文化センターの担当Sさんは、どっぷりと古本漬けの適任者で、古書会館へ向かうバス停まで案内してくれた。

　夕暮れまではまだ間がある昼下がり、若い女性二人とバスに揺られ、ものの五分ほどで最寄りのバス停に着く。いちおうの住所を確認して行ったのだが、これがどうにも頼りない三人で、まるで見当違いの方向をただぐるぐる回るが、いっこう古書会館は見つかりそうにない。途中、地元の人らしい作業服を着た男性に「あのう、名古屋の古書会館はどこにあるか御存じですか？」と尋ねたが、この「コショカイカン」が通じない。ふつうはこの音を聞いて、どんな漢字を思い浮かべるのだろうか。「小所快感」となると、まったく何のことやらわからない。

大きな交差点を中心として二区画を彷徨し、残る二区画のうち、一方を見たとき、古書即売会を示す赤い幟が見えた。やれやれ。名古屋古書会館は、地下鉄利用だと「鶴舞」が一番近く、少し歩くことになる。路地を一本入ったところにあるその感じや、一階のガレージスペースが均一で、二階が本会場というところも、どこか東京・五反田の南部古書会館を思わせる。最終日の午後とあって、客の数は数えるほど。生徒二人を野に放ち、あとは自分の世界に没入していくことになる。

五反田の古書会館と似ているとは言ったが、少し違う。一階のスペースはもう少し狭く、すべて平台の上に雑多に本や雑誌が並べられ、積み上げられている。さっき授業で喋ったばかりの『現代ユウモア全集』の佐々木邦の巻（現代ユウモア全集刊行会、一九二八年）が一〇〇円コーナーにあった。これは、愛弟子のAさんに譲る。私だって、この全集を一〇〇円で買ったことはない。幸先いい発見だ。

ところが、師たる私はどうにも手が出ない。ようやく一九七〇年のエアフランス機内食メニューと、白水社文庫クセジュ『ポスター』（一九五八年）を拾い、レジへ。ところが、最終日とあってか、二冊で一〇〇円にしてくれた。これを本気で喜ぶ四八歳であった。

本会場の二階も本の量は五反田の三分の一くらいか。しかし、その分じっくり見ることができた。まずは講談社の永井龍男全集の第一巻（一九八一年）を一〇〇〇円で買う。このところ、永井龍男の全集未収録の中間小説を手ごろな値段で探していたが、やはり本丸の全集も安ければ押さえておきたいではないか。月報もついていて、一〇〇〇円なら安い。

続いてこれも蒐集ジャンルに入っている、明星・平凡の唄本で、『明星』一九六〇年七月号の付録『一〇〇万人のゴールデン歌謡曲』を三〇〇円で買う。表紙はメキシカン・スタイルの小林旭と朝丘雪路。いま見ると、なかに一ヵ所、切り取りがあった。なんだ、それで安かったのか。

そして最後に、これが一番の買物だった中河与一の『愛恋無限』(第一書房、一九三七年)は、裸本ながら五〇〇円。決め手は挿絵の岩田専太郎で、薄墨をうまくシルエットに使い、洗練されたモダンなタッチが目を引いた。東京に戻ってから、少し調べると、昭和初期の中河与一本にはけっこう高値がついている。中野書店、あきつ書店、渥美書房などが在庫を持っていることもわかった。『愛恋無限』は、戦後版もあるが、第一書房版は献呈署名入りとなると、中野書店が一万五〇〇〇円プラス税をつけている(以下、ネット検索の価格)。『恐ろしき私』(改造社、一九二七年)、新潮社の新興芸術派叢書『R汽船の壮図』(一九三〇年)、『随筆集 左手神聖』(第一書房、一九三二年)等々には、軒並みウン万円という高値で高嶺の花だ(いちおう、このへんで笑いを)。

私は過去に中河与一の著作として、『天の夕顔』の各種文庫、『随筆評論 文芸不断帖』(人文書院、一九三六年)、角川書店の全一二巻の全集のうち第一巻などを所持していた。しかし、それほど関心があるわけではない。横光、川端と『文芸時代』を創刊し、新感覚派の旗手として目された時代もあったが、戦後、急速に忘れられた作家、という印象だった。そんな中河にここぞとガンをつけたのは、雑誌『太陽』一九八九年六月号「特集・本の宇宙誌」の渡辺一考のページに、カラーで中河の『ゴルフ』(昭和書房、一九三四年)の書影が掲載されているのを見たからだ。ラウル・デュフィの水彩による、函入りのこの本の美しさに、まさに陶然となった。

しかし、中野書店ではこれが一万二六〇〇円。裸本で難アリでもいいから、せめて我がものにしたい。その熱波のなかで『愛恋無限』と遭遇した。名古屋から京都へ向かう新幹線で、最初の数十ページほどを読みふけった。あたらしい出会いはいまだ無数に、古本屋の棚や即売展会場に転がっている。名古屋古書会館はそのことを再確認させてくれた。

＊――中河与一『ゴルフ』はその後、カバーなしの裸本を格安で入手した。

雪と『本と女の子』に誘われ大津下車

二〇〇六年二月――大津市「古今書房」

この冬、北国は雪で押しつぶされそうだ。二〇〇五年末から新年にかけて、記録的な豪雪が日本海側を襲い、雪下ろしによる死亡者が続出している。新潟県津南町では積雪約四メートル。雪もまとまった量ともなると兇器と化す。そんなとき不謹慎かと思うが、安全な場所から、旅人の眼で見るかぎり、雪はやはりいいものだ。二〇〇五年一二月中旬、古本講座のため名古屋入りしたとき、すでに雪が散らついていた。新幹線の窓から、林立するビル群の隙間を白いものが舞い降りているのを見て、思わずホウと声を上げた。見慣れた景色が、雪というフィルターを重ねることで、違ったふうに見えるのだ。

無事、その日の務めを果たし、「青春18きっぷ」を使って京都入りするのが今回の予定。それが、思いがけず豪勢な雪見とあいなった。冬の東海道線は、岐阜を越え、大垣にさしかかるあたりから風景が一変する。平地から山深くなり、その山間に吹き溜まるように雪が集まるのだ。とくに今回、関ヶ原など一面の雪景色で、どこもかしこも真っ白だ。東北のどこかを旅している気分。

古今書房

このまま雪のため、列車が不

通となり、見知らぬ駅で降ろされ、雪に閉じ込められたまま一夜を駅前の旅館で過ごす……などというアクシデントを、半ば甘美な思いで想像してみる。古井由吉の「雪の下の蟹」という短篇は、金沢で大学助手をする青年が、大豪雪に見舞われ、下宿の雪下ろしをする日々を描いたものだ。これは著者自身の体験でもある。ときは昭和三八年一月。記録的豪雪で必ず挙げられる、まさに「サンパチ豪雪」の金沢に著者はいた。

「表へ出ると、昨日の雪かきに荒された路はもう新雪に柔らかくおおわれ、家々の軒先に積まれた古い雪の山も白い被いをかけられて、その被いの裾がなだらかな線を描いて路上の雪につらなっていた」と、古井によるおびただしい雪の描写はどこか美しい。繰り返し雪害に苦しむ人たちには申しわけないが、私にはどこか、そんな雪への憧れがあるのだ。思わぬ雪景色を堪能しながらの、名古屋から京都へ向かう車内では、ずっと近代ナリコさんの新著『本と女の子――おもいでの1960-70年代』(河出書房新社、二〇〇五年)を読んでいた。山梨シルクセンターとサンリオ、新書館フォアレディース、『私の部屋』など、著者のお母さん世代が読んでいたような、女子仕様の本や雑誌を新世代の新しいセンスで研究した本だ。なかで取り上げられた乙女系の古本の書影を見ているうちに、古本菌が騒ぎ出した。京都へ着くまでに、どこか古本屋に立ち寄れないか(「青春18きっぷ」は乗り降り自由)。そこで思いついたのが大津だった。

大津では、二〇代後半の二年ほどを暮らしたことがある。一九八三年から数年のことだったと思う。あまり思い出したくもない憂鬱な二年だ。身分は高校講師ながらあてどのない独り暮らし。そんな日々の慰めとなったのが、自宅(古い木造の一軒家)から歩いて一四、五分のところにある古本屋「古今書房」だったのだ。当時、浜大津と京津三条を結ぶ京津線がまだ全線、路面を走っていて、その軌道とクロスして伸びるアーケードの商店街のなかに店舗があった。いまはモダンな建物になっているが、そのころは木造ガラス戸、木版画に描かれた和本の書肆という風情だった。昼食後、ここでしばし滞留し、均一の文庫や雑誌を数冊購って帰ることで、どれだけ暗い気持ちが慰められたかわからない。深い恩義のある店なのだ。

今回、特に名乗ってから、ご主人に話をうかがうことにした。いまのご主人・晋一さんは二代目。私が知っているのは先代で、卯三郎さん。八〇年末ごろ亡くなったそうだ。独り息子の晋一さんは、それまで勤めていた保険会社を辞め、あとを継いでこの商売に入った。しばらく旧店舗で営業していたが、これが築百年とも言われる骨董品で老朽化が進み、改築を考えたところ、建て替えたほうが安くつくと言われた。そこで九〇年、大正時代のカフェを思わせるレトロモダンな新店舗に変身させたという。これは一見の価値あり。二階を「ぎゃらりぃ古今」とし、おもに地元作家の発表の場となっている。

「ギャラリーにしたのは、絵を見に来るお客さんの何分の一かでも、下の古本を覗いてもらえればと思ったのですが、これはまったくの見込み違いでした」と、晋一さんは笑う。来る途中も、まだ夜の七時過ぎだというのに人影はなく、路肩に黒ずんだ雪だけが街灯に照らされた寒々しい光景だった。古今書房のある商店街も、師走の日曜日とは思えない。どこもシャッターを締めてしまっていた。

「この商店街にも、戦後まもなくは少なくとも一〇軒の古本屋(一部貸本屋と兼業)がありました。このころは、何を並べても売れたと聞いています。いちばん賑やかだった昭和三〇年代には、休みの日となれば、交差点に立って、商店街の左右を見わたせば、押し寄せた人の頭で向こうが見えないぐらいだったんですが……」

往時の喧噪はどこへやら。いまは古今書房もネット販売を手掛け、店は中高年男性向けの時代小説文庫、柔らかものを売りつないでいる。私の眼には、山岳書の棚、古い教科書や雑誌、鉄道関係の紙ものがおもしろく映ったが、買ったのは音楽評論家・服部公一の二冊。『パパとママの音楽手帖』（文藝春秋、一九六六年）四〇〇円と『クラシックの散歩道』（潮出版社、一九七一年）一〇〇円はサイン入り。これがともに宇野亜喜良＝装丁・長新太＝イラストのコンビで、別の出版社から出ているとは思えない。まったく同じ「乙女」テイスト。『本と女の子』を読んだあとだったから、まっ先に眼に飛び込んで来た。雪と近代ナリコさんに誘われ、たどりついたのが「女の子」本。思いがけない買物だった。

だからやっぱり古本はおもしろい。

殿山泰司が降りた駅を目指し

二〇〇六年三月——東京・阿佐ヶ谷「風船舎」ほか

その朝は、起きたときから、五反田遊古会へ行った帰りに鶴見線に乗るぞ、と決めていた。ちょうど「青春18きっぷ」の期限が切れる一月二〇日。もう十分にきっぷ代の元は取

風船舎

れているので、五反田の往復だけに使っていいぐらいなのだが……せっかくだからね、あと少し遊ばせてもらいたい。そこで鶴見線。

「もともとは浅野セメント（現在の日本セメント）の創業者、浅野総一郎が、鶴見の埋め立てによる工場地帯の造成に合わせて大正十五年に敷設した私鉄。のち昭和十八年に国鉄が買収した」と、川本三郎が東京近郊の散歩エッセイ『我もまた渚を枕』（晶文社、

二〇〇四年）に鶴見線の説明をしている。ただ港湾の工場地帯を突っ切るだけの線で、鶴見から乗車しても特に行くところがない。工場通勤者専用列車といってもよく、朝夕だけ混雑し、昼はガラガラ。そんな線だ。途中駅はいずれも無人。終点の一つ、海芝浦駅にいたっては東芝工場の敷地内にあり、一般者は改札を出ることもできない。「出口なし」。不条理劇のような駅なのだ。ただし、目の前が海でさえぎるものがない。すごいロケーション！　東京在住者に何人かあたってみたが、乗ったことのある人はいなかった。

私の場合、笙野頼子の芥川賞受賞作『タイムスリップ・コンビナート』が、まさしくこの鶴見線を全面にフィーチャーした小説だという記憶があったのと、新藤兼人監督の映画『狼』（一九五五年）の一シーンに、鶴見線「安善《あんぜん》」駅改札を、われらが殿山泰司が出てくるシーンがあって、がぜん「安善」駅へ行きたくなった。しかもネット検索したら、安善駅の駅舎の写真が出てきて、それが五〇年を経て、映画に出てきたそのままなのだ。

で、乗ってきました。鉄道雑誌じゃないから、あれこれくわしく書かないが、鶴見線はわざわざ一度は乗る価値あり、と言っておく。無人の改札、無人のホーム、車窓からの風景はただ荒涼たる工場と、無造作に伸びるにまかせた枯草と、打ち捨てられた気動車ぐらい。さすがのユーミンも歌にできない。

『タイムスリップ・コンビナート』では、この荒涼たる風景を映画『ブレード・ランナー』になぞらえている。『新世紀ヱヴァンゲリオン』ふうと言ってもいい。とにかくこんな不思議な風景のなかを走る電車なんて見たことがない。駅員がいないし、車内改札もないからキセルもできそうだが、定期券利用者がほとんどなのと、「たとえ無賃乗車があっても駅員を置くよりは安いということで無人化したのである」（川島令三『全国鉄道事情大研究 湘南篇』草思社、一九九六年）というからなんともすごい。

安善では、駅周辺をうろついてみた。すぐに寛政高校の校舎を見つけたが、金曜日で平日なのにここも人影がない。あとで調べたら、他校に吸収され廃校になったらしい。そして、テレビドラマ『ドラゴン桜』のロケ地として使われた、なんて情報も得た。これで、四、五〇年続いたような古本屋が一軒あれば、楽々とこの原稿も仕上げられるのだが、それは無理な注文だった。

浜川崎から南武線へ乗り換え、「鹿島田《かしまだ》」に三軒ほど古本屋がある。そこを覗くつもりでうろついたが、「南天堂書店」で尋ねたところ、「古書青春堂」は移転、「田園書房」も鹿島田店はとっくに閉められた由だった。そこで急きょ、近ごろにぎやかになってきた中央線「阿佐ヶ谷」を取り上げることにして、また車中の人となる。こういうとき、「青春18きっぷ」はじつに便利なのです。

阿佐ヶ谷は、中央線沿線のなかでも、じつは下車することが少ない駅で、高円寺、荻窪、西荻窪、吉祥寺ほどの愛着がない。いや、好きな町なのだが、降りる機会が少なかったといったほうがいいか。それがこのところ、新規参入の個性的な古本屋が増えて、がぜん沸騰してきた感じなのだ。

注目するきっかけをつくったのは中央線高架沿いに二〇〇五年一一月二九日にできた「風船舎」だ。まだ二七歳の若い夫婦が始めた店だが、開店の日を結婚の日としたというから心がけがいい。お二人はともに埼玉の出身。ダンナの赤見悟さんは荻窪の「象のあし」や西荻窪の「ねこの手書店」で店員として働いていた。妻の江梨子さんは「象のあし」の客だった。古本屋の店員と客、古本を媒介にして互いに見交わす顔と顔。思わずポーッと……いやいや、いいんでないかい(ドラマ『北の国から』より)。

悟さんは古本屋の店員に少し嫌気がさして辞め、コンビニの深夜バイトを始めたが、長く続かなかった。「辞めて初めて、自分は他の仕事をしたくない。古本屋をやりたい」と決心したそうだ。そうこなくっちゃあ。店員時代から休みの日には古本屋巡りをして、ゆくゆくは自分の店を開くための本集めをしていた。すでに江梨子さんと一緒に住んでいた六畳のアパートは、押し入れと言わずどこと言わず本で埋まり、まさに古本屋の倉庫に間借りしている状態だった。いやいや、いいんでないかい。

「それでもこの量で大丈夫なのか、と心配でした。ジャンルも偏っていたし」との懸念はあったが、二人で場所探しを始めて、わりあい早く開店にこぎつけた。一〇坪という広めの店内は、フローリング、木の本棚、タングステン灯と落ちついた雰囲気。これは江梨子さんの「喫茶店が好きで、居心地のいい空間が作りたかった」という思いが反映されたものらしい。

児童書や絵本、文学とサブカルチャーと中央線人種好みの最前線をきっちり押さえた品揃えが小気味よい。私は開店すぐに訪れ、尾崎秀樹『さしえの50年』(平凡社、一九八七年)という、なかなか定価以下では出ない本を二五〇〇円で買った。買う客の気持ちになった値付けがされているのだ。いやいや、いいんでないかい。

風船舎のほか、南口の「阿南古堂」、中杉通りにできた「石田書房」と、古本屋を始めた喜びにあふれた、面構えのいい店が続々と阿佐ヶ谷に生まれている。この分では荻窪、西荻窪、吉祥寺のそれぞれ頭文字を冠した古書店ガイドフリーペーパー『おに吉』も、阿佐ヶ谷を加えて『あ、おに吉』とせねばならないのではないか。

＊――「風船舎」は店売りをやめ、現在、ユニークな自家目録を発行し、気を吐いている。「阿南古堂」は赤羽へ移転直後、店主の死去により閉店。「石田書房」は現在、神保町で営業中。

帰り道に口笛が出るような坂道の古本屋

二〇〇六年四月——神戸市「口笛文庫」ほか

口笛文庫(写真:大島なえ)

「バスに乗ってて偶然見つけたんですよ。古本の看板が眼に入って、あわてて次のバス停で下りて、駆けつけました」(Aさん)。

「夕方だったんですが、駅へ向かう坂の途中に、ポッとそこだけ灯りがついていて、まさしく出会ったという感じで、誘われるように入って行きました」(Bさん)。

「岡崎さん、知ってますか。あんたの好きそうな古本屋ができたんですよ。いっぺん行ってください。ぜったい好きになりますから」(Cさん)。

場所は神戸。時は二月一八日。この日、たかだか一時間ほどの間に、三人からその情報を聞いた。これだけの誘いを受けて、それを拒むには、相当の理由がいる。神の導きのように、夕方、その店を訪れることになった。店の名は「口笛文庫」。

神戸へ行ったのは、元町の新刊書店「海文堂書店」で開いてもらった、拙著『気まぐれ古書店紀行』のサイン会のため。押し掛けのサインはしたことがあるが、書店での単独のサイン会は初めて。異例のお願いができたのは、過去に、ここで私が参加しているミニコミ誌『sumus』のメンバーがサイン会をしたり、日頃から『sumus』を売ってもらったり、店長の福岡宏泰さんに何かと優遇してもらっているからだ。きっと福岡さんなら、単独のサイン会を引き受けて下さるだろうと。

福岡さんは急な申し出を喜んで引き受けて下さり、告知を含む準備が直ちに調えられた。おかげで一時間という枠で二七冊にサインさせてもらった。高校時代の友人、大学の仲間、講師時代の同僚、同人誌のメンバーなど思いがけない面々が続々と訪れ、私の関西時代を一時間で振り返るようなサイン会になった。初対面の読者とも言葉を交わし、私としては大満足。福岡店長のおかげだ。また、読書ブログ「エエジャナイカ」で初々しい古本没入の日々を綴る北村和之くんも来てくれた。じつは、「口笛文庫」の店主夫婦と彼は懇意にしているのだ。

サイン会が終わってから、この日来てくれた仲間と控え室で、さっそく「口笛文庫」の話になる。それが冒頭の証言。つきあったばかりの恋人の話をするように、口々にその店への思い入れを語る。未踏の私の脳髄に、勝手に「口笛文庫」への妄想が広がっていくにつれ、深く腰掛けたソファからお尻が浮いてくる。もはやこれまで。メンツも揃い、機も熟した。有志を募って、さっそく「口笛文庫」へ向かうことにした。

メンバーはツアーコンダクターにエエジャナイカ北村くん、「一箱古本市」では並んで店を開いた通称ニトベくん、『sumus』からは扉野良人くん、関西古本魔王の高橋輝次さん、それに今回「口笛文庫」の写真を撮ってくれた大島なえさんと私の六名。なんだか古本選抜選手権みたいなメンツだ。ひょろっと背の高い扉野・北村コンビが並んで歩く後ろ姿は、なんだかちょっとお笑いコンビのアンガールズみたい。

最寄り駅「元町」からJRに乗り「六甲道」下車。北へ数分歩いた左側に、あの、名にし負う「宇仁菅《うにすが》書店」がある。神戸、阪神間の古本好きが、必ず良店として挙げるのがこの店だ。そうか、これが「宇仁菅」か。奥に伸びた店内は、本がぎっしり詰まった本棚に両側から圧迫された狭い通路、そこに荘重なバッハが流れている。均一でとりあえず確保した諏訪優『たかが猫だというけれど』(白川書院、一九七七年)二〇〇円を手に、おごそかな店内を一回りする。文学、美術、人文、歴史とまんべんなく揃った棚には、いわゆる駄本の類がいっさいない。古本ツアーのメンバーはそれぞれ手にした獲物を、一番奥の帳場で眼を閉じてバッハを聞くご店主に差し出していく。店を出てから、扉野くんが買った本の包装紙を見ると、店主自筆のお礼の言葉をプリントしたシールが貼付けてある。「あれえ、ぼくはそんなん貼ってもらえなかったよ」と言うと、「どうも、いい本を買ってくれた人だけ、貼ってもらえるらしいんです」と扉野くん。大島さんが横から「私のも貼ってある」。

ああ、そうかい、そうかい。どうせオイラは均一小僧よ。「高橋さんは?」「……ああ、私のも貼ってませんな」。よしよし、と満足して、交差点を渡ると、すぐ右前方に均一箱を路上に置いた「口笛文庫」が見えてきた。にぎやかな商店街からははずれ、少し落ちついた風景に溶け込む緩やかな坂道の途中、絶好のロケーションのなかにその店はあった。素通しのガラスには店名と、「古本とジャズ」と書き込まれてある。いいぞ！　そんなに広くない店内に、壁ぐるりと本棚。ただし、中央にいっさい棚は置かれず、そのかわり古いテーブルが瀬戸内の島々のように設けられ、その上に雑誌や海外の絵本などが無造作に積み上げられている。ひと目で店の空気をわしづかみにできる。一番奥の棚はジャズを中心とした音楽の本とCD。口笛と名のつく本を揃えたコーナーもあり。古本探険隊は言葉も交わさず、みなせっせと自分の目の前の本棚と対決し始めている。よろしいなあ、ええやんか、これおもろい、うれちいと背中にみんな書いてある。

「口笛文庫」は二〇〇五年一月二一日に開店。神戸大出身のまだ二〇代のご店主が、脱サラして夫婦で始めた店だ。少し言葉を交わしたが、尾内純さんは眼鏡の向こうに優しい目が覗く、いかにもこういう趣味のいい店の帳場に座ってそうな文系男子だ。いまのところ、古本業界が抱える闇には気づかず、自分の好きな本を並べて売ることが楽しくてしかたないのじゃないかと、本棚を眺めていてそう思った。明るくほのぼのとした店なのだ。

昭和八年『主婦之友』（主婦之友社）付録『婦人衛生宝典』以外は何を買ったか忘れたが、帰り、駅までの坂道が弾む足取りだったことを覚えている。思わず口笛を吹くような、帰り道がうれしい店でこれからもありますように。

＊――「宇仁菅書店」は戦前からの老舗だったが、二〇一三年三月末に閉店。ここに登場する北村和之くんは、その後「海文堂書店」の店員となるが、二〇一三年九月三〇日、同店はファンに惜しまれながら九九年の歴史を閉じた。ああ！

文学のにおいがする街、大森再訪

二〇〇六年五月――東京・大田区大森「天誠書林」ほか

天誠書林

「その日も麗かに晴れた爽やかな日和だった。彼はリンカン・ピーターズの勤め先の銀行に電話して、プラハへ発つときにオノリアを連れてゆけるものと思っていいかどうか、尋ねてみた」。

これはフィッツジェラルド『バビロン再訪』の一節。訳は野崎孝。バビロンとは、ここではあの古代都市のことであり、「主人公が放埒の限りをつくした歓楽の都としてのパリを指す」（野崎孝解説）。

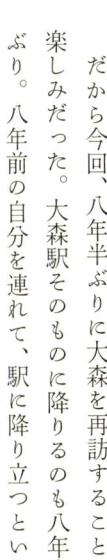

私には再訪すべき歓楽の都などないが、この古書店探訪の連載が一〇〇回を迎えるときに、まず訪れたいと考えていたのが、第一回（一九九八年一月号）の「天誠書林」さんだった（拙著『気まぐれ古書店紀行』に収録）。取材したのは九七年一〇月。店主の和久田誠男さんとは、その後、五反田古書会館の即売会でしょっちゅう顔を合わせ、挨拶はしていたし、天誠さんが出品した本も買ってきたが、店そのものを再訪することはなかった。気がついたら百ヵ月分の空白がそこに横たわっていた。

だから今回、八年半ぶりに大森を再訪することは楽しみだった。大森駅そのものに降りるのも八年半ぶり。八年前の自分を連れて、駅に降り立つという感じだ。まさにその日は「麗らかに晴れた爽やかな日和」だった。

前回は、駅前を横断する池上通りから環七に接続するジャーマン通りを行くコースを取ったのだが、今回は西口駅前からいきなり始まるつづら折の階段を上がっていくことにした。このあたり広く武蔵野台地をかたち作る一画で、思いがけない急な石段が目の前にある。そこには「馬込文士村」の案内看板とともに、いくつか大森ゆかりの作家の似顔絵をレリーフして掲示してあった。

あとで和久田さんに話をうかがったところ、戦前まではこちらが馬込へ抜けるメインストリートで、いま天誠書林のある広い道路は狭い路地に過ぎなかった。「戦災の類焼を防ぐために、いわゆる建物疎開で道がいまのように広げられたんですよ」という。

大正一二年の関東大震災以後、多くの文士が住居を求めて、西側へ移り住んだというのは有名な話。おおむね中央線には貧乏文士や左翼作家やアナーキスト、馬込周辺には流行作家が住んだと言われている。中心はなんといっても尾崎士郎・宇野千代夫妻で、そのほか山本周五郎、川端康成、石坂洋次郎、広津和郎、北原白秋、室生犀星、萩原朔太郎、三好達治などがこの地に居を構えた。生涯に、所を変えながらも二十数年、大森に住んだ尾崎士郎は「馬込村今昔」という文章でこう書いている。

「足ひとたびこの村へ入ると、文学のにおいがする、といったのはだれであったかハッキリおぼえていないが、だれにかぎらず、ほとんど『文学』などというものを意識することなしに、朝から晩まで『文学』によって形成されたようなふんいきの中で、物にとりつかれたような生活をしていた」。

それら「文学」の記憶を大森という土地に浸みこませ、地下水脈と化したのを汲み上げたのが「山王書房」であり、その遺志を受け継ぐ「天誠書林」ではないか、と思うのだ。いまはなき「山王書房」は、店主・関口良雄さん（一九七七年に逝去）が営んでいた伝説的な古書店で、遺稿集『昔日の客』（三茶書房、一九七八年。二〇一〇年、夏葉社が復刊）は、古書通必読の文献だ。

このタイトル「昔日の客」は、かつて同店の客だった作家の野呂邦暢が、何度もこの店への愛着を文章に書き、芥川賞受賞後に再訪したとき、自著に「昔日の客より感謝をもって」と識語を入れたことに由来する。店にかかる額の文字は尾崎士郎、近くに住む三島由紀夫は店にある自著に「署名しましょうか？」とおどけ、沢木耕太郎は「本を売る者の痛みのようなものがよくわかる古本屋だった」と書いている。そして小学生のころから、この伝説の古本屋に通っていたのが「天誠書林」和久田誠男さんだ。今回の再取材では、助っ人に『彷書月刊』編集長・田村治芳さんを迎え、「山王書房」の話からうかがった。

「山王さんへ行くと、関口さんはいつも帳場で何かを書いていた記憶がありますね。店の外に行灯があって、そこにも犀星や牧水の句や歌を、季節に合わせて書き換えていました」。

沢木耕太郎も、硝子戸の詩歌と「店のどこかにはいつも季節の花が活けられていた」ことを印象深く書き留めている。そんな店、ほかにもあるのだろうか。「いや、あんまりないやろね」と応える田村さんによると、古書店として上林暁と尾崎一雄の書誌を作ったことが「山王書房」の名を伝説にした。「文士に思いを抱かせる店」だったという。

「踊るのが好きでね」と和久田さんが言葉を継ぐ。「宇野千代さんの別荘で踊りまくった、なんて話を聞いていますよ」と、言いながら額に入った俳号銀杏子関口良雄の自筆句を見せてくれた。句は「春の馬恍惚としてつるみけり」。志ん生、文楽に間に合わなかった落語ファンのように、文章を読み、人の話を聞くたびに、「山王書房」は間に合わなかったことが悔やまれる古書店だ。

しかし、中林洋子装幀の三島由紀夫『お嬢さん』

（講談社、一九六〇年）を飾ったショーウインドウ、木製の本棚にぎゅうぎゅう詰まった文芸書、タングステン灯に照らされたテーブルの上に積まれた本、そして丸椅子と、「天誠書林」もまた、記憶に残る店として多くの客に語り継がれていくはずだ。

八年半前には聞けなかった話を今回は和久田さんにあれこれうかがうことができた。例えば、店を始めたのが平成五年、和久田さん五四の歳だった。「遅れて来た古本屋なんです」と苦笑する。同じ南部支部の田村さんによれば「入ってきたときから二〇年選手みたいな顔をしていた（笑）。そのころ、おじさんで本をよく知っている人が二人入ってきたな、という印象があって、一人が天誠さんで、もう一人が古書いとうさん」だ。

現在の店舗は、元ビデオ屋が廃業した跡を借りた。駅からけっこう距離があり、けっしていい場所ではない。しかしあまり迷うことなく決めたという。大森は一部、空襲を免れた土地だ。店売りは期待できないが、宅買い（客からの買い取り）が期待できる。おもしろいものが出る可能性が残っている。それを市場で売ればいい、という目算があった。

「店を始めるときは、すべて自分の本ですよ。家からどんどん運んで、それでもまだ足りなくて、文庫や新書だけは市場で買ったな。ハーレクインも買った（笑）。いまでも始めたころの本がそのまま少し残ってますよ。山王さんの句で言えば『四月馬鹿売れ残りたる本ばかり』だな」。

八年半前にもそう思ったが、天誠書林の棚は、反時代的頑固棚であることを再確認した。マンガやエロがないのはもちろん、いまどきの流行作家の本もない。厳しく吟味して、自分の目にかなった本しか置いていない。入ってすぐ左手の壁一面の棚は日本文学の棚。石川淳、井伏鱒二、永井龍男、尾崎一雄、藤枝静男、吉田健一、塚本邦雄、檀一雄なんてところが、よく揃っていてまず目に入る。文学好きなら瞳孔が開く作家陣だ。

その奥、帳場近くの二棚分に馬込文士村関連の本が集められている。しかし、その旨、何も表示がない。普通なら書きますよ。「馬込文士村コーナー」とかね。和久田さんに聞くと、「そういうことはしないんです」「わかる人がわかればいい？」「そういうことです」と聞かずもがな、の問答となった。

中央に外国文学、文庫の棚を挟んで、逆の右側の壁には、演劇、歌舞伎、演芸、映画などのジャンルが相当数並んでいる。和久田さんはかつて、三島由紀夫の下で演出も手がけた演劇畑出身の人なのだ。店のいちばん奥には、和久田誠男演出補と最初に名前がある『サロメ』（一九七一年）のポスターが貼ってある。「天誠書林」を訪れた客は、まず敬意をもってこのポスターを拝むことだ。

和久田さんとは、なにかとゆかりの深い三島由紀夫だが、二〇〇六年に完結した新潮社の決定版三島由紀夫全集にも、和久田さんの名が見える。同全集の第四一巻はCD七枚のセットで、戯曲『わが友ヒットラー』の舞台稽古の際、三島自身が本読みをした声が収録されている。これは三島の近くにいた和久田さんが、秘かに保存しておいたテープを音源にした。そんなことを、『サロメ』のポスターで三島由紀夫、和久田誠男の名を見たら、ちょっと頭に浮かべてもらいたい。

そのポスターの貼った一角を占めるのは、ことごとく短歌、俳句の本。他店ではあまり扱いたがらない分野だ。というより、天誠書林全体は、時勢のなかでもがく古書店が一番先に手放したくなるような種類の本こそを、堂々と大きな顔をして居座らせる。文学好きなら、店に一歩足を踏み込んだだけで、「これは！」と背筋が伸びる品揃えなのだ。

しかしそんな客は、当今、すこぶる少数派に属する。レジのカウントがゼロの日だってある、と和久田さんは言う。

「一日、お店にいて時間を持て余したりしませんか」と、失礼な質問をぶつけたところ、「いや、そうでもない。けっこう時間が早く過ぎていくもんですよ」とのこと。本に値段をつけたり、即売会用の目録を作製するなど、客が思う以上に、この仕事は細々とやることがいっぱいある。世を捨てた哲人という趣きは、表向きの顔らしい。その点、釣り人とも似ている。しかし、騒がしい世の中で、あたふたと身過ぎ世過ぎの生活を送っているこっちからすると、風に吹かれて飄々と生きる（ように見える）和久田さんは、めちゃくちゃカッコいい。

再訪した天誠書林で、糸井重里のサイン入り『私は嘘が嫌いだ』（話の特集、一九八二年）五〇〇円と、渡部直己の谷崎潤一郎論『谷崎潤一郎——擬態の誘惑』（新潮社、一九九二年）を一〇〇〇円で買う。後者は、いまは品切れでめったに見ない。ちょうど谷崎熱があるときだから飛びついた。「これで今日は売り上げがあった」と笑わせる和久田さんに挨拶して、田村さんとも別れ、大森駅へ戻るルートを遠回りに取り、かつて「山王書房」のあった臼田坂を下ることにする。この周辺は、三好達治、広津和郎、室生犀星、宇野千代・尾崎士郎、萩原朔太郎、川端康成などの旧居跡が表示板に示されることで文学的記憶が濃厚に残っている。

坂の途中にある「平林書店」は、八年半前にも訪れた雑書雑本がたっぷり詰まった優良店。今回も八年という歳月をまったく感じさせない店内を逍遥し、和田誠『落語横車』（講談社、一九八〇年）三〇〇円、おなじみ脇村義太郎『東西書肆街考』（岩波新書、一九七九年）一〇〇円、それに三〇円という驚くべき値段もそのままの均一台から、新藤兼人『ある映画監督——溝口健二と日本映画』（岩波新書、一九七六年）、西園寺公一『釣魚迷——私の履歴』（岩波新書、一九六六年）、山口瞳『新入社員諸君！』（帯つき、角川文庫、一九七九年）、島尾敏雄『島の果て』（野中ユリ＝カバー、集英社文庫、一九七八年）、梶山季之『影の兇器』（講談社大衆文学館、一九九六年）を拾い出す。

これらをレジへ持っていくと、それまで本を読んでいた平林さんが素早く暗算し、破顔しながら「いやあ、これはいいのを選《よ》りましたなあ。なかなか目が高い」とおっしゃった。七冊買って五五〇円という恥ずかしい買物ながら、うれしくなった。

坂を下れば、かつて「山王書房」さんがあった場所はもうすぐ。いま私が坂を下っていくように、尾崎士郎も三島由紀夫も野呂邦暢も沢木耕太郎も、それに天誠書林・和久田誠男も下っていったのだ。

＊――田村治芳さんは二〇一一年一月、「天誠書林」和久田さんは二〇一二年二月に逝去。店はその後、「アンデス書房」「東京くりから堂」と代替わり。「平林書店」もその後閉店された。

中野新橋で見番から出た本を買った

二〇〇六年六月――東京・中野新橋「古書 猫額洞」「伊呂波文庫」ほか

二〇〇六年二月、東京古書組合・中央線支部が無料配布の古本屋マップを作った。山手線から西側、多摩地区周辺までにある店を鉄道沿線ごとにまとめたもので、大変便利。あちこち眺めていると、東京メトロ丸ノ内線「新中野」にある「伊呂波《いろは》文庫」「丸吉書店」が未踏破であることに気づいた。塗り残しの白地図みたいにそこが気になる。

よし、今回はここだ、と目標を定めて調べると、「伊呂波文庫」の最寄り駅は、むしろ「中野新橋」。ネット検索すると、先のマップには未記載だが、わりあい近距離に、「とんがらし」「古書 猫額《びょうがく》洞」の二店舗があることがわかった。後者を見つけたのは、イラストレーター・詩人の鈴木博美さんがつくるホームページで、これが映画から本の話まで、画像を取り込んでなんともセンスのいい仕上がり。鈴木さんが紹介する「猫額洞」は、猫の額ほどと奥ゆかしいネーミングの向こうに、本好きの心をくすぐる空気が匂ってくる店だ。

さっそく手持ちの地図で位置を確認し、中野新橋から、「とんがらし」「猫額洞」「伊呂波文庫」と巡り、新中野の「丸吉書店」をゴールと決める。朝日新聞社会部著『神田川』（新潮文庫、一九八六年）の「中野新橋」の章に「ことしの夏、この料亭街のど真ん中から、旅館ふうの、どっしりした構えの二階屋がひとつ、姿を消した。三業会館、いわゆる見番の建物である」などとある。これが昭和五〇年ごろの話だ。中野新橋と言って、「花街」を想像する人は現在では少なく、なんといっても若・貴ブームを生んだ「藤島部屋」がある相撲の街だろう。

地下鉄丸ノ内線「中野新橋」から地上に出ると、神田川にかかる擬宝珠をかぶった橋が見えるが、それを尻目に、緩やかな坂を降りていく。コンビニを左に折れ、まず取りついたのが「とんがらし」。ファミコンソフトやマンガ、文庫を主力としたリサイクル型の古本屋さん。ざっと店内を一巡して、文庫の棚から永井龍男『カレンダーの余白』（講談社文芸文庫、一九九二年）一五〇〇円を景気づけに拾う。

すぐ目の前の道を今度は右に、古い町営住宅を見ながら進むと「ぱんだ公園」という小さな公園があった。前出の鈴木博美さんのブログに「年中無休のラジオ体操会場」と紹介されていた公園だ。こういう物件を発見すると、足取りに弾みがつく。

古書 猫額洞（写真：小山力也）

細い路地を抜け出すと、色付きのブロックを敷いた「川島商店街」に出る。ここに「猫額洞」があるのだ。事前に同店のホームページをチェックしたら「ミステリー（幻想と怪奇、SF を含む）とグラフィック（図録、絵本、写真集）、映画本、一九三〇年代から昭和三〇年代までの東京に関する本、がメインの名前通り小さな古本屋です」とあった。ね、これだけでなかなかの店であることがわかるでしょう？　で、なかなかの店でした。

ここはぜひにと、女性店主の杉田幸子さんに少し話をうかがった。杉田さんは中野区に隣接する渋谷区に在住。川島商店街から中野新橋は散歩コースだった。「伊呂波文庫」さんに通ううち、本好きの血が騒ぎ、ついに開店。客に色目を使わぬ妥協なき棚は、ほかに食い扶持があるからできること。それでも細々ながら、ネットと店売りで、自分の気に入った本が客の手に渡っていくのがうれしい。……そんなことを、放課後の図書館にいる本好きの中学生みたいに、恥じらいながらおだやかに話されるのだった。

「中野新橋付近を舞台にした小説なんか、ありませんか」と訊ねると、ほんの数秒思案したあと「あっ、あれがある」と、棚から抜き出してきたのが都筑道夫『紙の罠』(真鍋博＝装幀、桃源社、一九六二年)。にせ札造りの老人が出てくる話で、その家が中野新橋のはずだ、というのだ。これが五〇〇円の値がついていたが、シミがあるからと三〇〇円にしてくれた。

何の気なしに後ろの見返しを開くと、「松の家 栄子」と判が押してある。「ああ、これは」と杉田さんが話すのを聞いて驚いた。「松の家」は中野新橋にあった見番の屋号。栄子さんはその女将で、杉田さんが彼女から直接本を買ったのだという。

「栄子さんは四谷荒木町の花街の出身で、中野新橋の見番に嫁ぐとき、月に一〇円の本代をもらうことを条件にしたぐらいの本好きなんです。まだお元気でいらっしゃいます」。

杉田さんはうれしそうにそう話す。そんな小粋な方の息のかかった本がわが手に落ちるなんて、これこそ古本買いの醍醐味だろう。そのほか洋書の子ども向けの図鑑を五〇〇円、佐々木邦『おてんば娘日記』(春陽文庫、一九六一年)三〇〇円、委託販売の鈴木博美さんのカードを買う。

ほんわかしたものを胸に充電して、もと来た道を戻り「伊呂波文庫」へ。ここでも話を聞

伊呂波文庫(写真:小山力也)

くと、ご主人の清水康正さんは中野新橋生まれで、もと建具の職人だったそうだ。言われれば、膝あてをして玄翁を振り上げる姿がオーバーラップしてくる。神保町の「とかち書房」さんの店員を経て、この地で独立したのが約一〇年前。場所がら、マンガや柔らかものも置いてあるが、人文書や江戸風俗、それに写真集が充実している。この品揃えで、ネットや目録、即売会はやらず店売り一筋というからたいしたものだ。

「ネットに手を出すと、どうしてもそっち中心になってしまうでしょう。そうすると店の棚が死んでいく。いったん店売りを手放すと、もう元には戻らない気がするんです」。

そんなことを話してくださった。ぜひとも、何か一冊と、小田貞夫『横浜ステンショ――かながわの乗物一世紀』(有隣堂、一九七四年)を見つけ、一〇〇〇円でいただく。猫額洞さんといい、伊呂波さんといい、どこか筋が一本通った商売をされているのがわかり、うれしくなった。

このあと、新中野「丸吉書店」を訪ねたがお休み。近くの喫茶店「ドトール」に入り『紙の罠』を読み始めたら、冒頭の舞台が「中野駅から、鍋屋横丁の都電通りへでる道路で」とあるから、まさしく、いま私がいるその場所なのだった。いやあ、ビックリ。

*――「古書 猫額洞」は二〇一四年に店を閉められた。「とんがらし」は店を閉められ、ネット販売・通販に移行。「丸吉書店」も店を閉められた。

「腹のたつ時見るための海」を目指し逗子へ

二〇〇六年七月――逗子市「海風舎」

海風舎

腹のたつ時見るための海

江戸俳諧の付句集『武《む》玉川《たまがわ》』に見える一句だが、いいんだなあこれが。日頃、ささいなことで腹のたつことがよくある。そんなとき、この一句を思い出す。急に海を見ようと思い立ったのは、つまりほんの少しの腹立ちがあったからだ。「海」もしくは「海の見える町」からの連想で、頭に思い浮かんだ古書店が、東逗子の「海風舎」さんだった。逗子の町を散策し、「海風舎」へ。そんなふうにスケジュールを組んで、麦秋にしては雨の多い五月から六月に変わった一日、逗子へ向かう。この日、この季節にしては珍しく晴れていた。

JR横須賀線「逗子」駅前は、光にあふれていた。しかし、まだ六月初めとあって、肌を刺すほどの強さはない。その光のなかを泳ぐように海へ向かって歩き出す。駅前の角地に昔ながらの魚屋が店を開く。そこから歩いてすぐ、藤沢市立図書館がある。これは外壁ガラス張りのモダンな建物。郷土資料のコーナーで、藤沢と文学の関係について調べる。

徳富蘆花、中里恒子、石原慎太郎などについてはは予習済みだが、地元の研究者・森谷定吉『逗子の文学』(モリヤ、一九八七年)を読むと、橘外男、横光利一、小杉天外、十一谷義三郎、泉鏡花、志賀直哉、黒田清輝、岸田劉生、堀辰雄などがこの地に居を構えたり、一時期滞在したことがわかった。多くは結核療養のための移転で、大正一五年、小坪に「湘南サナトリウム」が建設されている。

戦後になってからは、高見順、平野謙、本多秋五が逗子で仕事部屋を持ち、互いに行き来している。同著に吉行淳之介の名前が見えるのは、彼が昭和二二年春から半年、逗子の女学校で英語教師をしていたから。意外な人物が逗子と関わりがあることがわかった。

このあと、蛇行しながら海へ注ぐ田越川に沿って、中里恒子の旧居を探索する。赤い欄干の橋、仲町橋《なかちょうばし》のたもとに教会があり、その一筋先、川沿いにかつて中里邸があった。中里は昭和七年に結核療養のため逗子へ移り住み、八年に桜山仲町(現・逗子五-一二-五)に家を建て、生涯をそこで過ごした。逗子探訪に合わせて、中里の著作を少し読んでいるのだが、『わが今昔ものがたり』（中央公論社、一九七九年）所収の『川の鯉』は、まさしく家の前を流れる田越川の話だった。

「川ひとつへだてただけの、両側の道には、商店はなく、静かな住宅地だが、川向うのことは、わたしにはわからない。また、橋を渡つて、川向うへゆく用もないので、わたしは、いつもうちの窓か、川べりの道かに出て、川を眺めたり、人通りを見てゐるだけである」と書いてあるが、それは今もその通り。まことに静かな住宅街である。

田越橋という大きな橋を過ぎると、川岸に繋留するボートが目立ち始める。もう海が間近であることがわかるのだ。しばらく行くと急に視界が開け、頭上をピーヒョロロとトンビが鳴きながら旋回し、顔にあたる風に微かな潮の香が混じってくる。左手に小さな山、これが蘆花記念公園で、山頂に郷土資料館がある。ここも訪れてみた。

そのあと浜辺へ出て、しばらく波打ち際を歩く。波の上にはウインドサーフィン、浜では地元のグループや、個人が思い思いに楽しんでいた。海とのつきあいを知らない他所ものの私は、なんだか少し気恥ずかしい。さっさと退散することにした。浜通りのファミレスで遅い昼食を取り、住宅街を抜け駅に戻る。少しの滞在だが、逗子は鎌倉ほど観光地化しておらず、長らく住みついた地元住民の落ちついた暮しが感じられるいい町だった。

横須賀線で久里浜方面に駅で一つ隣り、東逗子は小さな駅だ。駅前から線路に平行して続く商店街を左に進むと、すぐに青い日除けのある「海風舎」が見えた。表の均一（二〇〇円）がまずいい。ちょうど探していた杉本秀太郎『文学の紋帖』（構想社、一九七七年）を拾って店内へ。事前に電話をしておいたので「こんにちは、岡崎です」と声をかけたが、返事はあっても姿が見えない。両側に文芸書の詰まった本棚の間を進み、正面に稀購書の納まるガラスケースから首を右に振ると、声の主、本多敏男さんの姿が見えた。

本多さんは昭和二六年生まれ、頭髪もヒゲも白く、なかなかダンディ。「海風舎の開店は？」という質問に「ええっと、わたしが三六の歳だから……」などと覚束ない計算で、ようやく昭和六二年とわかる。脱サラ組だが、もともと本が好きで、「古書自然林」さんとつきあいがあった。年三回発行の目録は、俳句、短歌、詩集を中心に特色を出しているが、詩歌が好きだったわけではなく、買い取りするうち自然に集まってきたという。結果、海風舎の主力商品に。

「戦前の詩集がやっぱりおもしろいんですよね。こんなのはどうです」と見せてくださったのが、武井武雄装幀の『横尾敏雄詩集』、亀山巌装幀の野々部逸二『夜の落葉』（東文堂書店、一九三一年）など知らない詩人ばかりだ。宮崎丈二『白猫眠る』（やぽんな書房、一九三一年）でようやく「ああ」と声が出る。現代詩では谷川俊太郎の叔母宛署名入り『62のソネット』（創元社、一九五三年）。その端正な文字に溜め息が出る。

なぜそんな話になったたか、大正の初めから戦後直後まで鶴見にあった遊園地・花月園に興味があると漏らすと、「うちの伯父さんが花月園に勤めていたよ」と、追悼集『回想 本多正造』を出してきてくれた。本多さんの母親の兄に当たる本多正造は、年譜を見るとたしかに昭和一一年花月園に入社、企画部に配属されている。思わぬところで、花月園ゆかりの人を知ることになった。

「魚が安くてうまくて、騒がしくなくて、逗子はいい町ですよ」と本多さんは、穏やかな空気が作った、穏やかな顔で言った。昭和一一年刊・横須賀市教育会『我等の横須賀』五〇〇円、生田耕作訳・サンドラール『世界の果てまで連れてって』福武文庫（一九八八年）一〇〇円をお土産に、私も世界の果てまで連れてってって、という気分。

*——逗子にはその後、駅近くに「古本イサド ととら堂」ができた。

バスに揺られて夏の荒川土手へ

二〇〇六年八月——東京・足立区千住「健文堂書店（おたけちゃん書店）」

健文堂書店
（おたけちゃん書店）

六月最後の三〇日。神保町。梅雨の空は薄墨を溶いた日本画のようだ。薄い灰色に、少し濃い縞が、筆先の腹でさっと掃いたみたいにところどころアクセントをつけている。

神保町へ行くときは、私の場合、たいていJRお茶の水駅から明大通りの坂を駿河台下の交差点へ向かう。その際、いつも気になっていたのが、「文庫川村」前のバス停から出る「荒川土手行き」という都バス。「荒川土手行き」って！　どうするんだ、最後に荒川土手で下ろされて。これがいつも謎だった。謎のままにしておいてもいいが、この日は、東京古書会館「書窓展」を覗いたあと、このバスに乗ることに決めた。どんより曇った夏の空の気分に、少しはずみがついた。

最近はあんまり東京古書会館の即売会へは行かないが、この日の「書窓展」（通称〝まど〟展）でヒットがあった。午《ひる》少し前、阿鼻叫喚の第一陣は去り、期待のあきつ書店のコーナーはすでに蹂躙し尽くされていた。しばらく棚を凝視し、やっぱりもう何も残ってないかとあきらめかけたとき、背表紙の取れた薄い本が目に入り引き出したら、黒い表紙（それもボロボロ）に黒いネズミの絵が見え、『滑稽寫生 吾輩ハ鼠デアル』とある。著者は影法師。明治四〇年、大學館からの発行。つまりは漱石『吾輩は猫である』のパロディ本だ。少しあと、同じ会場にいた古書通のTさんに見せると、「ああ、『猫』のパロディはたくさん出てますよね。書誌を作っている人もいるし、ヨコジュンさんも書いていますよ」と、解説してくれた。

さすがだ。横田順彌さんが『古本探偵の冒険』(学陽文庫、一九九八年)のなかで『猫』パロディ本について書いていたのは私も知っていた。

しめしめ、これはネタになるぞと脇に抱えこみ、あと数冊を買って、いよいよ「荒川土手行き」に乗り込む。バス停の時刻表を見ると、昼間は一時間に二本程度の便があり、便の名は「東43」。どうやらお茶の水から本郷通りを北進したあと、本駒込から田端駅を飛び越えて、「荒川土手」へ向かうらしい。もちろんどこかで古本屋とからめたいと当方は考えている。とりあえず乗り込み、東京の地図帳と、書き込みと改訂で乱歩の「貼雑年譜《はりまぜ》」化した九八年改訂新版『全国古本屋地図』(日本古書通信社、一九九七年)と照らし合わせ、あれこれ検討を重ねる。

田端、王子、赤羽と候補地をチェックしていると、身体がギューンと左側車体に押し付けられた。見るとバスは順天堂前のT字路で過激に右折するところだった。この身体感覚の快楽こそバスの……そんなことはどうでもいい。本郷通りを本駒込でサヨナラし、田端へ向けて、右は千駄木の町名を睨みつつ、なおも探索を続けると、東京地図帳の「西新井」のページで、荒川の土手からすぐ西新井橋のたもとに「健文堂」と書き込みをしているのを見つける。『古本屋地図』で確認すると、同書店は「広い店内には各種娯楽書がいっぱい。買入も盛ん故、何か掘出物があるかも」とある。これは期待できそうだ。「東43」は荒川土手下の「小台町」で留まる。地図上の二点の直線距離は二・五キロと踏んで、荒川土手をぶらぶら歩いて「健文堂書店」へ、とスケジュールを組みたてる。よっしゃあ、走れ「東43」!

「小台町」バス停で下車し、荒川の堤を上がり、河川敷をぶらぶら歩き出す。ちょうど肩から黒いカバンを提げているから、金八先生になった気分。しかし、彼は学校へ行くのに、なぜわざわざ荒川堤を歩いたかね。遠回りになるだろうに。時間にして四〇分はかかったか。かなり足が疲れたころに西新井橋にたどり着く。そこから尾竹橋通りに入り、「健文堂書店」はすぐ見つかったが、しかし看板には「おたけちゃん書店」とある。

恐るおそる入口から入ると、ドアはまだその先で、手前のスペースはコンビニマンガと絵本がたくさん陳列してある。店内は半分が絵本と児童書。一般書はひと握りで、あとは文庫とマンガが主力商品のようだ。「諸星大二郎」という手描きのポップがあり、その下、古い『少年マガジン』のバックナンバーがずらり並んでいる。つまり、『全国古本屋地図』の記述とはかなり違っている。

レジに座る若い女性に話を聞いてわかった。先代のご主人が三年前に亡くなり、その後を娘さんである彼女、根本早苗さんが継いだ。まったく別の業種からの転職で「古書のことはまだ何もわからない」とおっしゃる。絵本や児童書を主力にしたのは早苗さんだ。下町からまた一つ、古いお店が消えるところを、娘さんが救ったのだ。いまは早苗さんが中心になって、店をなんとか盛りたてているという。健文堂書店という店名はそのままに、お父上の愛称「おたけさん」を加えたようだ。

絵本の棚に、リブロポートから出た木島始＝訳編・堀内誠一＝イラストの訳詩集『やさしいうた』（一九八八年）が四五〇円であった。すでに持ってはいるが、若き女性古書店主に敬意を表して買って帰ることにした。

店の外へ出て、はるか右のほうを眺める。かつてすぐ目の前に、例の「お化け煙突」が聳えたっていたはずなのだ。場所と時間により二本にも三本にも見える四本の煙突。下町名物の「千住火力発電所」煙突は、この千住桜木町にあった。昭和二八年制作、五所平之助監督『煙突の見える場所』と、このお化け煙突の関係については川本三郎『銀幕の東京——映画でよみがえる昭和』（中公新書、一九九九年）にくわしい。また同書によれば、映画『いつでも夢を』のなかで、吉永小百合扮する町医者の娘の家も、お化け煙突のすぐ近くにあったという。千住「健文堂書店」にも、朝な夕なにお化け煙突を眺め暮らす人たちが、娯楽本を求めて通ったのだろうと想像される。

帰りは店の前からまたバスに乗り、浅草へ出た。神保町から荒川土手、そして千住から浅草へ。バスは鉄道や地下鉄路線とはまたひと味違い、思いがけぬいろんな場所へ運んでくれます。

＊――古書組合への登録は「健文堂書店」。

見わたせばジャズと餃子ばかりなり 梅雨の終わりの宇都宮行き

二〇〇六年九月――宇都宮市・東武百貨店「東武古書の市」

宇都宮東武百貨店「東武古書の市」

今夏も「青春18きっぷ」を買いました。これを使って七月二七日に宇都宮へ。ちょうどこの日から八月一日まで「東武古書の市」が開催されていたのだ。宇都宮へは、七、八年も前になるか、『アミューズ』(毎日新聞社)という雑誌で、秀峰堂さんの取材のため訪れている。秀峰堂さんは、名前は骨董の店みたいだがじつは古本屋。ご主人が脱サラで陶芸をしながら古書店業を始めたという異色店だ。店には陶芸品も並べてある。

今回、出かける前に少し調べてみたのだが、宇都宮駅周辺の古本屋は現在、山崎書店、秀峰堂、吉沢書店の三軒。一九七六年版『古書店地図帖』(図書新聞)にも三軒の記載がある。ただし、そのうち現存しているのは山崎書店のみで、あとの二軒、大湊書店、金枝書店はその後消えている。九八年改訂新版『全国古本屋地図』(日本古書通信社)を開くと、このとき六軒。大湊書店、山崎書店、間彦書店、秀峰堂、野州万葉堂、吉沢書店の名が見える。秀峰堂さんの取材へでかけたころ、宇都宮は古本屋の充実した街だったのだ。

野州万葉堂は宇都宮大学、間彦書店は宇都宮商業高校のすぐ近くにあったようだ。間彦書店は『全国古本屋地図――21世紀版』(日本古書通信社、二〇〇一年)では、市役所近くに移転しているが、最近の「日本の古本屋」ではヒットしない。当然ながら、この数十年での異動は激しい。そう見ていくと「山崎書店」の不動ぶりがとくに頼もしく感じられてくる。今回は、「東武古書の市」と、この「山崎書店」を目指していくことにする。

二七日の早朝、隔週出演しているTBSラジオの仕事を終え、局のハイヤーで赤羽駅へ向かう。八時一七分大船発「湘南新宿ライン」を九時一二分に赤羽で捕まえて乗り込むと、一〇時五〇分宇都宮に着く。意外に近いのだ。大宮まで席は埋まり、立っている客がいた車内も、そこからは別の路線のように空き始める。途中、田園風景を眺めながらの七〇分は、先頭二車両にあるボックス席四人掛けを独占して眠りこけてしまった。

宇都宮市は県庁所在地とあって大きな街で、駅の東側に中心街が広がっている。駅前から真っ直ぐ、大通りがその中心を貫いている。歩いてすぐ、田川が駅前に磁石で吸い寄せられるように蛇行して流れる。宇都宮駅前近くで生まれた作家の立松和平にとって、この田川は幼少時の遊び場だったという。ところでJR宇都宮駅と東武宇都宮線終着駅の「東武宇都宮」駅とはずいぶん離れている。これは不便だ。ざっとその距離、一・五、六キロか。街の感触をつかむために歩くことにしよう。

宇都宮パルコまでは大通り、あとは商店街が両側に立ち並ぶオリオン通りを歩いて目についたのは「餃子」と「ジャズ」の文字だ。宇都宮は餃子の消費量全国一と言われ、餃子で町おこしをしていることは有名。「ジャズの街」というのはよくわからないが、かの渡辺貞夫が宇都宮の出身のはずだ。しかし「餃子」と「ジャズ」とは食い合わせが悪い。結局、今回は宇都宮で「餃子」も食べず、「ジャズ」も聞かなかった。

「東武古書の市」は、現地で目録をもらってわかったが、すでに五五回を数える長く続いた古書市だった。正月に行なわれる印象があったが、夏にも開催するらしい。東武宇都宮百貨店のイベントコーナーが会場になっている。代表として名が挙がる「十全堂書店」（佐野市）を始め、関東近県の一二店舗が参加。想像したより会場は広く、出品された本も見ごたえがあった。

東京のデパート展ほどの混雑はなく、おかげでゆっくり見ることができた。まず「とらや書店」から二点。寺山修司（宇野亜喜良＝装幀挿画）『絵本・千一夜物語』（天声出版、一九六八年）は、帯こそないが初版、折り込みピンナップもちゃんとついていて一〇五〇円。ひとケタ違っていてもおかしくない人気の稀少本だ。まずこいつを抱える。もう一冊『船』（大阪商船株式会社）は、素っ気ない表紙の小冊子だが、昭和二年刊の、船旅を奨めるガイドブックで、なかを開けると挿絵があり、めちゃくちゃおもしろい。価格は二一〇〇円。「うーん」とうなって一旦棚に戻す。しかし、一回りしたあと、やっぱりこれは買っておくべきだと再び戻って戦利品に加えた。このほかにも「とらや書店」には目を引くものが多く、水戸市にあるお店を訪ねてみたくなった。

さらに「岡島書店」から大江健三郎『夜よゆるやかに歩め』（中央公論社、一九五九年）が三一五円。これは佐野繁次郎の装幀。「金木書店」から上田哲農『きのうの山きょうの山』（中央公論社、一九八〇年）が三一五円。「吉本書店」から『吉岡実散文抄――精神が住まう場所』（思潮社、二〇〇六年）三一五円、『喫茶ロック』（ソニー・マガジンズ、二〇〇二年）五二五円を買う。まずまずの収穫といえよう。

もちろんデパート展だから、一般のいたいけなお客様用のビジュアル本、実用書、いまどきの読物、文庫なども多数揃っているが、けっこう黒っぽい本も散見できた。これからまだ宇都宮市街を散策し、東京まで持ち帰ることを案じて少し買い控えたほどだ。

　このあと東武百貨店から五〇〇メートルほど歩いたところにある「山崎書店」へ向かったが、古書市に出店のため休業されていた。こういうこと、よくあるのでさほどがっかりもせず、昔ながらの風情を残す町並みを愛でながら栃木県立美術館まで歩いてしまう。宇都宮駅からおよそ三キロ。ここで、木口木版の柄澤齋の展覧会が開催されているのだ。同展を見るのも、今回の目的の一つ。

　ちかごろ東京都内の美術館は、どこもかしこも人が押し寄せ、満員電車のなかで絵を見るような按配に閉口していたが、地方の美術館は人も少ない。心置きなく柄澤ワールドに浸ることができた。サイン入り木版画つきの図録がこれまた素晴らしい。古書価がつくこと間違いなし。

いま大阪で一番ホットな古本町　大阪・天神橋筋商店街

二〇〇六年一〇月——「ブックカフェ ワイルドバンチ」ほか

　大阪市北区の天神橋筋商店街が、いま古本町として沸騰中と知ったのは、『大阪人』二〇〇六年八月号「特集 古本愛」（大阪市都市工学情報センター）を読んでのことだった。私は、『気まぐれ古書店紀行』ですでに「矢野書房」と「天牛書店天神橋店」を取り上げ、このエリアに注目している。『大阪人』を読むと、それまで四、五丁目あたりに集中していた古本屋が、あらたに「厚生書店」「書苑よしむら」と三丁目周辺に加わり、一挙に花が咲いた感じだった。六丁目近くには古本を売るブックカフェ「ワイルドバンチ」も誕生した。

ブックカフェ　ワイルドバンチ

　それに、一丁目で「空閑《くが》文庫」がオープンしていたことを知る。この「空閑文庫」、おそらくかつて、千林・今市商店街の「山口書店」へ行く途中、二十数年前に突如現われ、いつのまにか消えた同名の書店のはず。その後どうなったか気になっていたのだ。

それやこれやで、いま大阪で一番ホットな古本エリアとなった天神橋筋商店街を再訪したいと思っていた。八月一一日から始まる、京都「下鴨古本まつり」へ行くつもりだったのでちょうどいい。

さて、その結果だが、今年の下鴨古本まつりもいろんな意味で熱かった。せめて購入した本だけでも書いておこう。

『学習』(学習研究社、一九六五年)付録『鉄道の発達物語』。ウエルズ『宇宙戦争』(偕成社、一九六四年)はカバーとカラー口絵が小松崎茂。谷川俊太郎ほか『こどもの世界 童話館』(サンケイ出版、一九八〇年)は挿絵が長新太・宇野亜喜良、豊島豊太郎『趣味の医学』(宝文館、一九二六年)などなど。臼井喜之介『詩集 童説』(臼井書房、一九四六年)は臼井の署名入りで、買ったキクオ書房の店主から「ええのん、掘出しはりましたな。目が高い」とほめられる。篠山紀信『紀信快談』(朝日新聞社、一九七六年)は和田誠＝装幀。巌谷國士『ヨーロッパ夢の町を歩く』(筑摩書房、一九九三年)、今江祥智『幸福の擁護』(みすず書房、一九九六年)、内田繁『椅子の時代』(光文社、一九八八年)、多田裕計『新世界』(大都書房、一九四三年)、クリスティー『ABC怪事件・恐怖の旅客機』(あかね書房、一九八五年)は「少年少女世界推理文学全集」の一冊。以上すべて一冊二〇〇円。

ほか、杉本秀太郎の署名入り『伊東静雄』(筑摩書房、一九八五年)が五〇〇円。名物一〇〇円均一コーナーからは笑福亭鶴光『お子様ランチ』(ペップ出版、一九七八年)、金田正一『やったるで!』(報知新聞社、一九六五年)などを拾う。

心置きなく、京都の夏祭を終えて、次に大阪のことを。一三日の日曜日、京阪「千林」駅で畏友・山本善行と待ち合わせ。それにゲストとして工作舎の石原剛一郎さん、ライターの北條一浩さんが加わって、わが青春の千林・今市商店街の古本屋を流して歩き、地下鉄谷町線「千林大宮」から一本で「南森町」へ。天神橋筋商店街を一丁目から六丁目まで歩こうという算段をつける。我ながらいいコースだと思う。

千林・今市コースでは「山口書店」で、高橋康雄『夢の王国——懐しの少年倶楽部時代』(講談社、一九八一年)が帯付き・初版で五〇〇円。な、安いやろ? これが山口書店。山口書店へ行く途中、かつて「空閑文庫」のあった近くに「ブ」(ブックオフ)ができていた。さっそく四人で攻めたが、山本の動きが早すぎて、姿が店内で二、三人にも見える。あっというまに、ほかの三人を尻目にブローティガン『芝生の復讐』(晶文社、一九七六年)を手にしている。その鮮やかさと選球眼に一同ただ感心する。

天神橋筋商店街では、一番に「空閑文庫」に連絡をとったが、今日は店にいないという。残念。「天牛書店」「矢野書店」と回り、矢野さんに場所を聞き「厚生書店」「書苑よしむら」へ寄る。この二店は、ほんとうに「矢野書店」からすぐ近く。古い雑居ビルの二階に隣合わせで入っている。「厚生」は昭和史や戦記もの、「よしむら」は美術書の専門店。どちらも店主が若い。アルバイトの店員と間違えそうだが、棚を見る限り志は高い。「厚生」で『大阪青春街図』(有文社、一九七四年)を八〇〇円で買う。前から欲しかった本だ。「プガジャ」の匂いぷんぷんの七〇年代アイテムだ。イラストは若き日の森英二郎。

このあと、天五中崎商店街「青空書房」、近距離で移転した「高山文庫」を経て、わが古本修業の出発点となる「中田書店」を訪問する。じつは、七、八歳のころは店頭の雑誌付録マンガを漁っていただけで、店内にちゃんと足を踏み入れるのは今回が初めて。しかし、印象は四〇年前とまったく変わらないというのが凄い。主力は柔らかい本だが、天井近くの棚には一般書もある。私は何も買えなかったが、北條くんが、なんと郷土の先輩、落合恵子の本を買っていた。「一〇〇円だったんですが、五〇円でいいって言われました」と北條くん。一〇〇円の本を半額にしてもらったことは私もない。なかなかの凄腕だ。

今回の最終目的地「ワイルドバンチ」は、私が小学校低学年のころ、うろうろしていた場所にあった。挨拶して中へ入ると、ちょうど中尾務さんがいた。読書人雑誌『CABIN』編集長だ。中尾さんは以前からここの店主・庄内斉さん（五八歳）に、私と山本を会わせたいとおっしゃっていた。というのも、庄内さんも京阪沿線在住者で、若いころ、千林・今市商店街の古本屋巡りをした人なのだ。たぶん、山本も私も、山口書店や楠書店で庄内さんと袖すりあっていたにちがいない。

サム・ペキンパーの映画タイトルを借用したという「ワイルドバンチ」は、元ライブハウスとあって、フローリングの床、バーカウンターと居心地よさそうな空間を作っている。自分の蔵書二万冊から始めたという本棚には、映画、ジャズ、内外の文芸書など、趣味を同じくする者としては頬がゆるむ書目がひしめきあっていた。今度から、大阪古本散歩の締めはこの店と決めた。

＊――「空閑文庫」「中田書店」は店を閉められた。「青空書房」は二〇一三年に浪花町に移転し、自宅兼ブックカフェに。「ワイルドバンチ」の店主・庄内斉さんは二〇一五年七月に逝去された。

軽井沢に生まれた夢の古本屋

二〇〇六年一一月――長野県北佐久郡「古書 追分コロニー」

古書 追分コロニー

「森の中程で、道が二叉になる。一方は真直に村へ、もう一方は、昔、明や菜穂子たちが夏を過しに来た別荘地へと分れるのだった。（中略）その道へ折れると、麦稈帽子の下から、白い歯を光らせながら、自転車に乗った菜穂子がよく『見てて。ほら、両手を放している……』と背後から自転車で附いて来る明に向って叫んだ。……」。

まさかこの連載を堀辰雄から始める日が来ようとは思ってもみなかった。この描写は、昭和一五年の代表作『菜穂子』から。荻窪の建築事務所に勤める都築明が、少年の日を過ごした軽井沢町追分村を訪ねる場面。そこで幼なじみの菜穂子を追憶する。明は立原道造をモデルにしていると言われるが、ここでは「荻窪」、そして「追分」という地名を、ちょっと頭に刻んでおいてください。

さてここからが古本屋の話。今回御紹介する「追分コロニー」の斎藤尚宏さんは、数年前から私があちこちでするトークイベントに、夫妻でよく参加してくれていた。言葉を交わすうちに、「じつは古本屋をやりたい、と思っているんです」と告げられて驚いたのだ。

普通は「よく考えたほうがいいですよ」と言うだろう。私は違う。「それはいい。ぜひやってください」とハッパをかけたのだ。というのも、ただの古本屋ではなく、軽井沢の別荘地で店を開きたい、とのことだった。これには興奮した。現在、軽井沢にはごぞんじ「古書りんどう文庫」、夏の間だけ開く「豊島書房」があるが、そこに一軒加われば……。

しかし、斎藤さんは勤め人の身。実現はずっと先かと思っていたが、あれよあれよと話は進み、二〇〇五年六月にホームページを立ち上げ、一一月に古物商免許を取得、〇六年三月には店舗となる立派な建物の上棟式を済ませ、この夏より週末限定で店をオープンさせてしまった。すごいスピードと実行力。これを見過ごすようでは古本魂が腐ると、早速この秋、九月一五日(金)、斎藤夫妻が追分へ向かう深夜の車に同乗し、軽井沢にできた古本屋「追分コロニー」を拝みにでかけた。斎藤夫妻は東京都杉並区西荻窪在住。ほら、ここで「追分」と「荻窪」がつながった。

追分へ向かう深夜の関越を走りながら、根掘り葉掘り聞き出したところ、斎藤尚宏さんは、一九五六年兵庫県西宮市の出身。早稲田大学政経学部を出て、銀行で投資信託の仕事に就く。追分出身の祐子夫人によると、「結婚式で、とにかく斎藤には本だけは読ませてやってくれ」と友人の祝辞があったくらいの本好きで、ただし古本屋には縁がなかったという。

八三年から一〇年間、ニューヨーク支社でバブルの絶頂の投機天国と崩壊後の地獄も見た。「ただ時間におし流される毎日で、仕事も次第にマニュアル化し、ものを考えなくなるんですね」と斎藤さんは、遠い過去のことのように振り返る。帰国して、丸谷才一・中村真一郎・福永武彦によるミステリガイドの名著『深夜の散歩』(早川書房、一九六三年)を片手に、昔読んだミステリを買い求め始めたのが、遠い風に乗って運ばれた種子のように、斎藤さんに古本の芽をつけた。

「週末になると、神保町、早稲田、中央線と古本屋巡りを夫婦で始めるようになります。私はミステリ、家内は文芸、絵本。それに岡崎さんの本を始め、古本に関する本も集めるようになって、古本屋で過ごす時間の楽しさに心を奪われるようになっていった」。

斎藤夫妻は、東京では社宅住まいで、軽井沢にもともと別荘を持っていた。最初はそこで家中にあふれかえった本を、ネットで販売しよう、と思っていた。ところが、祐子さんの親戚が、堀や立原も投宿した追分「油屋」近くで、かつて古い旅籠「柳屋」を営んでいたが廃業。その場所にかつて旅籠があった記憶を止めたいと、建物を新たに作る資金を融資してくれたことで話は思いがけない方向へ。さらに、今年の五月に、谷根千界隈で開催された「一箱古本市」に夫婦で店を出して、お客さんと言葉を交わし、目の前で本が売れていく楽しさも知ってしまった。

そうなるといてもたってもいられない。斎藤さんはすぐに会社を辞めてしまおうと思ったが、周りは引き止めた。「どうして食っていくんだ。バカなことをするな」「定年になってからでもやれるじゃないか」と、常識的にはそう言うだろう。しかし、心はもう大きく古本屋開業という夢に傾いていた。今年いっぱいまで勤め、来春から本格的に「追分コロニー」は始動する。

場所は、冒頭の『菜穂子』で（信濃）追分駅から「真直に村へ」行く道を進み、旧街道を左に折れ、右手に堀辰雄文学記念館が見えたら、もうその目の前に白壁、白木の木造二階建ての眩く光る新築の建物が見える。それが「追分コロニー」。言われなければ、一万人に聞いたって、そこが古本屋だと当てられる人はいないだろう。普請中には、通り行く人が「新しい蕎麦屋でもできるのかしら」と話していた。そういう店構えなのである。

一階の半分に壁際ぐるりと本棚が囲み、衣食住、音楽、旅、趣味、健康、文芸、経済などのジャンルが並ぶ。文庫と新書にも力を入れていて、原則的に三〇〇円とし、中公、ちくまなど人気のあるものは少し上乗せしてある。いずれも手を出しやすい価格帯だ。

奥の一室は暖炉のあるカフェスペース。いずれここに絵本、児童書を置き、読み聞かせの会などを開く予定。これは祐子さんの担当。祐子さんの旧姓は土屋。祖母・土屋滋子さんは、戦後、自宅を開放し「土屋児童文庫」を作った人だ。孫はいま、軽井沢でその精神を受け継ごうとしている。

「風立ちぬ、いざ生きめやも」。

堀は「風立ちぬ」で、ヴァレリーのこの言葉を引用した。それを真似て「追分コロニー」に言葉を贈る。

「店開きぬ、いざ生きめやも」。

*——軽井沢の「古書りんどう文庫」は小諸に移転された。二〇〇九年一月の回を参照。

ああ、盛岡は今度も雨だった

二〇〇六年一二月――盛岡市「キリン書房」

キリン書房

　さる一〇月七日からの連休、二泊三日で、盛岡、函館と家族旅行をしてきた。いつも、家族なんかないような顔で、あちこちほっつき歩いているから、たまにはね、家族サービスを。ところが、事前に予定を聞かれて、この連休中、何もないと答えたのだが、あとになって「明治大学リバティアカデミー」の古本講座が入っていることが判明。思わずアチャーと叫んでしまった。

　宿は予約してしまっていたから、妻と娘だけが先発で旅立ち、私は午後の後発という不細工なことに。おまけにこのとき、重い雨と風を孕んだ低気圧が北上中。わざわざ新幹線と特急でその低気圧を追い掛ける旅となってしまった。

　たとえば、初日の七日、東京は昨日までの悪天候とはうってかわって抜けるような青空が広がっていたが、午後三時半ごろ盛岡に着くと、どんより曇った雨模様。翌朝、盛岡を立つときは天気は回復していたが、低気圧の北上で東北は大荒れ。鉄道はストップし、八戸で一時間以上も留め置かれるという事態に。

　一事が万事この調子。しかし不思議なことに、旅というのは、そんな波瀾含みのほうが強く印象に残ったりするものだ。例えば盛岡では、妻と携帯で連絡を取り合ったが、途中で電池が切れ、仕方なく「キリン書房」を覗いた後、中津川沿いに古い町並みの残る紺屋町通りを歩いていたら、「クラムボン」という喫茶店に、妻と娘がちょこんと座っている姿を発見。いきなり現われた私の姿に、向こうもびっくりしているみたいだった。

　「キリン書房」は啄木の碑もある岩手公園のすぐ

北、大通り沿いにある。店舗はまだ新しくきれいで、一階、二階と本がびっしり詰まった優良店。これまで二度、盛岡の古本屋回りをしてきたが、ここは初めて。すぐ目の前に神社があり、以前訪れたとき古本市があった場所だと気づく。ガイドブックで確認すると「桜川神社」とある。ああ、あのときも盛岡は雨だった。いまは北上市に移転してしまった「上ノ橋書房」で、神社で古本市がありますよ、と教わって駆けつけたのだった。

これもいまは通販専門店となった「雀羅書房」で、私が店内を物色中、店の外で妻子を待たせていて、外へ出たら駐車場の石を拾う娘を妻が叱る声がする。なにもわざわざ盛岡まで来て、駐車場の石を拾わなくても。この件りは、拙著『気まぐれ古書店紀行』のなかでも名シーンとして謳われた。

あ、そうそう「キリン書房」の話を。ここは二階がおもしろい。一階レジ横のロッカーでカバンを預ける方式で階段を上がると、無人の二階は、文芸、人文、歴史など主要な書目はあらかた揃っている感じだ。文芸書では、さすがに宮沢賢治の本が、研究書も含めて充実している。しかし、正直に言えば、このところ地方の古書店回りをしていても、何かとんでもない掘り出し物をしようとか、値付けの甘い本を探そうとかいう気持ちはなくなっている。私が買う程度の本は、結局、東京がもっとも揃いやすく、値段も安い。ネットの情報が行きわたったいま、地方だからという甘い穴はほとんどないと言っていい。

だからといって、地方の古書店回りの魅力が失せたかというとそれはない。見知らぬ町の、見知らぬ町名の表示を目で追い、その土地ならではの風物に取り囲まれながら、やっとたどりついた古書店の入口で佇むときの気分は、ほかの何にも代えがたい快楽だ。夕闇の迫った「キリン書房」は、目の前のこんもりした樹木が生い茂る公園、目を移せば古い商店街とロケーションは最高。

いま盛岡にいる。その気持ちを大事にしながら、「キリン書房」二階での散策は続く。店主の眼との気詰まりな対峙もなく、しばらく気ままに滞留し、何か盛岡および「キリン書房」らしい本をと、二度、棚を舐め回した。あれこれ迷ったあげく、結局ジェイムズ・カーカップ=著・佐藤健治=訳『動物誌——詩の絵本』(思潮社、一九七四年)を買う。これが六〇〇円。

彫刻家トーマス・ビューイックの動物の精緻な版画が、各詩編に付されたこの詩集をなぜ買ったか。つまり、あの動物の詩があれば買おうと決めた、あの動物が入っていた。すなわち「きりん」。その後半部を引いておく。

「突然　身体中の／斑点の雨に会い／(きりんさん)／ゲリラに変身し／それにかくれて何もせず／お前は　森の／裸の枝にならい／灰色　褐色／黄色の秋となる／そこから動く／大きな眼／物悲しさを雄弁に語る／月のよう」。

妻子と出会った「クラムボン」で、自家焙煎のおいしいコーヒーを飲みながら、パラパラと買ったばかりの『動物誌——詩の絵本』をめくり、「きりん」という詩を読む。せっかく家族旅行に来ておきながら、古本屋へ行き、喫茶店に入っても、独りで本を読んでいるお父ちゃん。しかし、妻子はそんなお父ちゃんを、諦めを通り越して、そういうものだと思って見ているようだ。

そしてこの喫茶店、スキンヘッドのまだ若い店主(店員?)がそのつど豆を碾き、いちいち一杯ずつていねいにコーヒーを入れ、温めたカップに注ぐ。その一連の動作を見ているだけで楽しい。客席は観光客で満杯だが、豆だけを買いに来る地元客もたくさんいる。「キリン書房」と「クラムボン」。この二つが今回の盛岡行きでは強く頭に刻まれた。

店を出て、もうとっぷり日が暮れた紺屋町通りを先へ行くと、すぐ「東光書店」があったが、もう閉店していた。その対面、T字路角に古いタクシー会社があって、その風雨にさらされたコンクリート造りの建物にしばらく見惚れる。私にとっては、これもまた「古本的なるもの」だ。

この夜は町中のシティホテルに宿泊。翌日は函館。その顛末は次回に報告することにしよう。

1月　函館市「第一書店」ほか

2月　東京・新宿区早稲田「立石書店」

3月　東京・新宿区市谷柳町「樂園書林」

4月　大阪市「ハナ書房」ほか

5月　戸田市某書店

6月　東京・高円寺「アニマル洋子」ほか

7月　川崎市多摩区「明誠書房・宿河原店」

8月　東京・小金井市「伊東書房」

9月　伊那市高遠町「喫茶と古本 高遠 本の家」

10月　大阪市「古書 さろん天地」

11月　東京・墨田区東向島「こぐま」

12月　東京・北区田端「石川書店」

【第二部】二〇〇七

佐藤泰志『海炭市叙景』の街を訪ねて

二〇〇七年一月――函館市「第一書店」ほか

第一書店

前回、「さる一〇月七日からの連休、二泊三日で、盛岡、函館と家族旅行をしてきた」と書いたその続きを。今回は函館編。台風なみの低気圧の北上を追いかけての家族旅行はまだ続いている。八日朝、盛岡は雨が上がり、雲の裂け目からは青空が覗く。さすがに空気はひんやりしている。

「ほんと、一日ずれてたらよかったのにね」と、妻と昨日と同じ会話をしながら八戸行き東北新幹線に乗り込んだまではよかったが、北へ向かうにつれ、雲行きはだんだん怪しくなっていく。そして八戸でとうとう立ち往生してしまった。風が強く、東北本線八戸、青森間で全線運行を見合わせているというのである。指定を取ってあったスーパー白鳥は、待合室代わりに使われることになった。こういうとき、本読みは強い。さっそく今回の旅の道づれに持ってきた、佐藤泰志『海炭市叙景』(集英社、一九九一年)の続きを読む。この本についてはまたあとで。スーパー白鳥は、一時間遅れで無事発車となった。やれやれ。

結局、函館には予定より二時間近く遅れて着いた。昨日の盛岡の天候に逆戻りした感じで、小雨と強風で、傘をさすより濡れたほうがまだマシという感じだ。娘は裏返った傘をふりまわしてヤッホーと雄叫びを上げている。子どもは雨に強い。駅から数分、かなり古いホテルに荷を解くと、すぐさま妻子を引っ張ってまた風雨の街へ。函館上陸古本巡り第一弾として、まずは野村宏平『ミステリーファンのための古書店ガイド』(光文社文庫、二〇〇五年)、略称『ミス古書』でチェックした「PLUS1」へ。

同書によれば、これは「駅前の和光デパート地下にある。(中略)新古書店のような店名だが、古書全般と中古レコードを扱い、黒っぽい本も少なくない。ちょっとした雑本店といった感じで、掘り出し物が期待できる店である」というのだ。この記述を胸に和光デパートに飛び込む。一階の店舗には目もくれず、地下への階段を急ぐが、無情にも「地下は改装中」の張り紙。がっくりだ。

そこで、市電一日乗車券を買って市電に乗り込む。函館市街をTの字を描くように走り、ひんぱんに後続電車が来る。窓外の景色はゆっくり見られるし、乗らなきゃ損というほど便利な路面電車だ。

私たち家族が最初に乗ったのは「湯の川行き」。途中「五稜郭公園前」を過ぎ「深堀町」で下車。「古書浪月堂」、少し離れて「浪月堂書店」の二店舗が電停前にある。前者は休みだったが後者は開いていた。「創業明治二六年」と『全国古本屋地図――21世紀版』にある。店内はかなり広く、ジャンルもほとんどを網羅。もちろん郷土史は充実。かなり見ごたえがある。

文芸書と雑本コーナーに戦前に出版されたものを含め、私好みの本が並んでいたが、たいていすでに所有していて、手が出なかった。うちの妻が奥の美術書の棚からブリューゲルの画集を見つけ「これを買う」というのでホッとする。娘は表の均一でマンガを読んでいる。まだ途中だった水木しげる『墓場の鬼太郎』を「これ、欲しい」というので、ついでに自分用として、子ども向けに書かれた増田浩三『特急入門』(小学館、一九七九年)を娘に「一緒に買ってきて」と手渡す。『墓場の鬼太郎』が一〇〇円で、『特急入門』は五〇円。家族で親父が一番安い本を買ってやんの。面目丸つぶれ。このあと終点の「湯の川」で降りて、夕暮れの坂道を上り、「ブックオフ」へ行くのだが、まあ省略しておこう。夜はベイエリアに赤レンガ倉庫の建ち並ぶ、函館一のショッピング、グルメ街へ行くがこれも省略だ。

翌日、空はようやく晴れ、函館山へロープウェイで上る。この市で生まれた作家・佐藤泰志の『海炭市叙景』という連作短編集は、函館をモデルに描かれた。最初の「まだ若い廃墟」は、炭鉱は閉鎖、造船所は首きりで冷えきった海炭市で生きる若い兄妹が出てくる。親も身寄りもなく、ついに生活費も尽きた二人は最後の小銭を握りしめ、大晦日、函館山へ上る。展望台ラウンジでビールを一本だけ注文し、乾杯をする兄妹。ところが兄は、帰りは歩いて降りると言い出す。下の発着所で、妹は六時間待つ。しかし、兄は還らない。深い雪のなか、兄は姿を消す。哀切が喉元までこみ上げてくる名品を皮切りに、『海炭市叙景』は北の街で生きる人々の悲しみを、底の底まで見届けた傑作だが、佐藤は一九九〇年自ら命を絶つ。今回、函館へどうしても来たかったのは、佐藤の遺したこの小説を現地で体感したかったからだ。

函館山を降りると妻子とは別れ、私はバスに乗り「第一書店」へ。途中、「海岸町」という表示を見つける。「海炭市」はここから取られたのか。大きなタンクが見えるガス会社の近くに、その小さな店はあった。『海炭市叙景』にもガス会社が風景のなかに出てくる。「第一書店」は店内も狭いが、選ばれた本が背を揃えて並び、ひと目でいい店だとわかる。「店主はホトトギス派の俳人で」と『全国古本屋地図――21世紀版』にあるが、帳場に立ってらしたのは年配の女性。井内佳津恵『田上義也と札幌モダン――若き建築家の交友の軌跡』（北海道新聞社、二〇〇二年）六八〇円、谷川俊太郎＝文・大野一興＝絵『十円玉』（エルム、一九七六年）四二〇円を買うついでに「佐藤泰志の本は何かありますか？」と聞いてみた。思いがけない名前が出たという感じで、少し思案して、「本当は、置かなきゃダメなんですけどねえ」と呟かれた。この答えが気に入った。

このあと「函館市文学館」の佐藤泰志コーナーを見て気づくのだが、佐藤の命日は一〇月一〇日。私が函館を訪れた翌日だった。

*――「PLUS1」は現在、函館市堀川町で中古・輸入レコード店「PLUS1 A.D.」として営業中。「古書浪月堂」は店を閉められ、「浪月堂書店」のみ営業されている。

私は坂ストーカー

二〇〇七年二月――東京・新宿区早稲田「立石書店」

立石書店

我ながら、どうしてこうなってしまったのかと、あきれる今日このごろである。昨年の一一月から、急に東京の「坂巡り」のおもしろさに目覚め、坂だけを追いかけて、足を棒にしてほっつき歩く日々を重ねている。二ヵ月の間に、坂だけを歩くためのツアーを都合七回挙行。最短コースを選べば所用時間は半分で済むところを、およその倍はかけて、あの坂、この坂とジグザグに歩くのである。坂を巡る執念はまさにストーカー。浅生ハルミンさんの名著『私は猫ストーカー』（洋泉社、二〇〇五年。完全版が中公文庫、二〇一三年）に倣って、「私は坂ストーカー」とこの愚行を名付けることにした。

そもそも、なんでまたそんなことを始めたのか。思い返してみると、拙著『気まぐれ古書店紀行』に収録された「あれを魚藍と指差す方に――港区三田『小川書店』」（「二〇〇四年二月」の回）ですでに、泉岳寺から伊皿子坂、魚藍坂と坂巡りをしている。このとき、本来なら「小川書店」への最寄りのアクセスを選ぶべきところを無視して、わざわざ不便なルートを歩いていたのだ。しかし三年前はまだ、「坂」の病原菌に感染していない。

これは！　と目覚めたのが、昨年一一月二日。早朝のラジオ出演を終え、音羽の光文社で編集者との打ち合わせを済ませ、それでもまだ時間に大幅な余裕のあった日のこと。このまま普通に有楽町線、JR中央線と乗り継いで帰ってもつまらないと思い、いつも持ち歩く東京地図を開いた。すると、目白から椿山荘脇を抜け、早稲田へ続くルートが浮かび上がった。いつも鉄道路線を睨んで最短のルートを選んで移動している目には、それが新鮮に映ったのである。

さっそく、首都高速五号線のガードを抜け、鉄砲坂にとりついて急坂をぐいぐい上り、目白台図書館から目白通りを突っ切り、椿山荘を左手に見ながら、胸突坂と呼ばれる階段を下って行った。この胸突坂は、坂というよりほとんど崖で、たしかに上りなら、膝が胸を突くような傾斜だ。神田川を渡り、早稲田通りへ出たときには、流れた汗がシャツを濡らしていた。およそ三〇分ほどの行程ながら、おおげさに言えばひと山を越えたという達成感があり、地図上では見えない東京の起伏を足裏に実感することができた。こりゃあ、おもしろいや。

さあ、それからというもの、都心へ出るたびに地図と首ったけでルートを探り、ケツに火がついたサルのように、せっせと坂巡りを続けている。もちろん本だって、すでに所持していた中公文庫版（一九八一年）、横関英一『江戸の坂東京の坂』（有峰書店、一九七六年）の元本を買い、ついには石川悌二『江戸東京坂道事典』（新人物往来社、一九九八年）という大部な事典まで手に入れてしまった。今日も坂、坂、明日も坂。まったく、この熱しやすい性格には、あきれながらついていくしかない心境だ。

そこで思いついたのが、坂と古本屋をからめようというアイデアだ。坂の途中にある古本屋を訪ねれば一石二鳥（というかね、普通）。

「坂の途中の古本屋」で、まず頭に浮かんだのが、茗荷谷駅から近い小石川「土屋書店」だった。さっそく、電話を掛けてみたが、在庫があふれかえり、店を開けられない状態だ、とのこと。あきらめざるをえなかった。いいお店なだけに残念。すると、おあつらえ向きに、昨年暮れの一二月二六日、早稲田通りに「立石書店」が葛飾区立石から移転、オープンした。目の前の通りは緩やかながら八幡坂。立派な「坂の途中の古本屋」だ。

「立石書店」の若き店主・岡島一郎くんのことはよく知っている。早稲田「古書現世」の二代目・向井透史くんとは名コンビ。これからの古書業界を背負って立とうという逸材である。そんな岡島くんが早稲田へ。さぞ向井くんは心丈夫なことだろう。その向井くんの企画で実現した、「立石書店」オープニングに先駆けて一二月二一・二二日の両日に行なわれたイベント「古本市夜・昼」は、すごかった。海月書林、蟲文庫、古書往来座、三楽書房、古書現世、にわとり文庫、書肆アクセス、ハルミン古書センター、旅猫雑貨店、リコシェなどが、オープン前の立石書店の棚に本を並べて売る、いわば店内古書市。それにライター・編集者の南陀楼綾繁さんが蔵書を放出。初日はマニアも一般客も押し寄せ(半数が顔見知り)、店内は酸欠状態となるにぎわいだった。私も駆けつけて、南陀楼棚から『男女百癖——滑稽修養』五〇〇円、『人魚』一〇月号付録『あれ(果物)の一ばんおいしい食べ方』(三幸社、一九五二年)三〇〇円、『すぐ間に合ふ五分間演説と挨拶の仕方』五〇〇円を買った。

そしてオープンの二六日も参上してあれこれ話を聞いた。東京東側の下町、葛飾区立石にあった「立石書店」「岡島書店」の関係は、一度の取材ぐらいではわからない。とにかくこの兄弟店の「立石書店」で一一年(その前、蔵前「浅草御蔵前書房」で一年半の修業期間がある)、店を守った三代目・岡島くんは、道路拡張の立ち退きに遭う。新店舗を探していたところ、ちょうど早稲田の「メープルブックス」さんがネットに移行することになり、店舗が空くと知る。その後釜に収まるかたちで早稲田への移転が決まった。

「それまでも穴八幡の青空古本市には参加させてもらっていたので、早稲田に店を持つのはわりあい、自然な流れだったたですね。移転するにあたって、下町の店では主流だったアダルトとマンガははずしました。ここなら即売展で置くような本も動くことがわかってますし、あんまり初めからジャンルにこだわらず、いろんなものを置きたいと考えています」とのことだった。

地下鉄東西線「早稲田」駅から早稲田通りを高田馬場方面へ、穴八幡の交差点を渡ると長く緩やかな坂にさしかかる。すぐ左手に「立石書店」の真新しい看板が見え、その先、「ブックス・アルト」「江原書店」と個性的な店が続く。早稲田の古本屋街が、「立石書店」の進出により、坂巡りとセットでますます楽しみになってきた。

*――「土屋書店」は催事を中心に営業。「メープルブックス」は「月星文庫」と店名を変え、ネット古書店を運営されている。

市谷台地に生まれた楽園

二〇〇七年三月――東京・新宿区市谷柳町「樂園書林」

樂園書林

坂巡りシリーズ第二弾は市谷台地に取りつく。東京山の手は、北から上野、本郷、豊島、淀橋、目黒、荏原と大きな台地が連なっているが、各台地にまた、デコボコと起伏があり、地形はすこぶる複雑である、とは坂の本を読むようになって仕入れた知識だ。

外濠と平行して走る中央線「飯田橋」から「市ヶ谷」駅の北側は、外堀通りからいきなりせり上がるように急な坂が連続する台地になっている。「飯田橋」起点からの坂巡りはすでに何度か挑戦済みなので、この日は「市ヶ谷」駅を起点とする。

市ヶ谷は、かつて連載を持っていた雑誌の編集部が、駅南側のすぐ近くにあったので、打ち合わせを含め何度も通ったものだった。また、雑誌ライター時代に、日本テレビへの取材のため、この駅を利用している。

そこで思い出した。取材の日、日本テレビの休憩室で逸見政孝さんの姿を目撃したのだ。

当時、フリーの司会者として人気絶頂期にあった逸見さんが、その日は、なぜか茫然と待合室の長椅子に掛けて宙を見つめていた。ちょっと異様な感じを受けたので覚えている。翌日、記者会見で自ら「ガン」であることを告白したのでびっくり。当時、これは大きな話題となった。初めてそのとき、前日の異様な姿の意味がわかった。

いまちょっとネット検索してみたら、記者会見があったのは一九九三年九月六日。その年の暮れ、一二月二五日に亡くなっている。逸見さんは大阪出身。八五年八月一二日、家族で大阪へ航空機で帰省する予定だったが、飛行機嫌いの晴恵夫人の願いで急きょ新幹線に替えた。乗るはずだった日航機一二三便は迷走の末、御巣鷹山に墜落。九死に一生を得た命だったが、ガンには勝てなかった。あまりな運命の皮肉と無残さに、ただ口をつぐむしかない。

余計なことを書いてしまった。先を急ごう。市ヶ谷駅を降り、目の前の橋を渡ってまずは市谷八幡男坂へ。これは市谷亀岡八幡宮にかかる石段の参道で、六〇段もある急坂。戦前までは賑わった神社らしいのだが、いまはひっそりとして、警察官のグループが訓練のため石段を駆け上がっていた。本殿脇から裏へ回る細い道をたどり、いったい出口はあるのかと心配になったころ、駿台予備校の建物が見え、右近坂に出る。この右近坂、安藤坂、中根坂とつづら折りに続く坂は、かつてこのあたりにあった旗本屋敷の名に由来する。

大日本印刷の敷地が途切れた角で左折、銀杏坂を経て外苑東通りへ出る。ここまで、ゆっくり歩いて二〇分ぐらいか。交通量の多い外苑東通りを北上し、市谷柳町交差点の手前右側に四階建ての細いビルがあり、そこに「樂園書林」が入っている。しかし、樂園書林を訪ねる前に、交差点近くに斜めに切れ込んだ短い「焼餅坂」をチェックしておく。名前に引かれて、今回の坂巡りのゴールにと取っておいたが、見るとどうってことない駄坂だ。名の由来は、昔ここに焼餅を売る店があったからとか。もう少し色っぽいエピソードを想像していたが、いたしかたない。

「樂園書林」さんは平成一五年一〇月のオープン。最初は二階を店舗にし、一階ではバーを開いていた。ときどき古書展などでお見かけし言葉を交わした店主の武田三省さんは、一九五三年品川生まれ。話を聞いて驚いたが、武田さんは三一書房や社会思想社などの書籍の装幀を手掛けるデザイナーだった。奥様かと思っていた女性、安藤千種さんはイラストレーターで、武田さんとコンビで何冊も本をデザインし世に送っている。二人はあくまでビジネス上のパートナーだという。

「一番忙しいときで、月に二〇から三〇冊は装幀をこなしていた」というから売れっ子だった。それが三一の労働争議、社会思想社の倒産に遭い、仕事は激減。以前から好きだった古本を商売に、と樂園書林を作る。再び驚いたのは、樂園書林が入る四階建てのビルは、賃貸ではなく、そのためにこの地に建てた新築物件だという。「店舗面積は九坪と狭いんですが、地盤が弱くて、地下三〇メートルまで掘って土台を作った。だからとんでもなくお金がかかってしまった。設計者に言わせれば、四階建てだが、構造上は『高層ビル』になるそうです」と武田さんは笑う。一階を飲み屋にしたのは、古本屋だけで稼ぐには自信がなくて、日銭が入る仕事として始めたのだが甘かった。古本屋を七時までして、それから飲み屋をするには体力が続かない。一年であっさり撤退し、一階にもちゃんと古本を置くことにした。

「いろいろ苦労はありましたが、改めて新開店という気分です」という。

最初は自分の蔵書から始めた。その後、古書組合にも入り、新宿・京王百貨店の古書市に参加するなど、積極的に活動しているが、それでも「赤字」続きらしい。「儲けが全部仕入れに回ってしまう。どうしても欲しい本は高くなってしまうので、現金が手元に残らない。まるでボランティアで本を仕入れて、客に手渡しているような気分」と口では言うが、声は明るく、なんだか楽しそうだ。やはり、根っから本が好きなのだろう。

取り扱う商品は美術、映画、写真、文芸など。武田さんと安藤さんの趣味でもある「俳句」は、店内奥に一棚分、ずらりと揃っている。この俳句の本を始め、自分のお薦めの本には高くつける。それで売れると、わかってくれたんだと、うれしくなる。これは開業して初めて知った古書店の楽しみだと武田さんは言う。

「珍しいものを集める古本屋、でありたいんですね。それしか、大型店や老舗に対抗できないでしょう」。

頼もしい声を背に、帰りは早稲田まで歩く。市谷柳町交差点から北西に続く道を行くと、すぐに夏目坂に着いた。早稲田から意外と近い場所に市谷の〝楽園〟はあった。

*――「樂園書林」はその後、店売りをやめ、現在は京都府福知山市でネット販売を中心に営業中。その後「樂園書林」のあったビルの裏手に、女性古書店主の店「十二月書店」ができた。

四〇年ぶりに「ごたいめーん！」

二〇〇七年四月——大阪市「ハナ書房」ほか

ハナ書房

筑摩書房のPR誌『ちくま』に、二〇〇六年の一〇月号から連載している「古本屋は女に向いた職業——女性古書店主列伝」（『女子の古本屋』というタイトルで、現在ちくま文庫、二〇一一年に収録）の取材のため、二月九日、倉敷「蟲文庫」、一〇日に神戸「トンカ書店」を訪れた。その話は『ちくま』に書くとして、翌一一日に天神まつり古本市を振り出しに、例によって天神橋筋商店街を北上しながら古本屋を拾っていった。その報告をしたいと思う。

二月一一日は、「古本ソムリエ」の称号を持つ山本善行と天神まつり古本市を襲う。私は初めてだった。山本・岡崎コンビなら当然だが、まず取りつくのは一〇〇円均一コーナー。壁際に古い『文學界』が山積みされていて、ひょっとしたらと背の発行年月をチェックしていくと、お目当てのものがあった。

『文學界』昭和四四年九月号は、芥川賞受賞第一作掲載号で、この年上半期（第六一回）の受賞者が、『深い河』の田久保英夫と、『赤頭巾ちゃん気をつけて』の庄司薫だった。この庄司薫の登場がいかに鮮やかで同時代の若者に強い影響を与えたかは御承知のことと思う。

さあ、その芥川賞受賞第一作『恐竜をつかまえた』（九〇枚）を掲載しているのが、この日見つけた『文學界』だったのである。これは、『新潮』（昭和四四年一二月号）掲載の『アレクサンダー大王はいいな』とともに、その後、庄司の著作に収められていない。じつは、大学時代に私は一度、この『文學界』は入手しているが、度重なる引越しで、とっくに処分していた。その後、読み返したくなって、古本市などへ行くと必ずチェックしていたが、なかなか見つからなかったのである。

『恐竜をつかまえた』は、『赤頭巾ちゃん気をつけて』に始まる、薫くん四部作で、ときおり顔を出す主人公の兄の物語になっている。このへんも、模倣が指摘されたサリンジャーのグラス・サーガと仕掛けが同じであることがわかる。なお『恐竜をつかまえた』には主人公の「弟」なる人物が出てくるが、これがもちろん薫くんなのである。

ああ、なんてこと、夢中になって書いているうちに、いつのまにかたっぷり字数を費やしちゃった。ぼくって、どうしていつもこうなんだろう……と庄司薫の文体に伝染しながら、その『文學界』を抱えて、ほかの店を見てまわった。

「矢野書房」の台を覗いていると、矢野兄弟の弟さんから、「天神橋筋界隈古書めぐり」という小さなチラシをもらった。天神橋筋三丁目付近に、矢野書房が進出してから、それに天牛書店天神橋店が続き、最近になって厚生書店、古書オフィス矢野、書苑よしむらが一つのビル内にオープンするなど、がぜんにぎやかになってきた。しかし、そのチラシを見ると、そこに杉本梁江堂、駄楽屋書房、常盤書房、ハナ書房も加わっている。ちょっとした古本屋街が形成されつつあるのだ。チラシを見ながら、驚きの声を挙げていると、矢野さんは「ハナ書房さんが、岡崎さんとお話しされたがっていましたよ」と教えてくれた。そのハナ書房へ向かう。

天三商店街の並びから細い通路を奥に進むと、一本裏手に瀟洒なステンレス建築が眼前に飛び込む。その階段を昇った二階全フロアが、まだオープンしてまもない「ハナ書房」さんだった。店主の成本進吾さんは、入ってきて挨拶した私の顔を見てニヤリと笑った。これにはわけがあった。

私は、大阪府枚方市で生まれ、生後わずかにして大阪市北区の天満橋にあった東洋紡の社宅に引っ越してくる。入学した小学校は菅北小学校。いまでも現存する中田書店が最初に行った古本屋……なんてことは、これまでに何度か書いてきたし、一部、本にも入っている。さあ、その私が幼少期を暮した東洋紡の社宅。いまは高速・守口線で跡形もなくなったその場所にあった独身寮に、若き日のハナ書房さんがいたというのである。

成本さんは、私の本を読み、「どうやら、自分の若いとき、まわりをうろついていた悪ガキがいたが、そのなかに岡崎さんがいたらしい」と推察した、というわけなのである。私は、二つ上の姉の友人たちに混じって、おままごとをするような惰弱な子どもで、とても「悪ガキ」と呼ぶには程遠かったのだが、同じ社宅に住む青年と少年が、のち古本屋と古本ライターになったと考えると、やはりその絶妙な縁がうれしい。

成本さんは、東洋紡の社員時代に、東京出張の日を金・土に合わせ、東京古書会館ならびに神保町を荒らしまくったコレクターのつわものであることが話を聞いてわかった。待ちに待った定年後に開いたのが「ハナ書房」。店名の由来は愛犬の名だとか。

さて、その「ハナ書房」。ざっと棚に目をやっただけで、これはただごとではないと察知できる。モダニズム文献を大黒柱に、美術、建築、写真、都市、デザインと、本当にいいところばかりを並べた棚なのだ。混ぜず、薄めず、雑味を除いて抽出した、まさに「一番搾り」だ。これほど濃く、ブレがなく、目の詰まった棚を見るのは、おそらく初めてではないか。その吸引力に、ただただ、目が吸い寄せられていく。

例えば、目を皿にしても見つからなかったINAXブックレットの『名古屋のモダニズム――1920's–1930's』（一九九〇年）が軽々と挿してあるかと思えば、『阪神間モダニズム――六甲山麓に花開いた文化、明治末期‐昭和一五年の軌跡』（淡交社、一九九七年）、『1920年代・日本展――都市と造形のモンタージュ』（朝日新聞社、一九八八年）、『モボ・モガ展

1910–1935』(神奈川県立近代美術館、一九九八年)なんてカタログ類が当たり前のように並んでいる。『sumus』が特集して以来、どうも地を払ったように消えた洲之内徹の著作群も、ごく普通に並んでいる。しかも、これはほんの、ほんの一部にすぎない。たぶん四〇年前、独身だった成本さんと同じ社宅の共同風呂に浸かった私としては、ただただ驚くしかないのである。

*――「古書オフィス矢野」「中田書店」は店を閉められた。「厚生書店」は中央区谷町・空堀商店街に移転。「常盤書房」はネット販売に移行された。

春、四月、あの場所へ

二〇〇七年五月――戸田市某書店

今回の原稿はちょっと甘くなるかもしれないなあ。最初に、お許し下さいとあやまっておこう。なにしろ一五年ぶりに、思い出の地を訪れるのだ。多少の糖衣が表面をコーティングしても仕方がない。

春、四月。今年の桜の開花予想の発表が間違っていて修正されるなんて騒ぎがあったが、どうだっていい。毎年、この時期になると必ず咲いて、必ず散るってところが重要なのだ。冷害や台風で、稲穂なら米ができないことだってあるのだから。

この時期、私は避けがたく感傷的な気持ちになる。大阪で講師生活を続けていた二〇代半ばから三〇代初めは、毎年契約が変わり、慣れた職場を移らなければならなかった。桜の開花と落花は、そんな精神状態の背景としていつもあった。あるいは、度重なる引っ越しは、ちょうどこの時期に行なわれることが多くて、新しい町に住む期待と不安で、心はひどく動揺するのだった。

そして一九九〇年春、これまで幾度となく書いてきたことだが、私は長年住みついた関西を後にし、東京へ出てくる。三月二八日が誕生日で、この春、三三歳になっていた。ところが、東京へ出て来たつもりが、最初に不動産屋に案内されたのは、荒川を越えた埼玉県戸田市で、わけもわからぬままとりあえずそこに決めてしまった。見たことも聞いたこともない町だった。

見知らぬ町で仕事も知り合いもなく、貯金をこそげ落としながらの生活が始まるのだが、六月に小さな出版社へもぐりこみ、東京へ通い始める。バブル崩壊でメインの雑誌がつぶれ、フリーとなるのが一九九一年暮れ。翌年春に、憧れの高円寺へ移る。やっとここで東京人になれた。それまでの九二年間、特に最初の数ヵ月、不安な肌をひりひりさせ、蝉の幼虫のような気分で暮らしたのが戸田市ということになる。

最寄りの駅は埼京線「戸田公園」。埼京線は大崎、大宮間を結ぶ首都圏の路線で、一九八五年にまず池袋と大宮間が開業。翌年に新宿、その後、恵比寿まで延伸され、私が利用していたときは新宿止まりだった。朝夕は殺人的なラッシュとなるが、日中はほぼ席に座れるほど車内は閑散とする、典型的な通勤電車だ。編集校了の徹夜明け、早朝の埼京線に乗り込むと、ガラガラの車輌で、釣り客と乗り合わすなんてこともあった。

驚いたことに、引っ越してきた一七年前、駅を出たらすぐ目の前から住宅が並び、喫茶店も立ち食いソバ屋もなかった。ローカル線の駅前のような風景だったのである。それがいまや、スーパー「サミット」を内蔵する駅ビル内にテナントが入り、「ドトール」もあれば本屋もある。改札を入った構内にもラーメン屋。すっかり雰囲気が変わっていた。

駅前からすぐ、円いドーム屋根が見えてくるが、これがプラネタリウム施設を持つ「戸田市こどもの国」。石田五郎『天文台日記』(筑摩書房、一九七二年)を読んでから、いま私のなかに天文学ブームが起きていて、ぜひプラネタリウムを見学したいところだが、今日は自分が住んでいたアパートを目指す。ところが行けども行けども、記憶が甦ってこない。二年間、ほぼ毎日のように歩いた道なのに。

交通量の多い一七号線まで出て、本町交差点角に「吉野屋」を発見したときに初めて、ああ、ここだ！と記憶の種火が点火する。交差点近くには、古くから営業していそうな蕎麦屋があったが、こっちはまったく記憶にない。情けない話だが、迷わず「吉野屋」で二〇過ぎの私は腹をふくらしていたようなのだ。当時牛丼の〝並〟が四〇〇円。いまより高い。

交差点を右折するとスーパーの「BeLX」が見える。ここはもと「忠実屋」。日々の食料品を始め、テレビや家電製品を買ったり、しょっちゅう足を運んでいた。知り合いのいない単身生活者にとって、スーパーマーケットというのは、一種の慰めの場、娯楽施設でもあるのだ。記憶では、この裏手にある駐車場脇に、私が住んでいたアパートがあったと思ったが、どうしても見当たらない。私が入居したときに新築のハイツだったから、建て変わったとは考えられない。しばらく周辺をぐるぐる回って、一筋裏手に足を踏み入れると、あった！　少し離れた駐車場に、これぞまさしく私が住んでいた「金子ハイツ」だ。写真を一枚撮って、しばらく眺めていたが、それ以上はどうするわけにもいかない。

ただ、一七年前の春の名残りを感じつつ、駅のほうへと戻ることにする。思い出の再訪の締めは、駅から三、四分のところにある古本屋。この町にあった唯一の古本屋で、ここにも時々顔を出した。何があるというわけではなかったが、文庫一冊でも買える場所が、とにかく自分の住む町にあるというのがありがたかった。

この店は、私の記憶のなかでは、木の床で、広めの店内に、とにかく本や雑誌が大量に置かれている印象だったが、一五年の間に、主流はゲーム、CD、コミック、雑誌など周辺の商品に移っているようだった。しかし、何かを買って帰りたい。本の量は少ないが、文庫が大量にあるので、なんとかなりそうだ。しばらく棚との対話を続けたあと、文庫棚から竜胆寺雄『放浪時代・アパアトの女たちと僕と』（講談社文芸文庫、一九九六年）二〇〇円、滝平二郎『里の四季』（講談社文庫、一九七七年）二〇〇円、単行本ではカレル・チャペック『ダーシェンカ』（新潮社、一九九五年）三〇〇円を抜き出す。ほかにも『日本の写真、一九七〇年代――凍結された「時」の記憶』（東京都立文化振興会、一九九一年）というカタログ（五〇〇円）にも手が伸びた。御覧のとおり、欲しいものが見つかれば、値段は安い。昼日中は人通りも少ない場所で、よくぞ営業を続けてこられたと、僭越ながら感謝状を贈りたい気持ちだった。

　時間があればまた戸田公園に来よう。次はちゃんとプラネタリウムを見て、隣り町の蕨市へも出掛けたい。原付バイクでよく古本屋を回ったものだった。凍り付いた過去の記憶が、この春の陽気で少しずつ溶け出しそうな一日だった。

*――この店は「くらの書店」。現在も営業中。

高円寺に住んでいたころ

二〇〇七年六月――東京・高円寺「アニマル洋子」ほか

アニマル洋子

　五月連休も後半の一日、高円寺にある西部古書会館で開かれていた即売展を覗く。陽気もいい初日の午後、すでに二時をまわっていたから、掘り出し物をいち早くとか、ガツガツと貪るようなテンションの高さはない。落穂拾いをする気分で、ガレージスペースの均一本を一回りして、靴を脱ぎ荷物をあずけて本会場へ。

　この日買った本をざっと紹介しておくと、まずガレージ均一で、中野完二詩集『へびの眼』（思潮社、一九八八年）二〇〇円。へびの出てくる詩ばっかり書いている詩人。ぱらぱらとめくると、ユーモアと辛辣があってなかなかいい。北條秀司＝文『古都好日』（淡交社、一九六九年）一五〇〇円は、むしろ葛西宗誠の写真で買った。トリミングが巧く、京都の町並みを撮ってもどこかモダンなのだ。八木義徳『命三つ』（福武書店、一九八七年）が二〇〇〇円。

なかを回って、まず眼についたのが『ベビーゴルフ』（春陽堂）という函入りの小さな本。昭和五年刊で九〇〇円。エロ・グロ・ナンセンスの渦中に流行ったのが、このベビーゴルフにマニキュア、そして自殺だった。「古書畸人堂」さんが、昭和二〇年代半ばに講談社が出した『世界名作童話全集』（恩地孝四郎＝装丁）を一〇冊ばかり放出していて、どれも六〇〇円。ここは、挿絵で買う。蕗谷虹児の絵がたっぷり入った『船乗りシンドバッド』を。菊池寛が東京日日・大阪毎日に連載した「現代娘読本」「現代人妻読本」を合わせた『日本女性読本』（東京日日新聞社）は昭和一二年の刊で、裸本だが五〇〇円。「ぶっくす丈」さんはこういう本に強い。

串田孫一も、あればすぐ眼が行く著者で、『光と遊ぶ心』（彌生書房、二〇〇一年）は三〇〇円だから買っておこう。佐々木邦『ユーモア百話』（研究社、一九五八年）は、随筆集みたいなタイトルだが、中身は横書きの英語の教科書だ。佐々木邦がユーモラスな短文を選び、訳し、訳注と解説を付したもの。二〇〇円。

うれしい買物にホクホクしながら、高円寺に住んでいたころは、よく即売展に通ったものだ、と思い出した。一九九二年の春から、憧れの高円寺に住み始めたのは、上京してから二年住んでいた戸田公園のアパートを引き払わなくてはならなくなったからだ。入社した編集部が解散し、いきなり無収入となった。神保町の小宮山書店に来てもらい、蔵書の半分を手放して引っ越し代を作った。それでも相当量の本が残り、運送屋二人が、最後の箱を高円寺の下宿へ運び込んだとき、道路にへたり込んだ姿を今でも覚えている。

仕事もお金もない、すっからかんの第二のスタートで半ば破れかぶれになっていて、どうせ何もかもダメになるなら高円寺に住むしかない、と決めていた。家賃を思いっきり安く設定し、不動産屋へ行ったところ、そんな貧乏人の応対には慣れているらしく、思案顔をしながらも、環七を越えて、南へ下った高円寺南五丁目の物件を紹介してくれた。

そこは住宅街にある大きな一軒家で、下に大家のTさんが住み、二階を三、四人に間貸ししていた。選択の余地もなく、ここでと決めてから、原付のバイクを置きたいと持ち出したら、不動産屋が「そういうことは最初に言わなきゃダメなんだよ」と怒り出したのだ。しかし、大家のおじいさんは優しく、「いいよ、庭の隅に置けば」と言ってくれた。

そうして、洋間と和室、風呂なし、トイレ炊事場つきの生活が始まった。とにかく高円寺には古本屋、飲み屋、定食屋、喫茶店がたくさんあるのが、それまで住んでいた戸田公園とはえらい違い。毎日、朝目覚めたら、今日はどのコースを行くかと、舌舐めずりするように考えたものだった。西部古書会館で即売展があるときは、ためらわず開場に合わせて馳せ参じたのは言うまでもない。

そんな足跡を訪ねて、かつてよく歩いたコースをたどってみた。西部古書会館から「都丸書店支店」の壁均一をチェックし、パル商店街を南下。ルック商店街に続く交差点角、いまはDPEになっている場所に「ポッポ」という老夫婦が経営する小さな喫茶店があった。BGMがジャズでそのうえおしぼりが出る。大阪で喫茶店のおしぼりは当たり前だったが、東京では珍しい。コーヒーの値段も安かった（二八〇円）から、その筋にある「富士川食堂」（塩さばに肉じゃがをつけた定食）で昼を食べたあとよく寄った。

アーケードを抜けると、右に大石書店。ここもじつによく通ったなあ。新刊書店かと見まがうようなきれいな店で、文芸書や晶文社の本などすぐに棚に並んだ。ここで、新刊をチェックすることさえあった。

その先、青梅街道へ至る商店街が、私が高円寺を離れてから、いちばんその姿を変えた場所だろう。古くから営業を続ける飲食店や日用品を売る店が軒を連ねていたが、いつごろからだろうか、若者向けに雑貨や古着を売る店が侵食するようになったのは。

そんななかの一店「アニマル洋子」(しかし、すごい店名だね)は、このエリアで古着を売る先駆けとなったが、いつからか一緒に古本も売り始めた。知人から聞いた印象では、店の一角を使って古本コーナーがあるのかと思ったら違った。店の半分が古本のスペースになっている。しかも人文書や宗教、哲学、サブカルチャーにプロレスやエロまで、一通り揃っている。文庫の品揃えもなかなかのもの。記念に均一台から今江祥智『プー横丁だより――児童文学の現在』(青土社、一九八三年)を二〇〇円で買う。レジ近くの平台に、牧伸二の『あーやんなっちゃった――泣き笑いウクレレ人生』(報知新聞社、一九六五年)がビニールパックされ、そこそこの値段がついていた。ちゃんとわかっている店なのだ。

このあと、環七を越え、一四年ぶりぐらいにもと居た下宿を訪ねてみたが、別の家に建て替わっていた。近くにあった、めちゃくちゃ熱い銭湯もマンションになり、記憶のままなのは環七沿いの消防署ぐらいか。よく、下宿の前を、屈強な男たちが息遣いも荒く走っていた。あれは消防団員が、火急に備えてトレーニングをしていたのだ。

もう、そんなことが懐かしいと思えるほど、東京暮らしが長くなってしまった。

*――「アニマル洋子」は現在、バックヤードが増えて店舗部分が縮小、均一・安売り本メインに。西部古書会館は土足のまま上がれるようになった。「ぶっくす丈」は即売会から撤退された。残念。「都丸書店支店」は「藍書店」に(二〇一四年四月の回を参照)。

気分は春のごとし

二〇〇七年七月——川崎市多摩区「明誠書房・宿河原店」

明誠書房・宿河原店

　川崎市多摩区の宿河原《しゅくがわら》へ引っ越ししたのはあれはいつだったか？　確かめるために『彷書月刊』の二〇〇六年五月号を繙く。これが私の特集号になっていて、自筆年譜が掲載されている。自分で言うのは変だが、便利だなあ。

「一九九三年三月、荒川洋治さんにくっついて、韓国へ旅行。メンバーのなかにいた女性（渡辺敦子）が現在の妻となる。川崎市多摩区に転居、一二月二四日に入籍」とある。そうか、もう一四年も前のことなんだ。翌年の九四年一〇月に林哲夫さんや山本善行と『ARE』を創刊、九五年の春に東京都小平市に転居、その夏に長女誕生。秋から週刊誌『サンデー毎日』で、毎週、編集部に出向いてその場で本の紹介文を書く仕事が始まっている。

　こうして見ると、よく私のような者のところへ、妻は嫁に来てくれたものだとその勇気に感心する。三六歳にもなって、将来はまったくわからぬ低空飛行、低所得のフリーライターで、取り柄はバクチをしないのと、暴力を振るわないことぐらい。むしろ妻のほうが大バクチを打ったというところか。事実、妻の御両親からは結婚を反対された。まあ、普通の神経なら当然ですね。

　韓国旅行から帰って、どがちゃがの関係になった妻と一緒に暮そうと、部屋探しを始めたのだが、なぜ、土地鑑も顔見知りもない川崎区多摩区、それも昔は砂利を運んでいたローカル線・南武線の「宿河原」なんて駅で降りたのか。六月に入った日曜日の昼下がり、ソバをたぐりながら妻と話しているうち、少しずつ思い出した。

　中央線や小田急線沿線は家賃が高い。そのころ、妻が横浜に通勤していた関係もあって、南へ南へ目を転じ、最初は東急池上線「池上」付近を探したのだ。これは、当時、正月になると放送された久世光彦演出の向田邦子ドラマがあって、いつも池上・本門寺付近が舞台になっていた。それに憧れたのだ。しかし、意外に家賃は高かった。東急沿線をあちこち乗り降りして、どうしてもこちらの予算とは折り合いがつかず、流れ流れて溝の口から南武線へ。九〇年に大阪から上京して初めて住んだのが埼玉県戸田市。続いて都内の杉並区高円寺。しかし、まさか川崎に住み、神奈川県民になるとは、夢にも思わなかった。

ましてや南武線なんて、それまで見たことも聞いたこともなかった。決め手は家賃(それでも新築マンションで一〇万はした)と、一つ隣の「登戸《のぼりと》」駅で小田急線に接続しているので、ちょうど都心に定期的に通う仕事があったので、都合がよかった。それに、駅からすぐのところに用水路が流れていて、両側に緑陰を抱いたその眺めが気に入ったこともあった。見上げると、向ヶ丘遊園の観覧車。その向こう、生田丘陵には、わが心の作家、庄野潤三が住んでいるはずだった。

加えてもう一つ、入った不動産屋からすぐ近くに古本屋の看板が見えたからだ。駅から数分の「明誠書房」は、標準的な店構えと品揃えだったが、それでも乗り降りする駅に古本屋があるのとないのとでは、田舎の夜道に照る月の存在ぐらい違う。事実、ここへは週に一度は通った。文芸書のほか美術書もちらほら散見され、『sumus』のメンバーで画家の林哲夫さんが新潮社の「創造の小径」シリーズの一冊の探求を知り合いから頼まれていると聞き、即座にこの店から見つけだし、喜ばれたこともあった。

とにかく金はないが時間があった。思えば、四〇過ぎまでそういう生活だった。都心へ出たときは、帰りの小田急線で、豪徳寺、経堂、千歳船橋、祖師ヶ谷大蔵、成城学園前と日替わりで途中下車しては、古本屋の棚をなめまわして帰途につくのだった。仕事がなくて家にいるときは（また、そんな時間がたくさんあった）、原付バイクを引っ張り出して、府中街道を走らせる。この街道沿いに、中野島、稲田堤、南多摩と「ブックセンターいとう」という大型新古書店が点在していた。まだ「ブックオフ」の存在を知らないころ。こんなに大量の古本を拝めるのはここだけで、文庫は定価の四割という値付けも革命的に見えて、じつによく通ったものだった。その間、ガソリンを撒いた野に火を放ったように、三〇代の後半が空費されていった。

話を戻して、六月の日曜日の昼下がり。妻と懐旧に浸っているとき、突如ひらめいて、宿河原再訪を思いついた。もしも、もしもであるが「明誠書房・宿河原店」が残っていたら、それだけでこの原稿が書ける。ダメなら中野島「いとう」へ行けばなんとかなる。ソバの薬味であるネギの匂いをまだ口中に残しながら、最寄りの駅から立川駅、そこから始発の南武線に乗り込む。走れ、走れ南武線。

結論から言う。なんと、「明誠書房・宿河原店」は消えずに残っていた。十数年前のままの店構えで。これで今回の原稿はいかようにも書けそうだ。さっそく本棚を物色。さすがに新潮社の「創造の小径」があった空気は消えて、三分の二はコミック、実用書の棚に化けていた。それでも一列、文芸書の棚があり、永井龍男、竹西寛子、蓮實重彥と好ましい名前が並び、値段はいずれも定価の半額ぐらい。振り返って見上げると、なんと棚の上段に上林暁全集（全一五巻、筑摩書房、一九六六〜六七年）が布袋さんのように鎮座している。これが九〇〇〇円。安いではないか。よしよし。

まずは、長新太『子どもの本諸国漫遊記』（理論社、一九九二年）は、あまり見たことがない、釣り上げて四五〇〇円。よしよし。これを脇に確保して、棚に目を滑らすと、河出書房新社の「今日の海外小説」シリーズ、H・C・アルトマン＝著で、種村季弘＝訳の

『サセックスのフランケンシュタイン』（一九七二年）がある。あれ、あんまり見ないよ、これ。まさか、半額？ ドキドキしながら値段を見たら、定価の倍以上の一〇〇〇円がついていた。ふだんなら手放すところだが、この日は違う。思い出の宿河原再訪記念にこれも買った。季節は梅雨へ入る少し前。だが、気分はポカポカと春のようだった。

＊――『彷書月刊』年譜に「一二月二四日入籍」と書いたが、「一二五日」の誤り。あとで家内に叱られた。「明誠書房・宿河原店」はその後、店を閉められた。『サセックスのフランケンシュタイン』の古書価はネットの「日本の古本屋」で一五〇〇円から三〇〇〇円ぐらい。

一九九三年のビンボー

二〇〇七年八月――東京・小金井市「伊東書房」

前回、川崎市多摩区「宿河原」に住んでいたころのことを書いたのだが、その後、一九九三年の「ぴあダイアリー」が見つかった。上京してからずっと、この手帳を使っていたのだ。見開きのスケジュール表、一週間を一ページに収めた日記、巻末には新宿、銀座など主要な街の地図が掲載されていて、まだ東京に慣れない私にとって、これを失うと手も足も出ない必携の手帳だったのだ。

この一九九三年版手帳を開いてみて、「宿河原」へ越したのが六月二六日だったことがわかる。六月のスケジュール表を見ると、おそろしくヒマで、ほとんど真っ白だ。よく、こんな働きで喰えていたなと感心する。妻が住宅会社で働いていたので、たぶんなんとかなったのだ。下流生活丸出しだ。

同じく、この時期につけていた「古本購入帳」も見つかった。硬い表紙の簿記出納帳を代用していたのだが、一ページ三一行で一〇〇ページあるのが、使い終わるのに六年半もかかっている。一行に一冊、買った店と書名、著者名、出版社、古書価を記入。つまり

伊東書房

このころ、六年半で三〇〇〇冊しか古本を買っていない。いま、下手すると一年ほどでこれぐらいの冊数に達してしまう。当時は、下流らしく、つつましく古本を買っていたことがわかるのだ。

たぶん引っ越しの際に紛れて、しばらくこの古本購入帳が見当たらなかったのだろう。「宿河原」以後の記述はいきなり九月一一日からになっている。九月一一日に高円寺の即売会、一五日に田園調布「古書肆 田園りぶらりあ」、一九日に豪徳寺と下北沢、二六日には五反田の即売会へ出向いている。五反田はこの日が初めて。会館はまだ木造で、入口で湿ったスリッパにはきかえてなかへ入ると、床がミシミシと音をたてたことを覚えている。九月に買った冊数は二九冊。

手帳と購入帳を見比べていておもしろいのは、例えば、一〇月一六日の日誌。

「雨、午後から自転車で稲田堤。（中略）自転車で川崎街道帰る。途中なんと、二階建ての古本屋を発見。我ながら驚く。天の配剤か。文庫すごい量。頭クラクラする」。

雨のなか、自転車を走らせ、古本屋を探しに行ったが見つからず、あきらめて帰るときに、川崎街道で「二階建ての古本屋」を発見。つまりこれが「ブックセンターいとう・中野島店」だ。しかし「天の配剤」は大げさだねえ。とりあえず大型古書店との初めての出会いが、この「いとう」だった。その規模の大きさにショックを受けたのはたしかだ。このあと、一七、二四、二六、三一日と、ヒマができると「いとう」へ通っていたことが、古本購入帳でわかる。買ったのは全部、文庫ですけどね。

結局、宿河原のマンションには二年いて、次の更新時に中央線でまた部屋探しを始める。やっぱり中央線に住みたかったのだ。週一で、今でも続いている『サンデー毎日』の書評の仕事が始まり、定期的な収入が増え、これを家賃に当てられると考えたのかもしれない。高円寺を振り出しに、西へ西へ流れ流れて、国分寺の不動産屋で、新築の賃貸マンションを紹介され、ここに決める。家賃は、一五、六万払っていたはずだ。

　場所は小平市で、玉川上水のほとり。最寄りの駅は、JR「武蔵小金井」と「国分寺」が同じぐらいの距離。駅まではもっぱら自転車を使い、国分寺なら公営の駐輪場。武蔵小金井なら長崎屋の駐輪場に停めていた。宿河原に比べれば、駅周辺の古本屋の数はぐっと増え、国分寺なら駅南に「いとう国分寺店」と「えびな書店」（のち「苔花堂書店」）、北側に「聖晏文庫」と「えるく書房」があり、のち「ら・ぶかにすと」が二軒できた。武蔵小金井は北側に「伊東書房」と「中央書房支店」、少し離れて「中央書房」があった。

　これらの店にはローテーションを組んで、よく回った。いまはネット販売に代わった「苔花堂《たいかどう》書店」の女性古書店主・五本木（旧姓・川守田）さんとはよく言葉を交わした。

　武蔵小金井では「伊東書房」と「中央書房支店」がヒイキ店。特に「伊東書房」は、理工書やコンピュータ関連の本に力を入れていて、ちょっと黒っぽい文芸書や雑本は一五〇円から三〇〇円ぐらいの価格帯で、どんどん均一台に並び、これが狙い目だった。

　今回、ひさしぶりに武蔵小金井で下車し、周辺をうろついてみたが、「中央書房支店」は移転。「伊東書房」はそのままで、ただし、植物、生物など自然科学のジャンルが充実していることには、当時気づかなかった。関心がなかったからだ。

　そのほか、入って右の本棚には、手前から美術（カタログ豊富）、音楽、歴史・戦史、海外文学、人文・哲学、宗教と一通り揃っている。しかも値段が安い。

　均一台には、一時期探求書だったポール・レオトー『禁じられた領域』（新潮社、一九七三年）が二〇〇円で出ていたし、人文・哲学の棚には、ロラン・バルト『エッセ・クリティック』（晶文社、一九七二年）が、一部線引きありとはいえ八〇〇円という安さ。『現代思想』の「ドゥルーズ＝ガタリ」臨時増刊号（青土社、一九八四年）が三〇〇円。やはり文芸書や美術書、人文関係が充実していた「中央書房支店」と合わせ、回り甲斐のある店だった。

今回、何か買って帰ろうと思い、均一台からメアリ・ラヴィン『砂の城』（みすず書房、一九七五年）、講談社の絵本『フランダースの犬』（一九五四年）を各二〇〇円。雑誌の棚から『ラパン』の「名作の路地を歩く」特集号（ゼンリン、一九九九年一月）を三〇〇円で買った。ノートやチラシの裏といった紙を切って作った値段票が懐かしい。

近くのドトールで『フランダースの犬』を開いたら、ラストがまったく違う。ネロもパトラッシュも死なず、ハッピーエンドになっている。ハッピーエンドの『フランダースの犬』なんて、読んでもしかたないや。

＊――「伊東書房」は二〇一三年に店舗営業を終了された。「中央書房支店」は国分寺駅南側の、もと「若花堂書店」の店舗で営業中（その「若花堂書店」は杉並区に移転）。「ら・ぶかにすと」は一軒に。

古本屋のある村はまさに「日本の夏休み」

二〇〇七年九月――伊那市高遠町「喫茶と古本 高遠 本の家」

高遠本の家

あえぐようにつづら折りの道をわが愛車キューブが上っていく。ピークが杖突峠。途中、「峠の茶屋」と書かれた飲食店が一つあったきりで、あとは店も人家もない。信号もない。コンビニもない。つい、一〇分ほど前、がちゃがちゃとした諏訪の市街を抜けてきたばかりなので、その差異に驚く。

峠を越えたら、あとは下り。待ち構えるのは伊那の谷だ。藤沢川に沿って、高遠市街まで杖突街道（国道一五二号線）が延々と続いている。谷へ降りたら、急に蝉の声がガシャガシャと耳に飛び込んできた。両側に低く連なる青い山の稜線。水を張った田に小川。点在する古い民家。おそらくモノクロ写真で撮れば、五〇年前のものと言って通用するほど鄙びた山里の風景である。「うさぎ追いしかの山、小ぶな釣りしかの川」(ふるさと)を現前に、まさに「日本の夏休み」。

諏訪インターからは四〇分ほど。「本」の文字を追いながら握ったハンドルに思わず力が入った。あった！　車よあれが本の字だ。

街道沿いに民家が並ぶ小集落の一軒に、赤々と「本」と記した看板が見えたのである。

ここが、高遠《たかとお》町の古民家を使って、ネット古書店の主たちが始めた「喫茶と古本 高遠 本の家」だ。共同経営者は杉並北尾堂、ハートランド、書肆月影、文雅新泉堂、れいど・ばっくの五店。とくに書肆月影の大塚さんは常駐で、なんと住民票を移し、この村の住人になってしまった。

車を路肩に停め、店に飛び込んで挨拶し、駐車場所を聞く。教えられたのは、少し戻って、車一台分が通れる未舗装の坂を上った先にあった。フォルムの美しい茅葺き屋根の民家がこの村の公民館で、その庭先が臨時駐車場となっているという。車を降り、茅葺きの屋根を目の端に入れながら、振り返ると、不思議に笑いがこみ上げてきた。目の前に広がるのは、安野光雅が水彩画で描いたような日本の山村の風景で、誰もこんなところで古本屋と出会えるとは思ってもみないだろう。そのアバンギャルドな組み合わせに、晴れやかな笑いがもれたのである。もうこの時点で、ここへ来てよかった、と私は思った。

「高遠」という名は、ちょうど島村利正を講談社文芸文庫(『奈良登大路街 妙高の秋』、二〇〇四年)で読み返しているとき、堀江敏幸が推奨するこの端正な作家の生まれ里として目にしたばかりだった。かつて天領の地として栄えながら、いまは桜の時期に城址公園が賑わうだけの、典型的な地方の小さな町という認識しかなかった。そんなところへ、古民家を使って古本屋を開く。ゆくゆくは、イギリスのヘイ・オン・ワイのような古本町を作る……と聞けば黙ってられない。すぐにネットで検索して、「『本の町』準備ブログ」を見ると、オープンは目前の七月二〇日。その日は行けそうもないが、翌日ならなんとかなりそう。「準備ブログ」を作成している文雅新泉堂さんに電話したところ、鉄道ではやっかいだ、新宿から高遠まで高速バスが出ていて、これが一番便利だという。しかし結局ドア・ツー・ドアで、マイカーを走らせることにした。家族に話すと、ついてくるというので、これまた古本がらみの家族旅行となった次第。

住所はいちおう聞いてきたが、都市の地図のように、ピンポイントで特定はできない。ただひたすら、「本」の字を求めて車を走らせてきたのだった。その昔、街道沿いの旅籠として使われていたという二階建て木造建築は、改装したとあって黒々と光っている。しかも表には、均一の本棚に本がうなっている。さっそくとりついて、J・ルノワール『CINEMA』(洋書)、岡谷公二『島の精神誌』(思索社、一九八一年)、『阿佐田哲也のマージャン秘密教室』(青春出版社、一九七一年)、『徹子の部屋』『徹子の部屋3』(ともにテレビ朝日、一九七七年、八〇年)、それに『アサヒカメラ』の増刊号「都市を視る」(朝日新聞社、一九八三年七月)を各一〇〇円で抜く。とくに最後の『アサヒカメラ』はちょっとしたもんですよ。

なかへ入るといきなり広い土間があり、脇に二階へ続く広い階段が、かつて街道沿いの旅籠だった姿を彷彿とさせる。少し段差があって、左に八畳間が二つ。ここがカフェスペース。奥の床の間にも、ポスターや本が飾ってある。入って右の部屋は、過去に馬小屋として使っていたという。これまで幾多の古本屋を目に焼きつけてきたが、こういう光景は初めて。いいぞ、いいぞと心のなかで喝采を挙げている私がいた。

この日、われわれ家族を出迎えてくれたのは、書肆月影さん、ハートランドさん、れいど・ばっくさん、文雅新泉堂さん、それに紅一点が、西荻・音羽館ほか各種古書市のバイトでお見かけする李早苗さん。スポークスマンは月影・大塚清夫さんらしく、以後、高遠町の住人となった都会人にお話を聞く。

田舎で「本の町」を作ろうという発想は、二〇〇五年夏に、北尾トロさんとハートランド・斉木博司さんが、取材でイギリスの古本村ヘイ・オン・ワイを訪問した興奮から始まったのかと思っていたが、大塚さんによると、火種はもう少し前からくすぶっていた。

「二〇〇二、三年と渋谷のロゴスギャラリーで、北尾さん、斉木さんたちと、ネット古書店主たちが即売会をやりました。私もそこに参加して、それがすごくおもしろかったんで、発展形として、もっと広がりのあることをやりたいねえ、と話してたんです」。

その発展形の一つ、二〇〇四年秋に同所で「新世紀書店」という新しい書店のスタイルを模索した実験店舗を二週間だけオープンさせている。その試みと成果をまとめた『新世紀書店——自分でつくる本屋のカタチ』(ポット出版、二〇〇六年)の「はじめに」で、北尾トロさんは「全国どこでも、新しい可能性を追い求める書店であれば、そこが店舗なのだ、という思いを込めて」と書いている。

オンラインで本を売るというスタイルにまつわる、ある種の閉塞感を打破するため、中高年のネット古書店主たちが立ち上がった。最初の「本の町」候補地は、山梨県との県境にある神奈川県藤野町だった。ここには陶芸家、画家などが居住する芸術村があるし、東京からも近い。アクセスと立地を考えれば、いまの高遠より条件はいい。

「藤野には廃校になった小学校という願ったりの物件があって、私を始め、みな足を運んで気にいってたんですが、最終的な段階で折り合いがつかずあきらめました」。

そこで物件の条件を古民家まで広げて、ネットを始め、情報収集をしているところに、この高遠が見つかった。また、みんなで下見に来たところ、一発で気にいってしまった。

「ここへ来る途中、見てこられたと思うんですが、周辺の風景がいいんですね。私は都会育ちなもんですから、山や田園風景に囲まれたこの場所が、なんか、いいなあ、と。おとぎの国に迷いこんだ、って感じでした。大家さんに聞くと、いまリタイア組の田舎暮しブームで古民家が人気で、すでに十数人の問い合わせがあった、というんです。あわてて契約しました」。

じつは「本の家」の隣りも、向かいにも、空家となった古民家はあるが、住む人がいなくなって長い間放置されたため、荒れている。これに水回りを含め、リフォームすると、すぐに数百万円という費用が飛ぶ。「本の家」がラッキーだったのは、大家さんがすぐ使えるように手を入れていたことだ。しかも家賃は、中央線の高円寺で、駅から徒歩一五分、六畳のアパートを借りる程度の額。

「住んでみてわかったんですが、古い家って掃除が大変なんです。並み大抵のことじゃない。なにしろ、何もしなくても埃や天井の煤が落ちてくる。クモの巣は、払っても払っても作られる。そこへ虫は寄ってくる。毎日、掃除ですよ」。

と話す大塚さんの顔に、苦悩の影が差しているわけではなく、どこか明るいのは、よほどここの暮しが気にいっているせいではないか、と思われた。大塚さんがえらいのは、住民票を高遠に移し、里の人となって以来、周辺の住民と努力してコンタクトを取っていることだ。

「朝、五時に起きて、町全体での草むしりにも参加しました。ちゃんと点呼を取って、五〇人くらいが集まった。公民館で歴史の勉強会が開かれているんですが、これにも参加しました」。

御苦労なことである。大塚さんによれば、高遠の人は、もと天領の地、ということもあってプライドが高くて歴史好き。これは案外、古本が受け入れられるかも、と好印象をすでに持っている。近所づきあいを怠らないせいで、畑で取れたトマトやキューリをお裾分けでもらったりするまでになった。

大塚さんは脱サラで古書業界に参入、杉並区高円寺でリアル古書店を開き、たった三ヵ月で閉じたという前科(?)がある。じつは「本の家」のレジ機は、高円寺「書肆月影」で使っていたもの。ほとんど触ることもなかったらしく、店内で買った本、うちの妻子が買った本を精算してもらうときの、レジ打ちが心もとない。

「高円寺時代、あんまり使うことがなかったもんで(笑)。しかし、失礼ですよ。他のみんなが、三ヵ月で辞めたうちのレジを使うと縁起が悪い、お祓いをしてもらったほうがいい、などとバカにするんですよ」。

契約が済んでオープンまでに、みんなで合宿をして店づくりが始まった。とにかくできるだけ費用をかけない。高円寺の名物新刊書店「高円寺文庫センター」から、移転のため不要になった書棚を譲ってもらった。それはいま、玄関入って右の、元馬小屋に設えられている。表の「本」と書いた看板も、やはり「文庫センター」のもの。カフェスペースの大きな一枚板のテーブルは、ハートランド提供。古書カフェの草分け、西荻「ハートランド」はこれを機に閉店。居抜きでいま、旅の本屋「のまど」が入っている。

「ハートランドの斉木さんは山男だから、ここへ来て、さっそく山登りをしてきました。『本の家』をベースキャンプにして、これから山行きが増えそう」と大塚さん。東京組は、週末など車で訪れては、商品補充と店番をローテーションで受け持つ。家屋の裏手には、三つの養鶏カゴと、古い蔵がある。この蔵は倉庫代わりに使っている。

私はその後、山口瞳『草野球必勝法』(実業之日本社、一九七七年）六〇〇〇円、関根弘『新宿——盛り場・ターミナル・副都心』（大和書房、一九六四年）五〇〇〇円を買い、妻子もそれぞれなにがしか戦利品があったようだ。うちの娘は行儀が悪く、カフェスペースで横川の釜飯を昼食に食べたあと、寝転んで「本の家」で買った絵本をさっそく読んでいた。田舎のおじいちゃん家《ち》に帰ってきたみたいに……。うちにはない畳の間。風が通り、クーラーなしの夏がここでは満喫できる。その姿を見て、大塚さんが「あんなふうに、くつろいで、本を読んでもらえるのが、まさに私が目指す理想なんです」とおっしゃってくれた。

周辺には複数の温泉、それに蕎麦の店。廃校になった小学校を改築した宿泊施設もある。グループでの古本合宿も可能だ。「本の家」を使った各種イベントも、すでに構想にあるという。鉄道が通らず、娯楽施設も少ない過疎の町。それを引き替えに保ち続ける「日本の原風景」。そんななかに、夢の「古本町」ができつつある。それが私にとって愉快だった。ひどく愉快だった。

＊——「高遠 本の家」はその後、店を閉められた。理念は受け継がれ、毎年秋、「高遠ブックフェスティバル」なる、本のイベントが開催されている。

チンチン電車で「てなもんや」！

二〇〇七年一〇月——大阪市「古書 さろん天地」

古書 さろん天地

筑摩書房のPR誌『ちくま』の連載「古本屋は女に向いた職業——女性古書店主列伝」（全一四回）がいよいよラストに近づいてきた。第一三回は大阪「ベルリンブックス」さん。心斎橋商店街からすぐの、昭和初期のモダン建築・大阪農林会館に店が入っている。天牛書店や天地書房など、古本屋巡りをするのによく通った界隈だが、こんなビルがあるなんて知らなかった。大阪にも知らないところがまだたくさんあるのだ。

取材が午前中だったので、午後からヒマができた。『全国古本屋地図――21世紀版』でチェックしながら、まだ未踏だった天王寺以北、阪堺《はんかい》電車沿いに点在する古本屋へ向かうことにする。天王寺駅前から二つ目、松虫に松虫書房、次の東天下茶屋に前田書店がある。阪堺電車（阪堺電気軌道）は恵美須町から浜寺駅前までを結ぶ「阪堺線」と、天王寺駅前から住吉公園を結ぶ「上町線」の二系統があり、住吉で交差する。大阪の地の人は「ハンカイデンシャ」とは言わず、「チンチン電車」で通っている。大阪に残る唯一の路面電車である。

あとで、この電車のことを母に「天王寺から出てる阪堺電車に乗った」と話したとき、「そんな電車、あったかいな」と寝ぼけたことを言うので、なおも説明を加えると、「ああ、チンチン電車のことか。そう言うてもらわんとわからん」と叱られてしまったぐらいだ。

この路面をゴトゴト走る電車に乗ったのはたぶん就学前のころで、浜寺の海岸が大阪から至近の海水浴場だったからだ。この沿線、帝塚山に住んでいたのが庄野一家。わが愛する作家、庄野潤三さんの父親は帝塚山学園の校長をされていた。弟の庄野至さんのエッセイ集『大阪感傷散歩』（大阪都市協会、一九八九年）にこんな記述がある。

「明治四十四年に、大阪市南区恵美須町（現在は浪速区）と堺市大小路を結ぶチンチン電車――阪堺電気軌道が開業、翌四十五年に浜寺駅前まで延長されて、終点は『浜寺駅前駅』となった。／『駅前駅』というヘンな駅名は、南海電車の浜寺駅が先にできていたからである。美しい海と松林の『浜寺』は近郊随一の海水浴場で、明治三十九年開校の伝統をもつ水練学校があった」。

この水練学校に至さんも通う。「水泳よりも毎日チンチン電車に乗って浜寺まで通えることが嬉しかった」とも書いている。しかし、私には記憶がない。ほとんど、初めての乗車という気分だった。車両は一両、初乗りが二〇〇円、おりるときにブザーを押すワンマンバスの形式で、途中、人家の間を抜けていく感じは、東京の荒川線、鎌倉の江ノ電を思わせる。車中にサラリーマンの姿はなく普段着の老若男女が寛いで席を埋めていた。

結論から言えば、「松虫書房」も「前田書店」も閉まっていた。いちおう休業日は確認していったのだが、残念だ。しかし行ったことは後悔していない。だいたい、古本屋を訪れる前に、営業中かどうか確認の電話を入れるほうがいいだろう、という話だが、もし休みだったら行かず仕舞いだ。古本屋巡りは、メインは古本屋探訪だが、同じ比重で町歩きの楽しさがある。知らない町をさまようおもしろさは古本漁りと似ているのだ。

この日も松虫書房の休業を確認すると、すぐさま次の行動へ出た。目の前のあべの筋を渡って、それに平行して伸びる細い道・王子一丁目商店会を歩いたのだ。というのも、あるガイドブックで、この近くに「浪花ことばせんべい」というユニークなせんべいを売る〝はやし製菓本舗〟というお菓子屋さんがあることを知ったからだ。

このせんべい、卵と小麦粉で焼いた丸い形をしているが、表に代表的な大阪弁が焼きこんである。「しんどい」「ごりょうんさん」「けったいな」「いちびり」というふうに、なんとも楽しい。これを大阪土産にしたい。車一台ぎりぎりという古い商店街を歩いていく。すると、いかにも時代のついた店構えと、はやし製菓本舗の看板が見えてきた。奥から「十円玉もろた、十円玉もろた」と丁稚姿の崑松（大村崑）が出てきそうだ。

すぐ脇が作業場。狭い店内の半分はガラスケースの陳列台が占拠している。少しご店主と言葉を交わし、二〇〇〇円の缶をもらうことにした。ブリキの四角い缶に、律儀に収まったせんべい。おまけに大阪弁を番付にした手拭いがついてくる。はんなりした古い大阪弁の会話のあと、「せっかく遠いところから来てもろうたから、ほんのおまけ。焼き立てを入れときます」と、せんべいを二枚紙袋へ入れてくれた。ほんまですか、おおきに。せんべい二枚分の温かさを抱いて、次の駅、東天下茶屋まで歩く。

先述のように前田書店はお休み。このあと立寄った天三の矢野書房・矢野さんに話を聞いたら、天下茶屋《てんがちゃや》から天王寺まで、かつては古本屋が七、八軒拾って歩ける古本町だったという。「学生時代、よく歩いて回ったもんです」と矢野さん。チンチン電車にまた乗り込み、天王寺まで戻り、締めに訪れたのが「古書 さろん天地」だ。地下で近鉄、JR、地下鉄とつながるビルに入っている。古書さろん天地は、店名に「さろん」とあるごとく、店内に応接セットが置いてあり、全体に落ち着いた雰囲気。美術、宗教、歴史、郷土、人文、文学と背筋の伸びる品揃えだ。雑本、マンガ、エロといった軟派はお呼びでない。ここは客筋までよさそうだ。

ひとわたり見て、背筋を十分伸ばしておいてから、ウィリアム・フィーヴァー『こんな絵本があった——子どもの本のさし絵の歴史』(晶文社、一九七八年)八〇〇円、金井美恵子『アカシア騎士団』(新潮社、一九七六年)三〇〇円、山田稔『スカトロジア——糞尿譚』(講談社文庫、一九七七年)一〇〇円を買った。背筋を伸ばしたわりに、買い物が大したことない、と言われそうだが、まあ私は「てなもんや」!(ざっとこんなもんだ)。浪花ことばせんべいと古本の入った鞄を提げて地下鉄へ……。

*——「ベルリンブックス」は二〇一二年二月に店を閉められた。「古書 さろん天地」は阿倍野筋のビル1Fに移転。

鳩の街通り商店街に生まれたブックカフェ

二〇〇七年一一月——東京・墨田区東向島「こぐま」

こぐま

五反田の南部古書会館で、ほぼ月一回開かれる即売会は、私の古本魂がもっとも熱く燃える場所。ナイロン袋の持ち手が、指の血を止めるほど買い込むのが常だ。ところが、珍しく九月二八日の「五反田遊古会」が、まったくの不漁だった。朝一番ではなく、午後遅くにのっそりと出かけたのがよくなかった。というより、魂がこの日、ちょっと低調だったのだ。頭の引き出しには、山田太一のシナリオ集(大和書房)、いい詩集、東京坂散歩資料、映画評論、ヴァレリー・ラルボー、井上究一郎、笑芸もの等々、たくさん探求アイテムはあったのにダメだった。これで「ボウズ」か、と二階本会場から気落ちして階段を降りてきたところ、目に飛び込んできた本があった。木の実ナナ『下町のショーガール——ナナの愛と喝采の日々』(主婦と生活社、一九八六年)だ。この日、家を出てくる前、川本三郎さんのエッセイで、本書に著者の出身地である向島・鳩の街について書かれてあることを知り、手に入れたいと思っていたところだったのだ。値段をみると二〇〇円。しかし、前の持ち主が、欄外にゴテゴテとつまらない感想を書き付けている。それもまたよし。よって、ようやくボウズを免れた。

前置きが長くなったが、今回は東京都墨田区、隅田川の東側にある「鳩の街通り商店街」を訪ねる。ここに若い夫婦が始めたブックカフェ「こぐま」があるのだ。「こぐま」は古本も売っている。最寄り駅は東武伊勢崎線「曳舟《ひきふね》」。中央線、総武線、都営浅草線と乗り継いで、曳舟駅前に降り立ったときは、どこか遠い土地の、見知らぬ街に旅した気分。愛用の『東京山手・下町散歩』(昭文社)を開くと、水戸街道へ出て、東向島一丁目の交差点から鳩の街通り商店街へ入るのが一番早いが、もとより急ぐ散歩ではない。少し先の「地獄坂通り」から路地をくねくねとさまよいながら、鳩の街へ。この一帯、旧町名は寺島町。明治通りを挟んで向こうが旧・玉ノ井だ。つまりかつての赤線地帯というわけ。

木の実ナナは書いている。

「私は東京の下町、隅田川の流れる向島は鳩の街で生まれ育ちました。鳩の街は、いまはなき赤線地帯、娼婦の街です」。

東京の下町・向島の生まれ、と書けば聞こえがいいのに、堂々と「赤線地帯・娼婦の街」と書いている。そこが偉い。さらに娼婦たちの姿をスケッチしながら、こう続ける。

「香水と鬢付け油。ストッキングと足袋。ハイヒールと草履。ブルースと小唄。こんな対照的なものが、ごちゃごちゃしながらも、なぜか一つに溶け合っている街、向島。私はそんな中で育ったんです」。

外聞の悪い出自を隠すどこか、まるで詩を読むように誇らしげに謳いあげている。木の実ナナ、偉いぞ。そんな「鳩の街通り商店街」は、セットで組んだように、昔の面影をあちらこちらに残す、懐かし商店街だった。川本三郎『映画の昭和雑貨店』（小学館、一九九四年）の「花」の章で、この通りを舞台にした映画『「春情鳩の街」より 渡り鳥いつ帰る』（東宝、昭和三〇年）が紹介されている。「向島鳩の街の不幸な娼婦桂木洋子も花が好き。いつも花売りの爺さんから花を買って部屋に飾る」。その場面のスチール写真に映るのは、色町の商店街と花売りの左卜全。タイル張りの壁、低い軒並み、路上と頭上に飛び出した看板と、映画の鳩の街は、私が二〇〇七年秋に見た現在の姿とそれほど大きくは変わらない。

魚屋、文具店、洋品店、おでん種を売る店と、古くからここで商売をしている風情の店が両側に立ち並ぶなかを歩いていると、これが夕暮れなら、木の実ナナが書くように「ねえ、おにいさん、寄ってらっしゃいよ」と声をかけられそうな気がしてくる。

向島線高速入口へ向かって延びる商店街の中程過ぎ右手に「こぐま」はあった。昭和二年築の木造家屋はもと薬屋。山中正哉さん、柳澤明子さんにより、二〇〇六年一一月にブックカフェとして改装オープンした。フローリングの床に、小学校で使われていたような机と椅子。壁の本棚には七〇年代以降に出された文芸書を中心に、絵本や文庫などがぎっしり埋められている。想像したより本の量が多いのがうれしい。

注文を聞きにきてくれたのがたぶん柳澤さん。コーヒー（四〇〇円）を頼んで、うろうろと店内を見学する。入り口頭上のガラスには、「化粧品 クスリ」と旧店舗時代の意匠がそのまま残されている。部屋の片隅には、これまた旧式の扇風機がぐるぐる回っていて、初めて冷房が入っていないのに気づいた。それにしては涼しい。席に戻ってくつろいでいると、次々と店に人が入ってくる。しかし、それは客ではなく、向島周辺でお店をやっている人たちで、みんなここへチラシを置きにきているのだ。応対に出た山中さんは、この向島という地域でさまざまなイベントをするプロジェクトを立ち上げた中心人物らしい。個展、映画会、演劇公演など各種チラシがコーナーにたくさん置かれていた。

このあと、車椅子の男性が客として現われたが、山中さんは親戚のおじさんが自宅へ遊びに来たように迎え入れた。足が不自由なだけでなく、麻痺は全身に及ぶらしく、頼んだジュースにクリップをつけ、そこに持参のストローを通し、顔を近づけようやく飲む感じだった。その一連の動作の補助を、当然のように山中さんはつきっきりでしていた。なんとも心がなごむ光景だった。そういう店なんだ、こ「こぐま」は。

三〇分ほどお邪魔して、結局、本は買わなかったが、猫の飾りのついたシュガーポットを、猫好きの妻のお土産に。それを包装する山中さんの手つきがいかにも素人っぽくて、ずいぶん時間がかかった。品物を受け取り、帰ろうとすると、「あっ、まだお金、いただいてませんよね」と言う。たしかに、払うのを忘れていた。子どものままごとのようなやり取りも、私には楽しかった。

　このあと、「向島百花園」園内をぶらつき、茶店でたぶん今年最初で最後のかき氷を食べた。鳩の街は、花街の華はいまや消え去ったが、路地裏に小さな花が咲いている。そんな印象だった。ちょっとキザですが。

*——「こぐま」は、古本の量こそ減ったが健在。鳩の街通り商店街では古本市が開かれるなど、活気が出てきた。

秋の匂いのする町だった

二〇〇七年一二月——東京・北区田端「石川書店」

石川書店

　『植草甚一読本』（晶文社、一九七五年）はすでに持っている本だったが、二〇〇円とあれば脇に抱え込んでしまう。

それが某月の某古書展でのこと。しかし、後で点検したら、一目瞭然の線引き本だった。それも随所に、赤、黒、青で克明に引いてある。あちゃあ、と思ったがあとの祭。気持ちを切り替えて、線引き『植草甚一読本』は、自分でもどんどん線を引いて読みつぶすことにした。

　例えば、古本屋に関する記述に出合うたびに、線を入れ、そのページ数を扉ページの余白に書き込んでいった。一七三ページ「ぼくは昭和十年に、イーヴリン・ウォーの名を、はじめて知ったが、その本は

『哀亡記』であって、そのころ銀座にあった洋書専門の古本屋に偶然ころがっていた」とある。これは、「鐘紡ストアの横をまがった通り」にあった「海潮書房」。「昭和九年ころ九段下よりの神保町に東条書店という古本屋」があった……てな具合。そんなふうに、線を引いたところだけ拾い読みしていくだけで高揚してきて、無性に古本屋へ行きたくなってきたわけです。

一一月二日に根津在住の作家・上原隆さんをインタビューするため都心に出る。午後の時間に少し余裕がありそうだ。あれこれ作戦を立てた末に、北区田端を歩くことにした。山手線沿線のなかでも、ここは未踏の地だ。「日本の古本屋」のHPで確認すると、古くから駅近くにある「忠敬堂」と「石川書店」がどちらも健在。なんだかうれしくなってきた。近藤富枝『田端文士村』(中公文庫、一九八三年)、愛用の『東京山手・下町散歩』(昭文社)などを鞄にぶちこんでいざ鎌倉、じゃなくて田端へ。

JR「田端」駅は、北口と南口と二つ改札があるが、ここはぜひとも南口で降りていただきたい。というのも北口は再開発され、駅舎もモダンな建物に変わったが、南口は木造モルタルの小屋のような昔そのままのたたずまいを残しているからだ。近藤富枝『田端文士村』の中公文庫版カバーは、風間完が描いた田端駅南口の風景。これが、今とそんなに変わりがないことに、駅舎の前に立ってみて驚く。

不動坂と呼ばれる石段を上がると、並木のある田端高台通り。たしかに、馬の背のように、この通りが高台の頂きに横たわっている。北口方面へ進むとすぐに「忠敬堂」の看板が見える。地図の専門店として有名だが、少しは古書もあるだろうと店へ入ったらチャイムが鳴り、奥から「ハーイ、何か?」と年配の女性が出てきた。見ると店内はことごとく地図のファイルで棚は占められ、ぶらりと古書漁りをする雰囲気ではない。振りの客も少ないのだろう。あわてて「いま、田端の古本屋さんを巡ってまして」なども、しどろもどろの言い訳をして外へ出る。芥川龍之介旧居はそこからすぐのところだ。

V字に切り通しになった崖の上にかかる東台橋を渡ればすぐ右手に「ASUKAタワー」という立派な建物があり、その中に「田端文士村記念館」が入っている。入場料は無料。ひとわたり見学してパンフレットをもらってきた。「田端文士芸術家村」について、かいつまんで説明すると、田端は明治中期まで閑静な農村だった。明治二二年、上野に美術学校が出来たことで、わりあい近く便もいい田端に芸術家が住むようになる。

文士村となるのは、大正三年に芥川龍之介が移り住むようになってから。昭和初期にかけて、室生犀星、瀧井孝作、窪川鶴次郎、サトウハチロー、堀辰雄等々が続々とこの地に居を構える。

「田端はどこへ行つても黄白い木の葉ばかりだ。夜とほると秋の匂がする」。

これは大正四年に芥川が、親友・恒藤恭に宛てた手紙の一節。当時の面影は失われているが、九〇年後の田端も、やはり「木の葉ばかり」の、「秋の匂」のする町だった。高台通りをなおも行くと、「石川書店」の手前、右手に「浅野屋」というそば屋が見える。大正八年の創業。この裏手に犀星が住み、田端の芸術家や文人に愛された店だ。「芥川龍之介も浅野屋の天ぷら蕎麦がひいきで、近くに更科蕎麦があるのに、女中さんがわざわざ注文にきた」（『田端文士村』）という。本当はここで天ぷら蕎麦を食べたかったが、空が曇ってきたので先を急ぐ。

「石川書店」は、店構えといい、中央と壁ぐるりに本棚という典型的な町の古本屋タイプ。この日は、雨模様なので均一台は店の入り口に入れてあった。文庫棚から青山二郎『眼の哲学・利休伝ノート』（講談社文芸文庫、一九九四年）を抜いて値段を見ると一〇〇円。こいつは幸先がいいや。次に本棚を舐めるように見て回って眼の色が変わった。それほど珍しい本、古い本があるというわけではないが、いまどきの読み物はほとんどなく、硬めの評論、研究書、エッセイが揃っている。棚を眼が滑っていかない。失礼ながら外見からは想像がつかなかった事態だ。それは快い裏切りだった。

八鳥治久『デザインの眼――ショーウインドウに拾う』（学藝書林、一九八七年）は、町のショーウインドー観察の研究書で、一〇〇〇円。原口隆行『文学の中の駅――名作が語る〝もうひとつの鉄道史〟』（国書刊行会、二〇〇六年）は松本清張「点と線」ほか、文学に登場する駅についての紀行文ふう論考集で、七〇〇円。いずれも定価の半額以下だ。ほぼ満足の収穫を持って、店の奥へ声をかける。同店は、一段上がった奥の間が住居になっていて、その真ん中で、じっと座って本を読んでいる女性がいた。上がり口に電話台ぐらいの木製の台があり、ここが帳場。小さな引き出しにお金が入れてある。日本の古本屋のなかでも極小の帳場ではあるまいか。

すぐ脇の柱に貼った札に、本を売る際の身分証明となるものの一つとして「米穀通帳」が書かれてある。「相当古いお店ですね」と声をかけると「三五年ぐらい」と消え入りそうに返ってきた。昭和三五年から、という意味だろうか。それとも創業から三五年？　とにかく優良店であることは疑いない。

このあと、坂と路地と閑静な住宅のある田端を巡り歩いた。落ち葉を箒で掃く人、公園でおにごっこをする子どもたち……「石川書店」のたたずまいと同じく、時間が停まったままのような町だった。

＊――「忠敬堂」はその後、店を閉められた。「石川書店」も二〇一二年に閉店。

1月　京都市北区「竹岡書店・衣笠店」

2月　名古屋市本山周辺

3月　長野県松本市「珈琲とあんていっく モンク」

4月　枚方市牧野「古本屋台」

5月　福岡市西区「古書 姪浜書店」ほか

6月　東京・世田谷区北沢「ほん吉」ほか

7月　東京・吉祥寺本町「古本屋 さんかく」ほか

8月　倉敷市本町「蟲文庫」

9月　米子市「油屋書店」

10月　長野市「新井大正堂」ほか

11月　金沢市「金沢文圃閣」ほか

12月　福山市「児島書店」

【第三部】二〇〇八

秋の京都をバス巡り

二〇〇八年一月——京都市北区「竹岡書店・衣笠店」

竹岡書店·衣笠店

大阪で高校一年のクラスの同窓会があり帰阪。二〇年ぶりの懐かしい顔、顔、顔との再会だ。髪の毛がハゲしく後退し、ピカピカしている男が二人。聞くと、警官と自衛隊だった。逆に豊富だが真っ白になっている男あり。彼はクラスで一番、女性に人気があったが、一〇歳以上年の離れた嫁さんをもらっていた。髪も白くなるはずだよ。

あ、ここはそういうことを書く場所じゃなかった。その日は三次会まで行き、実家のある京都泊。翌日、夕方の新幹線の切符を取ってあったので、朝、とりあえず京都駅まで出る。一日使えるバスカード五〇〇円を買って、荷物をコインロッカーに放り込み、夕方まで京都をぶらつくことにする。

大学生活を含め六年もいた街だが（そのころ、実家は大阪）、あまりに京都のことを知らなくて、今になって勉強している始末だ。京都再発見の旅に誘ってくれたのは、木村衣有子『京都のこころAtoZ——舞妓さんから喫茶店』（ポプラ社、二〇〇四年）で、この本は京都へ帰省するたびにカバンのなかへ入れている。私の京都の先生は、だから木村衣有子さんだ。

この本のなかで、チェックしながら未踏だった「京都芸術センター」へはどうしても行きたかった。ここを最終目標に、まずは河原町へ出て、改装された「赤尾照文堂」を訪ねることにする。旧店舗は、ガラス張りの店内に、専門書や学術書がぎゅうぎゅう詰まった知の殿堂で、〝古本まち京都の顔〟だと思っていた。

だからじつは、総じて値付けが硬く、おいそれと貧乏学生は買うわけにはいかなかった。

先代が亡くなられ、ハンサムな二代目さんが看板を守っておられたが、新店舗は一階が雑貨などを置く土産物屋に、古書部は二階に移っていた。店の中央は吹き抜け、古民家ふうの太い梁をめぐらした造り。壁のぐるり周囲にしつらえた本棚に並ぶ量は、ずいぶん減ってしまった。書画、趣味本、学術書に絞った品揃えだ。しかし、河原町にまだ赤尾照文堂があること。それはないのと比べたら大違いだ。作られたばかりの「京都古書店絵図」（一〇〇円）だけを購入し、またバスに乗る。

『エル・マガジン』で教わった、女性が経営する「古本十喫茶 十三月」へ向かう。同誌記事を執筆した、ちょうちょぼっこの郷田貴子さんによれば「京都は堀川紫野、淡交社の脇のビルの一室に、元出版関係の仕事をしていた女性が営む古本喫茶がある」、「壁一円の本棚には、人文系のものが多く並び、一部を除き購入できる」、「中でも東京、隠居、仙人、などのキーワードの並びが気になってしょうがない」と、心魅かれる店だ。

堀川北大路で下車、地図で指定された淡交社脇のビル前に立ったが、どこにもそれと表示がない。携帯電話で連絡すれども通じない。仕方なくあきらめる。裏側にも回ったが、お茶やお華の本を作っている淡交社がこんなに大きな会社とは知らなかった。それを知ったことに満足。

北大路通りまで戻り、またバスで西大路通りへ入っていく。一日バス乗車券は乗り降り自由なのでこういうとき便利だ。「わら天神」という懐かしいバス停で降りたのは、いつもここから大学へ通っていたからだ。正確には原付バイクを使っていたが、バスを使うときはこのバス停だ。立命館大学の夜間部へ通ったのは、もう二十数年も前の話。記憶にまかせて歩き出したが、周囲も変わってしまったのだろう、ほとんど覚えがない。それとも昼の光が夜の記憶を邪魔するのか。

大学へはいつも東門から入った。その身体感覚は記憶にある。当時はなかった「竹岡書店・衣笠店」は、いつからだろう、その東門近くで営業をしていた。左京区浄土寺の本店は昔もお世話になったし、店主の竹岡さんとも、夏の下鴨ふるほん祭りでいつも挨拶させていただく間柄だ。しかし衣笠店を訪ねるのは今回が初めて。

その前に、衣笠キャンパスをひさしぶりに散策。門を入ってすぐ左が以学館で、地下に食堂があった。いまもある。階段を下りると、すぐ理容室、その奥に食堂と、古くなったパンのような硬い表皮が破れて、徐々にフレッシュな記憶が蘇る。私たちのころは、いちいち窓口で学生証を見せて食券を買った覚えがあるが、いまは無用。勝手に窓口で現物をもらって、集中レジで支払う方式らしい。私はカツカレーを頼んだ。

ちょうど昼時とあって、食堂は満席だ。廊下や談話室の床にお盆ごと置いて、座って食べている学生がたくさんいる。行儀が悪いなあ、後輩たちは。しかし、我々のころと違って、男子学生がみなお洒落で、こぎれいなこと見違えるばかりだ。茶髪、ブレスレット、派手なコートのなかで、しょぼいカツカレーに向かっていると、なんだかタレント養成所の食堂で食べている職員みたいな気分だ。

腹ごしらえを終え、キャンパスをぐるりと回ってから竹岡書店・衣笠店に戻る。入り口近くの地面に、文庫を入れた段ボールが何箱かある。一目で、そこそこいいものが拾えそうと思って、よく見ると均一ではなく、個別にちゃんと値段がついていた。ただし複数冊買うと割引、という方式らしかった。竹岡さん、頼みますよ、入り口は均一で！

衣笠店は「京都古書店絵図」を見ると、取り扱い分野は「法律・経済・経営・心理学・歴史など」とあるが、実際には文芸書がけっこう揃っているし、美術や音楽の本もある。棚を一五分か二〇分ほど回遊し、十分楽しめた。森本哲郎『夢二の小径』（講談社文庫、一九七六年）一五〇円、内田修『ジャズが若かったころ』（晶文社、一九八四年）四五〇円、は、どうしても……という本ではなかったが、記念に買っておく。

しかし、店の前をぞろぞろと行き来する学生で、店のほうを見たり、店内に入ってくる者は少ない。私だったら、関所みたいなもので、ここを通らずにその先へは進めなかったと思うのだが……。あれ、「京都芸術センター」について書けなくなっちゃったよ。

＊――「竹岡書店・衣笠店」はその後、店を閉められた。

名古屋に生まれたバカウマの新進古書店

二〇〇八年二月――名古屋市本山周辺

名古屋へは、何かと縁があって、これまでに何度か足を運んでいる。複数の雑誌の取材で、あるいは書店でトークショーをしたり、栄中日文化センターで「古本講座」を開いたときは、半年間通った。そのつど、名古屋市内の古本屋を回る機会はあったのに、駅前の「加賀書店」、それに鶴舞から上前津にかけての周辺を探索するにとどまっていた。

例えば名東区には、地下鉄「藤が丘」にネット古書店「ハーフノート・ブックス」さんが推奨する「千代の介書店」があるし、名東消防署近くの「古本まゆ」は、マンガ家でミステリ・マニアの喜国雅彦さんが名古屋へ行けば必ず立ち寄る、とどこかに書いていた。名古屋大学の近く、地下鉄「本山」駅周辺にも何軒か点在していることもわかっている。それなのにいずれも未踏。その怠慢を自ら恥じていた。

二〇〇七年一二月一四日、ひさしぶりの名古屋入り。この年の夏から、光文社とＪＰＩＣ（出版文化産業振興財団）の協賛で、「読書の腕前」と題した隔月のトークショー・ツアーを敢行中。東京を振り出しに、大阪を済ませ、名古屋へとやってきた。翌日一五日の昼にトークショーがあるのだ。ゲストは東京に続いて豊崎由美さん。この書評界のトップランナーの出身地が名古屋だそうだ。「文化果てる地っすよ、名古屋」と豊崎さんは言うのだが……。

じつはこの日、名古屋のホテルに投宿し荷物を置いて、夕食会までの間を古本屋回りにあてるつもりにしていた。ところが出発ぎりぎりまで締め切りの原稿に手間取り、ホテルに着いたら、一時間半ぐらいしかない。時間的に名東区まで手を伸ばすのは無理。本山区に絞り、枯葉が舗道に舞い散る師走の名古屋を早足で歩く。

最寄りの「丸の内」駅から桜通線で「今池」へ、ここで東山線に乗り換えて三つ目が「本山」だ。現在、この「本山」駅には名城線という地下の環状線が連絡しているが、この路線がないとき、名古屋大学の学生はみな、ここ「本山」で降りて、坂を上って通ったと、あとで聞いた。当然ながら、その周辺にあった古書店もにぎわったはずだ。いまは、名城線に「名古屋大学」という駅があり、そのため「本山」は黙殺。みんな文化的キセルをしてしまう。

まずはこのあたりでもっとも古い「大観堂書店」を訪問。ステンドガラスのはまった大きなガラス扉を開けると、いかにも良書が詰まった本棚が鎮座し、ちらほらと客の姿も見受けられる。文庫の棚が、よく選ばれたラインナップで、講談社文芸文庫も学術文庫もそこそこの数が揃っている。郷土史が右奥の棚をずらり占拠し、そのほか、演芸と鉄道におもしろそうな本が散見できる。本棚との対話も楽しい店だ。

ぐるりと店内を一周し、飯島正『わが青春の映画と文学』（近代映画社、一九六九年）五〇〇円、『ジャズ批評13号 特集 ジャズ日本列島』（一九七二年）三〇〇円、それと文庫の棚からCBCテレビ『よいこのおこづかいちょう』という一冊を掘り出す。これも三〇〇円。CBCとは中部日本放送のことで、地元の放送局。どうやら、同局が子どもに配った景品らしく、同局放送の子ども向け番組が表一から表四まで、ずり紹介されている。例えば、『ふしぎなメルモ』『帰ってきたウルトラマン』『原始少年リュウ』『すし屋のケンちゃん』『刑事くん』など。そこから考えると一九七一年のものらしい。夕食会で豊崎さんに見せると、「懐かしい！　ちょうど私が見てたころだ」と言う。

「大観堂」のご主人からは、本山周辺の古本屋について話をうかがった。持参した『全国古本屋地図——21世紀版』からたどれば、「光進堂」さんが閉店。「竹内書店」さんもご主人が亡くなり、いまは不定期営業ということだった。「脇田書房」は健在。「あ、それから竹内書店の手前で、若い人が『シマウマ書房』という店を始められましたよ」と教えられる。

さっそく、その「シマウマ書房」を訪ねることに。名古屋大学へ向かう四谷通という坂を少し上ると、すぐに通りに面したシャレたビルの半地下に看板が見えた。シマウマのイラストが描かれたガラス戸を開けると、想像以上の古本空間が広がっていた。ブティックでもやれそうなフローリングの矩形に、選りすぐった本だけが詰まっていることが一目でわかる。

シマウマ書房

特に写真集やデザイン関係、それに海外文学の棚の充実は、軽々と中央線沿線の優良店と肩を並べるレベルだ。詩集やその関連の棚もイクラのように粒ぞろい。よく、これだけ集めたもんだなあと、知らず知らず頬が緩み笑みがこぼれてくる。うれしそうにしていると、メガネ男子のご主人から「失礼ですが、岡崎さん？」と声をかけられた。

まだ若い店主、鈴木創さんは横浜の出身らしいが、二年前にこの地で「シマウマ書房」をオープンさせた。名古屋の古書組合にも加入。「中央線沿線のように、各駅のエリアが連続しているのが理想ですが、名古屋では各駅が点と点になって、線で結ばれていないのが商売をするには難しい」と話しておられた。しかし、この日もムロフシ・カエさんのイラストが展示されていたし、トークショーなども定期的に店内で行なっているとのこと。今年二月九日から約四週間開催されるイベント「ブックマークナゴヤ」にも主催者の一人として参加。なんとか名古屋を本好き都市として盛り上げようとがんばっている。

フリペのコーナーに『6月のはれ』があったが、これを作っている二人の女性は、私がナゴヤで開いた「古本講座」の生徒。「ブックマークナゴヤ」の参加店・リブロ名古屋店にも生徒がいる。少しは名古屋のお役にたてたようで、ちょっと晴れがましい気分だ。

「シマウマ書房」では、ご挨拶代わりに一冊、『平野威馬雄少年詩集 ガラスの月』（理論社、一九八四年）を六〇〇〇円で買わせてもらった。装丁とイラストは、和田誠とその息子たち。名古屋へはまた来る機会ができそうで、そのときはまた鈴木さんの顔を見に来ることにしよう。

*――「竹内書店」「加賀書店」は店を閉められた。「シマウマ書房」は「本山店」とは別に二〇一五年一月、ちくさ正文館書店本店に「ちくさ店」をオープン。

「青春18きっぷ」で松本へ

二〇〇八年三月――長野県松本市「珈琲とあんていっくモンク」

長野県松本市へ行ってきました。ここ数回パスしてきた「青春18きっぷ」を、今回はちゃんと入手。

珈琲とあんていっく
モンク

その一回分を使っての日帰り旅だった。『気まぐれ古書店紀行』でも一度、松本を取り上げている（「二〇〇一年一二月」の回参照）。

早朝六時二九分八王子発、松本行き普通列車というのがあって、これが途中乗り換えなしで、とにかく乗れば松本まで三時間五〇分で運んでくれる。松本までの直通普通電車があることは、意外に知られていない。大変便利な便で、景色をぼんやり眺めたり、うとうと眠ったり、本を広げたりしているうちに、信州の青い山並みが見えてきた。松本まで行かずに、小淵沢で降りて、町営の温泉施設に浸かって帰ってきたことも一度あったが、とにかくこの便を利用するのは今回が三度目。

冬季なら、松本の駅を出て駅前のロータリーに立つと、ビルの間から、白い雪を頂いた北アルプスの山々がでーんと見えるのだが、今年は暖冬のせいか、山が黒々としている。いつもそうするように、観光案内所で数種の地図をもらい、Mウイング(中央公民館)で無料の自転車を貸し出してもらう。こいつで市内をぐるぐる回るのだ。古本屋巡りのコースはだいたい決まっている。駅前から伸びるメインストリートのあがたの森通りを西へ、市民会館前の信号で左折。すぐに「松信堂書店」が見える。

「松信堂書店」は、郷土史がメインの店だが、そのほか、私好みの古い新書を始め、雑本雑書が廊下にもうずたかく積まれていて、何かありそうという気分にさせてくれる。ご主人とも、いつも気軽に言葉を交わす。松本で、一番気の置けない店かもしれない。この日は、本の山の一番上に、昭和三〇年代の長野県の電話帳を見つけ、そこに「松信堂書店」とあったので、ご主人にそう告げると次のような話になった。

「松信堂書店」は父親の代に、いまの位置よりもう少し北、中町にあった。中町通りは、松本民芸家具のショールームを始め、蔵作りなどの古い商家が立ち並ぶ、松本観光の名所の一つ。中町の店はたった四坪だったが、ひっきりなしに客が訪れ、家族がじゅうぶん生活できる実入りがあった。いまの店に移ってから、近ごろでは客足が途絶え、夫婦で食べていくのがやっと……ということを、まるで楽しかったことのように、笑いながら明るく話すのだった。

しょっぱなでもあるし、とにかく何かを買おうとぐるぐる本棚を巡り（実際には積み上げた本で通路が狭く、機敏には動けない）、園部美子他『新婚Ｋｉｓｓｍｅ講座』（鱒書房おしどり新書、一九五五年）五〇〇円、値のついてなかった橘外男『女豹の博士』（河出新書、一九五五年）は三〇〇円にしてもらった。いずれも奥付を確かめるまでもなく、昭和三〇年前後の新書だ。

続いて「源智の井戸」のある高砂通りを駅へ戻るかっこうで行くと、山岳書の「細田書店」、ジャズのCDやレコードも置いている「アガタ書房」がある。ここは店内に大きなスピーカーが置いてあり、いつもジャズが流れている。古本とジャズ。なんと、いい雰囲気だろう。CDコーナーを物色し、美しいジャケットのビル・エヴァンスのソロばかり集めた企画もの「ワルツ・フォー・デビイ」を一枚、一〇〇〇円で買う。

「松本で、昼間でも開いているジャズ喫茶はありませんか？」と尋ねたら、「（有名な）エオンタは夕方からですし……」と思案し、「松信堂」からも近い、あがたの森通りに「モンク」という喫茶店があって、そこはジャズを流しているはずだ、と教えてくださった。これはいいことを聞いた。ここを締めに決めて、もうしばらく回ろう。

高砂通りを抜けたら本町通りにぶつかり、ここからすぐのところに「慶林堂書店」がある。白い蔵作りの、外からはとても古本屋とは見えない店だ。国内外の文芸書がびっしり棚を埋め尽くす良店で、息をひそめながら本棚を見る。一つ向こうの本棚の裏で、ご主人が鼻歌を歌いながら本の整理をしているのが見えた。そこが一番見たい場所だったので、遠慮せず近づいていって、石田五郎『星の歳時記』を見つける。ちくま文庫版は持っているが、これは文藝春秋新社版の元本（一九五八年）で、小ぶりな作りながら函に入っている。一〇〇〇円がついていたが、松本古本屋巡りのいい記念になると思い、買うことにした。

このあと、女鳥羽川沿いにあるなわて通りへ行くのもいつものコース。「書肆・秋櫻舎」はお休みだったが、絵本・児童書専門店の「たつのこ書店」ができていた。松本城を模した「青翰堂書店」は前だけ通り、「ホテル花月」ほか、レトロモダンな建築が集まる路地を抜けて、目指すは喫茶「モンク」。なかへ入って驚いた。壁一面に本棚が置かれ、それは売ってもいるらしいのだ。つまり古本カフェだ。文芸書が中心。六〇年代に大学生活を送ったと目される品揃えだ。文庫の棚に、新潮文庫の洲之内徹が二冊あった。これが五〇〇円。品切れだとわかっていて高くはつけない。絶妙な値付けだ。その他、アンティークも並べられていた。

客は私のほかに、すでにカウンターに若い女性が一人座っていて、そのあと約一時間の間に二人が店に入ってきたが、みんな女性だった。ジャズ喫茶としては、相当珍しいのではないか。松本にはほかにも、「まるも」を始め、落ち着いたいい喫茶店が点在している。前回、二〇〇一年のときも書いたが、人心は穏やかで、文化程度も高く、稀にみる良質な地方都市だと思えた。

ビールと弁当を持ち込んで、帰りの電車に乗ったのは夕暮れ。お土産のワインに蕎麦パスタ、ジャム、無印良品のバーゲンで買ったシャツを紙袋に入れて、帰りは二度の乗り換えが必要だったが、うっかりその紙袋を網棚に置き忘れてしまった。結局、その紙袋は出てこず、酔いが覚めるような結末だった。

＊――「細田書店」「モンク」は店を閉められた。「書肆・秋櫻舎」は川の南側に移転。

放課後のボクシングで倒された思い出の中学

二〇〇八年四月――枚方市牧野「古本屋台」

古本屋台

　二月末、大阪府枚方市の教育委員会が主催する講座で話をすることになり、実家のある京都へ帰省してきた。枚方市は大阪府の北、京都府との境にあり、電車（特急）なら二〇分ほどのところ。そこで、前日に乗り込んだのだ。枚方市牧野は私の出生地。物心つく前に大阪市内に引っ越し、小学三年の途中で、また枚方に戻る。以後、高校を出るまで、枚方市内を転々とする。

　小中高と暮らした土地であり、なにかと思い出も多い。その枚方市から招かれ、講演をするなんて、故郷に錦を飾る気分だ。枚方市の思い出も話すつもりで、少し調べたが、同市は三〇年前と比べて人口がほとんど変わっていない。約四〇万人。近いところで、この市が話題になったのは、市内のスーパーで農薬入り冷凍ギョーザが見つかったことぐらいだ。あんまり明るい話題がない。

　一昨年だったか、出身の小学校まで歩いてみるということをした。約四〇年ぶりの再訪は、霧のなかを手探りで歩くような、おぼつかない道中だったが、今回は、その中学版。私は父親の仕事の事情により、枚方第四中学校に入学し、一年の途中で第三中学、三年から新設の中宮中学に移り、そこを卒業している。中宮中学は新設とあって、体育館の完成が間に合わず、建設の槌音響くなか、三学年を過ごし、初めて足を踏み入れたのは卒業式だった。それはないだろう。

　三つ行った中学のうち、一番長く身を置いたのが二つ目の第三中学校だ。転校してからも訪ねていないから、こちらは約三六年ぶり、ということになる。家から学校まで三〇分近く歩いたような記憶があるが、その道順には自信がない。京阪本線「牧野」駅改札(地下にある)を出たところに掲示してあった、駅周辺の地図を急いでメモし、地上に出る。

線路を横切る駅前の道路が商店街になっていて、食堂、時計店など、そのたたずまいは昔のままのように思える。時計店の先を左折して、というところまでは身体が覚えていたが、その先がこれまた霧のなか。メモした地図を頼りに先へ進む。少し歩いた左手に、「古本屋台」の看板が。『彷書月刊』のQ・B・B・マンガ連載「古本屋台」が本当にあった！　ファミコン、DVD、コミック、文庫を中心としたリサイクル店のようだが、もちろん私がこの前を通っていた中学時代にはなかった。ここを最後の締めと決めて歩き出す。

途中、小さな丘を越え、「く」の字に折れ曲がる道を行くと、幹線道路にぶつかる。こんな舗装された道にも覚えがない。たしか、両側は田畑が広がる光景だったはずで、大雨の日、途中冠水した道を学生ズボンをまくって膝まで水に浸かり、学校へたどり着いたら休校だった、という記憶がある。

授業が早く終わったのか、わが後輩らしき制服に身を包んだ中学生たちが、ぞろぞろと帰宅するのとすれ違う。みんな素朴でおとなしそうな子どもたちばかり。私が通っていたころは、けっこう荒れていたはずで、少年院帰りの生徒がいて怖かった。そこで思い出したことがある。

中学二年の終わりころ、すでに家は学区外へ引っ越していたのだが、しばらく自転車でそのまま三中に通っていた。前の家に住んでいたとき、同じ住宅街に住む同級生のNと、毎日二人一緒に登下校していたのだが、彼とも少し疎遠になっていた。どこでどういう話からそうなったのか、そのNがけしかけて、同じクラスのZと放課後にボクシングの試合を私がすることになった。別にZと仲が悪かったわけではない。私にしても、ケンカなどまるで無縁な中学生活を送っていたのだから、引くに引かれぬ状況をNが作り出したとしか言いようがない。彼にはどこか、そういった酷薄なところがあり、この半年後に、別の一件で絶交をする。

ともかく、したくもないボクシングの試合を、二年の終わりに、授業が終わった教室で、十数人の男子に取り囲まれてやることになった。互いにセコンドがついて、手にタオルを巻いてグローブ代わりにした。結果は試合そうそうに私が腹を打たれギブアップ。みんなは「あーあ、しょうもな(い)」「岡崎、弱いのお」とはやし立てたが、私はそれで満足だった。相手のZは、私がめちゃくちゃに繰り出したパンチが一発ヒットしたらしく、鼻血を出していた。

中学の正門前に来るまで、その道すがらの風景については、まったく記憶になかったが、三十数年ぶりに無様なボクシングの試合のことが思い出されたのは、やはりここが私の通った学校だからだ。正門前のパン屋だけはそのままで、まさしく、昼休みに抜け出してチェリオ(清涼飲料水)とパンを買ったのはこの店だ。通用門からなかへ入り、職員室を訪ね、卒業生(本当は卒業したのは別の中学)であることを告げ、一回り、校内を見学する許可を得ようとしたが、教頭に試験中という理由で断られた。これは向こうに理があるから仕方ない。

学校の回りをぐるっと歩いて、元の道を駅まで戻ることにした。さっきシャッターを開けたばかりの「古本屋台」は、すでに営業を始めていた。表の均一台は読み捨ての文庫などだが、「一冊でも二冊でも一〇〇円」という表示が珍しい。店内は思ったとおり、ゲームとコミックが中心。ただし文庫の量は多く、店内にも均一と同じ表示の棚がある。値段はほぼ半額で、SFやミステリーで探求書があれば、意外に見つかるかもしれない。

中学再訪記念のお土産に河出文庫の澁澤龍彦を一冊、均一から買う。「二冊でも」とあったが、もう一冊を買う勇気がなかった。本格的な古書店でなくとも、一軒あると心強い。中学生の私なら、毎日通い、二冊一〇〇円から、もう一冊を何としてでも探し出して買って帰ったにちがいない。

＊――久住兄弟ユニットQ・B・Bの弟・卓也さんに酒場でばったり会ったとき、この回の連載の拙文を読んで、「本当にあったんだ、古本屋台！」と喜んで下さった。

福岡古本漁り天日干し報告

二〇〇八年五月――福岡市西区「古書 姪浜書店」ほか

古書 姪浜書店

今回は福岡である。市内に姉が住んでいることもあり、これまでに四、五回は訪れただろうか。本連載でも何度となく取り上げてきた。しかし、まだまだ未踏の店も多く、興味は尽きない都市だ。

光文社・JPIC主催の「読書の腕前」講座ツアーも、東京、名古屋に続き、この福岡が三回目。一日早く先乗りして、古本屋を回ることにした。まず駆けつけたのが「痛快洞」。均一や即売会以外では、あんなに買い渋る私が、のびのびと本が買える店だ。ご店主に挨拶し、あとはじっくり本棚を周遊するつもりが、「昨日、S文庫さんがいらっしゃって、箱一つ分、買って帰られました」と穏やかならない一言が。たしか、前回訪問したときも、Sさんの後だった。ううむ……。

苦い顔を見破られたか、レジ横のガラスケースから、痛快洞さんが「こんなん、どうですか」と品物を出してきた。見ると、『石黒敬七とんちかるた』（東京網島書店）。これは！ 細い目が一挙に五倍くらいに見開いた。NHKラジオの人気番組『とんち教室』の人気回答者・石黒だんなが文を担当、同じ回答者の長崎抜天が絵を担当。見たことも聞いたこともない、私の趣味のど真ん中に投げ込まれた直球だ。これはどうしても欲しい。しかし、値段がついていない。

ガラスケースに入っていた同種のかるたには、いずれも八〇〇〇円以上ついている。「いくら、ですか」とおずおず聞くと、あっさり「五〇〇〇円でいいですよ」と言ってくださった。痛快洞さんに勧められて、買わなかったことで、過去に痛く後悔したことがある。これは、即、いただく。そのほか、『新青年』から転載の絵物語を収録した清水崑・横山隆一・松野一夫『東京千一夜物語ほか──'30s Graffiti』(博文館新社、一九八五年)が九〇〇円。都内某店で何度も手にしながら、心づもりした値段が折り合わず、パスしてきたのをようやく買えた。岩本武治『新おもろい夫婦──取材行脚』(主婦の友社、一九七六年)は、タイトルでわかる通り、唄子・啓助の人気テレビ番組本で、担当ディレクターが取材の裏話を明かす。

戦利品をレジに並べ、ご店主と古本話を交わすのもこの店での楽しみの一つ。「近くの〈バンドワゴン〉には寄ってやってください」という指令と、同じ地下鉄沿線の「姪浜書店」を推薦される。「姪浜《めいのはま》」なら、これから向かう「今宿」への途中駅。「今宿」には、姉が車で迎えに来てくれる予定だ。

道路を渡り、すぐ近くのビルの地下が「バンドワゴン」。レコード・CDも扱う、サブカルチャーに強い店で、オープンしてまもないころ、一度訪れたっきりだった。なんだか、店内は薄暗く、オープン当初より圧倒的に本が増え、魔窟状態と化している。ちょっと小ブーム中の富岡多恵子が一〇冊ほど並んでいたのが目についた。しかし、いくつかは値段がついていない。店内には懐かしの歌謡曲が流れている。ひとわたり見てまわり、何か一冊お土産をと、『須田開代子のストライクボウリング』(学習研究社、一九七一年、第二四版)を。これが八〇〇円。七〇年代ボーリング大ブームの遺産だ。毎日新聞連載中の「あった、あった。」のネタに使えると判断したのだ。

「痛快洞」のある大名までは、天神から歩いたのだが、ここからは地下鉄。最寄りの「赤坂」から「姪浜」駅へは同じ地下鉄空港線。福岡空港から「天神」「赤坂」「姪浜」と、すべて空港線沿線にある。あちこち移動する人は、一日乗車券(各線乗り放題で六〇〇円)を買ったほうがいいかもしれない。「姪浜」で下車するのは初めて。「古書 姪浜書店」は、駅北口を出た目の前にあった。入り口は狭いが、奥に進むと広いスペースがある変則型で、棚も、通路がレジから見渡せるように斜めに並べてある。

しきりに言葉を交わす、仲のいい老夫婦の店で、専門書から雑書までよく揃っている。ここでの一番の買い物は、中村正常『ユーモア部隊長』(アトリエ社、一九三九年)一二〇〇円。これは私の蒐集対象となる、『新版ユーモア小説全集』の一冊で、第一三巻。ただし、一二巻までは函入りハードカバーだが、これは裸本でフランス装ソフトカバーだ。それでも中村正常が一二〇〇円はダンチに安い。ほくほくしてレジへ運ぶと、ご主人がしげしげと眺め「こういう本を買う人も少なくなりましたもんね」と言う。少しうれしかった。入り口ドアのほうへ向かいかけたら、ひょいと視野に中野実『楽天夫人』(河出新書、一九五五年)が目に入った。ええい、ついでだと手に持ってレジへ戻ると、値段は五〇〇円だったが、「こっちは三〇〇円にしておきましょう」とおまけしてくれた。すかさず脇にいた奥さんが「帰るとき、また欲しい本が見つかったりして」とおっしゃった。「それじゃあ、いつまでたっても帰れませんよ」と私が笑わせた。なんともいい雰囲気の店だった。

次の日は、新しく地下鉄が開通した「六本松」周辺を散策。雑誌『アミューズ』の取材で訪れてからすでに一〇年以上が経過して、古書店の数もずいぶん減っていた。着いたのが夕方だったため、「天導書房」はすでにシャッターが閉じ、昔そのままの「三和書房」で、黒沼健『天空人物語』(新潮社、一九六八年)を五〇〇円で買う。吉田健一推奨の黒沼健だ。帰りはひんぱんに行き交うバスのほうが便利。

最終日、飛行機に乗る直前、空港近くの「ほんだらけ空港前店」へ寄る。ここは一五〇坪という巨大リサイクル店。文庫の量がものすごく、一部を除けばプレミアム値段をつけていないので、文庫中心にガサゴソと拾う。本はすべて宅急便で送ってしまったので、帰りの機中での読書用に、ケン・フォレット『針の眼』（新潮文庫、一九九六年）を二〇〇円で買い、読み始めたらやめられなくなった。これはおもしろい！

＊――「痛快洞」さんも、店売りをやめられたと聞く。福岡へ行く大きな楽しみが一つ消えた。「バンドワゴン」「古書 姪浜書店」はネット販売に移行。「天導書房」は二〇一〇年に大手門へ移転。「ほんだらけ空港前店」「三和書房」は店を閉められた。

下北沢に可憐な女性古書店主の店誕生

二〇〇八年六月――東京・世田谷区北沢「ほん吉」ほか

ほん吉

年に一度か二度しか訪れない下北沢に、この春、若い女性が、「ほん吉」なる古本屋を開いたという。『女子の古本屋』の著者としては、チェックしないわけにはいかない。

下北沢は、小田急線と井の頭線がＸで交わり、その周囲に無辺際に店と路地が広がるため、何度行っても、方角がわからない。迷ってしまう。それがこの街の魅力だと言えるかもしれない。しかし、「ほん吉」は、本多劇場のあるほうへ出て、茶沢通りから北沢タウンホールを目指せばいい。その目の前に「ほん吉」はある。

訪れた五月五日は午後から雨。それでも連休中とあって、下北沢の町は人が行き交い、ざわざわとにぎわっている。そう言えば、『ざわざわ下北沢』（市川準監督、二〇〇〇年）という映画がありました。地名の「ざわ」とかけているのですね。ところが、二〇一三年には、小田急の立体交差と、補助五四号線という大型道路の建設で、下北沢は大きく変貌すると聞いている。再開発後は、この混沌としたにぎわいも静まってしまうのだろうか。

まるで小学校の教室のように、「ほん吉」と筆文字で書かれた紙がガラスに貼られた店は、外から見ただけで相当広い店だとわかる。天井も高い。まずは傘を畳み、均一にとりつくが、おや和田誠『デザイン街路図』(昭文社出版部、一九七三年)がある。なんと一〇〇円。買えるものがあると、店内に入るときの勢いが違う。雨だからひっこめたのか、店内すぐの床にも均一箱が。ここで植草甚一スクラップブック『ぼくの読書法』(晶文社、一九七六年)、武田泰淳『私の映画鑑賞法』(朝日新聞社、一九六三年)、池島信平『ジャーナリズムの窓から』(修道社、一九五六年)を拾う。美本ではないが、これが全部一〇〇円なんて、なんだか悪いや。

「ほん吉」の店主は、加勢理枝さん。少しお話をしたが、五十男がポーッとなる淡雪のように可憐な娘さんだった。東京出身の理枝さんは、武蔵野美術大学を経て、一度就職したあと、吉祥寺の「古本よみた屋」でアルバイトを始めた。四年の修業ののち独立。「ほん吉」をスタートさせたという。武蔵美から古本屋という経歴は、あの「オヨヨ書林」と同じ。わが畏友、林哲夫さんも武蔵美。武蔵美はすごい先輩と後輩を世に送り出した。店名はオープン前日に、気まぐれにつけたというが、「吉」に吉祥寺の匂いを残したのだと、私は見た。

それに下北沢は、井の頭線に乗れば吉祥寺と一本でつながっている。理枝さんは、とにかく「にぎやかな街」で店を持ちたかったようだ。高い天井、鉄骨むきだしのコンクリートの壁が一八坪の空間をどっしり支えている。聞くと、以前は建築会社が資材置場に使っていたそうで、トラックがそのまま入ってこられたらしい。なるほど、それでこの空間。初めてにしては大胆な店選びだ。

「古本よみた屋」は、全方位のジャンルに強く、本のことをよく知っている店だが、そこで修業した跡が「ほん吉」にも見える。文芸書を中心に、人文書や専門書がよく揃っているし、エロ関係やマンガの棚も、選ぶ目の確かさが感じられる。一番奥の「性と家族」のコーナーはとくに充実。「わたくし達をふりまわす謎のしくみ」なんてコメントのついた札が貼ってある。洒落っ気を含みつつ、女性古書店主としての姿勢を強く感じるラインナップだ。なかなか、志の高い店である。

レジ前に、小学館から昭和四四年に出た『ポピュラー音楽全集』という三三回転のシングル盤サイズのレコード付きシリーズが数冊、五〇〇円で売られていた。これ、装丁と編集がサン・アドで、イラストを宇野亜喜良が手がけた、めちゃくちゃデザインセンスに優れた出版物なのだ。それをちゃんとわかっているなんて、さすがだ。私はそのほか、店内を回って、文庫棚からクロフツ『樽』(創元推理文庫、一九六五年)三〇〇円と、昭和九年の無名人が書いた肉筆日記(亡くなった母への思慕が切々と記される)を五〇〇円で買った。人通りの多いエリアのせいか、私がいる間にも、ひっきりなしに客が入ってきて、本を熱心に選んでいた。ちょっと安心した。

「ほん吉」に別れを告げ、茶沢通りへ出てすぐ、「スズナリ」の下にある「古書ビビビ」へも初見参。「ほん吉」に比べると、えらく狭い店だったが、ここも品揃えはびっくりするほどいい。演劇、映画の分野に強いのは土地柄か。店内にはずっと浜口庫之助がスタンダードを歌ったアルバムがかかっていた。ここでは、雑誌『スコラ』連載のコラムを収録した『随文博覧会——スコラスクランブル』(講談社/スコラ、一九八四年)を買う。四〇〇円。ハンチング、メガネ、ヒゲの若い店主に、お金を払うとき、「浜口庫之助だね。めちゃくちゃ歌がうまいよね」と言うと、パッとうれしそうな顔になって、「そうなんですよ。紙ジャケのCDを見つけて聞くと、気に入っちゃって」と答えた。そんな会話もなんだか下北沢ふう。

ざわざわとにぎわう下北沢を、駅へ向かいながら、この周辺一帯が再開発の波に飲まれようとしていることを思い出す。「ほん吉」も「古書ビビビ」も、この先どうなるだろうか。線路を挟んで反対側には「気流舎」という古本カフェもできた。縁のなかった下北沢だが、これからはせいぜい足を運んで、町の記憶を心に留めるようにしよう。そう考えた。

＊――「古書ビビビ」は、「ほん吉」の近くに移転。広い店になり、イベントを仕掛けるなど下北沢の「顔」になっている。

吉祥寺西側がおもしろくなってきた

二〇〇八年七月――東京・吉祥寺本町「古本屋 さんかく」ほか

夜中、高校時代の友人Sと話していると、彼がこんなことを言ってくれた。私がほぼ毎日書いているブログを、時々読んでくれているのだ。

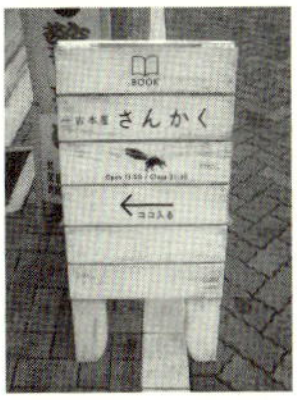

古本屋 さんかく

「岡崎、ほんま、幸せやな。日記読んでると、いろんな人が、岡崎のこと気にかけてくれて、応援してくれてる。それがわかるんや」。

私はSの言葉で、初めて自分の幸せに気がついた。本当にそうだな。大阪から上京して約二〇年。いろんな人と出会い、知り合い、言葉を交わしてきた。私はそんなに人づきあいのいい人間ではなくて、関西にいるころは、友だちも少なかったのだ。東京へ来て、世界が広がり、知り合う人の数も何十倍も増えた。そうしたなかから、親しくおつきあいさせてもらえるような人も増えていった。

そんななかで、私と、私の本の装丁をいつもしてくれているシルクスクリーン作家の石丸澄子さんを中心とした集まりがある。だいたい三ヵ月に一度、編集者、ライター、カメラマン、デザイナーなど出版業界の人+その友人たちが集まり、ただただ飲み食いしながら会話するだけの気の置けない会なのだ。

そんななかから知り合った人たちと、高尾山の山歩きをしようという計画が持ち上がった。「ミシュラン」に登録されたことで、一挙に登山客が増えた高尾山だが、手軽に自然が楽しめるという点で、初心者にはうってつけの山なのだ。私もしばらくごぶさたしている。すっかりその気で準備していたが、当日は雨模様。中止と決まる。しかしせっかくその気になったんだから、集まって飲もうと（こういうことはすぐ決まる）楽なほうに計画は変更された。

集まったのは古本屋さん、編集者ほか総勢五名。出発は吉祥寺「ブックオフ」。このところ、急に古本屋が増えた吉祥寺通りの西側エリアを周遊することにした。

東急の裏手、ビルの二階に素晴らしい古本空間を生み出した「百年」をまず訪問。蔵書の質量、ジャンル分けのセンス、本以外の紙ものや雑貨など多種を取り揃え、まずは中央線沿線でもトップクラスに属する店だと思う。大正期から神戸市湊川にあった映画館「松竹座」のチラシ『SHOCHIKUZA NEWS』が五〇〇円ぐらいで一〇枚ほど出ていた。発行所はあのプラトン社で、なによりデザインがいい。一枚買おう。額に入れたっていいんだ。それと三〇〇円均一から、武田百合子『犬が星見た』（中央公論社、一九七九年）の単行本を。これは、あまり見ないんだ。

ちょうど「百年」の裏手の空き店舗で、五月半ばから一ヵ月間限定の古本市が開かれていた。その名も「吉祥寺ごちゃまぜ古本マーケット」。週代わりで、中央線の古本屋さんを中心に、一〇店舗ほどが出品している。一箱古本市や東京古書会館のアンダーグラウンド・ブック・カフェなど、閉鎖的だった古書の即売を、もっと多くの人の目にさらし、開かれたものにしようという動きがある。これは応援しないと。

と、言いながら買ったのは片岡義男著の「ワニの本」、『ヘルプ・ミー！　英語をどうしよう』（ベストセラーズ、一九七六年）一冊。これが五〇〇円十税。

中道通りでは、閉店したミステリ専門の書店「ＴＲＩＣ＋ＴＲＡＰ」の後に「そら屋六進堂」という古本屋が入った。ここは未見。ちょうど「ごちゃまぜ古本マーケット」出店のため、休んでいたのだ。ご店主には、会場で挨拶をした。また日を改めて寄らせていただきます。

そのまま、中道通りをしばらく歩くと、左手電柱に「古本屋 さんかく」と書いた手作りの看板が見えてくるだろう。これを見逃すと、なかなかたどり着くのが難しい。というのは、その電柱の脇、細い路地の奥に「古本屋 さんかく」という古本屋がある。ほとんど隠れるように営業している。吉祥寺のなかでは、この店がもっとも新しいはずだ。

一緒にいた古本屋さん、というのはつまり「古本海ねこ」さんだが、一度訪ねたがわからなかったという。たしかに、視線は看板を探して、上を向いているので、足元の表示には気づかない。「ええっ、ここ?」。人一人がようやく通れるような路地へ入っていくと、その奥がちょっとしたスペースになっていて「さんかく」はあった。

店の前で携帯で喋っている若者がいて、どうも彼が店主らしい。「お邪魔します」と、つい声をかけてしまった。それぐらい、小さな店で、ひとの家に上がり込むような気分なのだ。入口すぐ左に稀覯書を入れたガラスケースがある。右は文庫の棚。それがすべて岩波文庫と中公文庫で埋められている。中公文庫は背が肌色の時代のもので、岩波と並ぶと肌色で埋めつくされたような印象。これは壮観だった。

奥へ進むと、中央にベンチが二つ。その上の天井は途中から低くなり、一六〇数センチと表示がある。一八〇センチ近い私など、完全に腰を落としての入場となる。そのためにベンチがあるのか。座ってみると、目の前に本棚。しかも品揃えはガチガチの文芸書だ。稲垣足穂、内田百閒など、いいところばかりを集めている。奥の壁には、福田恆存、色川武大・阿佐田哲也、寺田寅彦、山口瞳の全集がずらりとある。失礼だが、店の外でお見受けした、いまどきの若者のご店主のイメージからは想像つかなかった棚だ。

逆にそれだけ隙のない棚だとも言えて、隙だらけの古本人生を送っている私は、今回は何も買えなかった。しかし、吉祥寺の西側が、足の伸ばしがいのあるエリアになっていることは間違いない。帰りにもらったショップカードには「白い看板が目印の小さな店です。落ち着いて本をご覧いただける空間をご用意しております」とあった。本当、その通りの店だったな。

*――この日、集合した「ブックオフ・吉祥寺南口店」はその後、北口に移転。「そら屋六進堂」は店を閉められた。また「古本屋 さんかく」も、気がついたら消えていた。どこでどうしているのか？　おもしろい店だったが……。

倉敷では「蟲文庫」そしてジャズ喫茶へ

二〇〇八年八月――倉敷市本町「蟲文庫」

日本国中、訪ねたことのない地に足を踏み入れる楽しみが、この先まだ残されていると思うだけで、少しだけ長生きしたくなる。今回もまさにそうだった。

蟲文庫

光文社とJPIC共催による「読書の腕前」講座で、昨年より隔月で各地を巡っているのだが、先々月の福岡に続いて六月の末、米子へ行ってきた。今回のゲストは南陀楼綾繁さんだ。じつは南陀楼さん、お隣りの島根県出雲市の出身。

普通なら羽田から米子空港へ、航空機で往復というところだが、せっかくだからと事務局にお願いして、行きは鉄道で地面を走ることにした。岡山までは「のぞみ」。快速に乗り換えて倉敷へ。そこから特急「やくも」で米子入りとルートを決めた。倉敷では、「蟲文庫」に顔を出すつもり。倉敷以北は未知の国。胸はずむ旅支度となった。

新幹線車中では、辻原登『マノンの肉体』(講談社文庫、二〇〇八年)を読む。辻原の小説はいつもそうだが、虚実皮膜のあわいにたゆたう「謎」を追って、読者は不思議で心地よい言語世界に誘われる。

これは小説の功徳か、それとも毒か。まわりの風景が、辻原ワールドのように「謎」に満ちて見えてくるのだった。

この日、当日「国立」駅窓口で取った指定が、二人席の通路側。隣りには、後ろから見ると二〇代、顔を見たら六〇代という女性が座っている。要するに服装と年齢がちぐはぐなのだ。それに手提げの小さなバッグに、トトロのちいさなぬいぐるみがぶらさがっている。辻原さんの小説を読んでいると、彼女がいったいどういう人なのか、気になってくる。

それにこの車両。三人席に、やたらと乳呑み子を抱いた若い夫婦連れが目につく。気がついただけで三組もいる。あちこちで、泣き声とそれをあやす声がする。これも、なんだか辻原さんの小説みたいに思えてくる。しかし、謎は簡単に解けた。要するにこの車両の最後尾に、授乳やおしめを換えたりする特別室が設置されているのだ。こんなに安々と謎が解けては小説にはなりません。それでも、ちょっとおもしろい体験だった。これも文学の力だろう、とあえて言っておこう。

さて、倉敷についたときは、いつ降ってもおかしくない空模様だ。倉敷では、「蟲文庫」へ行くその前に、これまで一度も開いているところを見たことがない、駅からすぐ近くの「ふるほんや読楽館」へ立ち寄る。なにしろこの店「雨天休業」と、『全国古本屋地図——21世紀版』に書いてある。微妙な空模様は、五分五分の確率を予想させたが、行くとやっぱりダメだった。憎い雨め！ 残念だが仕方ない。

「蟲文庫」へのアクセスは、斜めにアーケードのある商店街へ入り、えびす通りから本町通りと道なりに進むのが近道だが、今回は駅前から延びる中央通りを真っすぐ行く。途中、倉敷川の流れる美観地区へ折れ曲がり、しばし川辺の風景に親しむ。人工的な観光地なのだが、建物などは大原美術館、喫茶「エル・グレコ」など、昔そのままの姿を留めているので、不自然さは感じない。外国人客が記念撮影をしている前を、手刀を切って中橋を渡る。あとはくねくねと道を折れ曲がり、「蟲文庫」まではすぐだ。

この日、店主の田中美穂さんには、いっさい連絡をしていなかったので、ドアを開けて顔を見せたときには、あの物事に動じない、クールな美穂さんの表情が、珍しく「犬が星見た」ようになった。荷を下ろし、ひさしぶりに「蟲文庫」の棚を周遊したあと、淹れてもらったコーヒーを飲みつつしばし歓談した。

話題は、近頃、美穂さんが巡ってきたという京都、近江八幡、能登の「苔」旅について。能登では、七尾でクリーニングと兼業の、不思議な古本屋へ行ったという。『全国古本屋地図――21世紀版』を見れば、それが「なかもり書店」のことだとわかる。同書には「貸本も営む」とあるが、いつのまにクリーニングと兼業になったのか。そういえば、福岡の香椎にも同様の店があったっけ。

私が滞在中、「蟲文庫」を訪れたのは、観光客らしい若いカップル一組と、知り合いの女性一人で、売り上げはゼロみたいだったが、美穂さんは淡々と机に向かって、古本の汚れを落としたり、値段をつけたりの作業をしていた。まるで瞑想しながら渓流に糸を垂れる釣り人のようであった。私はただいま研究中の昭和三〇年代資料として、上之二郎『ぼくらのヒーローが帰ってきた』(日本文芸社、一九七六年)一二〇〇円を、少しおまけしてもらって買った。

回り道になったが、やっぱり倉敷で降りて「蟲文庫」へ寄れてよかった。田中美穂さんのいつもと変わらぬ姿を見て、少しほっとしたからだ。このあと、「蟲文庫」からすぐの、同じ通りにあるジャズ喫茶「アヴェニュウ」へ入る。前から気になっていたのだ。店内は思ったより広く、ピアノとドラムセットが据えてある。夜はライブも行なわれているのだ。

スピーカーは箱型ではなく、壁に埋め込まれたような、初めて見るようなタイプだった。そこから、音量を絞ってピアノトリオが流れてくる。昼は、とくにジャズファンとは限らない、地元の男性たちの憩いの場となっているようだった。しかし旅先で、古本を買ったあとにジャズが聴けるなんて、なんとも気分がいい。コーヒーを啜りながら、「酒とバラの日々」なんて曲を聴いていると、ドアが開いて美穂さんが飛び込んできた。忘れ物でも届けてくれたかと思って近寄ると、そうじゃない。一冊の自筆日記を手渡してくれた。

「あんまり書いてないんですが、ちょっと珍しくて、前から差し上げようと思っていたんです」という。ありがたくちょうだいする。

一九三二年の『ライオン当用日記』で、なるほど記述は一月二八日で終わっている。いくつかの記述からどうやら書き手は先生だったことがわかる。内容についてはこれから研究していこう。倉敷駅まで戻って、岡山発出雲行きの「やくも」に乗り込むところから、以下は次回へ続くという展開になってきた。

＊――「ふるほんや読楽館」は現在も不定期で営業中とのこと。

消すな米子の古本の灯

二〇〇八年九月——米子市「油屋書店」

油屋書店

　前回の続き、六月の末に倉敷市「蟲文庫」をあとにして、伯備線に乗り込んだところから。初めて乗る「伯備線」は、岡山から米子を結ぶローカル線で、高梁川、途中から日野川と、ずっと川と並行して山のなかを進む。所要時間は約二時間。

　いちおう指定を取った車中の乗車率は二、三割というところか。荷物を降ろし、窓ぎわの席でガラス窓に顔をくっつけていると、前の座席から、おばあさんが孫をあやす声が聞こえる。「ポッポッポッポ、鳩ポッポ」と、これをえんえん、大きな声で繰り返す。最初は微笑ましい光景と苦笑いしていたが、あまりの執拗さに、イライラしてきた。これを二時間、聞かされた日には、神経がまいってしまう。

　車掌が通りかかるのを捕まえて、事情を説明し、席を替えてもらうことにした。「どこでもいいです。どうぞお座り下さい」と車掌は簡単に言うが、指定席だから、途中の駅から本来の指定した客が乗り込んで来たら面倒だ。ところが、車掌は「いや、だいじょうぶです」と言うのだ。

　不安なまま、孫をあやし続けるおばあさんの席から遠く離れて座っていたが、すぐに車掌の言う意味がわかった。伯備線は特急停車駅といえども寒駅ばかりで、人影もなく、途中から乗ってくる者などいない。指定さえ取る必要はなかったのだ。それにしてもよく揺れる電車だ。山間をジグザグに走るためもあるだろうが、ほとんど始終振り子のように横揺れがある。米子で話をする下準備で、紹介する本に目を通し、ラインを引いていたのだが、手元が狂い大きくはみ出してしまう。もう線を引くのはあきらめた。というより、読書さえも困難なのだ。

雨に煙る「備中高梁《たかはし》」という駅を過ぎる。ここはあの「寅さん」が降りた駅のはず。義弟である博の実家がここにあり、博の父（志村喬）が語る有名なセリフ「庭にはりんどうの花が～」を思い出す。いつか途中下車して、町をぶらつきたいものだと思う。

視界が悪く、大山もあいにく見えない。しかし、山と川、田園風景と日本の原風景を車窓に眺めながらの車中は楽しかった。本なんか読めなくていいのである。米子の夜は、「本の学校」を主催する今井書店・永井伸和会長の仕切りのもと、米子文化を支える有志の方々が開いてくださった酒宴に、翌日、一緒にトークをする南陀楼綾繁さんとともに招かれる。私はただ飲んでいただけだが、地元の名士である南陀楼さん（いや揶揄じゃないよ、ほんとそうなのだ）を巻き込んで、この秋、米子でも本のイベントが開きたい、という話に発展しているようだった。

一夜明け、大雨の朝、ホテルのロビーに集合し、南陀楼さんの先達のもと、タクシーに便乗し、光文社、JPICの面々と、南部町にある「祐生出会いの館」を訪問。この米子が生んだコレクターの巨人についてくわしく書いていたら、また「倉敷・米子編」の原稿が一回延びちゃうよ。とにかく、板祐生《いたゆうせい》という孔版画家が蒐集した、約四万点に及ぶ、郷土玩具、ポスターほかありとあらゆる「紙もの」のコレクションの一端を見せてもらい、度肝を抜かれる。『彷書月刊』向きの人物だ。

さあ、先を急ごう。百数十名の聴衆を集めて、米子コンベンションセンターでの「読書の腕前」イベントも無事済み、さっそく、古本好き有志で町へ繰り出し、古本屋回りをする。といっても、米子の古本事情は厳しく、老舗の「油屋書店」さんほか、マンガをメインとした店が同じ商店街のなかにあるだけ。

その商店街も八割方は店を閉じた、典型的なシャッター商店街だ。「油屋書店」さんは、そんななかで風格のある大きな店構え。店頭に「王将」と書いた巨大な将棋の駒が置いてあった。碁石、花札、トランプなど趣味の道具も置いているらしい。私に続いて、南陀楼さんが店に入ると、なかにいたご主人が、「あ、南陀楼さん！」と声を挙げた。なるほど、名士とはこういうことか。

　私も挨拶をして、少しお話をうかがうと「油屋書店」は昭和七年の創業。ご主人は二代目。もとは岩波書店の新刊と古本屋の兼業だったのが、最近は古本の扱いが増えてきたという。戦後、米子市内にもあちこちに古本屋があったが、昔からがんばっているのは、いまやこの「油屋書店」さんだけ。それもご主人の代で終わりということだった。

　店の中央に帳場があり、壁の本棚にびっしり本が詰まっていて、いかにも老舗の古本屋らしい品揃え。南陀楼さん始め、それぞれ戦利品をホクホクと抱えていた。私も、これは何か買って帰らなくちゃと張り切ったが、結果はこんなところ。

　佐藤春夫『みだれ髪を讀む』（講談社ミリオン・ブックス、一九五八年）、平林たい子『情熱の市』（講談社ロマン・ブックス、一九六二年）、中谷宇吉郎『立春の卵』は創元文庫（一九五一年）。それに、これは見た事がない、絵本の体裁をした『荒井由実詩集――ユーミン、愛の伝言』（新興楽譜出版社）は一九七六年の刊。値段は、『荒井由実詩集』が一二〇〇円で、あとは五〇〇円以下。すこぶる手頃な値段である。どう考えても、商売としては厳しいようだったが、この「油屋書店」がなくなったら、米子の古本好きにとって、港から灯台が一つ消えるような思いではないかと推察した。閑散とした商店街を見ていると、東京で客が少ない、本が売れないとぼやいている同業者の方々に、それでも恵まれていますよ、と言いたくなった。

　このあと、今井書店が本通に支店で出した「青杏《せいあん》文庫」も訪ねる。ここは新刊書店。いわゆる雑貨と本を組み合わせたセレクトショップで、『クウネル』系ともいうべき、女性が心引かれそうな品揃えだが、男が見ても楽しかった。ここで水木しげる監修『こんなに楽しい！　妖怪の町』（実業之日本社、二〇〇六年）を買ったのは、私だけ米子にもう一泊して、翌朝、「水木しげる」で町おこしをした境港を訪ねるつもりだったからだ。

＊――取材から七年後のいまも「油屋書店」は健在、たのもしいかぎり。

肋骨おさえて善光寺詣り

二〇〇八年一〇月――長野市「新井大正堂」ほか

新井大正堂

　今年で五一歳だ。もう歳ということはわかっている。それでも今回は参った。八月二〇日のこと。中央線「飯田橋」駅からすぐの名画座「ギンレイホール」で映画を二本観たあと、次の用事のため急いで地下鉄の階段を下り始めた……と思って下さい。最後の一段を、さらにもう一段あると錯覚して足を踏み出したところ、もうそこは床で、バランスを崩し、たたらを踏んでそのまま非常な勢いで壁に激突した。しばらくはしゃがみこんだまま息が止まった。

　痛みをこらえ、なんとか次の仕事をこなし、電車に乗ったが、肋骨のあたりが息をするたびに痛む。こいつは参った。じつは、翌日から一泊で妻と長野へ旅行することになっていたからだ。帰宅後、妻に事情を告げ、「最悪、一人で行ってくれ」と振り絞るように言って、その夜は湿布をして早く寝た。寝起きの動作がいちばんつらく、悲鳴を上げながら翌朝目覚め、それでも新幹線代や宿代がもったいないから、とそのまま長野へ向かった。

　まあ、ムチャなのだ。それでも長野一日目はまだマシだった。普通に歩く分には、さほど痛みも感じない。ホテルで荷を預け、善光寺までバスで向かい、お参りを済ませ、あとは古本屋巡りに費やした。まずは善光寺参道の「仁王門」と交差する通りをしばらく行った「北島書店」へ。昭和一四年創業にふさわしい店構えだ。俳句や短歌など短詩型の本が目立つ、昔ながらの筋目の通った古書店という感じ。帳場のガラスの取れた陳列棚には、和本が並べてあった。

せめて文庫一冊でも、と思ったが、その文庫を置いていない。頭を下げて店を出た。次に向かったのが、中央通りを挟んで、ちょうど反対の方角にある「新井大正堂」。名前の通り、大正期創業の老舗のようだが、行ってみると、ええ、ここが！　と眼を疑うような、ぴかぴかのガラスがハマった、美しい新築の店だった。古書店というより、和風旅館かレストランといったたたずまい。アプローチは石が埋め込まれていて、脇に小さな池が掘ってある。すぐそばに白壁の立派な蔵。これぐらい、想像をいいほうに裏切られた店も珍しい。

店内も広く、通路のスペースも余裕があって、知らない人なら新刊書店と間違うかもしれない。郷土史がメインのようだが、文学、美術、歴史と一通りのものは揃っている。しかし、ここで買ったのは文庫一冊。佐藤春夫『田園の憂鬱』(新潮文庫)は、二〇〇〇年限定で発売された「新潮文庫 20世紀の100冊」カバーのついたやつ。これを集めているのだ。しかも大学のテキストで使ったものらしく、女学生らしきシャーペンの文字で書き込みがある。これもまた、ポイントが高い。

次に中央通りへ戻り、日差しを避けて、途中アーケードの商店街へと入っていく。閑散とした商店街ながら、途中、引っ込んだ土地に古い映画館が建っていた。この「相生座」で記念撮影。コンクリートの凝った意匠の外壁で、こういう物件に出会えることが旅の醍醐味だ。

巡回バスの停留所で「市役所前」からすぐのところに「善光洞山崎書店」がある。書店名を大書した目立つ大きな幌がかかっている。この店頭まで来たときに驚いた。路上に過剰にはみだした均一棚が入口を奥に遠ざけている。それに文庫は値段が二〇円ときている。五冊買ってようやく一〇〇円だ。新書、単行本が五〇円。これは安い。初山滋＝装幀装画の三島由紀夫『永すぎた春』(新潮社、一九八九年)ほか、数冊を買う。

店内がこれまた迷路のように、本棚が幾層にも入り組み、隙間のいたるところに本が突っ込んである。繁殖から氾濫に至るのを、本棚がようやく防いでいる感じ。店の一番奥の角に帳場があって、ご店主は途切れなしに、電話で誰かと連絡を取り合っている。その声に張りがあり、陽気で、なんだか楽しそう。結局、この店が、私の好みに一番合致した店となった。

「山崎書店」から予約したホテルはもうすぐ。いったんホテルへチェックインし、一休みするという妻を残し、再び私は路上へ。駅前の「平安堂」が経営する古本屋、それに「ブックオフ」を覗こうと思ったのだ。

平安堂は新刊書店ながら、古本の高価買い取りを謳い古書部を立ち上げ、すぐ近くの元シティホテルのビルを古本屋にしてしまった。名前は「平安堂長野店 古書センター」。店内に入ると、ホテルの内装や設備(受付カウンターをそのままレジカウンターに)をうまく活かし、なんだかゴージャスな雰囲気だ。棚の本を取り出すと、東京の「りぶる・りべろ」、「麗文堂書店」の値札が貼ってある。どうも東京の古本屋さん数軒が、同店に本を出しているらしい。二階は古本市会場になっていて、階段を肋骨にひびかないよう、おそるおそる上がると、やはり名前を見知った数店の本が置いてあった。ここは、スーパーの催事で開かれる古本市の雰囲気。ただし、置かれている本のレベルはもう少し高い。

私はここでも、結局、今江祥智の『さよならピーターパン』(福武文庫、一九九一年)を買っただけだったが、質のいい古本のシャワーを大量に浴びて、すっかり堪能した。「産経新聞」(〇八年七月三一日付)によれば、古書の併売に積極的な新刊書店三社と共同出資の会社を設立して、共同の仕入れを進めている。「出版不況の打開策として『古書の併売』はひとつのキーワードになりそうだ」と同紙は締めくくっている。

「松書房」さんだけは寄れなくて失礼したが、長野市の古本屋はバラエティに富んで、充実している印象を持った。翌日、地獄の苦しみを味わいながら、揺れるバスで「松代《まつしろ》」へ向かう。戦時中「松代大本営」の地下壕が掘られた町だ。「池田満寿夫美術館」を見た後、町を散策。江戸の武家屋敷が並び、ミニ角館《かくのだて》の風情。帰りは大正期のままの木造駅舎から、長野電鉄で長野まで帰った。松代の駅員が「バスのほうが早くて安くて便利ですよ」と親切に言う。それがなんだかおかしかった。

*——二〇一一年三月、長野電鉄屋代線が廃止。松代駅は消滅した。このとき、乗っておいてよかったのだ。その後、「平安堂 長野店 古書センター」は店舗営業を終了され、「平安堂 長野店」内のフロアに古書売り場を開設。

さすがに金沢は変化に富んだ古本町だった

二〇〇八年一一月——金沢市「金沢文圃閣」ほか

某誌の仕事で九月一二、一三日の両日、金沢へ行ってきた。金沢は初めて、と言いたいところだが、じつはもう三〇年近く前に訪れている。京都で学生だった時代、四条大宮の商店街内にあるスーパーSの家庭用品売り場でバイトをしていたのだが、ここの社員旅行にくっついて行ったのだ。兄貴のように慕っていた社員のHさんから、「今度の休み、おまえヒマやろ。社員旅行、来いよ。タダでえぇから」と言われ、ほいほいとついて行ったのが初の金沢行きとなった。当日の朝、目覚ましをかけていたのに寝坊し、あわてて寝ていたそのままの姿（上は半袖シャツ、下はジャージ）でバスの集合場所へ駆けつけ、金沢、片山津温泉と回ってきた。宿でお座敷ストリップというものを初めて見た以外、何にも覚えていない。そんな旅だった。

三〇年後の私は、東京から地べたを走る「鉄」の旅。朝、「MAXとき」で越後湯沢へ。ここから「はくたか」に乗り換え、北越急行という第三セクターのローカル線で日本海へ。直江津、糸魚川、黒部、富山と西へ走り金沢まで四時間弱の旅（いまなら開通した新幹線を使って二時間半）。まだ蝉時雨の残る九月、凪いだ日本海を眺めながら、車内アナウンスで告げられる「青海」「親不知」「市振」と駅名を聞いているだけで心地よくなる。「魚津」の手前では、名物の蜃気楼（海市）の説明と、立山黒部アルペンルートの壮大な風景についてアナウンスがあった。

金沢着がちょうど正午ぐらい。駅なかのラーメン屋で昼食をとり、駅の裏側へ出て「ニッポンレンタカー」で自転車を借りる。四時間六三〇円で、これは駅構内の同種の店より少しお得なのだ。野村宏平さんの労作『ミステリーファンのための古書店ガイド』（光文社文庫、二〇〇五年）にも、金沢は「貸自転車をかりて楽に一巡できる」とある。兼六園の東側が少し坂になっている以外、浅野川と犀川に挟まれたこの町は、わりあいのっぺりと平面で、ペダルを踏むのにもほがらかになる。

前日に電話して、「金沢文圃閣」の田川浩之さんに金沢の古本事情について話を聞く段取りだけつけていた。ところが、この日は折悪く、月に二度の北陸の市場の立つ日だった。忙しいなか、無理を言って二時見当に店へ行く約束をして金沢城公園を中心に時計回りに巡って行こうと算段をつけた。宿は「片町」交差点すぐの「スマイルホテル」。時間調整をして、ここで荷物を預ければいい。なんだかこのところ、出張続きで旅慣れてきた。

駅から一番近い、横安江町商店街の入口にある「近八書房」は、シャッターが閉まっていた。まだ市場から戻っておられないのだと踏んで、むさし交差点を東へ、かつての街道筋となる尾張町へと入っていく。このあたり、全体に時代がかった古い商店が

南陽堂書店

軒を連ねる。そのわりに観光客の姿は少ないようだ。金沢蓄音器館、泉鏡花記念館、金沢文芸館からすぐ近い「南陽堂書店」は、煮染めたような古い店で、風化した看板も旅人の目には好ましい。

印刷用語でアミベタが四〇%かかったような店内には、「黒っぽい」としか表現しようのない古い本が沈殿している。正面の帳場は、台の上に本の塔が門を作り、その間からご主人の姿が見える。取材だと断らず、世間話をするように話しかけたら、ずいぶん気さくなお喋り好きのご主人で、いろいろ教えていただいた。曰く、もとは理系の人だったが、二代目として父親の後を継ぐことになった。大学生がみんなクールでスマートになっていくに比例して、本が売れなくなってきた。鏡花は人気があり、小村雪岱の木版の入ったのなんかすぐ売れるが、そうは出てこない云々。

せっかくだから何か買物をと店をうろついて、建築写真文庫『専門店舗2』（彰国社、一九五四年）五〇〇円と、菊池寛『新女大学』（モダン日本社、一九三八年）一五〇〇円を頂くことにした。ご主人の話をたっぷり聞けて幸先いいスタートだ。話の流れから「泉鏡花記念館」を覗いてとも思ったが、とりあえず先へ進む。時間の案配で来ようと思えば、自転車ならすぐ来られる。そこが人力自在の乗り物のいいところ。あ、そうそう。金沢市内の古書店では無料の「石川古書店マップ」がどの店にも置いてある。「金沢市中心部古書店マップ」は見開きですこぶる見やすい。自転車を操りながら巡るにはこれが一番だ。

次に浅野川大橋を渡って、すぐ左の脇の道を入り、そのまま地図通り住宅街を進むと、噂の古本カフェ「あうん堂本舗」にたどり着く。入口で靴を脱ぐ、フローリングのお洒落な店で、壁で仕切った廊下のような

あうん堂本舗

狭い空間に古本が並べられている。文学を中心として、絵本や音楽の本など、どこかしら関心がひっかかる棚だ。喫茶のフロアには、壁の棚にびっしりジャズのレコードが並んでいて、ジャズが聞けるのかしらんと『ジャズ批評 第三六号 特集 私の好きな一枚のジャズレコード』(ジャズ批評社、一九八〇年八月号)七五〇円、それに『たくさんのふしぎ』の絶版となった宮脇俊三『青函連絡船ものがたり』(福音館書店、一九八八年)を五〇〇円で買う。ちょうど金沢へ来る何日か前、世田谷文学館で「宮脇俊三と鉄道紀行展」を見てきたところだったのだ。『たくさんのふしぎ』には、黒岩保美さんの絵とコンビで四冊、宮脇本が出ているが、『青函連絡船ものがたり』は未所持。ちょうどよかった。

ここは少し話を聞きたいと思い、コーヒーを注文して、いかにも気さくな感じの女性に名刺を渡して名乗ると「あらまあ、岡崎さん」と一際高く声が上がった。「主人がいたらどんなに喜ぶか」とおっしゃって、古書の市場へ出向いている旦那さんに連絡を取っておられたが、急にはまにあわない。明日必ずまた来ますと約束してコーヒーを飲む。少し金沢の古書店巡りの話をしたところ、郊外へ移転した「ダックビル」さんの話になり、行きたいけど不便でと愚痴をこぼすと、「『金沢文圃閣』さんが、ひょっとしたら車で送ってくださるかもしれませんよ」とおっしゃる。これは、コーヒーに四、五杯砂糖をぶちこむような甘い期待だったが、結果はその通りとなった。

金沢城公園を右、兼六園を左に奇抜な建物の金沢21世紀美術館を脇見しながら南下、時計盤の六時となる鱗町交差点からここからは西へ。「文学堂書店」は、精巧な工芸品というような店で、良書を手堅く並べてある。値段も手ごろ。ここはざっと見て、そこからすぐの今夜の宿となるホテルで荷を解く。おかげで身軽になって、長町という、これも古い街道筋を走っていく。武家屋敷跡と疎水の流れる、金沢市内でも一等の散歩エリアの入口に「明治堂書店」が。ここは広い店。質量とも充実していて、文庫だけでもじっくり見ていけば拾い物がありそう。しかし、田川さんとの約束の時間もずいぶん過ぎていたので、本の山の上にちょこんと乗っていた好ましい児童書『ぼくとさる』（養徳社、一九五〇年）を二〇〇円で買う。挿絵は脇田和。どおりで！

兼六園周辺を抜けてからは、行き交う人も少ない、静かな旧市街という印象。しかし自転車で走る分にはそれも心地よい。長土塀といういわくありげな地名の道路沿いに「金沢文圃閣」はあった。若き研究者という趣きの上背のあるメガネ男子、田川浩之さんには、結局翌日も含め、お世話になりっぱなしとなった。なんでそこまでよくしてくれるのかが不思議なくらいで、しばらくは金沢へ足を向けて寝られないような気持ちだ。

金沢文圃閣

二日にわたるつきあいで知ったのは、田川さんは一九六九年金沢生まれで、大学は東京へ。大学院生時代から、寺島珠雄『南天堂――松岡虎王麿の大正・昭和』（一九九一年）などの刊行物で知られる皓星社に勤務、故郷の金沢に戻り出版業とともに二〇〇三年から古書販売も始めた。それが金沢文圃閣。店舗は山小屋のようなうなぎの寝床式の狭い空間ながら、本好きのオーラが充満した本棚が山脈のように連なる。

入口の一部屋がそのまま「均一」というのも豪勢で、我が名「均一小僧」に恥じぬようせっせと掘り出した。まずは、同店で買った本を羅列する。ベルイマン『私の父は食人種』（文藝春秋）、一九六二年の小学六年生の自筆日記、キャサリン・ヘップバーン『「アフリカの女王」とわたし』（文藝春秋新社、一九九〇年）、佐野繁次郎＝装幀の松本清張『球形の荒野』（文藝春秋新社、一九六二年）と以上が一〇〇円。『洋酒天国25』（洋酒天国社、一九五八年、カード一枚おまけ）六〇〇円、澁澤龍彦『秘密結社の手帖』（早川書房）五〇〇円、博文館『昭和十三年自由日記』二五〇円、生方敏郎『明治大正見聞史』（中公文庫、一九七八年）三五〇円といったところ。

驚いたことに、この狭い店舗の隣りにある三階建てビルが、奥でつながっていて、こちらも金沢文圃閣だという。特に一階は元展示場だったのか、明るく広いスペース。「こっちに本を並べればいいのに」と言うと、「みなさん、そうおっしゃいます。いずれ」と田川さん。慌ただしいなか、ちゃんとその後のコースを頭で組み立てていてくれたらしく、「岡崎さん、このあとご予定は？」と確認をとって、「ぜひ『ダックビル』へ行きましょう」と、ハンドルを握って車で連れていってくれた。やったぜ！

途中、「お連れしたい場所がある」と、幹線道路沿いにスーパーの駐車場に車を止めた。このなかにワンフロア、一〇〇円ショップがあるのだが、その一角で古本を販売しているという。もちろん一〇〇円。ここが予想外に広く、ミニ古本市という様相で、たちまち田川くんは数冊、おいしいところを釣り上げた。さすがだ。私は慎ましく絶版文庫を五冊、それにペットボトルのお茶を買った。長い古本生活で、お茶と一緒に古本を買ったのは初めて。

このあと、「やまびこ書房」に寄れたのも、ナビゲーター田川くんのおかげ。ネット販売中心だが、たぶん市内一の蔵書量を持ち、私はここで資料用として森英一『物語・石川の文学』（能登印刷出版部、一九八五年）七〇〇円ほかを買う。そのあいだ、田川くんは「やまびこ書房」のご主人と親しそうに古本情報を交わしていた。古書業者としては新参ながら、すでに石川県内の古書界に浸透して一目置かれている、という印象だった。

さて、いよいよ「ダックビル」へ。本当は「古書Duckbill」と表記するこの店は、今年の春まで先のマップでは犀川近くにあったが、道路拡張にともない、おもいきって人里離れた山のなかへ移転してきた。夕闇迫った山道を、カーナビもない田川さんの車は行き、どんどん心細くなっていく。「これはダメ

ダックビル

かな」と二度あきらめたころ、左に続く石壁の脇に看板が見えた。路肩に車を止め、狭い石段を上がっていくと、大きな古い農家がデンと建っている。玄関は空いているが、チャイムを押しても、声をかけども返事がない。ここまで来てあきらめるのもしゃくと、携帯で目の前にある家に電話をしようとしたら圏外だ。

いよいよダメかと本当にあきらめたとき、家の脇を回って田川さんが走り出した。あわてて後を追うと、なんとダックビルのご夫妻は、裏の畑で農作業中だった。「ダックビルさん、市場に来られなかったですね。ダックビルさん好みの本が出てたのに」と田川くんが声をかけると、「いやあ、今日は天気がいいので、どうしても（農作業を）やっておかないと」と、すっかり農家の人のようだった。

挨拶をして無理を言って店に上げてもらったが、いくつも部屋のある、いかにも農家というだだっ広い空間に、整然と古本が並ぶ光景は圧巻だった。よく吟味した本が、いいコンディションで並べられている。さっき、迷いかけた心細い道中からは想像もできなかった。私は記念に、前から欲しかった上司小剣『小説東京——第一部愛欲篇』（大燈閣、一九二二年）を二〇〇〇円で買わせてもらった。奥さんのお腹には赤ちゃんがいるらしかったが、これだけ部屋数があるのだから、数人で泊めてもらって古本合宿はどうか、など勝手に妄想が広がる。好ましい古本町「金沢」の収穫多い印象が、このダックビルに止めを刺したというところ。

田川さんには、このあと市街まで送ってもらい、翌日もまたお世話になった。「金沢近代文学館」で、奥野他見男《たみお》の写真を初めて見た（男前！）ことなど、通常より倍のスペースをもらいながら書き落としたことがまだいくつか。筆のいたらなさを痛感しながら、金沢古本巡り一席のお粗末でございました。

＊——金沢には、その後、東京で営業を続けていた「オヨヨ書林」が移転。支店を作るなどがんばっている。「南陽堂書店」は店を閉められた。「金沢文圃閣」は、その後、ビルの一階フロアでも古本を販売されるようになった。

福山駅は福山城内にある駅だった

二〇〇八年一二月——福山市「児島書店」

児島書店

京都三大祭りの一つ、百万遍・智恩寺の古本まつりへ行くのは、最初からあきらめていた。往復の運賃を考えると、おとなしくしていようと思うのだった。ところが、寝た子を起こすような仕事の依頼があった。中国新聞社主宰による読書フォーラム「広島発！　活字の底力」という講演およびパネルディスカッションが開催されることになり、それに呼ばれたのだ。開催日は一一月一日。智恩寺の古本まつりもそのころちょうど開催中。ほくほくと依頼を引き受けたのは言うまでもない。

往復は新幹線。帰りに京都で途中下車するとして、広島では前日乗り込みでホテルを取ってもらっている。ここをなんとか使えないか。思案したあげく、三〇日は福山で途中下車することにした。その手前の倉敷、少し先の尾道も、古本屋巡りのために訪ねたことはあるが、福山は初めて。ちょうど、「ふくやま文学館」で「井伏鱒二と木山捷平展」が開かれている。いい後押しとなった。

事前の調査によれば、福山には駅からすぐのところに「児島書店」という古書店がある。駅前に一軒とは淋しいが、なければ途中下車などありえないから、文句は言えない。一九九七年刊の『新版 古書店地図帖』（図書新聞）で、福山の項を見ると、市内に児島書店を含め七軒の記載がある。赤木書店、安倍書店、小畠書店、文藝舎、松永書店、それに児島書店支店もあった。松永書店はJR松永駅に健在だが、この一〇年が、古本業界にとっていかに厳しい歳月であったかがわかる。

朝、八時半東京駅発の「のぞみ」に乗って、一二時過ぎには福山に着いた。滞在を二時間と決めて、まずは繁華街のある南口へ。駅前のロータリーがあるはずのあたりに、工事用の囲いがあり、視界を塞いでいる。駅前の再開発かと隙間からなかを覗くと、地下が掘られ、遺跡の発掘らしき作業跡が広がっていた。こんな駅前に遺跡が発掘されるとは！　ネットで調べてみると、これは反対側、北口の目の前にある福山城の遺構だという。南口駅前あたりが福山城の外濠で、その石垣が市制一〇〇年の「福山駅前整備事業」の過程で発掘されたようだ。福山駅は福山城のなかにあった。

『倉敷・尾道・広島』(るるぶ)を読むと、福山城は「1619年(元和5)徳川家康の従兄弟・水野勝成が福山十万石の領主となって築城」された。天守閣は昭和二〇年の戦災で焼失したが、四一年に再建されている。いずれにせよ、お城のなかにある駅というのはきわめて珍しく、整備事業でつぶされようとしている石垣跡も、うまく活かせば、歴史好きが途中下車したくなる町になるのではないか、と旅人は無責任に思った。

『全国古本屋地図――21世紀版』によれば、「店舗は大きく、郷土誌・文学書・美術書から和本類までよく揃っている。本の回転も早い」安倍書店、「文芸書を中心とした」文藝舍、「マンガ、文庫から専門書まで、店舗面積五十坪の大型古書店」赤木書店は、一〇年前までは駅から徒歩圏内にあったが、今はネット販売に。福山城公園内には、「ふくやま文学館」それに「ふくやま美術館」「広島県立歴史博物館」がある。これら知的財産を受け止める古書店が、次々と廃業していくのは淋しい。北口に天守閣を戴く公園、南口に遺構を活かし、水を満々とたたえた広場があれば、そしてあと二、三軒の古書店があれば、私および全国の古本者は、山陽本線を西へ行くとき、喜んで福山駅で下車するだろう。

勝手に盛り上がってしまったが、福山駅前で孤軍奮闘する「児島書店」の話。いま、この原稿を書いている気分で言えば、是が非でも一冊は同店で買って帰らなくちゃいけない。ところが買わずに出てきてしまった。反省している。「児島書店」は、駅前すぐの大きなデパート「天満屋」の裏手、アーケード商店街のなかにある。徒歩数分。店の前に立つと、天満屋の一階にあった。店内はかなり広い。正面奥にレジ、その左の本棚が郷土にゆかりのある作家のコーナー。井伏鱒二がかなり揃っていて、木山捷平の名前も。

両側から見る本棚が、いったい何列あったか。五列はあったと思う。壁際はすべて本棚。かなりの量である。店内にはすでに男性客が三人いた。これも地方の古書店では珍しいことである。古本好きなら、週に一回は立ち寄りたくなるのだろう。文庫、新書が潤沢で、しかもこれを分けずに、同じジャンルで固めてある。そのジャンル分けもかなり細かく、目が行き届いた本棚のように見えた。一番右奥の壁にマンガがあるが、そのほかは、すべて本、本、本。歴史書が多いのは、さすがに城下町ならでは。どれも値段はきっちりつけてある。当たり前の話で、流通量の多い東京のような値段をつけてしまったら、すぐに良書が枯渇してしまう。しかるべき適正価をつけてこそ、客も本を売りに来てくれる。ほんの数十分だが、たっぷりと本を拝ませてもらい、充実した気分で店を出た。レジに座っているのは、意外に若いご主人だったが、本も買わなかったから挨拶もできなかった。ここにお詫びしておく。繰り返すが、この一軒がなくなれば、おそらく私が福山を訪れることはなくなるだろう。

駅に戻って北口に出る。高い石垣を右にして高台にある福山城公園を散策しながら「ふくやま文学館」へ向かった。途中、一部紅葉の始まった落ち葉を拾う小学生の一群に出会った。印象で言えば小学二、三年。図画の材料か、理科の教材に使うのか、ビニール袋にてんでにいっぱい落ち葉を小さな手が拾っていた。なかで一人が、こちらに向かって大きな声で「こんにちは、こんにちは」と大声で叫んだ。誰か知り合いがいるのかと見回したが、どうも私一人。これは私に向かっての挨拶だと気づいて、あわてて「こんにちはぁっ」と返事を返した。まるで井伏鱒二か木山捷平の随筆みたいな話だと思いながら、文学館を目指した。

1月　小諸市「古書りんどう文庫」ほか

2月　広島市「景雲堂書店」

3月　仙台市「本にゃら堂」ほか

4月　藤沢市鵠沼海岸「余白や」「耕書堂」ほか

5月　茨木市「オランダ屋書店」

6月　東京・池袋「池袋古書館」

7月　東京・豊島区椎名町「みのる書房」

8月　函館市巡り

9月　新潟市「学生書房」ほか

10月　京都市「古書 善行堂」

11月　京都市「町家古本はんのき」ほか

12月　大阪市福島区「三光堂」

【第四部】

二〇〇九

焚火で作った焼き芋はホカホカと甘かった

二〇〇九年一月——小諸市「古書りんどう文庫」ほか

古書りんどう文庫

今回は追分、小諸、上田の旅だ。追分宿の脇本陣にして、堀辰雄、立原道造など文学者たち縁の宿である「油屋旅館」の隣りに、東京在住だったご夫婦が「追分コロニー」という古本屋をオープンされたことは、以前に紹介済みだ。同店をきりもりする斎藤夫妻とは何かと縁があり、昨年に続き、薪ストーブのあるカフェスペースで古本について話をするために再び訪問したのだ。

往復は高速バスを使った。ちょうど今年の春から、立川駅から小諸へ行く高速バスの路線ができてとても便利になった。追分は急速に冬が深まり、すでに山の色づきは終わり、枯葉のシーズン。真っ青な空に、浅間山が近く見え、その天頂から白い煙をもくもく吐いていた。この日、東京から、南陀楼綾繁さんを頭に、旅猫雑貨店・金子さん、歌うファンタジスト・Pippoさんと、音楽パートナーのカヒロさんが車で駆けつけてくれた。彼等は、一泊した後、高遠「本の家」「長藤文庫」を巡って帰京する予定なのだ。横浜からも「たけうま文庫」というネット古書店を営む、一箱古本市の常連出店者であるご夫婦が、顔を見せてくれる。ありがたいことだ。

この日、追分コロニーの裏庭で、落ち葉を焚火して作った焼き芋が、来場者にふるまわれた。ところどころ皮に焦げ目があり、中の実はねっとりと水分を含んで甘い。焚火による焼き芋が食べられるなんて、都会在住者にとって最高のぜいたくではないか。トークも無事終わり、翌日は「追分コロニー」店主の斎藤尚弘さんの運転で、小諸へ移転した「古書りんどう文庫」、上田の「ほその書店」を巡る。

「りんどう文庫」はかつて軽井沢にあり、つづら折りのスロープといい、雑多な魔窟状態の店内といい、古本心をそそる店だったが近年撤退し、ファンをがっかりさせた。すると、国道沿いに倉庫のような二階建ての大きな店舗を作ったと思ったら、今年になって小諸駅前の商店街の元新刊書店跡に店を出した。駅から一分の近さだ。

元の新刊書店「〇〇書店」という電飾の看板の「〇〇」という部分に「りんどう文庫」と手描きの紙が張ってある。書棚も新刊書店の棚をそのまま使っている。棚の上にある「実用書」「児童書」など分類の表示もそのまま。地球にやさしい省エネ古書店だ。ただし、表示と並んでいる本は合致していない。とにかく店内は広く、どの書棚にも黒から灰色、白っぽい本が充満しているので見応えがある。

さっそく周遊し、以下を拾う。安い本ばかりで恐縮だ。『ユリイカ・特集 植草甚一氏の奇妙な情熱』(青土社、一九七八年)三〇〇円、福田恆存『作家論[一]』『[二]』(角川文庫、一九五二年)ともに一〇〇円、こんなのは初めて見た『西脇順三郎詩集』(大和書房、一九六七年)は函入り小型本で三〇〇円。それに学習雑誌の付録マンガ『エバの祈り』三〇〇円。絵は江波譲二。店内なのに均一価格だ。そうこうしていると、大久保さんが我々に隣りの喫茶店からコーヒーを取ってくださった。さっそくいただきながら、少し話をする。

倉庫になっている店は、もっと量が多く、混沌としているので、前の軽井沢店を知っている客は、そちらのほうが好みらしい。看板は書き換えているが、小諸店は元が新刊書店だったので、いまでもたまに、古本屋と気づかず入ってくる客がある等々。

このあと、上田の「ほその書店」へ。車で三〇分。いまは亡き「上野文庫」さんが、かつて全国の古本屋をセドリ修業中、ざくざくとお宝が掘り出せた店として推奨されていたことを思い出す。また、斎藤さんの話では、「ほその」さんが市場で振りをすると、売り上げが違ってくる。練達の技なのだという。

「ほその書店」の店舗は、前は何に使われていたのだろう。店の半分は吹き抜けになっていて、螺旋階段で二階へ上がる造り。花屋か何かだろうか。その階段には、書画から古時計、ギターなど古道具がずらり並べられている。一階にも随所に、古いオモチャ類がガラスケースに陳列され、骨董＋古書の店であることがわかる。並んでいる本も、たしかに上野文庫さんが好みそうな、得体の知れない興味津々たる黒っぽい本があちこちに散見できる。値段の書いていないものが相当数ある。出しては値段がないのを確認しては引っ込め、出しては引っ込めしながら、一冊の本に目が釘付けに。

八島みどり『世界一周飛行』（不二出版、一九四一年）という戦中に大阪で出た、カラー刷りの貸本マンガだ。やはり値段は書いてない。あらためて研究するつもりなので、くわしくは書かないが、日本の少年がプロペラ機を操って、世界各地を訪問し、各国の少年たちと交流する（なぜかどの国でもコトバが通じる）というストーリー。著者も出版社もタイトルも、まるで思い当たらない。しかし、ここには古本魂を刺激する何かがある。思い切ってレジへ運び、細野さんに値段をうかがうと、しばらくしてから「現状で五〇〇〇円でどうですか?」と言われた。さっき、「りんどう文庫」さんで三〇〇〇円以下で買っていた男としては当然迷うところだが、その「現状で」というフレーズで憶い出した。

一昨年、「追分コロニー」を訪れたときも、斎藤さんと「ブックオフ」を含め、上田まで古本行脚に出かけたのだった。二〇〇六年九月一六日のことだ。そのときにも「ほその書店」へ寄り、同じようにこの『世界一周飛行』を手に取り、値段を聞いたのだ。なぜ、そんなことがわかるかというと、ちゃんと『全国古本屋地図——21世紀版』の「ほその書店」のところに書き込みがしてある。つまり二年ぶりに、またこの本と巡り会ったわけだ。再び見るような本ではない。これも縁と思い、思い切って買わせてもらった。これは本当にいい買物をした、と思っている。

＊――「古書りんどう文庫」は小諸駅前店を閉め、現在、18号線沿いの平原店一軒に集約された由。

二十四時間の常時？

二〇〇九年二月――広島市「景雲堂書店」

景雲堂書店

昨年は広島に縁ができて、二ヵ月連続でかの地を踏んだ。一一月は中国新聞主催による読書フォーラム「広島発！　活字の底力」のシンポジウムに出席し、翌一二月六日には市内での小さな集まりで、話をさせてもらった。一一月のシンポの際、客席にいらしていた財津正人さんという方が、私の話に共感し、ぜひにと呼んでくださったのだ。

財津さんは出版の営業を代行する株式会社イーセットの社長で、かたや「ブッククロッシング・ジャパン」代表という肩書きを持つ。「ブッククロッシング」とは、一冊の本を人の手に渡していき、読書の感想をＨＰに描き込んでいくという運動だ。アメリカで始まったこの運動は、いま世界中に会員がいて、その日本での会をまとめるのが財津さん。一一月に少し言葉を交わしただけで、すっかり意気投合してしまった。「本」が結ぶ縁といえよう。

広島駅に着いたら、改札口に長身、長髪の財津さんが待っていた。駅の外へ出ると、広島は小雪が舞っていた。財津さんによれば、朝は少し積もっていたという。意外にも東京よりはるかに寒い。バスで広島の中心部、八丁堀へ移動、少し歩いたところに本日の会場となる袋町の市民センターがある。その隣りに「袋町小学校」があるのだが、コンクリートによる勇壮な四角い箱が校舎で、とても小学校には見えない。ガイドブックによれば、ここ袋町は爆心地から近く、小学校に通う児童はほとんど一瞬にして命を奪われたという。かろうじて残った校舎の一部を保存し、いまは平和資料館として公開されている。

広島に縁ができたこともあり、深い関心をもって買ったエマニュエル・リヴァの写真集『HIROSHIMA 1958』（インスクリプト、二〇〇八年）には、アラン・レネ『二十四時間の情事』撮影のために来日した女優がロケ中に撮った一九五八年の広島がある。平和記念公園内にある新広島ホテルに宿泊した主演のフランス女優リヴァは、手持ちのカメラで市内を散策しながら次々とシャッターを切った。「真新しい市民球場と太田川河畔の風景、無心に遊ぶ子供たち、密集するバラック、商店街の活気溢れる様子」（同著、帯解説）が、柔らかなモノクロームの色調で、五〇年後の我々の目の前に甦るのは奇跡のようだ。同著のなかで工事中の現場も写された広島市民球場は、奇しくもこの年で役目を終えていた（移転し、マツダスタジアムとして再生）。

財津さんに「そうだ、相生橋を渡ったところに古本屋を見つけたんです。行ってみます？」と誘われると、断るわけがない。広島に新しい古本屋ができていたなんて初耳だ。ついて行ったのはトークの開演一時間前で、まさしくその市民球場を右に、原爆ドームを左に見ての川向こうの場所だった。『HIROSHIMA 1958』にも、この相生橋東詰付近から撮った写真がある。

相生橋を渡ってすぐ左手に「景雲堂書店」はあった。店頭に均一台を置き、標準的な広さの店内は、両壁と中央に本棚がある。ざっと見渡しただけでも、奥のレジ横に郷土史、あとは文学、歴史、思想、美術、演芸・映画と非常に手堅い品揃えだ。エロやマンガの類はない。しばらく店内を周遊していると、レジの店主らしき男性が「あのう、失礼ですが、岡崎武志さんでしょうか」と声をかけてきた。面が割れていた。そこで少し話を聞くことにした。

ご店主の高橋伸寿さんは取材時に四六歳で、広島市の出身。いまも舟入にある実家から通うという。もとはコンピュータのソフトを制作する会社員で、神奈川県藤沢市に一二年も住んでいた。「そのころは神保町へも通いました」というから、根っからの古本好きだ。「このまま定年まで、ずっとこの仕事を続けることに疑問を持って、思い切って好きな仕事を」と故郷へ戻り、二〇〇三年七月にこの地で開業した。七坪の店に「めでたいことの前兆を示す雲」の意味で「景雲堂書店」とつけた。なんだか神々しい営業方針は「本の評価については、あくまでお客さんの判断にゆだねる」という心がまえのようだ。

組合にも加入したことで、いまは廃業された、広島大学前の「エイス書房」さんの話を聞くこともできた。御年九〇いくつかの長老だ。店売りだけでは厳しく、ネット販売でどうにか息を継ぎ、明日のために「アカデミイ書店」、「神鳥書店」、ネットでサブカルを扱う「古書あやかしや」と合同目録『跳鯉だより』を出している。「自分が住むための家賃までは払えず、実家から自転車で通っているんです」とおっしゃっていた。その意気に応えるためにも、なにか記念に買って帰ろうと、再び本棚を巡り、三遊亭歌奴(現・円歌)が昭和四三年に出した『落語教室 ただいま授業中』(芳賀書店、一九六七年)を買った。こんなことを書いていいのか、店にあった自著にサインをしたお礼にと一〇〇〇円を五〇〇〇円にしてくださった。

タイトルに「授業中」とあるのは、例の「山のアナ、アナ、アナ」でバカ受けした同名の新作落語があるから。その人気がすさまじかったことは、関西で小学生だった私にも記憶がある。著者は昭和一六年に府立七中(現・戸山高校)を受験して失敗、上野の岩倉鉄道学校へ進み、中学生で新大久保駅の駅員となる。そういえば、駅のアナウンスを取り入れたネタもあったな。噺家にはよくあることなのだが、歌奴も吃音で、楽屋でどもるのに高座ではどもらない先代円歌を見て「この人以外に自分がついて行ける人はない」と確信して、昭和二〇年九月一日という終戦直後に弟子入り。歌治を名乗る。いろんな人生があるものだ。

景雲堂書店の高橋さんとは、じつは翌日も会った。ひろしま美術館で「オールドノリタケと懐かしの洋食器」展を見たあと、「ブックオフ」へ寄ったら、そこでバッタリと顔を合わせてしまった。まだ二四時間たっていない。近くの喫茶店でまたお喋りを。高橋さんから『彷書月刊』で連載をもっているnanakikaeさんが広島のはずですよと告げられた。おお、そうだ。nanakikaeさん、景雲堂をご存知かしらん。もしまだなら、ぜひ。

*――七木香枝（nanakikae）さんは「花霞堂」の名で、豆本作りや本周りの雑貨作り、販売を行なっている。当時は現役女子高生だった。

仙台で消えぬ古書の灯

二〇〇九年三月――仙台市「本にゃら堂」ほか

本にゃら堂

昨年末、もう押し詰まった二八日に、仙台の古書カフェ「Ｓｔｏｃｋ」での、浅生ハルミン・市川慎子トーク（司会・向井透史）へ突然でかける気になったのも、「青春18きっぷ」のおかげだ。これを使って普通列車を乗り継ぎ仙台まで行こうというのだ。当日の朝、新宿から七時二三分「湘南新宿ライナー」に乗れば、四回乗り換えで仙台に一四時一三分に着く。不測の事態を想定し、三つぐらい乗り継ぎのパターンを考えてからホテルを予約する。

さて、そうと決まれば「青春18きっぷ」の確保だ。いつも、神保町・靖国通り沿い、「金ペン堂」横のチケットショップで少し安く購入するのだが、なんと今回は売り切れていた。仕方なく、駅の券売機で買ったのだが、売り切れた理由は、二八日、仙台まで普通を乗り継いでみてわかった。どの列車も満員なのだ。あきらかに「青春18」を使って、首都圏から東北へ帰省しようとする人々だ。この年の瀬、不況が蔓延しているのだと見て取れた。

郡山から福島へ向かう途中、外は雪景色で、それもだんだん深くなる。このまま北へ向かえば、いったいどんなことになるかと心配したが、仙台に着いたら、雪はちらついているが、さほどでもないのでホッとした。そこからすぐの「ブックオフ」へ。文庫・単行本のフロアを流していると、知った顔を見つける。読書ブログ「晩鮭亭日常《ばんじゃけ》」でおなじみ、VANくんだ。彼もこの夜のイベントに参加するため、神奈川から来たのだ。東京と神奈川の人間が、打合せなしに仙台の「ブックオフ」で顔を合わせるとは！　後ろからこっそりと近づいて行って、彼の「本名＋職業上の呼称」を大声で呼んだら、びっくりしていた。悪い男だよ、まったく。

雪の勢いが増し、町歩きはあきらめ、ホテルへ向かう。バスタブに湯をため、一〇〇円ショップで仕入れた入浴剤を溶かし入れ、冷えきった身体を浸ける。風呂から上がると、窓の外を降りしきる雪を見ながら、ベッドに寝転がってビールを飲む。翌日、ブックカフェ「火星の庭」を訪ねたとき、店主の前野久美子さんから「せっかく北国に来たんだから、雪ぐらいごちそうしなきゃ」と洒落たことを言われたが、たしかに雪が珍しい旅人にとっては、空から白いものが降る景色は「ごちそう」だ。「Ｓｔｏｃｋ」の夜のことは割愛。ハルミンさんと市川さんのことを、よくよくわかっている向井くんならではの、柔軟で軽妙な進行により、客席を大いに沸かせながら楽しい一夜になった。

翌日、午前中に動きだし、「Ｓｔｏｃｋ」で前野さんから教わった、「本にゃら堂」を訪問する。ここは、もと「好古堂書店」のあった場所。「昭文堂書店」「熊谷書店」「ぼおぶら屋古書店」と近隣に古書店が集まり、ちょっとした古本屋街を形成していたが、「好古堂書店」さんが撤退された。その後に居抜きで入ったのが、まだ三六歳(取材時)という漆舘範克さん。なにしろ、外装、店内の本棚などもそのままなので、うっかりすると、店が変わったことも気づかないかもしれない。

なかへ入ると、これが「純古書」と言いたくなるぐらい、王道を行く品揃え。つまり、レジ近くに郷土史をずらりと並べ、古典、歴史、文芸書などがメインというストライクゾーンのみを通過した本が並んでいる。前野さんから連絡が入っていたらしく、笑みで迎えてくれた漆舘さんにあれこれ話を聞いた。

漆舘さんは青森生まれで、小学校五年のとき、仙台へ。高校卒業後、サラリーマンをしていたが行き詰まり、ネット古書店でも開業しようと考えていた。その日、車で偶然、大崎八幡宮近くの古書店「五車の書籍」の前を通りかかったら、「セール」の札が。入ってみたら近々閉店するという。「古書店をやろうと思っている」と店主に話したら、「棚と残りの本をそのまま引き継いで、ここでやりませんか」と提案された。「一日待ってください」と一旦、保留するが、これは何かの運命だと、翌日には「やります」と答えていた。自分で集めた古書も相当数あったから、すぐに船出となった。

古書組合にも入った。ところが売り上げは低迷、いつしかネット専門に移行していた。ネット販売時代は一日一〇時間はパソコンにしがみつく毎日で、ついに入院。もう一度、店売りをちゃんとやってみようと考えているところに「好古堂書店」の話があった。仙台の古書店の記憶を消さず、うまく旧店からバトンを受ける運命に、漆舘さんはあるらしい。

一番町は、先述の通り仙台で古書のメインストリート。ところが店を構えてみると、「まったく期待していなかった売り上げですが、その低く見積もった額よりはるかに悪いんです」と力なく笑う。それでも古書がやっぱり好きで、年輩の方からの買い取りがあると、後先考えずにほくほくと駆けつける。「七〇、八〇代の人の家にうかがうと、出てくるものがすごいんです」と言って、奥から「例えばこんなのが」と出してきたのが、沢庵和尚筆の掛け軸。シブい、シブすぎるよ、漆館さんと、私は胸の奥でうなっていた。

何か記念にと、内藤陳のエッセイ集『飲らずに言えるか！』（講談社／スコラ、一九八六年）を五〇〇円で買う。この店らしからぬ一冊だ。入口すぐのところに、古い街灯が置かれてある。なかの棚を周りこむ度に、ここで頭をぶつけた。聞くと、八〇年前のイギリスで使われていたものらしい。夜になると、ここに灯りが点る。ガラス越しに、ぼんやり黄色い灯りが外から眺められるだろう。それは弱い灯りかもしれないが、青葉区一番町の古書の灯りである。

古書の灯り、と言えば、同じ青葉区春日町に「書本&cafe magellan（マゼラン）」が出来た。午後、前野久美子さんの車で、東京から来ていた荻原魚雷くん、VANくんと乗り込んだが、ここも見応えのある本棚だった。友部正人『パリの友だち』（大栄出版、一九九一年）を六〇〇円で買う。アプローチの駐車スペースに、均一の箱がずらり並ぶのも楽しい。「火星の庭」といい、仙台の古書カフェは、なによりも本が充実している。そのことがうれしかった。

*――「本にゃら堂」はこの後、結局閉店された。「ぼおぶら屋古書店」も閉店され、通販専門に。

「長生きはするもんだ」の巻

二〇〇九年四月――藤沢市鵠沼海岸「余白や」「耕書堂」ほか

余白や

「青春18きっぷ」という五回通用の期間限定切符の使い方が難しいのは、たいてい残り一回分ぐらい、余ってしまうことだ。ヘビーユーザーなら、余るなんてとんでもないのかもしれないが、私なんかはそうだ。

近場でもちょっと、とためらう鎌倉あたりまで、足を伸ばすというのが一番いい使い方で、これまでにも何度かそうした。今回も、期限最終日の一月二〇日に早起きして、鎌倉、鵠沼《くげぬま》海岸、藤沢と巡ることにした。動線からいうと、鵠沼海岸だけ余計なようだが(「青春18」は使えないし)、それには理由がある。

一昨年だったか、毎年、毎日新聞社が出している神保町ムックで、神保町のジャズ喫茶について取材して書くことになった。

私が上京してきた一九九〇年、まだ神保町にジャズ喫茶が何軒かあった。かつて神保町一丁目偶数番地、現「版画堂」の近くに「響《ひびき》」という有名なジャズ喫茶が……。ここが店を閉じ、マスターが鵠沼海岸の自宅の一室で「響庵」という隠れ家的なジャズ喫茶を開いた。そこを取材することになったのだ。神保町「響」は、コルトレーンもセロニアス・モンクも来日した際に訪れた名店で、村上春樹夫人が学生時代にアルバイトをしていた店としても知られる。私も、神保町詣でをした際、何度か足を運んだ。

ジャズ喫茶について、「響」について、あらかじめ下調べして、そのことで頭が一杯だったせいか、私としては珍しくご当地の古本屋をチェックしないで出かけた。あとになって、「太虚堂書店」、「耕書堂」と良店が二軒も駅周辺にあることを知り、しまった！と悔やんでいたのである。いつかきっと、と思いながら、藤沢からさらに「小田急江ノ島線」に乗り換えて、と考えると、ホームグラウンドである中央線各駅にちょっと、というふうにはいかない。

新宿から「湘南新宿ライナー」という快速に乗り、大船まで行く。急きょ、途中下車してさらりと元映画の町を散策。大船から北鎌倉へ。浄智寺から源氏山公園へのハイキングコースを歩く。娘が小さかったころ、家族でここを歩いた。まだ冷たい空気のなか、しっとりとした土の道を踏みしめるのは気持ちがよい。小一時間、少し汗をかいて鶴岡八幡宮まで戻ってくる。すでに人出が多くなっていた。そういえば、八幡宮に隣接する「近代美術館」へは行ったことがない。ちょうど「1910-30年代の日本近代絵画を中心に」という所蔵展が開かれていて、これを見る。古賀春江の有名な「窓外の化粧」、松本竣介「橋」、村山槐多素描など逸品がぞろぞろとある。これは見応えがあった。やはり実物は迫って来る力が、図録とはまるで違う。心もはずみ、ついでに少し離れた別館で「関合正明展」へも寄る。関合の名は初めて知ったが、確信をもった線のデッサンが美しかった。これからは鎌倉へ来るたびに「近代美術館」と鎌倉別館はセットで訪れることにしよう。小町通りの「木犀堂」と「藝林荘」は、さっと均一をなでるだけで(いつもそうじゃないか)「鵠沼海岸」へ急ぐ。

藤沢から、心配になるほど乗客の少ない江ノ島線にごとごと揺られると、ちょっとした旅気分が沸いてくる。鵠沼海岸駅前からカギ型に折れて、「耕書堂」はこんなに近くにあったのか。店頭均一台を見て目を疑う。後藤明生、島村利正、杉本秀太郎などがゴロゴロとある。いずれも一〇〇円。全部かっさらうのははしたない気がして、後藤の『嘘のような日常』(平凡社、一九七九年)、『八月・愚者の時間』(作品社、一九八〇年)のみ拾わせていただく。よく見ると、どの本にも見返しに新聞書評が貼り付けられ、読了の日付が書きこんである。それで一〇〇円なのだろうが、それにしても一〇〇円だ。

店内はしわぶきの音一つ聞かれぬ静謐な空間に、文芸書の本当にいいところ、美術、歴史書などが、桐タンスの木目のようにびっしりと詰まっている。まるで鎌倉近代美術館みたいな棚だ。これは均一を二冊だけ、というわけにはいかないだろう、と織田作之助『世相/競馬』(講談社文芸文庫、二〇〇四年)を五〇〇円で上乗せさせてもらう。レジで読書中のご店主に後藤明生を差し出すと、少し手を止め「さすがにこれは(均一に出すのを)迷いましたが、店のなかで売るわけにはいきませんから」とおっしゃった。当然ながら、本の値打ちがよくわかっていて出されたのだ。このような良店が駅前に存続するというだけで、鵠沼海岸住民の文化度の高さが知れよう。「耕書堂」だけで来た甲斐はあった。

この先、「耕書堂」から取って返し、線路沿いの道に「太虚堂」があるが、開いてなかった。さらにその先、左折して踏切を渡ると、白い瀟洒な建物が目に入る。ここが鵠沼海岸周辺をネット検索していて発見した「余白や」という「喫茶／古書／音盤」の店。HPを見るとオープンして一年ぐらいらしい。ここでコーヒーを飲んで締め、と最初から目論んでいた。ドアを開けると、店内で流れるジャズが飛び込んできて、陶芸家を思わせる白髪髭のマスターに目で挨拶。すると「おや、岡崎さん」と言われドキッとした。「わかりませんか?」と、微妙な間を置くうちにカチカチと脳髄にインパルスが走り、「!!!」と点火した。えーっ!

もう一五、六年近く前、私がレギュラーのライターとして関わっていたマガジンハウス『自由時間』の編集者・米澤伸弥さんだ。何度か仕事を一緒にしたことがある。まさかの展開に、しばしうろたえる。米澤さんはその後の私の古本界での動向をご存知らしく、たちまち話が弾み出した。米澤さんは、出版社を早期退職され、二〇〇八年の節分の日にこの店を始められた。ちゃんと組合に入り、趣味のジャズを活かし、店内にはジャズのCDが売られている。ほかに筋のいい文芸書、最近の小説、それにフランス語圏のマンガ「バンド・デシネ」などが並ぶ。白い壁の内装といい、なんとも趣味のいい空間だ。

こんなふうに知人と思いがけないかたちで再会するなんて、「長生きはするもんですねえ」と米澤さんに言う。耕書堂の衝撃といい、鵠沼海岸は、「青春18」期のたびに訪れたくなる町になった。

*――「木犀堂」は店を閉められた。「耕書堂」「余白や」はネット販売に移行。

「それはむかし、むかし」の巻

二〇〇九年五月——茨木市「オランダ屋書店」

オランダ屋書店

　隔週で出演しているラジオ番組宛てに、かつての教え子から連絡が入ったのが今年の始めごろだったか。私は大阪の公立高校で七年、国語講師を務め（うち一年は私立）、一九九〇年春に上京してくるのだが、そのうち、三年間お世話になったのが茨木東高校である。教え子はその高校の卒業生だった。名前を聞いて、ただちに目のくりくりした、おとなしい生徒の顔Nくんが浮かんできた。

　講師にも非常勤と常勤の二種類あり、常勤講師なら、担任ももつし、部活、分掌、修学旅行など諸行事、職員会議への出席など、一般の正教員と変わらぬ仕事をする。私は講師としては恵まれたほうで、公立で教えた六年のうち、非常勤はたった一年だけ。つまり、ボーナスも休暇中の給料保障もあった。

　かの茨木東高校では、国語科主任の先生に気に入られ、条件が整えばすぐ年度替わりで呼び戻された。それで都合三年もお世話になったのである。私にとってとても思い出の多い職場だった。その茨木東高校が、今年の春、統廃合で名前が消えるという。よって、お別れパーティーを大々的に催すので、私にもぜひ参加してほしい、というのだ。連絡をくれたNくんは、たまたま東京出張へ来たとき、ラジオを聞いていて、それがかつて教壇に立って、「あり・をり・はべり・いまそかり」なんて言ってた、あの岡崎だと気づいたらしい。

　教壇を離れてもう二〇年近い年月が流れていた。誘ってくれたのはうれしかったが、そのためだけに帰省するのは、正直、大変だなあと逡巡していた。後押ししたのは、阪急茨木駅前の古本屋「オランダ屋書店」。茨木東に勤務する一年目だったと思うが、このときは大津から電車通勤していたので、学校帰りによく寄った。たぶん、店ができたばかりじゃなかったか。若き日の園田久行さんが帳場に座っていた。文庫の量が多くて、文芸書をきっちり揃えている優良店だった。教師生活はいつも楽しく、というわけにもいかず、屈託を抱えながら、それでも「オランダ屋」のドアを開けると、たちまちイヤなことは忘れさり、本棚との対話に没頭するのだった。

上京して以来、年に数回は関西に帰省していたが、茨木には用がなくすっかりお見限り。むしろ、東京・新宿の京王百貨店で古書市があるときに、よく「オランダ屋」が出店していて、ネクタイ姿の園田さんを会場で見かけ、懐かしく思っていたのだった。そうだ、「オランダ屋」へひさしぶりに行こう。ちょうど「茨木東さよならパーティー」は、JR茨木駅からすぐ近くのホテルで開かれる。これで、パーティーに出席しやすくなった。

当日、三月七日のパーティー受付は四時から。かなり早くに阪急茨木駅に降り立ち、さっそく「オランダ屋」を訪ねることにした。かつてよく足を運んだ場所を再訪することは、古い記憶を訪ねることにもなる。しかし、この記憶があてにならないのである。駅前の道をしばらく行き、どこかで左折することは覚えていても、それがどこなのか、歩いても憶い出せない。道の脇に側溝があり、水が流れていたことも覚えていなかった。二〇代半ば、何を考えながら歩いていたのか。こんなこともあろうかと、事前にチェックした地図を取り出し、ようやくたどりつくことができた。路地裏の角地。奥に細長く伸びた店内など、これはたしかに見覚えがある。店内は棚の数が減ったのか、ゆったりした感じ。奥の一区画は全部、マンガで占められている。

しかし、中央に突き出た帳場に座っていたのは、園田さんではなく若い男性だった。この男性に声をかけて、取材の旨と、自分がかつて茨木東高校に勤めていて、今日、そのお別れ会があるのだと伝えた。すると、メガネをかけたその男性が「ぼくも、茨木東高校の卒業生ですよ」とはにかみながら言うではないか。ええっ、と驚いた。彼、鍋島くんは一一期生。私が在任していたときより少しあと。話を聞くと、腰掛けのアルバイトではなく社員だという。

「オランダ屋」就職のきっかけがおもしろい。茨木東高校の生徒だったころ、駅前のソシオビルに支店があり、そこへマンガを買いに行っていた。あるとき、レジに小学校時代の同級生が座っているのを見て、「おまえ、こんなところで何してんねん?」みたいな会話をしていると、奥から店長の園田さんが顔を出し、「君ら、友だちか?」と話しかけてきた。かつて「オランダ屋」は、万博文献を集める「古書の店シーボルト」、アニメ専門店(こちらは健在)と、手広く店舗展開をし、人材を必要としていた。

鍋島くんは、本店のアルバイトをするようになり、高校卒業後、そのまま就職してしまったというのだ。人生は、どこでどう転がっていくか、数秒先まで読めないと、鍋島くんと話をしていて思うのだ。店の半分を占めるマンガは最近低調で、むしろ硬めの単行本が動く、という鍋島くんの話が意外だった。

「ネットで大学の先生などが、うちで本を見つけ、それでよく売れるようになりました。将来、マンガを少なくして、単行本の売り場を広げることになるかもしれません」。

私の直接の教え子ではないが、不思議な縁で知り合った若者と、こんな古本の話ができるとは、二〇年ぶりに茨木駅前に立ったときには想像もしなかった。記念にロブ=グリエ、中村眞一郎訳『消しゴム』(河出書房新社、一九七〇年)を八〇〇円で買う。この、白い表紙の河出書房新社の海外文学シリーズなどを、まだ二〇代後半だった私は、「オランダ屋」で、選びに選びながらようやく一冊、二冊と買っていたのだ。

このあと、鍋島くんの母校でもある茨木東高校まで歩いてみた。やや早足で三〇分強かかった。学校の前を貫く通学路は、風の日に砂埃を巻き上げる乾いた土の道から、舗装されたアスファルト道路に変わっていた。ちょうどこの日が卒業式とあって、正門前では、記念写真を撮る生徒たちの姿が見られた。「それはむかし、むかし」と、語りたくなるような、胸のあたりに熱いものが沸《わ》く懐かしい情景だった。

「わめぞ」から広がる新しい体験

二〇〇九年六月——東京・池袋「池袋古書館」

池袋古書館

　四月二六日、鬼子母神通り「みちくさ市」の古本フリマに参加して、終わったら四月もあと残り少しだ。くそっ、歳をとると月日が流れるのがこんなに早いなんて、想像もつかなかった。

　「みちくさ市」は正式にはこれが第一回目で、前哨戦として昨年秋に同じ場所で実施している。南陀楼綾繁さんを中心とする「不忍ブックストリート」という、なんといったらいいんだろう、町と本と人を結び付ける試みの一環として、路上で古本を売る「プレ 一箱古本市」があり、鬼子母神でも同様のイベントが開催された。鬼子母神神社に続くこの通りは、申しわけないが、こんなことでもなければ歩くこともなかった、こじんまりした古い商店街だ。
　こっちは、早稲田、目白、雑司ヶ谷の古本屋さんとその仲間が中心となって作る「わめぞ」が主催。私は「プレ」に続いて、第一回にも参加し、路上で古本を売った。「わめぞ」プレゼンツでは、池袋の古本屋「往来座」の外壁を使った「外市」という同様の古本販売がすでに定着している。こちらにも何度か参加し、そこでイラストレーターの武藤良子さんや、「池袋古書館」でバイトをしている歌手のPippoさんとも知り合った。パソコンにしがみつき、編集者や業界人だけと顔をつきあわせているだけでは、出会えなかった人たちとの交遊が、さまざまなイベントに顔を突っ込むことで広がっていったのだ。

武藤、Pippo両名とも、自分のやりたいことを明確に打ち出し、変な媚態は見せず、着実に個性的な仕事を積み重ねている。その生き方も含め、チャーミングな存在として、「わめぞ」に華を添えている二人なのだ。

その武藤良子さんが、池袋で個展を開催中だという。四月二八日が最終日。知り合いの個展や試写会など、よほど気をつけていないと、あっというまに会期が終わっているというケースが多い。ここは万難を廃し、最終日にでかけることにした。個展会場となった「マルプギャラリー」は民家を改造した一室で、最寄りの駅は有楽町線「要町《かなめちょう》」。ちょうど武藤さんが前日、自身のブログに個展最終日の告知とともに、要町周辺の散歩コースをガイドしていた。池袋西口から「池袋古書館」を覗いて、要町を西へ、歩いて個展会場に、と算段をしていざ出発。

池袋駅改札をくぐり、階段を上がって西口地上に出ると、ある感覚が甦る。以前にもここで書いたかもしれないが、私はこの池袋西口に土地鑑があった。「池袋演芸場」、それに立教大学へ向かう道すがらに、古本屋が点在していたからだ。一九九〇年に上京し、戸田公園に住んでからも、最寄りの文化的エリアとして、しょっちゅう池袋に出ていた。

東京芸術劇場なんて立派な建物はまだない。西口周辺は飲食店がおしあいへしあいする雑駁な町で、それがどこか大阪の町を憶い出させ、私の身体感覚にすぐになじんだのだ。駅前から西に伸びる要町通りを行くと、すぐ左手に新刊書店「芳林堂書店」のビルが見え、その八階に「高野書店支店」があった。私にとって、池袋西口は、まず「芳林堂」と「高野書店」がセットになって浮かんでくる。新刊書店の中に古本屋があるというのが、すでにファンタスティックなできごとで、しかも「高野書店支店」は、軟派には脇目もふらず、幻想文学、海外文学、SF、哲学思想書などゴリゴリの品揃え。値段もやや高めで、この店が相場を作っていたような分野もある。私が驚いたのは、サンリオSF文庫。廃刊になった途端、いち早く定価より高い数千円の古書値をつけて、文庫棚を圧倒していた。

二〇〇三年末に、まさかの芳林堂書店池袋店の閉鎖があり、同時に八階の高野書店支店も撤退。一時、西口名店街の一画で営業を続けていたが、「たもかく本の森」がその後に入り、いつのまにかこれも閉店していた。二〇〇九年現在、西口のロータリーに立っても、町の印象としてはそれほど変わりがないが、じつは水面下で潮の流れのように、町は流れていたのだ。

そんななかで、西口からすぐのところに「池袋古書館」ができたのはいつのことか。同店は、新日本書籍（SNS）の支店らしく、HPを見ると、所在を示す地図には、まだ「本の森」という文字が残っている。私は戸田公園に二年住んだだけで、その後、池袋からもすっかりごぶさたになっていた。なかを覗くのは今回が二度目くらいか。一階、二階とかなり広いフロアを擁し、専門書からエロまで、まずは何でも置いてある店といっていいだろう。例によって、店頭の均一でうろちょろしていると、その姿をめざとく見つけたPippoさんが、「おかざきさーーーん！」と、歌手らしく通りのいい声を振りまきながら外へ出てきた。挨拶を交わし、「武藤さんの個展を見るついでに来たんや。ついで、と言っては悪いけど」なんて言いつつ二階へ。

階段両側の壁には映画や演劇のポスター、横尾忠則あり。二階へ上がるとすぐレジ、その後ろには歴史、文学、音楽、写真集、美術書などが並ぶ一画がある。東京本を集めた棚には海野弘『モダン都市東京——日本の一九二〇年代』（中央公論社、一九八三年）の親本一〇五〇円があった。値はきっちりついているが、高めの設定ではない。それは全体にいえることだ。歴史の棚から、未所持だった小松隆二『大正自由人物語——望月桂とその周辺』（岩波書店、一九八八年）を一三六五円で買う。じつはこの日、せっかく池袋の西側を歩くのだからと、宇佐美承『池袋モンパルナス——大正デモクラシーの画家たち』（集英社文庫、一九九五年）を持ってきていた。『大正自由人』は、『池袋モンパルナス』へ橋渡しするような本ではないか、と思えたのだ。

階下へ降りると、Pippoさんが「いま、外国文学の文庫を均一にたくさん出しているんです。これ、どうですか」と、新潮文庫、ドストエフスキー『未成年』上下二巻（一九六九年）で一〇〇円を手渡してくれた。せっかくだからもらっておこう。一階フロアでは、武道、オカルトなどを集めた一画が特殊な空気を醸し出している。あれ？　いつのまにか規定の字数に。あとは次号へ続く、としておこう。

＊——「池袋古書館」は二〇一〇年六月いっぱいで店舗営業を終了された。

池袋モンパルナスの残光を求めて

二〇〇九年七月——東京・豊島区椎名町「みのる書房」

前回、池袋「池袋古書館」へ、宇佐美承『池袋モンパルナス』を持って訪ねたところまで書いた。今回はその続き。

昭和初年から終戦あたりまで、東京・池袋の西側周辺に、

みのる書房

貧しい絵描きたちが集落を作って住んでいた。フランスへの憧れから、誰言うことなく「池袋モンパルナス」と呼ばれ、松本竣介、靉光、寺田政明、小熊秀雄、長谷川利行などがここから巣立っていった。そんな彼らの姿を、生存者の証言を集めながら描いたのが『池袋モンパルナス』だ。

代表的な画家で詩も書いた小熊秀雄がこんな文章を残している。

「池袋から長崎町にかけては、芸術家と称される種族が住んでいる。それと並行的にダンサー、キネマ俳優など消費的な生活者に、無頼漢、カトリック僧侶など異色的人物を配し、サラリーマン、学生等が氾濫している、地方人の寄り集りであるこの植民地東京の中でも最も人種別においてバラエテーに富む池袋附近は、従って東京人の精神的機構を語る材料がタップリある」。

これが、現在の板橋区南町、豊島区要町、千早、長崎などに分布していた「アトリエ村」だ。変貌を重ねた戦後六〇年以上を経て、いま、彼らの足跡はほとんど消えてしまった。しかし、「池袋古書館」からほど近い場所に、「豊島区立郷土資料館」があり、彼らが住んだアトリエつき住宅の集落を再現した模型が展示されているのだ。

池袋古書館から西口五叉路交差点へ、丸井の角を左折し、劇場通りを南進すると、池袋警察署と消防署が見えてくる。さらにその先、勤労福祉会館の七階に郷土資料館がある。入館は無料。訪れる人もまばらな、がらんとした空間の中央、ガラスで囲まれた一画で住宅の精巧な模型が拝める。木造平屋建てながら、アトリエ部分の高い屋根は天窓付き。赤いセメント瓦もいい味を出していて、当時、モダン住宅のハシリだったはずだ。とにかく、路地の置き石など、細部まで忠実に再現され、これは絶景だ。いまにも貧乏画家が家と家の間からひょっこり姿を現わしそう。少しでも「池袋モンパルナス」に関心のある方はぜひご覧あれ。

このあと、いったん五叉路まで戻り、要町通りを歩いて「要町」をめざす。山手通りと交差する、地下鉄有楽町線「要町」駅のある十字路のすぐ手前、暗渠になった谷端川緑道が北に伸びているその途中の民家を改造したギャラリーで、先月も紹介した「わめぞ」の絵師、武藤良子さんの個展が開かれていた。最終日にこれを見ることができた。この緑道のさらに先に、先ほども紹介した板橋区南町の「ひかりが丘」「みどりが丘」のアトリエ村があった。そんな場所で、同じ洋々たる絵描きが個展を開いているというのが、私としては妙にうれしいのだ。

武藤さんの個展は六畳ほどの部屋に、二〇枚ほどオイルパステルを使った風景画、静物画が飾られていた。大胆な画面構成に鮮やかな色、子どもが引いたような伸び伸びした線が武藤絵画の身上で、とくに青が美しい。「わめぞ」の仲間、古書往来座の店長・瀬戸くんは、これを「武藤ブルー」と名づけた。いつもは酒席で男まさりの乱暴狼藉を働く武藤さんも、この日ばかりは晴れがましさと照れくささの混じったいい顔をしていた。帰りは、武藤さん推薦のカフェ「かえる食堂」に立寄り、コーヒーを飲む。次に要町の交差点を越えると「すずめが丘」アトリエ村があった要町一丁目あたりへたどりつく。そのすぐ近くに「山の湯温泉」という銭湯があり、ここも武藤さんの推薦スポット。洗い場中央にひょうたん型の湯船、壁絵は定番の富士山だ。ただし、湯が異常に熱く、とうとう湯船に入れなかった。

汗だけ流し、山手通りの西側の道を椎名町まで歩く。椎名町駅の北、長崎一丁目と二丁目にまたがるエリアに、最大のアトリエ村「さくらが丘パルテノン」が広がっていた。郷土資料館の住宅模型は、ここを模したものだ。しかし、当然ながら、当時を偲ばせるものは何も残っていない。ただ近くに、道に張り出した大きな桜の木があり、これは樹齢からして、松本竣介も仰ぎ見たにちがいない。

駅前まで出て、線路に沿って西へしばらく歩くと、「みのる書房」が見えてくる。道に面した入口はすべてガラス戸という開放的な店。品揃えはマンガ、文庫、実用書を中心とした典型的な町の古本屋さん。しかし、一番右壁の棚に文芸書、美術書のいいところが揃っているから、ひとわたり見渡してすぐ出るような店ではない。椎名町には同じ通りのもっと駅前寄りに「春近《はるちか》書店」という優良店があるが、この日は臨時休業の札がかかっていた。椎名町の古本屋では、私なりに一つの目論みをもっていた。できれば「池袋モンパルナス」がらみの本を現地で買おうと思っていたのだ。「春近書店」にフラれて、「みのる書房」に過度の期待をかけるのは、かえって申しわけない気がしたが、なんとドンピシャの本があった。彫刻家・舟越保武の著作が三冊も並んでいたのだ。随筆集『巨岩と花びら』（筑摩書房、一九八二年）、『石の音、石の影』（筑摩書房、一九八五年）、それに佐藤忠良との対談集。しかも、いずれも希少本なのに定価の半額と安い。『巨岩と花びら』はちくま文庫版（一九九八年）を持っている。ここは函入りで立派な装幀の『石の音、石の影』を買うことにした。一五〇〇円。これはうれしかったなあ。

というのも、舟越は旧制盛岡中学で松本竣介の同級。上京後もずっと松本と深い友情で結ばれ、池袋周辺に住んだこともあり、『池袋モンパルナス』にも名前が何度か出てくる。松本の代表作「少年」の制作過程を毎日見ていたという話が『石の音、石の影』にある。ある日、舟越が松本宅を訪ねると、「玄関に迎えた竣介の顔が、いつになく紅潮していた。どこかを全速力で走って来たように汗ばんで見えた。はげしい熱気があった。／『イマ、デキタ』かん高い声で言って、竣介は先にたって、アトリエに行った」。その熱気が、本のページから手へ伝わってきた気がした。

*――「みのる書房」は二〇一三年に店を閉められた。

東京から飛行機に乗ったら函館についた

二〇〇九年八月――函館市巡り

七月の初め、会う人ごとに「大変ですね」「お忙しいですね」などと声をかけられた。みなさん、私がほぼ毎日更新しているブログ「ｏｋａｔａｋｅの日記」をご覧になっているようで、たしかに六月は忙しかったのだ。第二週の末は函館にいたし、三週の末は新潟から米沢、福島と経由して仙台入りし、かの地で二泊。ちょっと、どさ回りの演歌歌手の気分だった。

まずは六月一九日からの函館。函館出身の作家、佐藤泰志の遺作『海炭市叙景』が映画化されることになり、その応援のため、市民の前で話をすることになったのだ。映画のプロデューサーは越川道夫さん。浅生ハルミンさんの『私は猫ストーカー』を映画化した方でもある。

その越川さん、六月二八日に東京・西荻で開かれた「『昔日の客』を読む」という会(西荻ブックマーク)にも、客として姿を見せた。大森山王の伝説の古書店「山王書房」関口良雄の遺稿集『昔日の客』をなんとか文庫化しようと開かれたトークショーで、私が司会をし、山王書房の子息・関口直人さんに話をしてもらった。会が始まる前、越川さんに挨拶し、「どうです、『昔日の客』の映画化は?」とぶつけると、笑いながらきっぱり「無理です」。

そうかなあ、エッセイの『私は猫ストーカー』、忘れられたというより記憶もされていない純文学作品『海炭市叙景』を映画化する人なんだから、『昔日の客』までは、もうあと一歩だと思うのだが……

ううむ、話が逸れた。なぜ、函館へ招かれたかに話を戻す。そもそも私がこの連載や、拙著『読書の腕前』(光文社新書、現・知恵の森文庫)、あるいはブログで佐藤泰志のことを書き連ね、それがクレインの『佐藤泰志作品集』(二〇〇七年)刊行の火付けとなったということになっていて、市民有志で作られた映画化実行委員会の西堀滋樹さんから声がかかったのだ。西堀さんは、佐藤と同じ函館西高の出身で、佐藤とは親友。東京でも同時期に学生生活を送り、一緒に同人誌も作った仲だ。函館在住中も、すべて西堀さんにお世話になった。

函館空港に正午前に着き、迎えに来てくださった西堀さんの車で、佐藤泰志の墓参りに始まって、母校の函館西高、函館山、立待岬《たちまち》と、ガイドつきの佐藤泰志文学散歩を敢行。

『海炭市叙景』の巻頭の一話「まだ若い廃墟」で、仕事を失い逼塞する若い兄妹が、大晦日の夜、函館山へロープウェイで上る。私は、いまやネットで高値のつく単行本を持参していたので、該当のページを開き、まるで道行きのような兄妹の行動を疑似体験しながら展望台へ。しかし、この日はあいにく山の上にガスがかかり、視界は閉ざされていた。それでも時折、風で流され、ミルク色のカーテンがさっと開くかたちで、眼下に函館の街が広がって見えた。下界は快晴で、砂時計のように真ん中がくびれた街に、強い日光が降り注ぎ光って見えた。これはこれで、得難い体験だった。

元町の素敵なブックカフェ「mountain BOOKs」では、本棚に拙著『女子の古本屋』を発見。その直後に、店主のやまもとなおみさんから声をかけられご挨拶。やまもとさんは『sumus』も読んでくださっていたという。函館では思いがけない巡り合わせが続き、その夜は、函館港に着岸する「摩周丸」を管理する中学の先輩（といっても顔を会わすのは二度目）、高橋摂さんと飲んだ。函館で急速に知人が増えていくのがうれしい。

翌日、大森海岸近くに建つ「サン・リフレ函館」で約六〇名の市民を前に、西堀さんたちによる『海炭市叙景』朗読のあと、一時間強、読書の楽しみと『海炭市叙景』について喋った。記事にしてくれた「函館新聞」によると、私は〈「若者の焦燥感が必ず心に突き刺さる青春文学なので、今の若者に読んでほしい」と原作について語り、「絶対いい映画になる」とエールを送った〉（新目七恵）そうだ。すごいこと言ってるな、オレ。最後に、この日のために西荻・興居島《ごごしま》屋で入手し、持参した『昭和三十八年函館電話番号簿』を紹介。当時、二十数軒あった映画館の名前を読み上げた。あちこちから、おおっという小さな歓声が上がる。懐かしい名前が出てきたからだろう。

映画の黄金時代を電話帳が証言しているという感じだ。「この電話帳は、函館へ置いて帰ります」と宣言すると、これまでになかったような喚声と拍手に包まれた。これだけでも函館へ来た甲斐はあったわけだ。

この会場で初めて、実行委員長の菅原和博さんにも対面。菅原さんは、市内でシネマアイリスという映画館を経営されている。「サン・リフレ函館」は、じつは旭中学の跡地に建てられた施設で、佐藤はここを卒業した。「じつは私も、なんです」と菅原さん。

菅原さんは同じ道内からの転校生で、教室の窓からすぐに大森海岸が見え、波の音が耳につき、しばらく授業に集中できなかったそうだ。佐藤もまた、同じ波の音を聞いたはず。菅原さんにはこのあと、ジャズ喫茶「バップ」に連れていってもらった。前回の函館行きのとき、五稜郭電停近くの地下に、このジャズ喫茶を発見し、再訪を楽しみにしていたのだが、建物は建て替わり、店はなくなっていた。菅原さんにその話をすると、「移転して、小さな店になったけど、今でもやっていますよ」というのだった。老舗ジャズ喫茶「バップ」への再訪も、函館で作ったたくさんの思い出のなかの、重要な一つとなった。

東京へ帰る日の朝、二日も古本屋へ行かず、体がむずむずしてきて、市電に乗って終点「湯の川」で降り、「ブックオフ・湯川店」を開店と同時に飛び込んだ。市内には同店ほか四軒の「ブックオフ」がある。単行本一〇五円棚から、身体を馴らすように流して行き、雑誌から文庫の棚へ移動したときに、驚くべきことが起こった。そのときちょうど、篠山紀信撮影の『ヴィスコンティの遺香』(小学館、一九八二年)を七〇〇〇円で見つけて、脇に抱えていたのだが、「岡崎さん」と見知らぬ男性に声をかけられた。聞くと、私の読者だと言う。このあと、印刷所に勤めるこのAさんと函館「ブックオフ」巡りをした。ウブな文庫の棚は大漁だった。

＊——『昔日の客』は夏葉社という一人出版社の手により復刊された。「mountain BOOKs」は二〇一二年に閉店され、二〇一四年、宮前町にて「本と珈琲と酒 百閒」として再オープン。「ブックオフ・湯川店」はその後、閉店。

中越から東北へ、古本巡礼強行軍の旅

二〇〇九年九月——新潟市「学生書房」ほか

学生書房

前回、函館行きについて書いたが、その次の週に、また北国へ向かうとは思っていなかった。六月七日に、仙台からブックカフェ「火星の庭」前野さんと、ジュンク堂書店仙台ロフト店の書店員・佐藤純子さんが上京し、目白「上り屋敷」でトークをした。その帰り、前野さんから「岡崎さん、二七日の一箱古本市、出してください」、（ニコッ）と言われた。不思議なもので、前野さんの、この「ニコッ」に誰も抗えない。私も気づいたら、コクンと首をタテに振っていた。

振ったはいいが、これも前回書いた通り、二八日の夕方から、東京・西荻で『昔日の客』トークショーもあった。その前後の締め切りも含め、強行軍となるのは必至であった。けっきょく、仙台行きの後押しをしたのが「大人の休日倶楽部」会員パスだった。五〇歳以上になると資格ができる、JR乗車の際に割引や特典のある「大人の休日」という会員制倶楽部に私は入会しているのだ。ふだんはほとんど恩恵を感じないが、ちょうどこの時期、驚くほど割安な特別キップが発売されていた。

それが「大人の休日倶楽部」会員パスで、要するに、金沢、長野、北は函館までの区間で、三日間、在来線から新幹線まで乗り放題、というキップなのだ。値段は一万二千円で、六回までは指定も取れる。せっかくだから、仙台での宿泊を一日増やして、このキップを十二分に活用することにした。

そこで立てた企画が、新潟、米沢、福島途中下車、古本屋限定ツアーというものだった。各市観光協会

の人からは、そんな馬鹿馬鹿しいことはお止めなさいと言われそうだが、この三駅周辺の「ブックオフ」も含む古本屋だけを半日で巡ろうと決めた。名所旧跡や観光地はいっさい無視。駅を降りたら古本屋へ駆けつけ、また駅へ戻って列車に乗り込む旅だ。

鉄道ファンのため、立てたスケジュールを公開しておくと、東京を朝七時四八分発「とき」で、九時五二分に新潟着。一二時三四分新潟発「いなほ」で一三時一三分坂町着。ここで米坂線というローカル線に乗り換え、普通列車で米沢へ。米沢滞在が約一時間。一六時三五分「つばさ」で福島着一七時九分。ここで二時間の滞在。一九時一二分の「やまびこ」で仙台入り。新幹線と特急はすべて指定を取っていた。

新潟滞在時間を長めに取ったのは、信濃川を渡った旧市街に、少なくとも四軒、ほかに「ブックオフ」が二軒あることが、事前の調べでわかっていたからだ。新潟へは以前、一度訪れている。たぶん一九九五年。某雑誌の取材で、N・Kをインタビューした。N・Kといって、ピンと来る人がどれほどいるだろう。「大五郎」と言えば、「ああ！」とわかるか。Nは、萬屋錦之介主演のテレビドラマ『子連れ狼』（一九七三〜七四年）で、息子の「大五郎」を演じ、一躍茶の間の人気者となった人物だ。成長ののち、九五年に新潟県白根市（現在、新潟市に編入）から市議会議員選挙に立候補し当選、「大五郎議員」として話題になっていた。その彼を取材したのだった。何を話し、聞いたか覚えていないが、言葉遣いがぞんざいで、荒っぽい感じを受けた。これでよく市議が務まるな、というのが正直な印象。彼はその後、九九年に殺人事件を起こし、無期懲役の判決を受けることになる。

そんな人生の転落が待っているとは想像もせずに取材はすぐ済んで、カメラマンと別れ、せっかくだからと新潟市内の古本屋を回ることにしたのが、だから一九九五年だ。特に印象に残っていることはないが、落ち着いた町並みに、古本屋のたたずまいがよく似合っていて、回りがいのある場所だと思っていた。二〇〇一年発行の『全国古本屋地図――21世紀版』には「学生書房」「文求堂書店」「佐久間書店」「万世書房」などの記載がある。「万世書房」が姥ヶ山に移転し、これは無理そうだったが、上大川前通に移転した「佐久間書店」は、ほぼ同じエリア内だ。

なにしろ、各市での滞在時間が短い。一つ予定が狂うと、あとのスケジュールがガタガタになる。迅速に動くために、各駅でレンタサイクルを利用することにする。これも事前に調査済み。新潟では駅を出て左へすぐ、石宮公園地下自転車駐車場で借りられる。ここは会員登録制で、旅行者でもいちいち申込書に記入しカードを受け取る。三時間一〇〇円と破格の安さだ。信濃川に架かる八千代橋を目指して走ると、橋のたもと手前に大きく「ブックオフ」の看板が。時間は一〇時過ぎ。まだ古本屋は開いていないかもしれない。まずはここで身体を馴らす。手始めに河出文庫の夏目伸六『猫の墓――父・漱石の思い出』（一九八四年）を一冊浚ってまたチャリへ。

信濃川は新潟市を背骨のように貫き、川幅も広く、長い橋を渡っていると気持ちがせいせいしてくる。対岸は碁盤の目のように細かく道が交差する古くからの市街。鍛冶小路を西へ、すぐ角「ヤングババァ」という、いかにもサブカル系の古本屋があるはずだが、見当たらなかった。すぐに気を取り直し、上大川前通りという川に近い通りを移転した「佐久間書店」を目指して走る。しかし、どこをどう探してもそんな看板はない。

結局、その先のアーケード商店街の「ブックオフ」にまた寄ることに。ここでは山崎まどか『女子映画スタイル――ときめきのガールズ・ムーヴィ』（講談社、二〇〇六年）、『ノストラダムスの大予言』（祥伝社ノン・ブック、一九七四年）を。じつは、翌日、仙台で開かれる一箱古本市へ出店するので、その仕入れも兼ねての古本巡礼なのだ。

また鍛冶小路を西へ、「学生書房」がある同じ通りに「文求堂書店」があるはずなのだが、あたりをかなりしつこく回ってみても、それらしき店が見当たらない。空しく時間だけが過ぎていく。だから「学生書房」が昔通り、看板を出して営業しているのを確認したときは、神社の神殿前みたいに柏手を打って拝みたくなった。店番する老婦人に話を聞くと、「文求堂」も「佐久間」も店売りは止めてしまった、とのこと。

「うちはなんとか看板を下ろさず、細々ながらやっています」とおっしゃる。これは何か買わなきゃ。文学書の棚に、橋本一明=訳・アラゴン『断腸詩集』（新潮社、一九五七年）を見つけ、一〇〇〇円で買う。「ありがとうございました」とこちらから礼を言って、スピードを上げて駅前へ自転車を返しに。

駅構内で弁当を買って、坂町までの三〇分で昼食を済ます。坂町から乗り換えた米坂線は、一日に、通しで走るのは五、六本というローカル線でワンマンカー。いくつもの無人駅が、見はるかす青田の風景のなかを走っていく。途中、防風林に囲まれた農家が点在するだけの二時間だった。中高生がけっこう乗り降りしていたが、一本乗り遅れると、次の列車までの二時間、三時間を彼、彼女は、何もない駅前でどう過ごすのだろうと、心配になってきた。

米沢も二度目。これも某誌の取材で一四、五年前に日帰りで訪れている。このときは、東京で活躍していたテキスタイル・デザイナーが、地元へ帰って、独自の方法で仕事を世界に向けて発信しているという話ではなかったか。畑違いの取材を、ずいぶんいろいろやったもんだと米沢駅前で感慨に耽るヒマはない。ここの滞在は一時間だ。駅前ターミナル左手に「JRレンタカー」の事務所があり、自転車も貸している。二時間三〇〇円。駅前から直角に伸びる道をひたすら直進。最上川を越し、そのままなおも漕ぎ続けること一五分で、右手に「古峯神社」という石碑のある交差点に着く。左の通りを見ると、大きく「古書」の看板が。

羽陽書房

ここが「羽陽書房」本店。大きな店構えに、車二台分ぐらいの駐車スペースがあるが、そこは本と段ボールが小山を作って散乱している。とりあえずの本置場になっているのだろう。店内に入るとかなり広く、静かにジャズがかかっている。いかにも見応えのある棚で、滞在時間二〇分というのがきつい。東北圏内でも指折りの店、といってもいいのじゃないか。ここも女性が店番。前にいた男性客が新書の小説数冊を買い、負けてもらったらしく「えっ、すいません」と礼を言っていた。

じゅうぶん探すヒマはない。こういうときの手として、とりあえず未所有の晶文社本を買っておく。津野海太郎『ペストと劇場』（一九八〇年）を見つけ、これを一〇〇〇円で。「『彷書月刊』の取材で立ち寄らせていただきました」と名乗り出て、少しコトバを交わす。「二〇分しか時間がなくて」と、今回の古本巡礼の強行軍を説明すると、オヤオヤという顔をされる。「今度、改めてゆっくりうかがいます」と言ったが、その「今度」がいったい、いつになるか。

行きは一五分だが、帰りは一〇分。あわてて自転車を返して米沢駅ホームで「つばさ」を待つ。手帳でこのあとの行程を確認していると、改札口から二人連れがこちらへ歩いてきた。片方の高齢の男性の顔を見て、こんなことがあるのかと、足が少し浮き立った。「せんむ（専務）。おかざきです」と近寄ると、いっしゅん、怪訝そうな顔をした相手はやっと気づいて、「おまえ、何してんだ、こんなところで」と口を開いた。何してんだ、も何もありませんよ。

私はこれまで書いてきた通り、一九九〇年春、書く仕事がしたくて上京し、東京の小さな出版社に編集ライターとして潜り込む。その出版社の専務が、いま、米沢駅でばったり巡り会ったその人だったのだ。会社を九一年暮れに辞めて以来だから、一七、八年ぶりか。車両が違うので、名刺交換をし、また東京で会いましょうと、その場を別れたが、本当にいつ、どこで、どんなことが起こるかわからない。

興奮のまま福島へ着き、駅前交番近くの市営の自転車貸し出し所へ。係員のおじさんが座っていて、貸し出しを申し込む。ここは無料だという。このおじさんがやたら親切で、ぼくの図体を見て、あわててサドルを調整してくれる。観光客だと言うと、「観光たって、なにも見るところないですよ」と奥ゆかしい。まさか「古本屋巡りを」とは言いづらい。しかし、福島の印象はこれでばつぐんによくなった。

福島は駅前に「ブックオフ」が一軒。そのまま旧国道一三号線まで出て北上すると、郵便局とベニマルというスーパーマーケットが右手に見える交差点を右折。ベニマルのすぐ前に、「大槻本店」がある。

大槻本店

古美術とともに古本も扱うということだったが、なるほど、ガラス戸から見える店内の半分を吊り下がった着物が占めている。しかし、戸は閉ざされていた。万事休す。こうなると古本者はもう手も足も出ない。福島で時間をつぶすことも考えたが、指定を取った一九時台より早い「やまびこ」に乗ることにする。「大人の休日倶楽部」パス一枚で自動改札をスルーして、そのまま来た新幹線に乗り込めるのがいいところ。

おかげで仙台へは早く着き、あきらめていた南陀楼綾繁司会による、「いがらしみきお&塩山芳明トークショー」も、少し遅れて聞くことができた。六月から一ヵ月間開催された、「BOOK! BOOK! Sendai 2009」という本を柱にしたイベントの一環として、このトークショー始め、各種イベントともに、すでにおなじみ「一箱古本市」も開かれたのだ。その晩、トークショーの打ち上げに参加し、焼肉をつつきながらしこたま呑み、翌日の「一箱古本市」の打ち上げでも、また酒と人の洪水でチャンポンだ。

二泊した仙台の朝、「大人の休日」キップをさらに使い倒そうと、朝早起きして身支度をととのえ、東北本線「塩竈」駅前の「ふれあいエスプ塩竈」内にある「長井勝一漫画美術館」を訪ねることにした。しかし、せっかくだから、わざと千石線で北上し、「西塩釜」で降り、少し歩いて「塩竈」駅へ向かう。知らない町を歩くというのはいいものだ。「長井勝一漫画美術館」は、『ガロ』の初代編集長・長井さんが塩竈出身ということで、つげ義春や永島慎二など親交のあった漫画家の原画などが展示してある。私は長井さんに一度インタビューしている。漫画美術館といいながら狭い一室の展示だったが、十分に心のこもった空間だった。二泊三日の強行軍はこうして無事、幕を閉じたのである。

＊――「学生書房」「万世書房」「ヤングババァ」は店を閉められた。

古書にひかれて善行堂参り

二〇〇九年一〇月――京都市「古書 善行堂」

古書 善行堂

高校一年のとき、同じクラスにいた山本善行という男と、その後、いまに至るまで三〇年以上ものつきあいになるとは、学生服を着て学食でコロッケ定食を食べているときには、思ってもみなかったことである。深いつきあいは、むしろ高校卒業後に始まって、文学だ、古本だ、ジャズだと、じつに多くの時間をともに過ごしてきた。

山本はあるときから、個人で学習塾を始め、私は講師稼業に見切りをつけて、東京へ出てきた。この二〇年、距離の関係から、顔を合わすことは、二〇代ほどひんぱんではなくなったが、関西へ帰省したたび、必ず連れ立って大阪、京都の古本屋を巡ったものだ。

それに『ARE』『sumus』と、二人が中心メンバーとなった同人誌も作っていたから、始終連絡を取り合っていたし、そのうち私の本が出るようになる。山本も追いかけるように『古本泣き笑い日記』(青弓社、二〇〇二年)、『関西赤貧古本道』(新潮新書、二〇〇四年)と、古本に関する著作を持つようになった。関西で古本のことなら山本善行、という業界での空気はできあがっていた。

山本は大阪の実家を使って、たった一人で主に高校受験の中学生を教えていた。おそらく優秀な教師だったのだろう。年々、生徒は増えていたし、山本の塾から志望校へ合格した者は多い。同じ高一時代の同級生も、中三の息子を山本に預け、みごと難関校への合格を果たしている。

ところが、少子化の波と、大手の学習塾の物量パワーに対抗できなくなって、徐々に生徒数が減っていた。また、多感で力のあり余る少年たちを相手にするには、体力の衰えも感じるようになってきたと、昨年ぐらいから言い始め、ついに塾を閉じると宣言した。そして、古本屋になる、と言う。

私はすぐに賛成した。いつかはそういう日が来ると思っていたし、始めるには早いほうがいい。それから七月五日のオープンまでに、店舗改装を含め、じつにさまざまなすったもんだがあった。出航する前から難破船、という非常事態もくぐりぬけ、とにかく「古書 善行堂」が京都に誕生した。京都在住で山本のこともよく知るうちの母親は、店名を聞いて、「山本さんのご両親は、うまいこと名前をつけはったもんやなあ」と言った。「善行堂」という店名が、あまりに古本屋にぴったり、という意味だ。いや、あれは本名だって!

すぐにでも駆けつけなくてはならないところだったが、すでに訪れた方々がブログ等でアップする写真や文章で、「善行堂」がどんなふうにできあがったかはわかっていた。「京都三大祭り」の一つ、八月一一日からの「下鴨納涼古本まつり」に合わせてスケジュールを決め、前日に京都へ乗り込んだ。そして、いよいよ古本屋になった山本にご対面だ。

「古書 善行堂」は、住所で言えば、左京区浄土寺西田町八二-二。竹岡書店の二軒西側。京都大学のある百万遍から銀閣寺へ向けての通り、今出川通り沿いにある。白川通りもすぐ。これで、ガケ書房から恵文社一乗寺店へつながる、新しい京都書店巡りの動線ができた感じだ。「善行堂」の前に立つと、青い幌に「古書 善行堂」と白抜きの文字。そして入口は格子戸だ。ガラガラと戸を開けて入ると、すぐ右に二階へ通ずる剥き出しの鉄の階段がある。改装前は、この階段が壁で区切られていて、山本の頭を悩ませていた。

じつは、この善行堂、もとは「たこやき屋」の店舗。たこやきの機械がそのまま放置されていたので、山本と電話で、「いざとなったらたこやき焼くか」「いや、いざとならんでも、たこやき焼いたほうが儲かるかもしれん」などと話していたのだが、壁を取り払い、階段を白く塗ったことで、店のいいアクセントになっている。階段まわりも大型本の陳列に使えそうだ。壁にはコム・デ・ギャルソンのポスター。これは、塾の全盛時、ブランドものを買いあさっていた山本の栄光の名残り。

しかし、店はけっこう狭い。うなぎの寝床式の奥深い空間で、左側壁に本棚を集中させ、真ん中通路を広く取り、右には背の低いショーケースと、本棚を置くことで空間を広く見せることに成功している。ううん、なかなかセンスがいいなあ、山本。朝、起きて、パジャマのまま学生服を来て登校していた男とはとても思えない。並べられた本は、これまで山本が溜め込んできた戦利品が中心で、棚を見ていると、なんだか山本の部屋にいるような変な気分になってくる。

BOSEのオーディオからは、いい音でジャズが古本たちに波動を与え、店は新しいが、店名といい、店主の風貌といい、もう二、三〇年も平気な顔をして、この場所で商売を続けていたような感じだ。オープンから連日、善行堂めがけて東から西から客が押し寄せ、一一日は下鴨の初日とあって、いつもより大勢の客が店内狭しと滞留していた。

下鴨期間中は、開店時間を遅らせて、善行堂店主も「古本まつり」に参戦。すでに客というより業者の目で、本を選んでいるようだった。私は二日間で六〇冊余りを買い込んだが、そのうち五〇冊を善行堂に預けてきた。これに山本が値をつけて店に出すのだ。まだしばらくは、私が買った本が、善行堂に売られているはずだ。

そうそう、せっかくだから、何か一冊記念に善行堂で買って帰らないと、とは思ったが、山本の本棚から本を買って、山本に代金を渡すというのが、どう考えても頭と身体になじまない。大人になって「おままごと」をしている気分なのだ。それでも、山本が下鴨から仕入れたばかりの、あかね書房版『少年少女日本の文学』庄野潤三／鈴木義治＝絵『ザボンの花』（一九六八年）を買うことにした。しかし、まだ値段がついていない。そこでこんな会話。

山本「いくらで買う？」

岡崎「ううん、八〇〇円かな？」

山本「よっしゃ、売った」

古くなった重い客車を切り捨てて、新しい機関車で走り出した山本が、なんだかまぶしく見えた瞬間だった。

＊——「ガケ書房」は二〇一五年に移転し、浄土寺馬場町で「ホホホ座」として再オープン。

無風だった京都がいまトルネード状態です

二〇〇九年一一月——京都市「町家古本はんのき」ほか

町家古本はんのき

「築百年の町家《まちや》でお店をしています。古本、本好きの方はもちろんのこと、建物に興味を持ってご来店くださる方も多いです。09年4月～7月にかけて建物の改修工事をしていましたが、その際気をつけたのは、できるだけ元の形をそのまま残すことでした。地面は土間のままだし、天井は吹き抜け、敷居は高いままです」。

これが京都の町家を改造して、二〇〇九年七月四日にオープンした古本屋「町家古本はんのき」の最新ブログの記述。翌日、五日オープンしたのが前回紹介した「古書 善行堂」だ。ここ一〇年ぐらいの間に、「町家」と呼ばれる、京都に古くからある日本家屋のスタイルを維持しつつ、改装改築を加え、新たにカフェやアトリエとして再生する試みが盛んになってきた。しかし、まさか古本屋を始めようという若者が現われるとは！

「はんのき」の存在は、「善行堂」に教えられ、一度訪ねたいと思っていた。しかも、同じ上京区内に、「古書肆 獺祭《だっさい》書房」、「カライモブックス」と新しい古本屋が続々誕生。この三軒が歩いて回れるエリア内にあるのもありがたい。ただし取材した日が火曜日で、「獺祭書房」は定休日だった。これは残念。

烏丸今出川交差点より北西のエリア一帯には、多くの寺が集まる「寺町」だ。地図をたよりに、見当をつけて静まり返った路地を折れ曲がっていくと、「古本」の看板が路上に出た町家にたどりついた。ここが「はんのき」か。顔をつっこむと、たしかに本棚があり、古本屋だとわかるが、あまりに外見が町家然として手を加えていないため、同じ町内の人でも、ここに古本屋ができたとは気づかないかもしれない。

土間を入ると、一番手前の空間はやっぱり土間で、そこに本棚が並んでいる。コーナーにヒゲを生やした若い男性が座っていた。挨拶すると、それが石田くんだった。「はんのき」はネットでそれぞれ古本を販売する男性の石田くん（Take It Easy!）、中村くん（古書ダンデライオン）、そしてネット古書店「アボカ堂」を運営する女性avocadouさんが、店売りをやろうと、共同で出した店だった。三人は別に住居があり、ローテーションを組んで店番をしている。この日は中村くんも奥の部屋から顔を出した。二人とも長髪だ。ちょっと私が若いころに友人だったあの顔この顔を思い出す。

二人に話を聞くうちに、「いいなあ、うらやましいなあ」という気持ちになってきた。つまり、若い男女三人組が、共同で店を出すなんて、七〇年代後半に大ヒットした青春ドラマ『俺たちの朝』みたいではないか、と思ったわけだ。このドラマを憧れながら見ていた私はちょうど「はんのき」の彼らぐらいの年だった。私にも、もし彼らのような勇気と行動力があれば、人生、変わっていたかもしれない。

石田くんの話によれば、ネット古書店を運営する仲間として三人は知り合ったが、「お客さんの顔が見えない」ネット販売のあり方に不満を感じ、いまの流れとは逆行するが、リアル書店を始めることにした。店探しは大阪の雑居ビルの一室など、候補をあれこれ当たった後、この町家に出会った。

資金がないので、借りたのは店舗部分と入口の土間だけ。しかし大家さんがいい人で、奥の部屋も使わせてもらえることになった。スチールの本棚は、大阪の「加藤京文堂」さんが店売りを止めるというので、そのまま受け継いだ。夕暮れどきには近くのお寺の鐘の音が聞こえる町家で、一〇〇年の歴史を守るように、かわるがわる店番をする三人。

「実際にお客さんを相手にして、amazonのランキングがすべてじゃない。思いがけない本が売れるものだとわかりました」と石田くんは語る。そんな言葉にうれしくなって、なにやらゆかし気な、大正一一年に県立和歌山高等女学校社会部が生徒向けに作った『生活改善宣伝』という小型本を五〇〇円で買う。

なかを見ると「婦人服は漸次衣袴式（洋服式）に改めること」なんて書いてある。理由は「在来婦人服は風儀、衛生、便利、経済等何れの点から見ても活動的日本婦人の服装としてよくありません」というのだ。宴会に芸者を呼ぶな、との記述もある。大正一一年は一九二二年。和歌山の女学校にも、近代化の波が押し寄せている。

おもしろいのは「はんのき」には学割があることで、一〇〇〇円以上買った客は、高校生なら一〇〇円、中学生なら二〇〇円引きとなる。中学生が学生証を見せながら、この町家古本屋で本を買う姿を想像するだけで楽しい。

次の「カライモブックス」へは、中村くんが同行案内してくれた。上御霊前通とは、これまた聞き慣れないひっそりした通りに「カライモブックス」がある。これまた意外なロケーションに忽然と古本屋が現われたという印象だ。

もとはブティックだったという店は、奥にカフェを併設、九州の物産も売られている。かといって本の品揃えがおざなりかというとまったく逆で、女性史・ジェンダー文献をメインに、文学、歴史とシブいところを並べている。森崎和江の著作をこんなにまとめて見たのはここが初めて。そのほか、水俣病に関する本が一コーナー作られていた。

黒く長い髪を後ろで束ねた若い店主はまだ二〇代。九州旅行から帰ってきて、突如目覚めたようにこの店を始めたようだ。「水俣病」の告発を、本を集めることで実践している。背筋を伸ばし、人の目をそらさず喋る店主の姿勢が、そのまま表われたような店だ。ここでは、ちょうど必要としていた『文藝別冊・総特集 森茉莉』（河出書房新社、二〇〇三年）六〇〇円、古本屋でもめったに見ない桂米朝『米朝ばなし』（講談社文庫、一九八四年）二〇〇〇円をダブりを承知で買った。

長らく無風にあった京都の古本屋が、いまトルネードのように動いている。

＊——「はんのき」はその後、編成メンバーを変えながら営業していたが、二〇一五年七月に現店舗での営業を修了された。別店舗での営業再開を目指されているという。

河を渡って昭和の町へ

二〇〇九年一二月——大阪市福島区「三光堂」

三光堂

大阪と京都を結ぶ京阪電車に乗ると、いつもなぜか切なくなるのはどうしたことだろう。それは私が枚方市で生まれ、小中高と京阪沿線で暮したことに由来すると思われる。私は金太郎飴みたいに、どこを切ってもイケてない少年期を送っているので、京阪電車にはいつも苦い思い出がつきまとう。

その京阪電車が、大阪市の中心部を流れる堂島川と土佐堀川に挟まれた中州「中之島」まで延長され、平成二〇年の秋から新たな導線を生んだ。それまでは淀屋橋止まりだったから、天満橋から枝分かれして、中之島の中心部で地上に出るという感覚が物珍しく新鮮だ。この秋に京都へ帰省した折りに、大阪での古本屋探訪の未踏地である「福島」を訪ねようと考え、この「中之島線」を利用することにした。中之島から玉江橋を渡れば、五〇〇メートルほどで環状線「福島」駅へ着く。整備された遊歩道を歩き、長い橋を渡ると、大阪が「川の町」であることに改めて気づかされるのだ。

大阪に土地鑑のない人にはわからないだろうが、じつは「福島」駅はJR「大阪」駅の隣り。再開発が進み、摩天楼のようなのっぽビルに占領されつつある大阪（梅田）駅周辺からちょっと歩くと、いきなり昭和のテイストを匂わす、下町的風景が広がる。これは東京に置き換えれば、東京駅の隣りが東向島の駅、という感じであろうか。

福島駅前から鋭角に伸びる商店街は、福島聖天への参道となる。この途中に目指す「三光堂」がある。『全国古本屋地図――21世紀版』には「古書通信の常連。店は古書全般だが、通販で藩札や地図、古いチラシなどの資料を扱う」とある。たこやき屋、古い店づくりの履物店、行列のできそうにない飲食店などを見ながら、まもなく一目で古本屋とわかる店舗が見えてきた。入口右手に二冊一〇〇円の文庫均一台、左手のラックには雑誌が差し込んであるが、そこに「有料です！」という紙が二ヵ所貼ってあった。

なかへ入るとピロピロピロと入店を告げる大きな音がする。中央に背を分ける本棚が一つ。左手壁がすべて本棚。右手のレジは大きなガラスのショーケースがあり、ここに古銭や切手など、本以外のものが納まっている。あちらこちらに、肉筆や地図など紙ものが額に入れられ展示。ちょっと一般の古本屋とは違う光景だ。

下町の古本屋さんらしく文庫の量が多く、新しめの単行本もけっこう揃っている。一回りすると、入口脇に隠れるように単行本の均一台。ここでちょっとがさごそして、『ユリイカ・特集 諸星大二郎』（青土社、二〇〇九年）五〇円、『土屋耕一のガラクタ箱』（誠光堂新光社、一九七五年）一〇〇円、田辺聖子ベスト・オブ・女の長風呂『イブのおくれ毛』（文藝春秋、一九九五年）五〇円、それにこれは均一以外から、粟津潔『デザインになにができるか』（田畑書店、一九六九年）一九〇円を拾い出す。なんだか申しわけないような安さだ。

これをもってレジへ。柔和を固めて作られたようなご老人が店主で、少し話を聞くことにした。三光堂さんがこの地で営業を始められて約四〇年。以前は別の町で店をされていたようだ。「移って来たころはこの商店街もにぎやかで、同業者も数軒ありました」という。『全国古本屋地図』記載の福島公園前にある「佐藤書店」も「閉められました」とのこと。

表のマガジンラックに貼ってあった「有料です！」について聞くと、そう書いておかないと無料だと思って、どんどん持っていかれてしまうそうだ。たしかに最近、どこにでもフリーペーパーが氾濫していて、表に出ているものは無料だと思ってしまうのかもしれない。いや、それでも見るからにこの店にあるのは古雑誌なのだが。「暦なんか一〇冊ほど表に出してたら、いつのまにか無くなってしまいました」と笑われる。笑いごとではないが、こちらもつられて破顔する。

「三光堂」のすぐ裏手が上福島小学校。ここはかつて上福島尋常高等小学校と呼ばれ、あの田辺聖子さんが卒業された。『イブのおくれ毛』を買ったのはそのためだ。ご主人の話だと、すでに生徒数が激減し、一学年にひとクラス、しかも二〇名ぐらいしかいない。それでも統廃合にならないのは、この商店街に卒業生がたくさんいること、それに田辺聖子の母校という威光があるからではないか。田辺さんの実家は写真館で、その思い出を綴った『田辺写真館が見た〝昭和〟』（文藝春秋、二〇〇五年）によれば、「国道2号線を福島西通りで左折、200メートルばかりいった左側」にあった。これは現在、福島三丁目にあたる。

このあともニコニコと、古い「天牛書店」の話、「尾上蒐文堂」さんの思い出などをうかがった。「『天牛』さんの二階が（古書の）市場になっていて、一階の『天牛』さんで安い本を買って、二階の市場に出したら、それで儲けがありました。いい時代でした」と往時を偲ばれる。「三光堂」さんは、息子さんがいらっしゃるが店を継ぐ者はなく、「私一代限りです」とおっしゃった。

丁寧な挨拶を受け、いい気持ちになって、せっかくだからと「福島聖天」をお参りする。商店街を抜けると、すぐ右手に「歓喜天」と書かれた大きな石の鳥居が見える。「歓喜天」とは象頭人身の姿をした仏教の守護神。静かな境内には、線香をくゆらせた白い煙がたなびく。信心のない身にも、聖なる気持ちが自然に湧いてくる。

駅まで戻る途中、「タマイチ」という昭和テイストの喫茶店を見つけ、ここで一服。店内はけっこう広く、二階へ続く階段もある。テレビでは『はぐれ刑事純情派』が大きな音量でガンガン流れていた。三〇〇円のコーヒーは、普通に、けっこうおいしい。いまどき見ないような大きな年代物のタバコの自動販売機がもう一方の出入り口に据えられており、ちょっとタイムスリップした気分だ。

帰りは梅田まで歩いたのだが、福島から少し離れると、未来都市のようなビル群に囲まれる。吹きすさぶビル風に吹き飛ばされそうになりながら、舌の上で反芻するように、昭和の風景を残す「福島」を味わっていた。

*——その後、「三光堂」は店を閉められ、二〇一二年にご店主はお亡くなりになったという。

1月　東京・荒川区「大島書房」「泪橋古書展」

2月　東京・杉並区「古書豊川堂」

3月　八王子市「佐藤書房」「まつおか書房」

4月　東京・練馬区上石神井「せきぶんどう書店」ほか

5月　尼崎市「街の草」「図研」

6月　大阪市中央区「花月書房」

7月　諫早市「スバル書店」

8月　長崎篇［上］

9月　長崎篇［下］「大正堂書店」ほか

10月　東京・三河島「稲垣書店」、日暮里「信天翁」

11月　東京・蒲田「一方堂書林」

12月　広島・安芸矢口「芸備書房」

【第五部】二〇一〇

泪橋を渡って立つんだジョー！

二〇一〇年一月――東京・荒川区「大島書房」「泪橋古書展」

泪橋古書展

都内にある五つの古書会館のうち、神田、西部、南部ではそれぞれ一般客向けの即売会を開催しているが、私の知るかぎり、北部と東部にはない。その東部で、二〇〇九年七月三日・四日と、ついに即売会が開かれることになった。その名も「泪橋古書展」。おお、「泪橋」と言えば、『あしたのジョー』ではないか。

そう聞いて、いざ見参と勢い込んでいたところ、三日の昼少し前に寄った西部、つまり高円寺の即売会で、すでに「泪橋古書展」を覗いてきた客の話し声が耳に入る。即売会でおなじみの顔が「本が少ない」「行ってもムダだよ」なんて言っているのを聞いて、張り切った空気が洩れてしまった。

それでも、いちおう「古本ライター」なんて名乗っているかぎりは、一度は顔を出しておかねばならないだろう。しかし、私の住むのは東京の西の端。東部古書会館は常磐線「南千住」駅の近くというから、いかにも遠ござるよ。気を取り直し、まだ日差しが温かい一一月一三日、昼間に取材を一件、神保町で終えてから南千住を目指す。総武線で秋葉原まで行き、ここで日比谷線に乗り換え「南千住」へ。途中で地上に上がったが、「南千住」駅は、JR常磐線、東京メトロ、つくばエクスプレスと三つあり、相互乗り入れはしていない。すぐ脇に大きな操車場がある。「南千住」に降りるのは初めてだ。駅改札を出て、左からぐるりと回ってコツ通りへ。「コツ通り」と変な名前は、ここに小塚原《こつかっぱら》の刑場があった名残りだ。もっと三ノ輪側へ歩くと、吉原の遊女を葬ったとされる浄閑寺もある。悲しい記憶の町なのである。「泪橋」という名前がつくはずだ。両国にもある同名の「回向院」の脇、大きな跨線橋をえっちらおっちら上ると、視界が開け、左前方に銀色に光るガスタンクが。『あしたのジョー』の背景によく出てきた東京ガスのタンクがこれか！ それに、階段を降りようと前方を見ると、コツ通り右側に「大島書房」の文字が！ 跨線橋の上で血圧を上げてどうする。ちゃんと下調べしてこなかったが、これは偶然の発見。まずは、この「大島書房」へ。

両側から入るガラス戸の入口の前に均一台がある。しめしめ、ここで一冊抱えれば、落ち着いて本が見られる手形となる。伊藤秀雄『人生の四季と文学』（北宋社、一九九六年）なんて、タイトルだけだと手が出ない本が一〇〇円であった。伊藤秀雄さんと言えば、大衆文学や探偵小説の研究家で、晶文社から『明治の探偵小説』（一九八六年）という本を出しておられたなあ、とそれが手掛かり。

店内に入ると場所柄、柔らかものが目につくが、それでも右の棚には落語を中心とした演芸や、江戸東京本などがけっこう揃っており、入ってすぐ出て来るような店ではないことがわかった。本の整理をしていた若い男性に一〇〇円を手渡し、一つまた日本の古本屋に足跡をつけた。その先、さらに進むと「純喫茶エール」の看板が見えた。入口前にスペースがあり、観葉植物が置かれているが、この外観のテイストは昭和四〇年代日活映画のセットみたいだ。昭和から油が沁み出したような「純」に心がときめく。あとで時間があったら寄ってみよう。

泪橋交差点の一つ手前、南千住交差点はV字路になっていて、それを右へ。いかにも下町な自動車整備工場などを見ながら、人だかりのする東部古書会館に着いた。会館の前にも段ボールが置かれ、その前に日よけのビニールが。なんだか野菜の特売をしている雰囲気だ。ここにまず顔を突っ込むと、一冊九〇円均一の文庫が！ 九〇円という値段設定は、私の知るかぎり初めて。しかもけっこういいものがゴロゴロ転がっている。手始めに旧ちくま日本文学全集の『永井荷風』(一九九二年)を。書き忘れたが、浄閑寺には永井荷風の文学碑があるのだ。

入口で靴を脱いで靴箱へ、荷物は係の人に預ける。会場は西部古書会館を一回り小さくしたぐらいか。ちょっと昔の南部古書会館を思い出す。客は二〇名くらい。おかげでゆったり見られる。いきなり海野弘『空間のフォークロア』(駸々堂出版、一九八〇年)を四〇〇円で見つけ、これは拾えると確信する。角川写真文庫の『東京文学散歩』の「山ノ手」「下町」篇(一九五五年)がそれぞれ一〇〇円。エルム新社の「メルヘンの国」シリーズがごそっと出ていて、これも一〇〇円。信じられない安さだ。五冊を胸に抱える。なかには白石かずこ＝文・宇野亜喜良＝絵の『きまぐれ魔女の物語』(一九七八年)が混ざっている。これだけで二〇〇〇円、三〇〇〇円はするだろう。

そのほか、『日本万国博覧会ガイド』はよく見るものだが一〇〇円。小笠原自也『いそがぬ旅――古き東北より若き北海道へ』(大阪毎日新聞社)五〇〇円は大正一三年に大阪毎日の記者が書いた漫文。いい感じの装幀だ。宗旨違いの英文絵本で、子ども向けの料理本を三〇〇円で買ったのも、古本心にはずみがついたからだ。お客さん同士の会話を聞いていると、前回より、本の量がずいぶん増えたらしい。いや、これだけ楽しめれば御の字でしょう。

レジで文句をつけている客がいて、見ると初老の背広姿の男性。この会場がわからず三〇分も迷ってしまったと、くどくど文句をつけているのだ。もはや泪橋即売展の味方となった私は、「それは調べてこなかったあなたが悪い」と心で叫んでいた。私はちゃんと愛用の『東京山手・下町散歩』に印をつけて、その通りに誤りなく来たもの。

この地図を見ると、東部古書会館の周辺一帯は、むかしで言う「山谷《さんや》」だ。『あしたのジョー』にも出てくる公園のモデルとなった「玉姫公園」まで、ぶらぶら歩いてみたが、やたらに「ホテル」「旅館」の看板が目につく。これが日雇い労働者を相手にした簡易宿泊所「ドヤ」だ。ここを根城とする人たちが、スーパーのレジ袋をさげて歩いている。いきなり路上で立小便という光景も久し振りに見た。「玉姫公園」はブルーシートのテント村と化していた。

*――二〇一〇年七月、東部古書会館は閉館。「泪橋古書展」もなくなった。

空襲を免れた昭和町だった

二〇一〇年二月――東京・杉並区「古書豊川堂」

長年つきあいのある教育出版の編集部部長Hさんが、日大文理学部で講座を持っていて、毎回、知人の編集者、ジャーナリストをゲストに呼んで話をしてもらっているという。

古書豊川堂

そのうちの一回に私が呼ばれて、キャンパスのある下高井戸へ向かった。それが昨年の一二月一五日のこと。

いつものように、「下高井戸」駅周辺の古本屋を検索し、駅北口に「古書豊川堂」を発見する。すぐに『全国古本屋地図――21世紀版』でチェックを入れたが、「下高井戸駅」には、「日大通り五分程に、ドラマ赤坂書房」という記述があるだけ。しかも同店はすでにない。「古書豊川堂」もなくなったかと思ったが、これは私が間違っていた。つまり、下高井戸駅からすぐ北は杉並区になるのだ。下高井戸駅からは世田谷線も出ているから、どうしても世田谷区、と思ってしまう。これが勘違いのもと。ちゃんと「杉並区」の項に「古書豊川堂」は掲載されていた。

さあ、次に「下高井戸」までどうして行くか、だ。ここで思いついたのが「すぎ丸」を使うことだ。杉並区が運営する料金一〇〇円のコミュニティバスで、私はこの連載でも阿佐ケ谷から浜田山まで乗車した体験を書いている。「すぎ丸」はこの一コースだけ、と思っていたのだが、じつは、西荻と久我山、浜田山と下高井戸を結ぶコースもあると知った。西荻と久我山コースもすでに体験済み。残るは浜田山と下高井戸。これに乗らない手はありません。

「すぎ丸」の魅力は、前にもたぶん書いたが、タテの線に弱い東京西郊を意外な組み合わせでつなぐこと。それにマイクロバス並みの小さい車体だから、普通の路線バスは入り込めないような住宅街の狭い道を、あみだくじのようにジグザグと折れ、抜けていく。「すぎ丸」に乗らなければ、とうてい通らないような何でもない道を楽しめるのだ。

この日は井の頭線で浜田山まで出て、駅前の「ブックオフ」をちょいと冷やかし、踏切を渡ってすぐの三角公園で待機する「すぎ丸」に乗った。出発の時間を待っていると、女性で年輩の乗客が、運転手に「○○へ行くにはどの停留所で降りたらいいか」と聞いている。しかし運転手はわからない。すると、私の前に座っていたご老人が、「○○なら××小学校の近くだから、△△で降りればいい」と大声で言ったあと、「オレは××小学校の卒業生だからよく知っている」と付け加えた。バスのなかで大声を出したこと、知っていることを教えられたので少し興奮したらしく、しばらく頭と身体が揺れていた。まあ、こういうところも、図体が小さく客と客の距離が近いコミュニティバスらしい。

神田川に架かる橋を渡り、頭上を首都高が走る甲州街道で右折し、京王線と並行して「すぎ丸」は走る。下高井戸まではあっというまだった。駅前までは行かない。甲州街道沿いで下ろされて、目当ての「豊川堂」へ。駅前から伸びる小さな商店街は、いかにも古い造りの米屋など、昭和のテイストが色濃く残っている。豊川堂もまた、初めてなのに懐かしささえ感じる、ガラス戸がはまった木造の店舗だ。中央に背中合わせの書棚があり、これが入口を二つに分けている。壁際にずらり本棚があるのだが、その前に、セットものの文庫やカタログなどが堆積しており、近くまでは身体を寄せることができない。

入って左エリアは文芸書中心、右エリアに美術、広告、人文、法律、経済、郷土史、理数系の本などが雑多に並ぶ。近寄れないが棚は見やすい。粟津潔『わがガウディ——劇的なる空間』(朝日選書、一九八一年)が一〇〇〇円、植草甚一『映画だけしか頭にながった』(晶文社、一九七三年)が一〇〇〇円と、手頃な値段がついている。ほか、おおむね定価の半額。文庫はちょい安で、講談社文芸文庫が定価の三〜四割と、これはお買い得。児玉隆也・桑原甲子雄=写真『一銭五厘たちの横丁』(晶文社、一九七五年)を所持しているが六〇〇円で見つけ、これを買うことにする。しかし、帳場には誰もいなく、声をかけると奥の茶の間から上品そうな初老の女性が現われた。

すぐに値段を告げられ、代金と交換となるかと思ったら、しばらく本をあちこち開いて黙っている。ひょっとして、値段のつけ間違いで、もっと高い値段になるかとドキドキして待っていた。すると「いい写真がいっぱい入ってるんですねえ」とおっしゃる。

ほっとして、『一銭五厘たちの横丁』がどういう成り立ちの本で、桑原甲子雄がどういう写真家かを、失礼ながら解説する。せっかくだから、傍らにあった火鉢をほめたら、次のような話をしてくださった。

「これは私がこの家にお嫁に来るとき、仲人さんが下さったの」。そう言って、火鉢を愛おしそうに撫でる。豊川堂は、おじいさんの代に早稲田で店を開いて、のちに下高井戸へ移ってきた。店舗は昭和三五年に立て替えをして以来、そのままのカタチで残っている。その普請をした建設業者が、向かいの場所にかつて住んでいた。

「もち屋はもち屋」で、この業者が作った防空壕がコンクリート製の立派なもの。東京が空襲を受けたとき、焼夷弾がその防空壕へ転がり落ちたため、この商店街は焼けずに残ったという。至近ながら、一筋向こうは焼けてしまった。『一銭五厘たちの横丁』

は、出征兵士とその家族の物語だったので、なんだか話がうまくつながったような。最後にもう一度、火鉢をほめて店を出たが、みなさん、豊川堂へ行ったら、必ず火鉢をほめてください。

　豊川堂から駅へ行く間に挟まって、「下高井戸駅前市場」と書かれた横長のショッピングセンター、というよりは古い市場がある。それを越えるとすぐ踏切。目の前を電車が駆け抜けていく（井上陽水「開かずの踏切」）。この市場も、その先の商店街も買い物客がわさわさといて活気づいている。自転車姿を見かけず、ほとんどの人が徒歩というのもいい。

　下高井戸、いい町です。なんだか住みたくなってきた。

八王子でユーミンの実家詣で

二〇一〇年三月——八王子市「佐藤書房」「まつおか書房」

佐藤書房

　八王子は私の住む東京西郊の国分寺から、近いと言えば近いのだが、めったに行かない町である。今回は、駅北口に隣接する「そごう」内の「有隣堂」で、「古本まつり」が開かれているという情報をキャッチし、初日に馳せ参じた。これが第四回目、となるようだ。新刊書店内で、どのように古本市が展開されているのかと興味津々だったが、行ってみるとフェアで使う催事コーナーでのささやかな展開だった。古本目当ての客もパラパラと目につくぐらい。

　それでも、とりあえず、『太陽』の植草甚一特集号（平凡社、一九九五年六月号）と、ちくま文庫の『岡本かの子全集』第七巻「生々流転」（一九九三年）の二冊だけを挨拶がわりに買わせてもらうことにした。近くの「ブックオフ」へも一応立ち寄って、こちらでは少年少女向けの『カラー版日本の文学』（集英社、一九六九年）の尾崎一雄『末っ子物語』ほかを買う。『末っ子物語』は家庭小説だから不思議はないが、尾崎一雄を読む小学生の姿を想像するだけで、頬が緩んでくるのだ。

児童書で日本文学を読みなおす、というのが、ちょっとしたマイブームで、大きな文字に挿絵入り、という角度から再読すると、日本文学が洗い張りされたように新鮮に蘇るのだ。一番のお気に入りは、昭和四〇年代初めに出た、あかね書房の『少年少女日本文学』で、これは挿絵がいい。なんとか全巻をコレクションしたいと思っている。

せっかくここまで来たのだから、「佐藤書房」「まつおか書房」に寄らないわけにはいかない。どちらも駅前から至近で、両店は目と鼻の位置にある。「佐藤書房」は東急スクエア脇の商店街を入ってすぐの左側。「まつおか書房」はさらにその先、右の路地を入ると角地に向かい合って二店舗が見える。

「佐藤書房」にうかがうのは久し振り。店内レジに佐藤さんがいらっしゃったら、挨拶をしようと心構えをしたが、手前の均一で引っかかってしまった。車一台停まるスペースに、背中合わせの文庫棚を中央に置き、人ひとり分の通路を確保しながら、両壁側に大量の均一がある。しかも、おもしろそうな本がざくざくだ。値段は消費税別で三〇〇円以下。思わず目をかっと見開いた。

野坂昭如の顔写真入り帯つき『水虫魂』（新潮文庫、一九七三年）、『山口瞳帮間対談』（講談社、一九七四年）、小田晋の「週刊本」『グリコ・森永事件』（朝日出版社、一九八五年）が一〇〇円。和田誠＝イラストのいずみたく『ドレミファ交遊録』（朝日新聞社、一九七〇年）が二〇〇円。海野弘『風俗の神話学』（思潮社、一九八三年）、ごぞんじ『現代ユウモア全集』の田中比左良『涙の値打ち』（現代ユウモア全集刊行会、一九二九年）が三〇〇円。こたえられない安さだ。『涙の値打ち』は所持しているのだが、なかを開くと月報と同全集の広告チラシが入っていた。白い本専門だった私を黒く染めるきっかけとなった『現代ユウモア全集』はすでに全巻収集済みだが、月報があるとは知らなかった。これだけで三〇〇円の価値は充分ある。

「それなら、月報だけ三〇〇円でもらって、本は店に返したら?」

「いや、やっぱり本も」。

「なんや、最初からその気やがな」。

わいわい言うとりますが、すっかり気分がよくなって、レジでお金を払うときも財布から札が素早く滑り出る(早く払っても遅く払ってもおんなじなのだが)。失礼ながら、佐藤書房の均一がこれほど充実しているとは、再訪するまでまったく知らなかった。

はずみがついて「まつおか書房」へ。やや小ぶりの南側の店は文庫新書の専門店。北側の広いほうは、エロから学術書までの総合店である。店外にからまる蔦のように、均一が繁殖していることでも知られる。

まつおか書房

申しわけないが、また均一でガサゴソ。文庫・新書の均一は不思議な料金設定で、「一冊五〇円・三冊一〇〇円」と、「一冊一〇〇円・五冊三〇〇円」の二種類ある。両者にそれほどの格差はないようだが、張り付いてみると、さすがに後者に拾えるものが多い。たちまち五冊を掘り出す。

野呂邦暢『一滴の夏』(集英社文庫、一九八〇年)、岡本かの子『巴里祭・河明り』(新潮文庫、一九六九年)、角田喜久雄『神変白雲城』(一九九三年)、出久根達郎『猫の縁談』(一九九一年)、岡本文弥『芸流し人生流し』(一九七八年)(以上、中公文庫)。とくに『一滴の夏』はめったに見ない。ちょうど「大人の本棚」(みすず書房)シリーズで、『夕暮の緑の光——野呂邦暢随筆選』(二〇一〇年)の選と解説を担当するので、これはうれしかった。

　ここでふと、八王子の八日町商店街に、松任谷由実の実家「荒井呉服店」があることを思い出す。同店の均一に『ルージュの伝言』（角川文庫、一九八四年）があったからだが、つい先日、デビューアルバム『ひこうき雲』のマスターテープを、当時の録音スタッフ、演奏メンバーと一緒に聞くという番組を見たばかり、ということもあった。以前、わざわざ見に行ったのが上京してまもなくだから二〇年も前。ちょっと寄ってみよう、と心が動いたのも、いい本がたくさん買えたから。

　八王子北口駅前から放射状に伸びる両翼の西側「ユーロード」は、車止めのある遊歩道。ここで昨年、古本市も開かれた。八日町商店街にぶつかり、少し西側へ行くと「荒井呉服店」がある。あれっ、と思ったのは、以前はこの商店街の頭上をアーケードが覆っていた。それがいまやない。薄暗い印象だったが、晴れ晴れとしてこちらのほうがいい。近くに洋品店、化粧品屋、くつ屋などが並び、ここが八王子一のファッションロードであったことをうかがわせる。

　「ここが松任谷由実生誕の地！」なんて看板があるわけではなく、和服姿の大きな招き猫の人形が置かれている「荒井呉服店」をパチリと撮影し、満足して駅へ戻って行った。

　帰宅してから調べてみると、ユーミンは地元の幼稚園、小学校を卒業し、中高が立教女学院、お茶の水美術学院を経て多摩美とこの実家から通ったのである。生まれたのは一九五四年一月一九日。

　わぁ！　驚いた。この日が松任谷由実の誕生日だったのである。

＊――二〇一二年一月に「そごう・八王子店」は閉店し、「セレオ八王子・北館」となった。「有隣堂」は現在も営業中。「まつおか書房」は八王子市明神町の専門書の三号店が閉店し、その機能を二号店（文中の南側の店）に移している。なお八王子駅北口ユーロードでは年二回、「八王子古本まつり」が開催されている。

グーグルマップで私家版『古本屋地図』を

二〇一〇年四月――東京・練馬区上石神井「せきぶんどう書店」ほか

せきぶんどう書店

まったく困ってしまった。グーグルという検索機能がありますね。くわしい仕組みはわからないが、森羅万象について調べることができる。このグーグルに地図機能がついていて、世界中の地図が、地名を頼りにたちどころに画面に現われるのだ。拡大と縮小も自在、カーソルで移動も可能だから、まあ高性能のUFOに乗っている気分です。

それだけじゃない。地名に条件を加えると、ちゃんと探して表示してくれる。例えば「古本屋」と入れると、その地区にある古本屋がすべて地図上にアルファベット順に表示され、欄外には、その古本屋の住所や電話番号まで出てくるのだ。『全国古本屋地図』や電話帳だけを頼りにしていた時代に比べると、まさに「神の手」と言いたくなる。

この地図検索機能に気づいて（気づくのが遅いが）、試しに自分の住む多摩地区を調べ出したら、これがやめられなくなった。せっかくだからと、各鉄道路線の駅を中心に表示された古本屋を、すべて手帳に地図入りで書き留めることにした。道路だけじゃない。主要な商業施設やコンビニ、なぜか牛丼屋の「松屋」と「マクドナルド」が必ず示されるので、それらも目安として描き込んだ。

それがだんだん地方へと飛び火して、気がついたら、初日には一〇時間ほどかかりっきりになり、途中で尿意を催したのにそれを我慢して作業を続けるハメに。席を立ったら、跡形もなく消えてしまうような気がしたのだ。翌日も翌々日も、そうだな、一週間ぐらいはやっただろうか。北海道から九州、四国、ついには離島まで検索の手が伸びて、手帳はいっぱいになってしまった。おもしろくて仕方がないのだ。

そのうちわかったのは、功罪はあるにせよ、「ブックオフ」が全国いたるところに点在し、そのおかげでようやく検索でひっかかる町がたくさんあるということ。網走にまで「ブックオフ」はある！ 一〇年前に出た『全国古本屋地図――21世紀版』の記載では、まだ漢字の店名（書店、書房、堂などが最後につく）のほうが多かったのが、この一〇年で、「ブックオフ」に代表されるカタカナ店名が優勢になった。

ただこの検索機能は完璧ではない。あるはずの店がなかったり、すでに廃業した店も拾ってしまう。鵜呑みにはできない。また「古本屋」だけの地図を作っていると、頭がどうにかなってしまうのか。景勝地で有名な安芸の「厳島」に「古本農場」を発見したときは興奮し、野菜を作りながら牛を飼い、一緒に古本も売っている人がいるのだと、妄想だけが膨らんで、いかにして訪ねていこうかとワクワクしていた。ところがなんのことはない。これは「古本《ふるもと》」さんの農場で、つまりは人名。オールドブックとは何ら関係ない。どうやら「古本」というだけで検索機能にひっかかってしまうらしい。同じく山のなかの「古本工作所」や港町の「古本治療院」も、わざわざ行っても古本は置いていないので注意。

まあ、そんなこんなで夢中になって作り上げた私家版『古本屋地図』を持って、まずは手近な場所へと選んだのが、西武池袋線「石神井」から西武新宿線「上石神井」まで古本屋に寄りながら歩くコース。直線距離で二・五キロ。くねくね曲がりながら歩いても三キロ強か。「石神井駅」周辺では、「久保書店」「きさらぎ文庫」「草思堂書店」と、一度は行っておきたい店もあった。それに店売りはしていないが「石神井書林」がある。店主の内堀弘さんに挨拶して、石神井の古本屋事情をうかがえれば、と勇んででかけた。

石神井公園駅に降りたのが二月八日。じつは、ちょうど前日に上り線が高架になったばかりだった。各所に係員が待機して、とまどう乗客を誘導している。南口を出てすぐのところに「きさらぎ文庫」がある。店は開いていたが、均一のラックを店内に収納し、探求書がある場合は別にして、フリの客は受け入れていない感じだった。いちおう挨拶してなかへ入れてもらい、少し言葉を交わした。

「草思堂書店」は石神井公園へ続く通りに面した大きな店舗。なかも広い。値札シールが裏のカバーと見返しに二ヵ所貼られ、そこに日付も入っている。すべての商品がデータ管理され、古くなると値が下がるらしい。入って左側の棚が一面「一〇〇円」均一で、けっこう充実している。うれしくなって、佐藤勝『音のない映画館』(立風書房、一九六八年)、寺田博編『時代を創った編集者101』(新書館、二〇〇三年)、新潮社版の吉野源三郎『君たちはどう生きるか』(一九六九年)を拾う。ほか、外国文学の棚で、あまり見ないベンヤミン『モスクワの冬』(晶文社、一九八二年)が一〇〇〇円。こいつをもらっておこう。

同じ通りに「ブックマート」があるが、これはリサイクル店。その先「石神井書林」へ顔を出したが、内堀さんは留守。若い番頭さんから最新の「石神井書林目録」をいただく。ばらばら見ながら、石神井公園へ。二つの池の回りに遊歩道が作られ、散策する年輩の方々も多い。なぜかカメラ(それも一眼レフ)をぶらさげた人が目につく。絵を描いている人も。吉祥寺の井の頭公園と似た感じだが、こちらは若者が圧倒的に少ない。

公園を抜け、じぐざぐに道をとって上石神井まで三〇分強の散歩。上石神井駅では南口の「せきぶんどう書店」へ。バス通りにあるはずが見当たらず、一つ路地を入ったところに移転後の新店舗が見つかった。きれいに整理された本棚を見てまわり、横田順彌・會津信吾『新・日本SFこてん古典』(徳間文庫、一九八八年)を五〇〇円で買う。同じバス通りにあるはずの「ノア書房」はすでになくなっていた。

南口まで戻ると、中央線「西荻窪」駅へ向かうバスがあるとわかった。それも一〇分間隔で出ている。帰りはこいつを使おう。西武池袋線を出発し、新宿線をまたぎ越し、バスで中央線と、グーグルマップのおかげで思いがけない縦断行となった。次はどこへ行こうか。

＊――「せきぶんどう書店」は二〇一〇年に店を閉められた。

志ある店は残ると感じさせた尼崎の一軒

二〇一〇年五月――尼崎市「街の草」「図研」

この連載も、『彷書月刊』休刊に合わせて、カウントダウンが始まった。残った回を大切に使いたいが、そういえば、紹介し残した大事な店がまだまだあるぞ。そう思ったとき、真っ先に名前が浮かんだのが、兵庫県尼崎市武庫川《むこがわ》町にある「街の草」だった。店主の加納成治さんとは『ARE』という雑誌をやっているころ、同人仲間だった。

古書店 街の草

朴訥とした風貌姿勢に芯の強さを感じる人生の先輩で、私は大好き。かつて詩を書いていた。店には戦後の詩集も揃っている。前に店を訪ねたのは、あれはいつのことか。二〇年近く前になるのではないか。毎年のように関西に帰省していながら、すっかりごぶさたで、思い返すとうかつだった。

三月半ば、某誌の仕事で桂米朝師を取材するため大阪へ。その足で、「街の草」へ行くことにした。阪神「大阪駅」から「街の草」に電話して店が開いていることを確認し、「今から行きたいんですが」と言うと、加納さんは気配を察知したらしく、「いいよ。店にいるから。あ、でも取材はあかんで」と釘を刺された。まあ、行けば何とかなるだろう、と電車に乗り込んだ。

阪神電車に乗ること自体が久しぶり。海側は阪神工業地帯が広がり、沿線にはごちゃごちゃと商業施設やビル、住宅が建ち並ぶ。尼崎市は兵庫県になるのだが、雰囲気としては大阪の下町だ（市外局番も〇六）。

「街の草」のある「武庫川駅《むこがわ》」は、武庫川という川の上に架かる橋上駅で全国でも珍しい。護岸整備された土手の上に松並木、川辺に白い鳥が羽を休めている。その風情は大阪にはないもので、やはり阪神間なればこそのおっとりした空間だ。しばし駅の両側を流れる川面を眺め、せいせいしたいい気持ちになって、改札を出るとすぐ、「くすのき」という大衆食堂が見えた。ここで昼食。壁には手書きのメニューがベタベタ貼ってあり、椅子は古い木製。煮魚や卵焼きの入ったおかずのガラスケースは、昔、家族で海水浴に来たときに、昼飯を食べたような食堂だなと懐かしく思う。厨房ではAMラジオをBGMに、おばちゃん二人が関西弁でまくしたてている。これも「味」の一つなのだ。きざんだカマボコ入りの親子丼はうまかった。

線路沿いにだらだら坂を下り、錆びた鉄のアーケードのある暗い市場を抜けると、開店準備をしている加納さんが見えた。店内は両壁に本棚、中央は平台で雑誌などが積み上げられている。そのほか、安売りのマンガや雑誌は路上で販売。それがけっこうな量だ。毎日、これを入れたり出したりは大変だろうと思った。「取材はあかんで」と言われているので、世間話をしながら探りを入れていく。

「あの、武庫川駅、川の上にあって、いいですね」「ええやろ、でも、冬は寒いでぇ」「途中、古本屋さんがありましたね」「うん、『だるま屋』さん。いま、店はやってない。夜、たこ焼売ってるな」「善行堂と逆ですね。善行堂は古本屋の前がたこ焼屋」などと会話を交わす。途中で「あ、これ、取材やろ？」と笑いながら言われたので、こちらも笑ってごまかした。

加納さんの話によると、さっき通り過ぎた市場周辺は、昭和三〇年代には年末になると買い物客が深夜まで途切れないほどにぎわったという。いまや人影まばらな一角になってしまった。それでも、しばらく店にいてわかったのだが、「街の草」の前を通る人は、かならず加納さんに挨拶していく。ぽつぽつ雨が降り出したな、と思っていたら、通りがかったおじさんが、店の前に出してあった「街の草」の段ボールの空き箱を、素早く軒下へ移動させた。「濡れるから、これ、入れといたよ」の声もない。ごく、自然の動作として、そうしたのである。

ああ、なんかいいなあと思いながら、私は本棚を眺めまわしていた。「街の草」が、町の古本屋として、この武庫川にすっかり定着して、一つの顔になっている。洒落ではないが、「街の草」になりきっているように思えた。帳場の脇に本棚二つ分、加納さんが好きな詩集が並んでいた。失礼ながら、この土地柄では、そんなに動くことはないだろう。しかし、そこに「街の草」の矜持というものを感じた。加納さんはもう取材に関しては観念して、「暗いことは書かんといて」と念を押し、「いまは店売りがなかなか厳しいけど、これから反撃するよ」と力強く宣言した。

私は本棚からそっと、ミシュレ『博物誌 虫』（思潮社、一九六九年）八四〇円と、武井武雄『お噺の卵――武井武雄童話集』（講談社文庫、一九七六年）三〇〇円を加納さんに差し出した。後者はふつう、その数倍くらいの古書値がついている。『博物誌 虫』では、加納さんが加納光於＝装幀の黒い函から白い本体を抜き出して値段を確認し、「これ、いい本。ぼくも好きや」と言ってくれた。知り合いだからこうして声に出したが、古本屋で客と店主が、一冊の本を通じて、こうした声なきシンパシィのやりとりが無数にあるのだろうと思えた。私も、「街の草」で「いい本」を二冊も買えてうれしかった。帰りは尼崎駅で下車。駅からすぐの「図研」へ寄っていく。絵はがきを始め、紙ものの品揃えでは全国で知られ、同好の士（生田誠さん）より「岡崎さん、一度、図研へ行かなきゃ」と言われて続けてきたのだ。なるほど店は小さいが、各棚にびっしりと紙ものが詰まっている。「加美巧図」という目録を出していたご主人は数年前に逝去。水泳の指導員を辞めて息子さんが後を継がれた。まったくの畑違いだが、家族総出で商品整理をしている姿はすでに紙に染まっているように見えた。

何か記念にと、中村錦之助（のちの萬屋）物語をマンガにした『ぼくらの錦ちゃん』（鶴書房、一九五五年）を二〇〇〇円で買う。いまは、古本屋にとって厳しい環境だが、志ある店は残る。そう信じさせられる尼崎の二軒だった。

『Sampo magazine』で知った大阪の新顔

二〇一〇年六月――大阪市中央区「花月書房」

まさか、大阪の天満橋近くに古本屋ができるとは、思いもよらないことだった。古本屋があるような場所ではないし、過去にあったという記憶もない。京阪「天満橋」もしくは地下鉄谷町線の「天満橋」駅を降りて地上へ出るとわかるが、目の前にOMMビルが聳え、天満橋の下を大川（旧淀川）が流れ、南東の方角には大阪城が聳えている。スケールの大きいエリアだ。

花月書房

交差点東側には大阪府庁、国税局、税務署などが集まる昔ながらの官庁街。病院や学校も隣接するこの町を「大手前」と呼ぶ。東京でいえば「大手町」か。もちろん、とびきりの一等地。ところが、そんな町で古本屋を始めた人がいる。それが今回ご紹介する「花月書房《かげつ》」。二〇〇九年五月にオープンというから、すでに一周年を迎えている。

本屋さんの紹介の前に、なぜこの店を知ったかという話から。二〇〇八年に創刊された『Sanpo magazine 関西・大散歩通信』は、年二回刊行の喫茶店とジャズと古本と散歩をテーマとした雑誌。植草甚一の趣味をそのまま踏襲したような内容で、豊中市在住の西川由季子さんが、発行・編集人として独力で出している。判型もページ数も『彷書月刊』とほぼ同じ。第四号(二〇一〇年春号)だけが、一二六と増ページに。「編集後記」によると、これはどうやら予期せぬことだったらしい。西川さんは編集に関しては素人で、三号の本文レイアウトを担当してもらったデザイナーから「台割り」を教わっていながら、今回、盛り込みすぎて、「ページ数を書き出してみると、大幅増ページになっているではないですか」と他人事のように書いている。

まあ、そんな素人っぽい、やみくもなエネルギーがこの雑誌の魅力かもしれない。世はフリーペーパー、電子書籍と、本の世界も無料化と電脳化が進むなか、個人がどうしても作りたい世界を、紙のミニコミに反映させて、身銭を切ってまで(どう考えても赤字)出そうという心意気がうれしいじゃないか。

しかもわが相棒の山本善行が、「古本ソムリエと行く奈良古本修行散歩」なる連載を始め、創刊号から顧問格となってこの雑誌を支えている。南陀楼綾繁さんも巻頭で古本者の作家・田中啓文さんにインタビュー。小さなコラムまで含めて、なかなかの充実ぶり。

第四号で驚いたのは「特集2 京阪神・古本ニューフェイス」という記事。パート1には、この一年から一年半ぐらいの間に誕生した新店舗を紹介しているが、古本ライターを名乗る私にして、ただの一軒も知らなかった。これはけっこうショックでした。「花月書房」はこの記事で知ったのだ。西川さんによる店主へのインタビューとレポートも借りながら、紹介したい。

京阪でも地下鉄でも、とりあえず「天満橋」（環状線「天満」とは別）を地上にあがるとお城を背にする格好で、土佐堀通りを西へ、つまり天神橋のほうへ川を右手に見て歩く。シティモールが尽きるころ、南側の舗道脇に「八軒家《はちけんや》船着場の跡」という碑が立つ。上方落語の名作「三十石《さんじゅっこく》」に登場する三十石船の発着場で、電車が走る前はみな、京の伏見から船で淀川を下り、陸に上がった。

この碑をすぎてすぐ左に曲がると緩やかに上る坂があり、その左手、モダンなビルの一階に「花月書房」がある。未知の土地でも、古本屋のある場所に関して鼻が利く私だが、このロケーションは予想外だった。車が行き交う土佐堀通りから一本路地を入っただけで、喧噪とは無縁のこんな静かな場所があるなんて。立ち尽くす目の前を、数人の客が出入りし、すでにこの町になじんでいると感じさせた。

これは西川さんも同じようなことを書いている。

どうれ、とまずは均一にとりつくと、文庫は五〇円の箱がある。白いカバーの春陽文庫が目に止まり、長谷川公之『警視庁物語――魔の伝言板』（一九七七年）と樫原一郎『ニッポン警視庁』（一九六四年）の二冊を、まずは挨拶がわりに拾い出す。そして店内へ。西川さんはこんなふうにリポートしている。

「『うちは、これといって特徴のない昔ながらの本屋だと思います』と店主の高橋さんは言う。『自然に集まってきた、僕の好きな分野の本』は、歴史、文学、演芸・芸能、工芸を中心に多岐にわたり、図録も多く、大阪本、京都本なども充実している。奥の棚には漫画がずらりと並び、古い本には丁寧にハトロン紙がかけられている」。

私も「演芸・芸能」本の充実は気づき、すぐにかじりついた。なるほど、それで店名は「花月」か。そして雑誌の棚に、長年探していた『上方芸能』のバックナンバー「香川登枝緒追悼号」（『上方芸能』編集部、一九九四年一一月号)を見つけた。これが三〇〇円。つい昨日、朝日放送で桂米朝師に取材したとき、かつて香川登枝緒の追悼文を掲載した『ARE』を米朝師に送り、礼状を戴いたことを話したばかりだ。

うれしい一冊をしっかり抱えて、なおも本棚を巡ると、詩集もけっこう揃っている。ねじめ正一『これからのねじめ民芸店ヒント』(書肆山田、一九八三年)三〇〇円を買っておく。店内の文庫の棚も充実していて、肌色背の中公文庫、宮尾しげを『旅に拾った話』(一九九〇年)が一五〇円。良い品を買いやすい値段で……これが大阪商人の基本ですがな。

勘定の際に少し店主と言葉を交わしたが、年齢は三〇代ぐらい、色白メガネの男性があやつる大阪弁は、古い商家で使われたような、艶とまろやかさを感じさせる。一種音楽的な、と言ってもいい。乾物問屋の若旦那と喋っているような気がしてきた。そのほか、『Sanpo magazine』で知った新顔で、心惹かれたのが三国の「古書冨高」。今年三〇になったばかりの若者が、ネット販売ではなく町に古本屋をと始めた店らしい。がんばれと、ぜひとも応援したくなるじゃないか。

*——その後、「古書冨高」は店を閉められたようだ。

野呂邦暢を訪ねて諫早へ

二〇一〇年七月——諫早市「スバル書店」

「わが家は川沿いの町にある。大川に流れこむ水のほとりである。

町には運河とも掘割ともつかない大小の支流が入り乱れているので、暇にまかせて町を散歩する私の足もとにはいつも微かながら水の音がつきまとうことになる」(『川沿いの町で』)。

スバル書店

野呂邦暢文学愛好者にとっては、おなじみの故郷・諫早の風景である。野呂は昭和一二年に長崎市で生まれ、父の召集により諫早へ移り、そこで長崎原爆を遠望する。以後、少し出入りはあるが、ほぼこの地に腰を落ち着け、『草のつるぎ』で芥川賞を受賞してからも諫早の作家として活躍した。四二歳で亡くなったのが昭和五五年五月七日。今年は歿後三〇年にあたる。

この命日に合わせ発行を目指して作られたのが、野呂邦暢随筆選『夕暮の緑の光』（みすず書房、二〇一〇年）。私が選と解説を担当した。詩人の魂と画家の視力を併せ持つ、端正な文体の作家を長年愛読してきた。随筆選を編むにあたって、ぜひとも読書や古本に関する文章をたくさん入れたいと心掛け、とくに大森山王にあった「山王書房」について書いた「古書店主」「S書房主人」はなにがなんでも押し込もうと思っていた。

山王書房・関口良雄が遺した随筆集『昔日の客』というタイトルは、かつて東京在住時に同店の客だった野呂が、芥川賞受賞後に再訪し、自著『海辺の広い庭』（文藝春秋、一九七三年）を贈呈した際、見返しに書いた「昔日の客より感謝をもって」の識語に由来する。古書店と客の関係を示すとき、まず第一に挙げられるべきエピソードだろう。

『夕暮の緑の光』を編むために、野呂の随筆を何度も読み返し、あれを入れよう、これも入れたいと煩悶するのは仕事を忘れて楽しい時間だった。同時に、野呂が慈しむように折りに触れて描く「わが町」諫早への思いが募って来た。何とかして、諫早へ行きたいなあと、仕事が手を離れた後でも西の空を見るたびに思っていたのだ。

すると、強い念が通じたのか、歿後三〇年と、『夕暮の緑の光』発刊と、野呂の傑作『諫早菖蒲日記』復刊（梓書院、二〇一〇年）を記念して、野呂を偲ぶ「菖蒲忌」と出版記念の会に呼んでいただけることになった。山に向って「ヤッホー！」と叫びたくなるうれしさだった。かくして、さる五月二九日、野呂を世に出し励まし続けた文藝春秋の元編集者・豊田健次さんと一緒に、長崎空港行きの機中の人となった。

「諫早は三つの半島のつけ根にあたり、三つの海に接している。それぞれ性格を異にする三つの海に囲まれた小さな地峡部の城下町である」と野呂は書いている。たしかに地図を見ると、海に流れ出たような三つの半島を諫早がつなぎ止めている格好だ。長崎空港は、湾というより湖のような閉じられた大村湾にぽっかり浮かぶ小島にあった。

空港には、野呂文学を顕彰する『諫早通信』編集長の西村房子さん、みすず書房の宮脇眞子さん、それに晩年の野呂と親しく接した山下画廊の山下秀人さんが出迎えてくれた。山下さんの運転で、野呂の墓に御参りし、諫早市中を野呂の歩いた跡を訪ねて散策した。眼鏡橋と高城跡のある公園、母校の諫早高校の周囲を巡る水路、諫早図書館、島鉄本諫早駅の近くにはかつて野呂がよく通った古本屋「文紀書房」があった。どの地にも野呂文学の記憶が濃く影を落としている。生前の野呂をよく知る豊田健次さん、西村、山下両氏の思い出話が随所で挟み込まれ、願ってもない贅沢な野呂文学案内だった。

ただ時間がたつにつれて焦ってきた。このままでは古本屋に一軒も寄れずに終わってしまいそうだ。事前の調査では、諫早駅前に「ひまわり書店」、東諫早駅近くに「スバル書店」があるはずだった。ただし、「ひまわり書店」は、私が訪れる少し前に店売りを止められたと、九州の古本屋さんから聞かされていた。野呂文学案内の移動する車中で、何度か「そういえば、ひまわり書店さんが」とか「スバル書店という古本屋さんが」と話を振ってみたが、反応は芳しくない。そりゃそうだ。あくまで「菖蒲忌」と「出版記念会」で登壇し話をさせてもらうためにやってきたのだ。古本屋巡りはオプションに入っていない。

結局、翌日役目を終えて、諫早駅から長崎行きの電車に乗り込む前、シャッターを閉めた「ひまわり書店」を眺めただけで、諫早古本体験は終わる……はずだった。ところが古本の神はいた。長崎で知り合った「太郎舎」平坂桂太さんが、長崎空港へ送りがてら東長崎「ブックオフ」と「スバル書店」へ案内しましょうと車を走らせてくれたのだ。

長崎のことは次回で書くとして、飛行機の出発時間を睨みながらの強行軍で、なんとか「スバル書店」に顔出しが出来た。画家の夫婦が始められたという同店は、幹線道路沿いにコンテナを積み上げ、増築を重ねて作り上げたユニークな店舗。一階はマンガからCDやゲームソフトも並べる、リサイクル書店ふう。攻める本陣は二階にあり。挨拶そこそこに、普段はカバンを置いて上がる無人のフロアへ、きしむ木の階段を踏んで潜入する。小型「万歩書店」を思わすような、混沌とした棚に古い本が散見できる。カッと目を見開き、粟津潔『デザインの発見』（三一書房、一九七二年四刷）函入りを五〇〇円でつかみ出すと、レジへ駆け込んだ。

私が時間を睨みつつ二階で奮戦している間、太郎舎さんが私のことをスバルさん（奥様のほう）に説明してくれていたらしく、「それじゃあ、少しオマケしないと」と、お釣りを余計に返してくれた。私はそれを一〇〇円玉一つだと思ったのだが、ドアを開けつつ手を開くと一〇〇円玉が二つ入っていた。負け過ぎですよ、スバルさん。でもうれしいけど。

*——「スバル書店」はネット販売に移行された。店頭ではギターなどの楽器のみ販売されているという。

長崎で裏「花会」に参加

二〇一〇年八月——長崎篇［上］

裏「花会」会場

前回、五月末に野呂邦暢「菖蒲忌」に合わせて、諫早を旅したことを書いた。今回はその続き。せっかくだから、と自分だけ日程を一日延ばして、長崎を歩くことにした。長崎では、古本屋探訪とともに、西坂公園にある舟越保武作「日本二十六聖人記念碑」をぜひ拝みたい。時間があれば、遠藤周作『沈黙』文学散歩もしたかった。

そんなことをブログに書いたら、そのことを聞きつけた唐津の「古書 西海洞」増本孝さんが、九州の古本屋さん有志を募り、ぼくの歓迎会を長崎で開いてくれる、ということになった。ありがたい話だ。五月三〇日午後、「諫早」駅から長崎本線に乗り込む。長崎へは大村湾を臨む長与経由の旧線と、山の中を突っ切る市布経由の新線がある。後者のほうが早く着くのだが、せっかくだから海沿いを行きたい。

静かな入江に、波間だけが午後の光を浴びてキラキラ光る大村湾を眺めながら、ゴトゴトと小一時間ほどローカル線に揺られて長崎入りした。駅前から西海洞さんに電話すると、すでにみなさん集まっているとのこと。駅までは大正堂書店の三代目・鹿島史徳さんが迎えに来てくれた。一〇店舗の古本屋さんが、今夜、同じ宿で一泊し、私のために「花会」（古書交換会）を開いてくれるのだ。

宿は風頭山にある「矢太楼」。修学旅行生も泊まる大きなホテルだが、遠藤周作が長崎での常宿として使っていた。『沈黙』の構想はここで練られたのだ。宿に着くと、一部屋を借りて、さっそく「花会」が開かれることに。ここにお集まりくださったのは、前出の大正堂さん（長崎）、西海洞さん（唐津）、叢林館さん（高千穂）、あ〜る書房さん（諫早）、つばめ文庫さん（鹿児島）、あい書林さん（福岡）、徘徊堂さん（福岡）、槐樹苑さん（飯塚）、太郎舎さん（長崎）、舒文堂河島書店さん（熊本）という面々。あい書林さんは家族で、徘徊堂さんはご夫婦での参加だから、一〇名を超える大所帯だ。私はどの方とも初対面だが、古本屋さんというだけで近しい感じ。ＩＴ関連の集まりや、理化学研究所の人達となら、こうはいかない。

窓辺のテーブルには、『夕暮の緑の光――野呂邦暢随筆選』を中心に、『草のつるぎ』（文藝春秋、一九七四年）の野呂の口絵写真が開かれて、その脇には関口良雄『昔日の客』がさりげなく置かれている。野呂の「菖蒲忌」のために長崎入りした私を歓迎するための、心にくい演出だ。この心遣いは、宿を後にするまで有形無形にずっと感じられた。心遣いの人、西海洞の増本さんは、太郎舎さんやあ〜るさんから「木下くん」と呼ばれていたが、これは、増本さんがかつて唐津の古書店「木下書店」の店員だったから。唐津へ行ったとき、『全国古本屋地図』を持参していなかったので、木下書店へは寄れなかったのだ。寄っていれば、すでに増本さんとも面識ができていたかもしれない。

とにかく、九州の古本屋さんたちは、みなさん気持ちのいい人ばかりだった。このなかでは、つばめ文庫さんがつい最近オープンしたばかりと初々しい。旅をテーマに本や資料を集めているとか。熊本の「河島」さんは当代四代目のご子息で、和製クリスティアーノ・ロナウドともいうべき二枚目。ご夫婦で経営する「あい書林」「徘徊堂」も含め九州に若き息吹が台頭していることを感じさせた。本当はオフレコの「花会」は、主催者の西海洞さんが中心に荷を各店が持ち込み、輪になって入札するという試み。最後は「椀伏せ」という古風な入札まで体験できた。

文庫から紙もの、雑誌、筋のいい文芸書、付録マンガ、それに古いトランクやゲーム盤とバラエティに富んだ品揃えで、次に何が出てくるかまったくわからない。興奮のるつぼだ。サンリオSF文庫が一束、新潮社の洲之内徹著作一式、それに野呂邦暢の識語入りサイン本が四、五冊出たか。これらが驚くほどの安値で落札されていく。私もどうにか、四、五点落とすことができた。最初に、ちくま、中公、講談社学術など売れ筋の文庫が大量に出たのだが、徘徊堂の奥さん（美人）が、ためらいなく落としていたのが目立った。あとで聞くと、彼女はかつて東京・吉祥寺「古本センター」でアルバイトをしていて、「岡崎さんが本を買われたとき、私がレジにいたんです」と言われビックリ。「つばめ文庫」の買いっぷりにも勢いを感じた。

私は付録マンガやマッチラベルなど、駄菓子系を中心に買ったのだが、瞠目したのは、香川登志緒の『スチャラカ論語――エロんな楽しさがいっぱい』（有紀書房、一九六六年）という新書。こんな本、見たことも聞いたこともない。二〇冊ほどの雑本のなかに混じった一冊だったが、思わず「ワア！」と声を挙げ、「悪いけど、この一冊だけはぼくがもらう」と、この一冊のみ「五〇〇円！」とひと声で奪い去ってしまった。これにはみなさん、苦笑されていた。「論語」を枕に、上方芸人のエロ話を紹介したのがこの本で、あとで調べたが、どの古本サイトにもまったく引っかからなかった。香川登志緒研究家としては垂涎の一冊だ。これだけで長崎入りした甲斐があった。

最後に私も一点だけ、『sumus 丸ごと一冊晶文社特集』を落札した人に似顔絵サインを入れる特典つきで出品したのだが、これはなんと「つばめ文庫」さんが五〇〇〇円という高値で落札してくれた。聞くと、私の本を読んで、脱サラして古本屋を始めたという。うれしいような申しわけないような話だ。

そのほか、五〇年代っぽい女性のイラストの入った丸いホーロー看板など、業者になった気分を満喫しつつ「花会」が終了。あとは浴衣に着替えての宴会となったのだが、この日全員の宿泊代、宴会代、宅急便代まで含め、すべてこの「花会」の上がりでまかなったという。プロデューサーの西海洞さんによる采配による成果で、これにはうなった。あまりの優遇と手厚いもてなしに、なんだか過酷な東京へ帰るのがイヤになったよ。(続く)

長崎は今日も古本だった

二〇一〇年九月——長崎篇［下］「大正堂書店」ほか

大正堂書店

五月末の長崎行きの続き。西海洞・増本さんのお招きで、九州の古本屋さんたちと楽しい一夜を過ごした翌日のこと。飛行機の時間まで長崎市内の古本屋巡りだ。

長崎の町を動くのには市電がいい。主要観光地も、だいたい一〇〇年近く続くこの市民の足で回れる。しかも運賃は一二〇円。昨年まで長らく一〇〇円だったという。立山という町にある長崎歴史博物館で、龍馬と上野彦馬の展示を見て、長崎愛を少し充電。裏路地をするする抜けて、中島川と並行する長崎電気軌道が走る大通りまで出てきた。せっかくだから眼鏡橋を拝んで、「大正堂書店」のある鍛冶屋町を目指そう。公会堂前の電停を通り過ぎると、「昭和」という看板があり、ガラス窓に大きく吉田拓郎のポスターが貼ってある。

私にとって、若き日の〝神〟だった拓郎に釣られてなかへ入ると、ここはフォーク喫茶だった。「今はまだ人生を語らず」をリクエストして、コーヒーを飲みながら、しばらく店のマスターとフォーク談義。「やあ、やっぱり拓郎はよかですよ。今でも昔と変わりませんもんね」などと、「ぶっくす丈」さんに似たマスターが話す。まだ若き日の拓郎が、生ギター一本で長崎入りし、コンサートを開いたときも、もちろん駆けつけたそうだ。拓郎ファン同士による思いがけない時間だった。

「昭和」からすぐ「眼鏡橋」への表示があり、川まで出る。眼鏡橋は思ったより小さな石組の橋だ。整備された川沿いの道をたどり、まずは「銀河書房」へ。長崎銀行の脇を入り、少し進むと白いファッションビルの二階にあった。メガネ、ヒゲのインテリ風の男性がレジでパソコンと格闘している。壁は一面の本棚。中央に背中合わせ二列に本が並ぶ。レジに近いほうの棚には郷土史、ぐるり回って、右の壁にはぎっしり文庫が並んでいた。

文庫の棚から、めったに見ない三島由紀夫『純白の夜』(角川文庫、一九五六年)一〇〇円、それに長崎を舞台にした井上光晴『丸山蘭水楼の遊女たち』(朝日文庫、一九九一年)四〇〇円を買う。後者がどんな本かわかっていたが、店主と話したくて、「これ(『丸山蘭水楼』)、長崎を舞台にした小説ですよね」と聞いた。店主は、「ああ、そうですね」とだけ答えた。これで充分。声が聞ければそれでいいのだ。

続いて、そこから五分ほど歩いた鍛冶屋町の「大正堂書店」へ。昔ながらの商店街らしく、大正堂さんの向かいが仏具店と楽器店。楽器といっても三味線、琴、太鼓の類を売る店だ。大正堂さんに入ると右の通路の壁ぎわは、長崎郷土史、それに切支丹関係の書籍に圧倒される。反対側の文芸書の棚には、ついぞ見たことがないほどの遠藤周作の著作がずらり揃う。さすがである。

気配で察せられたのか、帳場のご主人が、「東京から来られた岡崎さんですか」と声をかけられた。昨日、子息の史徳さんに駅まで車で迎えに来てもらったとき、「明日うかがいます」と言ったので、伝わっていたようだ。

ご主人によると、遠藤周作は長崎に来るたびに、よく大正堂を訪れたそうだ。遠藤には、「沈黙」を始め、一連の切支丹ものがあるが、執筆のための資料の多くは、おそらくこの店で購ったものだろう。「息子さんを連れて、参られたこともありました」と言う。ちょうど史徳さんが戻ってきたので挨拶をし、未所持だった寺島珠雄『断崖のある風景――小野十三郎ノート』（プレイガイドジャーナル社、一九八〇年）一二〇〇円を買わせてもらう。

長崎では「文録堂」が大正堂と並ぶ老舗で、浜町の商店街では最初のコンクリート建築だったが、いまはない（通販に移行）。

このあと市電を使って、長崎大学近くの「太郎舎」さんを訪ねた。「太郎舎」平坂桂太さんは、昨夜の「花会」で振り手をされた方。こちらは訪問すると告げていなかったので、店へ入ると驚かれたようだ。店は通路まで本が積まれ、混沌としている。一緒に荷造りの作業をされていた夫人に声をかけ、「ウチは狭いから」と言って近くの喫茶店で話を聞かせてもらうことになった。

平坂さんは異色の経歴の持ち主だった。昭和二九年生まれで佐賀の出身。二四のとき、ブラジルに渡り農業をした。奥さんともブラジルで知り合ったという。帰国後、働き口を探していると、俳句仲間だった佐賀市・坂田賛化堂書店さんから、うちを手伝わないかと声をかけられた。思いがけず古本屋の店員となり、今の「太郎舎」から少し離れた場所に、坂田賛化堂の支店ができて、お店をまかされることに。昭和五七年七月、三〇〇名の死者を出した長崎大水害で店が水に浸かり、これを機に移転。独立して「太郎舎」をオープンさせた。店名は長男の名前にちなむ。

野呂邦暢は少なくとも二度、この店を訪れている。一度目はバイトの店員が応対。二度目は平坂さんが店にいた。「ど～ね？」と声をかけながら入ってきた。「商売のほうはうまく行っているか」という意味らしい。少し話をすると「本を整理したい」ともちかけられた。「それはもう喜んで」と連絡を待っていたが、一週間ほどして野呂の訃報が入った。

「野呂さんは、店に置いてある自著にも気軽にサインをしてくれる人でした。だから、長崎にはけっこう野呂さんのサイン本はあるんです」と平坂さん。

諫早の回にも書いたが、この日、平坂さんには、店を放っぽらかして、車で西坂の「日本二十六聖人記念碑」、それに諫早の「スバル書店」をガイドしてもらい、最後は長崎空港まで送っていただいた。「殉教碑」に見とれていると、平坂さんが「この碑（のポイント）は足ですよ」と言う。宙に浮く足は「昇天」を表わしているのだ。「たびの足はだしの足の垂れて冷ゆる」（下村ひろし）の句碑が園内にある。前夜の花会での歓迎ぶりといい、長崎はいい思い出だけ作りに立ち寄ったような旅となった。

*——「銀河書房」「太郎舎」各店は店売りをやめ、通販専門に。

最終回まで均一小僧

二〇一〇年一〇月——東京・三河島「稲垣書店」、日暮里「信天翁」

稲垣書店

『彷書月刊』でこの連載が始まったのが、一九九八年一一月号。ということは、最初の原稿を書いたのが前年の一一月末だ。編集執筆をした『ニッポン文庫大全』（ダイヤモンド社、一九九七年）がちょうど出たころ。その余勢で、最初の著作『文庫本雑学ノート』が同社から、一九九八年九月に出る。駆けだしのライターに最初の連載をもたせてくれたのが、この『彷書月刊』だった。坪内祐三さんの進言によるものだと聞いている。

以来一二年続いた、最初にして最長の連載が今回で終わる。最後を飾るにふさわしい取材をしようと、「気まぐれ」ではなく、熟慮した結果、東京都荒川区にある「稲垣書店」にしようと決めた。私がこの世界に入り、編集者として初めて取材した古書店が、じつは「稲垣書店」さんだった。

話は遡って約三〇数年前、高校時代の友人が東京の大学に通っていた。下宿が荒川区の町屋にあり、東京へ遊びに行くときは、ここを根城とした。まだ東京の西も東もわからないころ、見るもの聞くもの珍しかったが、チューハイなるものを初めて飲んだのも町屋だ。

友人も古本好きで、駅前の小さな古本屋(いま考えたら「松林堂荒川書房」だ)へも寄ったし、散歩がてらと称して遠征もした。「三河島の近くにいい古本屋があるぞ」と言うので、くねくねと裏道を歩きながらたどり着いたのが「稲垣書店」だった。下町の古本屋に珍しくエロ本がなく、映画書と文芸書の揃った優良店であることはすぐわかった。たしか、文庫の棚から小学館漫画文庫の石森章太郎『ジュン――章太郎のファンタジーワールド』(一九八二年)を、二〇〇円ぐらいで買った覚えがある。そのとき、帳場に座っていたのが、たぶん中山信行さんなのだ。東京へ出てくることも、古本について文章を書いていくことも、想像すらしなかったころの話だ。

その後、一九九〇年春に上京して、小さな雑誌社にもぐりこむ。『十人十色』という雑誌の編集に関わり、いくつものページをまかされる。そのなかに、さまざまな店を紹介するコーナーがあり、古本屋を取材したい、と決めたとき、思い出したのが「稲垣書店」さんだった。取材を快諾され、喜び勇んで常磐線「三河島」駅で降りた。それが一九九一年のこと。今回、稲垣書店を再訪するのはそれ以来ということになる。

稲垣書店店主・中山信行さんについては、『彷書月刊』読者には説明不要だろう。一九九三年一月号より六年間、中山信如の筆名で「ぼくのシネブック漫歩」を連載、のちに『古本屋「シネブック」漫歩』(一九九九年)としてワイズ出版から刊行された。映画書・資料専門店として、全国にその名を知られる店である。

二〇年ぶりに降りた高架の三河島駅も、茶色い幌と木造の店構えの稲垣書店も、印象はまったく変わらない。そのことに安心した。中山さんは二〇〇一年に大病され、二年の休養を経て復帰。二〇年ぶりに見た店内は、映画関係の書籍と雑誌がびっしり棚を埋めている。文庫が一棚、演芸や古本に関する本も一部置いてあるが、九割は「映画」と見えた。これは二〇年前に取材したときより、過激になっていた。

「稲垣書店」は、昭和二六年に中山さんの叔母である稲垣梅野さんが、三河島に開店させた。珍しく女手一人できりもりする店で、下町の古本屋に必需のエロを置かなかった。それでも充分やって行けるくらい、昔の古本屋は本がよく売れた。甥っ子の中山さんは早稲田大学を中退後、雑誌編集者、新刊書店店員を経て七八年から「稲垣書店」を手伝うことになる。「もともと、大衆小説や芸能、趣味本と呼ばれるような本があった店だけど、これだけ映画に特化させたのはぼくの代から」と中山さんは言う。

古本の師匠は、あの「鶉屋書店」さんだそうで、鶉屋店主の飯田淳次さんが病気で倒れ、店を閉めることになったときも、在庫整理をまかされた。「鶉屋の手伝いから、古本屋人生がスタートしたんだよ」。古本屋は基本的に個人商店だが、こうして新旧がバトンタッチして、後世に本という文化遺産を受け渡す、長いマラソンのようだと話を聞いていて思った。

「稲垣書店」には、町の古本屋さんには珍しい、入口中央にショーウィンドウがあり、中山さんごひいきの加藤泰の生原稿始め、寺山修司の稀少な単行本などが飾られてある。ここに中山さんの矜持が感じられる。その矜持を裏切るように、私は一〇〇円均一の箱から三冊、亀和田武『ホンコンフラワーの博物誌』（本の雑誌社、一九八七年）、久保田二郎『最後の二十五セントまで』（冬樹社、一九八〇年）、裸本だが獅子文六『新劇と私』（新潮社、一九五六年）を抜き出した。中山さんは、まったく、しょうがねえなあといった苦笑いを浮かべながら、白い袋に入れてくれた。結局、最後の最後まで私は、成長することなく均一小僧だった。

店を出るとき、「岡崎さん、日暮里にできた新しい古本屋、知ってる？　信天翁《あほうどり》っていうんだけどさ。大学の後輩が始めた店なんで、行ってあげて」と言われた。「信天翁」のことなら、もちろん知っている。二組の夫婦で経営していた古本屋、千駄木「古書ほうろう」から発展的に分かれた山崎・神原のカップルが、今年六月にオープンさせた店。三河島から日暮里までは常磐線で駅一つだが、せっかくだから駅近くから出ているバスに揺られていくことにした。日暮里駅まではすぐ、「夕焼けだんだん」と名づけられた坂の上、ビルの二階に「古書 信天翁」はあった。

店内は広くゆったりしていて、写真集、デザイン・美術書から文芸、マンガまで幅広く取り揃えていて、ガラス窓から入る明るい光とともに居心地のいい店だ。記念に『プチファーブル・熊田千佳慕展』（朝日新聞社、二〇〇九年）カタログを一五〇〇円、キャロリン・キャサディ、渡辺洋＝訳『ハートビート――ビート・ジェネレーションの愛と青春』（新宿書房、一九九〇年）を五〇〇円で買わせてもらった。

下町の古本屋の新旧を巡って、この連載を終える。しかし、古本屋巡りの旅はまだこれからも続く。

秋とくれば温泉に古本だ

二〇一〇年一一月――東京・蒲田「一方堂書林」

一方堂書林

このたび『彷書月刊』の休刊にともない、『日本古書通信』へ越してまいりました。中身はあいかわらずですが、引き続き東京中心に日本全国の古本屋を探訪し、紹介に努めたいと思っております。

それにしても今年の夏は暑かった。しつこい暑さにちょっと音を上げました。それでも夕暮れには秋の風を感じ、虫すだく音も大きく、過ごしやすくなると、あったかいお風呂が恋しくなる季節。東京は意外な温泉王国で、銭湯ながら地下から沸いた温泉、鉱泉をそのまま使っているところがけっこうある。古本屋巡りと、こいつをからめてみたらどうかと、古本者の秋が動き出す。

東京で「古本と温泉」とくれば、まず指折るのは蒲田でしょう。京急「蒲田」と「雑色《ぞうしき》」駅のあいだぐらいに「蒲田温泉」という銭湯がある。そのほか、西蒲田には「辰巳天然温泉」と「池上温泉」、池上駅の近くには「久松温泉」、ここは食塩泉。ほかはたいてい、海藻エキスを含んだ黒褐色の「黒湯」らしい。

最初は「蒲田温泉」で締め、と考えたが、せっかくだからひさしぶりに東急池上線に乗ってみたい。「池上」周辺を散策してみるか。少し足を延ばせば多摩川線「武蔵新田」駅前に「つぼ書店」という古本屋があり、そこから歩いてすぐのところに「新田温泉」を発見。ここも銭湯ながら黒湯の温泉だ。

午前中に銀座で一本取材を終え、有楽町から山手線へ乗り継ぎ蒲田へ。蒲田の駅も、駅ビルの工事も終わり、すっかりきれいになってしまった。一九七三年版『古書店地図帖』(図書新聞社)を見ると、約四〇年前には、蒲田駅周辺に、東には「三誠堂」「沢田書店」「文鳥堂書店」「明石堂」「ともしび堂」「雑色書店」、西には「一方堂書林」「谷野書店」の名が見える。いまでも残るのは、「一方堂」だけ。四〇年前に、蒲田の古本屋さんぽがしたかった。おお、同じ大田区のページには、あの「山王書房」の名が!

東口へ出て、まっすぐ東蒲田のほうへ。二股に分かれた角に「ブックオフ」がある。肩ならしにちょっと寄り、文庫を数冊釣り上げた。二股の道を右のほうへ行くと「復活書房」。チェーンのリサイクル店らしく期待はできないが、それでも文庫の量はなかなかのもの。単行本も文庫も一〇〇円プライスが多く、本の背に値段のシールが表示してあるのですぐわかる。野村麻里編『作家の別腹――文豪の愛した東京・あの味』（光文社知恵の森文庫、二〇〇七年）を一〇〇円で買ったのだが、レジでお金を渡すと、文庫本体に「五〇円割引」の券を挟んでくれた。一〇〇円の買い物に「五〇円割引」とは！

その先の交差点から、アーケードの商店街が伸びる、少し歩くと路地に「松島書店」があったが、ここはエロ専門。入口にビニールの幕が下ろしてあり、くぐると鈴が鳴る。コンビニでいえば、自動ドアのチャイム代わりだ。なんでもないことだけど、こういうアイデア、おもしろいですねえ。

このほか、西口には京急蒲田駅前に「明石堂」があるが、先を急ぐので今回はパス。いったん駅へ引き返し、今度は東口へ。こちらは地方の小都市の駅前ふう。微妙に歩いている人の様子も違うみたいです。ネクタイ姿が西口より少ない気がする。アーケード内の「南天堂書店」は踏破済み。右手に斜めに伸びた道の左手にある「一方堂書林」を訪ねよう。うなぎの寝床式のいかにも古そうな店舗で、入口には柔らかい雑誌とマンガ。足を踏み入れた両壁には、天井までびっしり、ゆかしい匂いを発した本たちが出番を辛抱強く待っている。奥の帳場には白髪の上品そうなおばあさん。半世紀は時間が停まったままのような店舗だ。

帳場の頭上にある階段から、もう一人のおばあさんが降りてきて、声をかけて外へ。そこで振り向いて、「この荷物、お兄さんの？　危ないわよ、こんなとこ置いてると。持ってかれちゃうわよ」と私に言った。どうもお二人は姉妹か、親戚の間柄らしい。帳場の女主人とコトバを少し交わした。

なんでもこの「一方堂」、父親が戦前に始めた店で、戦災に遭った後、バラックのような状態で再開。父親の死で、現店主である娘さんが引き継いだ。

「でも、もう（市での）仕入れはしないの。店にある在庫を売っていくだけ。バタバタしてもしょうがないしね。でも、本屋をやると本が読めない。それがイヤね。わたし、生まれ変わったら、ぜったい買う側に回りたい」。

歯切れのいい東京ことばが気持ちいい。「東京の本屋さん、回ってらっしゃるの?」と これは私への質問。「はい、あちこちと」「そういいわねえ」と会話は続いたが、けっきょく買わずに店を出た。申しわけないことです。しかし、この「一方堂」のような店は貴重です。跡継ぎはいらっしゃらないみたいなので、蒲田へ行った際はぜひ。

蒲田からこのあと池上線に乗ったが、ずいぶん人が多い。あとで知ったが、この日、本門寺で「お会式《えしき》」があるのだ。一二月一三日が日蓮上人の命日で、十二日の夜、万灯の練り行列が行なわれる。道理で、駅前もすごい人出だ。「古本」とつかない祭りはすべてパスしたい私としては、古本屋参拝を終えたら、さっさと退散すると決める。

駅前の商店街を左へ、すぐのところに「書林・大黒」がある。駅前の町の古本屋にしてはしっかりした品揃えで、ちゃんと古めの本も置いてある。何か一冊買おうと思案し、大本泉『名作の食卓——文学に見る食文化』(角川学芸ブックス、二〇〇五年)七〇〇円を買って、レジで店主らしき人と話をすると、やはり、かつて蒲田西口駅前にあった店が移転し、オーナーは一緒の方。つまりレジにいたのは雇われ店長だ。たしかに、即売会などでよく見た灰色地の「大黒」値段票が、店の本のいくつかに貼ってあった。

池上から多摩川線「武蔵新田」までは一キロ強の道のりを歩くことに。駅前からすぐの「つぼ書店」は、時代小説など読みもの文庫とマンガがメインで、手前左に背広で言えばポケットぐらいのエリアに一般書と文芸書が少し。ただ、池田陽子『文楽のかしら』(芳賀書店、一九七四年)が五〇〇円であったところを見ると、ネットによる値付けはしていないと見た。思いがけない掘り出しがあるかもしれない。

武蔵新田を歩くのは初めてだが、八百屋があり、喫茶店も数軒あり、落ち着いた下町ふうの歩きやすい町だった。途中、広い店内の純喫茶で休憩し、つぼ書店の前から波形ブロックを敷いた道を歩いて一〇分ほどで「新田浴場」に着いた。タイル張りの派手な外装はちょっと銭湯とは思えない。入口上には「湯ＮＩＴＴＡ」とある。

フロント式の番台でロッカーの鍵をもらい男湯へ（あたりまえのこと書くな！）。浴室は思ったより狭く、かんじんの温泉は黒湯、もう一つが薬湯になっている。さっそく黒湯に浸かったが、浴槽が浅く、腰を下ろすとちょうどいい。ややぬるめの湯も私の好み。客の数もまだ少なく、おかげでのんびりコーラ色の湯でくつろぎました。

駅までの帰り道、濡れた髪を風に乾かせて、三時台の商店街をふらふらと古本の入った袋をぶら下げていると、ひょっとして、いま自分が日本国中でいちばんお気楽な男ではないかと思えてきたのだった。

*――「復活書房・蒲田店」「明石堂」「書林・大黒」「つぼ書店」は店を閉められた。

いつも遠くから見ていたヒロシマ

二〇一〇年一二月――広島・安芸矢口「芸備書房」

一一月六日、七日と一泊で広島へ行ってきた。広島へは、このところ、毎年呼ばれて、小さな会で読書や古本の話をしている。昨年から始まった「ブックスひろしま２０１０」というブックイベントがある。一箱古本市を中心に、トークショー、書店や図書館でも各種セミナーやイベントが繰り広げられるのだが、私も参加協力させてもらっているのだ。

芸備書房

イベントの実行委員長は財津正人さん。本に旅をさせる世界的な運動「ブッククロッシング」の日本支部代表でもある。財津さんとは、四年前に中国新聞主宰で開かれた読書シンポジウムに参加した際、紹介されて知り合った。その翌年、つまり三年前に財津さんがトークショーを企画して、私がそこで喋った（二〇〇九年二月の回を参照）。

そんなこんなで、広島と縁ができたのである。広島の古本屋巡りとしては、一九九九年七月にも敢行し、『気まぐれ古書店紀行』でも紹介した（一九九九年一〇月の回）。約一〇年前だが、広島を回っておいてよかった。広島一繁華な八丁堀周辺に、「アカデミイ書店」と同支店、それに「ぶんろ書店」はいまでも健在だが、広島大近くにあった四店は、大学移転後のいまや「大学堂書店」が残るだけ（「神鳥書店」は移転）。人口一一〇万を超える県庁所在地・政令都市としてはいささか寂しいではないか。

原爆ドーム前から相生橋を渡った西詰めに「景雲堂書店」という新顔ができて、昨年の広島入りのときに親しくなった。今回も、未踏だった五日市駅近くの「文雅堂」さんへ行ってみようと思っていたので、景雲堂さんに事前に電話でリサーチしてみたが、どうやらお店を閉じておられるらしい。同様に中国地方で展開する古本チェーン「花いち古書センター」も撤退と聞いてがっかり。そこで、芸備線に乗り、「安芸矢口《あき》」駅から歩いて数分の「芸備書房」へ行くことを目標に広島入りすることにした。

広島までは往復新幹線と一泊ホテルつきのパックをネットで予約した。飛行機のほうが早いといわれるかもしれないが、広島は空港から市街まで離れているのと、いま、羽田空港は滑走路を増やしてターミナルが拡大し、観光地のように野次馬が押し寄せている。剣呑、剣呑。搭乗手続きや待つ時間を考えたら、東京から広島まで四時間の新幹線が魅力だ。車中は本を読んでもよし、眠ってもよし。しかも、「JR東海ぷらっと」というサイトで予約すると、宿泊つきで三万円ぽっきり。まともに払ったら、往復の新幹線チケットとホテル代で四万円を超える。正規の料金などバカバカしくなる。

広島駅に着いてまず向かったのが、紙屋町交差点から地下にもぐった「シャレオ地下街」で一一月三日から七日まで開催された「ちゅーぴー古本市」。昨年、広島へ来たときは、パルコの店頭で同様の市をやっていた。店で待っていても客が来る時代ではない。なんとかして、販路を広げたい、本を売りたい、古本好きを増やしたいという願いからだろう、年に数回、若手を中心に取り組んでいるようだ。

地下街が交差する中央広場に、赤い幟が立ち、五〇ほどのワゴンが並んでいる。客の食いつきもよさそうだ。文庫や雑誌、一般向けの単行本などのほか、思いのほか、黒っぽい本が眼についた。一〇〇円均一のワゴンも数基。これはこれは、と目に力が入って来る。お近づきのしるしに、古い『暮しの手帖』や、学習雑誌のフロクなど七点ほど買わせてもらう。レジに景雲堂書店さんがいたので挨拶。今夜のトークにも来てくれる由。

この日投宿するホテルまでは歩くことにした。地下街を北へ抜ければ県庁街。広島市の心臓部だ。お城へ向けて大通りを歩き、合同庁舎前を駅側へ歩くとすぐ、ホテルはあった。アメニティグッズもなく、部屋も狭いが、どうせ寝るだけだからこれで十分。しばらくベッドで横になる。このときが、旅でいちばん好きな時間かもしれない。

トークの会場は袋町の市民プラザの一室。前述の財津さんを相手に、広島での思い出、今年読んだ本のベスト3、それに「電子書籍元年」に対し「紙の本の逆襲」の年でもあったと喋った。後ろにホワイトボードがあったので、それを縦横無尽に使って板書もした。私はこれでも高校の教師をしていたから、黒板や白板を背負うと強いのだ。トークを無事終え、ブックイベントのスタッフや、翌日に講演をする作家の見延典子さん(『もう頬づえはつかない』)と一緒に、打ち上げをする。「一箱古本市」を開く各都市で、ボランティアの若者たちが集い、働き、成長していっている。すばらしい「本」の力だ。

翌日は、自分で出店する「一箱古本市」の店番を少しして、広島駅へ。せっかくだから、昼はどこかで「お好み焼き」をと考えたが、時間がない。夕方には新幹線に乗って東京へ帰るのだ。駅の立ち食いソバでうどんを食べて芸備線に乗り込む。いよいよ、今回の目的「芸備書房」を目指す。

二両連結のローカル線「芸備線」に乗るのは初めて。広島駅を出てから、しばらく山陽本線に沿って東へ走るが、新広島球場を右手に見たあたりから大きく左へカーブ、中国山地を北上していくのだ。市街地を抜けると、やがて山裾をたどり、トンネルを抜け、標高差を稼いで景色が変わっていく。矢賀、戸坂、安芸矢口とたった三駅ながら、車窓の変化はスリリングでちょっとした旅気分が味わえる。何もなければ、このまま三次まで行きたいところだ。

あっさり電車は安芸矢口で止まり、「島」というのか、単線だがすれ違いのできるホームで下りる。すぐ西側が太田川の土手。こんなロケーションの駅も珍しい。跨線橋で改札口へ行くと、橋の上に立つと「オートバックス」の看板も、「スーパー銭湯ゆーぽっぽ」の看板も見えた。ここの露店風呂が温泉だと聞いた。「芸備書房」は、「オートバックス」のすぐ近く。できれば締めは温泉といきたいではないか。ねえ、みなさん。

平屋の駅舎の改札を出ると、広場もスペースもなく、いきなり目の前に「たばこ」などを売るよろづ屋がある。振り返ると駅舎は、ガソリンスタンドの事務所みたいだ。そこから約五分、迷うことなく「矢口」交差点に出て、「芸備書房」はもう指呼の間。

店名からすると、木造の看板建築で、硝子戸をガラガラと開けて入るような店を想像していたが、明るくモダンな建物だった。入口からすぐのレジにいた若者に挨拶。彼が吉本豪くん(三一歳)だ。神鳥書房さんが連絡していてくれたらしく、あまり説明しなくてもわかってもらえた。カバンを置いて店内を一巡。ここは鉄道関係の本や雑誌、グッズの専門店。『鉄道ファン』ほか、鉄道雑誌のバックナンバーがずらりと並んでいる。DVDのコーナーもあり、もちろん鉄道を映したもので、けっこうな数が揃っている。

歴史、文学といった一般書もあるし、文庫の棚も奥へ回るとしっかりあった。店内の半分はマンガで、子どもたちが出入りする店だと見た。鉄道グッズでいえば、記念乗車券やキップ、何に使われていたかわからない備品、それに鉄道員が着る制服や制帽も置かれていた。

まだ若い店長の吉本くんは、もとは食品関係の仕事をしていて、この店のお客だったらしい。先代の店長・小野和彦さんが始めた店だが、ほかの仕事をすることになり、鉄道好きの吉田くんが店を受け継いだ。といっても、オーナーはいまでも小野さんである。

最初は無口な若者かと思ったら、鉄道の話になると熱が入り、甲高い声で芸備線始め、鉄道の魅力について語ってくれた。吉本くんは「乗り鉄」で、日本全国のローカル線によく乗ったという。「窓から見る景色も好きだし、行商のおばさんとか、乗ってくる地元の人たちのことば、方言にも旅情を感じますね」というあたり、年季が入っている。

趣味を活かした店作りは、きっと他の誰にもマネのできない個性的な店舗になるはず。ローカル線沿線でちゃんと店売りをしているのも貴重だ。あんまり長く話しこんだために、「ゆーぽっぽ」へは行けなくなった。「シューポッポ」の店から「ゆーぽっぽ」と、事前に考えたオチが使えない。残念！

＊——「芸備書房」はその後、店を閉められ、現在はローカル鉄道ファンの社交場「安芸矢口企画本所」となっている。

1月　東京・戸越銀座「いづみ書店」

2月　京都「ロンドンブックス」

3月　岩手・一ノ関「虔十書店」

4月　東京・国立「谷川書店」

5月　東京・京王永山「佐伯書店」

6月　寝屋川市「金箔書房」

7月　東京・田園調布「田園りぶらりあ」

8月　長岡市「有楽堂」

9月　東京・豪徳寺「靖文堂書店」

10月　那須塩原市黒磯「白線文庫」

11月　山形県鶴岡市「阿部久書店」

12月　札幌市「南陽堂書店」「弘南堂書店」

【第六部】

二〇一一

思いがけない訃報を古本で知った

二〇一一年一月——東京・戸越銀座「いづみ書店」

いづみ書店

　一二月に入ってすぐの週末は快晴続き。金曜日の朝、雨と暴風が吹き荒れたが、台風一過のごとく、その後青空が広がった。気温がどんどん上昇し、都心に出たらTシャツ姿の若者がいて、おいおいそれはやり過ぎだろうと思ったが、歩き出すと上着を脱ぎたくなった。まるで春のごとく風が暖かい。

　土曜日は朝から晴れて、午前中、近所の図書館へ本を返しに行った。自転車に乗って走り出すと、やはり風が肌寒い。公民館の二階に図書室があるのだが、その前に、職員のおばさんたちが集まって、ある一方を見ながら話している。見ると、富士山だ。へえ！　このあたり、雑木林や畑が残る見晴らしのいい地域で、うまくするときれいな富士山が拝めるのだ。ちょっと得した気分になり、古本屋取材は本日決行とする。

　東京の温泉銭湯に古本屋巡りをからめる第二弾。この日は夜に神保町で、『彷書月刊』休刊記念の集まりがあった。ゴールは決まっている。そこから逆算して、いくつか考えたコースのうち、大井町、戸越公園、戸越をリレーして、戸越銀座温泉で締め、というコースを選ぶ。さあ、支度をして出発だ。

　あちこちのホテルで宿泊した際、持ち帰ったアメニティグッズからシャンプーとボディソープ、それに日本手拭いとタオル、着替えをビニールの袋に入れて、カバンの底に忍ばせる。これで支度はOK。最寄りの駅から大井町までは一時間強で到着。東口を出て、岬のように突き出た建物「きゅりあん」を過ぎると池上通りにぶつかる。この交差点に「明理書店」がある。手堅い品揃えで即売展でもおなじみ。

　ここで一冊、気になる本を見つけた。中村皎『泥棒日記』（六興出版部、一九五九年）という新書判の本で、副題が「詩人が告白した泥棒の半生記」。どうやら、本物の泥棒による回想記らしい。目次には「妻を売る」「公衆便所と男娼」「入った処がデカの家」と、そそられるタイトルが並ぶ。これが一五〇〇円。あとでネットを調べたら、最安値とわかるが、新書で一五〇〇円はなかなか手が出ない（のちにもう少し安価で入手）。

駅のほうへ取って返し、路地を一本右へ入ると「ゼームス坂下」に出る。吉村達也の小説『ゼームス坂から幽霊坂』（双葉文庫、二〇〇三年）の舞台にもなっているこの坂は、もとの名は「浅間坂」。幕末期に来日した英国の商社マン、J・M・ゼームスがこの地に住み、あまりに急坂だからと、明治五年、私費を投じてなだらかな坂に改修したことから「ゼームス坂」となった。歴史を背負った坂なのだ。

この坂下の商店街に「海老原書店」がある。入口両側に木製の均一台が二基、中央に背中合わせの本棚、壁を囲む作り付けの本棚はすべて木製で、これぞ古本屋、という風情である。帳場の脇の郷土史の棚といい、歴史・民俗学関係の充実といい、これは町の古本屋としてはかなりレベルの高い品揃えだ。文庫の棚に長新太『キャベツだより』旺文社文庫（一九八三年）を見つけて値段を見たら、ちゃんと六〇〇円がついていた。よくわかっていらっしゃる。吉村達也『ゼームス坂から幽霊坂』もあったのはさすが。文庫は半額、単行本は三割から四割引き見当か。ここからすぐ近く、線路脇の道に「松林堂書店」があるのだが、うっかりして寄り損なった。

東急大井町線「大井町」駅から「戸越公園」は二駅。後ろ二両はホームで扉が開かないとアナウンスがあり、あわてて前へ移動。「戸越公園」駅脇の踏切から北へ短い商店街が伸びる。両側にひしめく店は活気があり、人通りも多くにぎやかな商店街だ。ところが、二十六号線を渡ると、とたんに人の出が絶え、静かな通りとなる。これが宮前通り商店街。抜けると戸越銀座商店街にぶつかる。こちらがまた、平日でも一万人もの買い物客が押し寄せるという、都内でも屈指の繁昌商店街だから、途中をつなぐ宮前通りだけが閑散としている。

つまり、最初と最後に「金」が使われ、途中は使われない「キセル」のような商店街といえそうだ。しかし、私としては途中の木の部分に当たる、宮前商店街のひなびた落ち着きに軍配を上げたくなる。歩いていて気持ちがほぐれるのである。ちょうど商店街の途中にある宮前小学校の向かいが「いづみ書店」。よくぞ消えずに残ったものだ。店構えからして、いにしえの古本屋の風情をそっくりそのまま残した店舗。狭い店で商品量も少なく、長く滞在はできないが、おやおや鈴木翁二《おうじ》の『麦畑野原』(而立書房、一九七八年)がある。一〇〇〇円なら安い。これでグッと棚を見る眼に力が入った。

裏側に回ると、文庫の棚だが、上一列に単行本が並び、これを見つけた。宮園洋『洋さんのあっちこち「百閒百話」+「東京あっちこっち」&追悼集』れんが書房新社(二〇〇三年)、六〇〇円。この「追悼集」の文字に「あっ!」と思った。宮園さんは細密な絵も描く装幀家・編集者で、私は数回お目にかかっていた。鈴木志郎康さんを中心に作られた『飾粽《かざりちまき》』という詩の雑誌に、私はマンガを描くために参加し、会合に顔を出していたのだが、そこに何度か宮園さんがいらっしゃっていた。東京に出てまだまもない私は、著名なスター詩人や、いずれも才媛の東京女子に囲まれてひどく萎縮していが、宮園さんは気安く声をかけて下さり、私の仕事を褒めてくれたのだ。

それから、あっというまに月日は流れ、宮園さんとも顔を合わす機会を失い、消息も知らないままになっていた。二〇〇一年一月に事故で亡くなっていたと、この本を見て、初めて知った。冥福を祈るつもりで、この一冊を「いづみ」さんで買う。感じのいい老婦人が店番してらしたので、宮園さんと私の関係を説明し「いい本に出会いました」と告げる。「それは、よございました」と微笑んでくれた。本との出逢いは、いつもこんなふうに思いがけなくやってきて、心を温かくしてくれる。

そのまま通りを進んで、あきらかに人が密集している戸越銀座商店街で左折。いったん駅近くまで行く。第二京浜に出る手前に「竹田書店」があるはずだが、どうやら廃業（もしくは移転）されたようだ。あるはずの場所に、別の新しい店舗ができていた。靴とカバンの修理の店らしい。『散歩の達人 エリア版ｍｏｏｋ』の「東急完全案内」（交通新聞社、二〇〇八年）には、ちゃんとまだ「竹田書店」の記載がある。路地を一本隔てた「太陽軒」という中華は健在。どうやら、ひと足違いで間に合わなかったらしい。残念！ 角に「ブックオフ」があり、いちおう偵察。一冊だけ文庫を買う。

少し道を戻るかたちで、行列のできた唐揚げ屋の反対側の角を曲がると「戸越銀座温泉」が見える。すぐ近くに「Ｃｈａｒ」こと竹中尚人の実家があるはずなのだ。この銭湯は数年前にリニューアル。さすがにきれい。二階に浴場があり、さらに階段を上がると露天風呂になっていて、ここが黒湯の温泉だ。丸い浴槽に真っ黒なお湯。音は流れないがテレビも設置してある。「戸越公園」から「中延」へ出て、都営浅草線に乗り換えて「戸越」という手もあるが、せっかく銭湯に入るのだから、一駅分くらい歩いて少し汗をかき、身体を疲れさせてからがおすすめ。お湯のご利益はてきめんにアップする。開放された頭上には暮れなずむ空、眼の前のテレビのゴルフ中継では石川遼がアプローチに苦心している。

息のつまる若者のグリーン上での格闘をよそに、湯でふやけた古本バカの一日は、こうしてまた、ホロホロと苦く終わる。

＊――「明理書店」「いづみ書店」は店を閉められたようだ。

京都の新顔は個性的な二店

二〇一一年二月――京都「ロンドンブックス」

二〇一〇年も幕を閉じようとする一二月の後半、京都へ行ってきた。京都の実家でちょっと気がかりなことがあり、一度帰りたいと思っていたが、交通費や滞在費、遊興費など軽く五、六万円は遣ってしまう。経済逼迫の折り、厳しい出費で「青春18きっぷ」を利用する覚悟でいたら、運よく、名古屋での雑誌取材が入る。これで東京・名古屋間の新幹線代は確保できた。あとは、ちょっと足せば京都まで行ける。まだまだ運は使い果たしていないようだ。

ロンドンブックス

一二月半ばに某所で、見知らぬ人から、よほど私のことが気に食わないらしく、こっぴどく罵倒されるというイヤな目に遭い、気分はどん底に落ち込んでいたが、そんなとき、旅に出るのは気晴らしにもなる。ありがたい話だった。しかも名古屋での取材は、鶴舞から上前津まで歩き、その間に点在する古本屋を四軒紹介するというものだった。「猫に小判」とはこのことだ。

カラー写真をたくさん使った誌面になる。私も写されるというので、新しい帽子を買って、ちょっとダンディな雰囲気を演出してみた。詳細は某誌に執筆するので控えるが、「山星」「大学堂」「千代田」「三松堂」と、久しぶりに名古屋古本の心臓部を触って回った。どの店も、とても親切に応対してくださって、おかげで古本ライターとしての面目も立ったのである。最後は大須演芸場近くの、「純」に磨きのかかった喫茶店で、古本の包みを開いて締め。

無事仕事を終えた名古屋からは、新幹線を使えばあっという間なのだが、二時間ほどかけて鈍行で京都入りした。交通費をケチる意味もあったが、大垣から関ヶ原を経て米原へ至る間の、どことなくもの哀しい、殺風景ともいえる末枯れた車窓からの絵が私は好きなのだ。醒ケ井《さめがい》なんて、駅名だけで一度降りてみたいと思う。

京都に着いた二二日はおとなしくして、翌日の二三日に動き回った。市バス乗り放題（限定区間内）の一日乗車券（五〇〇円）をいつも重宝している。この日は、北野白梅町までバスで、そこから嵐電《らんでん》に乗って嵐山を目ざした。嵐電に乗ったのは、大阪で教師をしていた二〇代に、学校からの郊外学習で嵐山、嵯峨野散策をして以来ではないか。しかも、そのときは四条大宮からのルートだったから、北野白梅町からは初めてかもしれない。

単線、二両連結が住宅街の軒先をかすめるようにゴトゴトと進む姿は、ちょっと鎌倉の「江ノ島電鉄」と似ている。終点「嵐山」より一つ手前の「嵯峨」駅で下車。踏切を渡ればすぐ右前方にこの日めざす「ロンドンブックス」が見えた。黒い板に白いペンキで書かれた看板を含め、お洒落な店構え。私の記憶するかぎり、嵐電を使って古本屋を巡ったことはなく、市中から近年に移転してきた「蚕ノ社《かいこやしろ》」駅近くの「シルヴァン書房」さんに続く、無風地帯での開店だと思われる。

白い壁、フローリングの床に特製の木で造られた本棚、ゆったりしたレイアウトは客が回遊する導線をしっかり確保している。入って左壁が内外の文芸書、中央に、京都関係を集めた棚や、文庫、新書、それに本や古本を集めたコーナーの棚がある。一番奥の壁には面陳で絵本、それに古書と呼べる本が並ぶ。右壁はマンガ、落語、映画、写真などのサブカル、人文書や歴史書の棚、三〇〇円均一もあり。

値付けは総じて控えめで、手を出し易い価格帯。古本慣れしていない客を想定し、少しでもたくさん足を運んでほしいというメッセージが、値付けに感じられる。何か一冊、と思って前久夫『文学の舞台――住まい』（東京美術選書、一九八六年）という本を三五〇円で買う。「方丈記」の庵についての考察が読みたかったのだ。お金を払う段になって、レジにいた若い男性が「岡崎さん、ですか」と声をかけてくれた。安心して話を聞いたら、店主の大西良貴さんで、まだ三〇代半ば。店は二〇一〇年五月のオープン。ここは実家で、以前はおもちゃ屋さんだったという。

仏教大学を卒業後、家業の「おもちゃ屋」を手伝っていたが、思い切って好きな古本屋の道を選ぶ決意をして店内を改装した。それまで古本屋の店員、バイトなどの経験もないという。ちゃんと古書組合に加入し、市場も利用しているというから、転業するにあたっての覚悟を感じる。

「一一月の紅葉のシーズンには観光客がたくさん来て驚きました。売りたくて売れないのは文芸書で、いちばんよく売れたのは村上春樹です」と話してくれた。客からの買い取りは、いまだに緊張するという。まだ初々しい。しばらく店にいたら、表を通る人がみんな店のほうへ視線を向けるし、そのうちの何人かは足を踏み入れてくる。この地で少しでも長く定着してくれると、私としてもうれしい。

帰りは嵐山駅まで歩く。途中、観光客がおいしそうにほおばっているコロッケを売る店「中村屋」があり、私もホクホクのを食べながらこのあと嵐山と嵯峨野近辺を散策した。この地を舞台に展開する不条理愛の傑作、倉橋由美子『夢の浮橋』(中央公論社、一九七一年)を再読したくなった。

日が落ちる前に、嵐電で四条大宮へ。そこからバスを乗り継いで烏丸今出川までたどり着く。烏丸通りから一本西の室町通りを北上すると室町病院の前に「古書肆　獺祭《だっさい》書房」がある。こちらは二〇〇六年一〇月のオープン。半地下の広くはない店内にぎっしり本が詰まっている。目立つのは社会思想と哲学の棚で、軟弱を振り払う鉄壁の硬派の布陣を敷いている。

店主の水野裕之さんに話を聞くと、学生時代は活動家で、卒業後は大学の職員として「学友会」で自治会のサークルを組織運営していた。硬派の棚はその名残りである。店に置かれたチラシによれば店名の「獺祭」とは「古来中国では詩作する人が机の周りに参考書籍を広げ散らすことを獺祭」というところからつけた。もちろん、正岡子規の庵に掲げられた「獺祭書屋」も踏まえている。

ここでは、ジャック・ロンドンの評伝、アーヴィング・ストーン『馬に乗った水夫』（ハヤカワ文庫、一九七七年）を八〇〇円で買う。「これ、珍しいですよね」と言うと、「ああ、なかなか見ないですね」と水野さん。オープンして五年、店の経営は楽ではないようだが、熱心に通う本好きの客にとって、筋の通った古本屋が裏通りでがんばっている姿は心丈夫なものだ。

上京区にはこの数年のうちに、「町屋古本はんのき」、「カライモブックス」という新顔が参戦（二〇〇九年一一月の回を参照）。「獺祭書房」から少し離れているが、歩いて星座を結ぶように、点と点をつないでいくのも一興。「ロンドンブックス」「古書　善行堂」も含めて、新しい京都古本屋地図を散歩がてら回るのが今年のおすすめである。

＊──名古屋の「千代田書店」は二〇一四年一〇月に閉店された。

憧れの一ノ関「ベイシー」へ

二〇一一年三月──岩手・一ノ関「虔十書店」

虔十書店

今回は仙台から一ノ関へ。仙台まではこれまで何度も足を運びながら、そこから先、一ノ関までは行ったことがない。ここに全国のジャズファンなら、一度は詣でたいジャズ喫茶の総本山ともいうべき「ベイシー」がある。いちおう、キップは一ノ関まで購入済み。うまく行けますかどうか。

仙台行きについては、以下の通り。仙台のブックカフェ「火星の庭」店内にて、同市在住の作家・佐伯一麦さんが「夜の文学散歩」という読書会を定期的に開いている。今回は、佐藤泰志原作による映画『海炭市叙景』が仙台で公開されるのに合わせ、小学館文庫に収録された原作が取り上げられる。せっかくだからと、「せんだいメディアテーク」に場を得て、いつもの読書会を拡大し、東京から私と映画のプロデューサー・越川道夫さんが呼ばれることになったのだ。

バスで宮城県立美術館へ移動、ひさしぶりに洲之内徹コレクションを見る。このあと、ホテルで荷を解き、夜のトークショーまで少し散歩を。まず「火星の庭」へ寄って前野健一・久美子夫妻に挨拶。ずらり並ぶ本を見ながらコーヒーをごちそうになる。一昨年に同市で開催された「一箱古本市」に出店したとき、残った本を「火星の庭」で売ってもらっていた。その精算をする。どうやら完売したよう。溜まったスリップを受け取るのが楽しみ。どれどれ、中村誠一『サックス吹き男爵の冒険』（晶文社、一九八二年）、平出隆『猫の客』（河出書房新社、二〇〇一年）、大橋歩『トマトジュース』（講談社、一九七二年）、村上春樹『村上朝日堂の逆襲』（朝日新聞社、一九八六年）、文庫新書では赤瀬川原平『全日本貧乏物語』（福武文庫、一九九一年）、鹿島茂『デパートを発明した夫婦』（講談社現代新書、一九九一年）が売れて、総額二二〇〇円。ちょっとした小遣いになる。

歩いて「書本&cafe magellan（マゼラン）」へ。「マゼラン」の店主は「火星の庭」でかつてアルバイトをしていたから、両店は姉弟店ともいえる。姉店にならって、古本を大量に置いているのが特徴。おしゃれに、ビジュアル的な古本をちょっと置いてみました、というすかした店とはちょっと違う。筋が通っているのだ。

さんざん店内を見てまわったあげく、講談社文庫の堀江敏幸『子午線を求めて』（二〇〇八年）三二〇〇円、草野心平の食随筆集『仮想招宴』（KKロングセラーズ、一九七七年）七〇〇円を買う。前者は文庫になったことを知らなかった。元本は持っているが、『現代詩手帖』の連載が軸となるジャック・レダ、ジャン＝ルー・トラッサールなど、著者お気に入りの作家について書かれた散文集で、かなり高踏的。とても文庫になるとは思えなかった。こいつを旅のお伴にしようと決めて買う。後者は草野心平が書いた食随筆を集めていて、「牛の舌」という一編が目に止まった。仙台に着いてすぐに食べたのが「牛タン定食」だった。東京ではたぶん買わなかった本だ。

「せんだいメディアテーク」でのトークショーも無事に終え、打ち上げでまた牛タン（とろけそうな柔らかさ）を食べ、仙台の一夜が終了。隣席に座ったのが『海炭市叙景』を文庫化したMさんで、ジャズ関係の著作も持つ「通」だ。一ノ関「ベイシー」について、さっそく情報を得る。ガイドブックなどに営業時間は「一時から」とあるが、もっと遅くに開くこともあり、店主の都合で開いていない日もあるという。まるで古本屋みたいだ。

ちょっと不安を抱えながら、とにかく翌朝、一ノ関行きの東北本線普通列車に乗り込んだ。直通ではなく、小牛田で二両連結ワンマンカーに乗り換える。田尻手前で強風のため電車が停まる。あたりは一面冬枯れた田園風景で、風がまともに車体にぶつかる。すると、少し揺れるのだ。清水原まで来ると、白い雪が目につくようになってきた。

一ノ関へは一五分遅れで正午少し前に到着。改札を出て観光案内所で観光マップをもらう。「どこへいらっしゃるんですか？」と聞かれたので「ベイシーへ」と答えると「もしマスターが来れば三時には開きます」と、不吉なことを言う。仙台から東京への新幹線のキップは買ってあったが、三時からじゃ間に合わない。あわてて、みどりの窓口で三時間ほど遅い予約に取り直す。

それにしてもまいったなあ。三時までどう時間をつぶすか。がらんとした駅前に人影はなく、「一ノ関駅前」と表示のある交差点まで歩き、角の二階にある食堂でとりあえず腹ごしらえ。ここから一〇分ほどのところに「虔十《けんじゅう》書店」がある。「虔十書店」も営業をしていない可能性が大だったが、行ったらちゃんと開いていた。これで「ベイシー」にフラレても、なんとか格好がつきそうだ。

　店主の鈴木栄二さんに挨拶して、さっそく店内を見てまわる。神保町にも神田小川町に「虔十書林」という名前の古本屋さんがあるが、と尋ねたら、埼玉で同じ古本屋に勤めていたお仲間だった。もちろん「虔十」は宮澤賢治の童話『虔十公園林』に由来している。帳場脇の棚に、宮澤賢治関連の本が集められ、それを指摘すると「少しだけですけどね」と謙遜される。ところどころ棚に空きがあるのは、仙台駅前のビルで古本市が開催されており、そっちへ一部、商品が回っているからだ。

　鈴木さんによれば、一〇年前、一度店売りをやめたことがあるが、店が開いていないと途端に客からの買い取りが激減した。「やっぱり店は開いていないとダメですね」。

　市役所前に「ブックオフ」ができた。それも悪いことばかりではなく、「ブックオフ」へ本を売りに行ったが買い取ってもらえなかった古い本を「虔十書店」へ、というケースが増えてきた。「値段をつけたら、そんなにもらえるんですか、と驚かれることもあります」。鈴木さんからは、東北本線ではこのほか、水沢の「白神堂書店」が、店売り一本でがんばっている店だと教えられた。いつか、また機会をみて訪ねてみたい。

　鈴木さんとは「ベイシー」の話もしたが、お客さんは地元より、もっぱらほかの県からやってくるとのこと。色川武大がぞっこん惚れ込み、そのため一ノ関へ移住しただけのことはある。色川の命日には、一ノ関のお寺で法要の麻雀大会を開いているそうだ。なんだか『麻雀放浪記』の作者にぴったりの追悼の仕方じゃないか。「虔十」さんでは、これから向かう「ベイシー」の店内で読むために、ジャズ関連の本を一冊欲しいと思い、小川隆夫『ザ・ブルーノート ジャケ裏の真実』（春日出版、二〇〇九年）一〇〇〇円を買う。

それでも「ベイシー」開店の三時まで、まだ二時間はある。どうしよう、橋を渡って、市役所前の「ブックオフ」で少し時間をつぶすかと算段しながら、それでもいちおう、「ベイシー」の場所を確かめておこうと店の前に来たら、駐車場に車が停まっていて、どうやら開いてるみたいなのだ。

おそるおそる入口のドアを押したら、なんと、そのまま入って行けた。それからの二時間、私はただただ幸せだった。マイルス・デイビス、エリック・ドルフィー、ジョン・コルトレーン、それにヴィクター・フェルドマン。圧倒的な音の洪水に呑まれながら、それがうるさくなく、楽器の一音一音がクリアで立体感をもって脳髄と身体を包み込むような体験を抱いて一ノ関を後にした。

未曾有の天変地異、その時

二〇一一年四月——東京・国立「谷川書店」

三月一一日午後二時四六分。

それ以前と以後とでは、日本がまったく違う状況に置かれることになった。マグニチュード9、世界最大規模の地震が東日本を襲った。いま、この原稿を書いている三月二〇日段階でも、余震は続き、福島原発の事故が重なり、被災地の復興ははるか遠い。

谷川書店

そのとき、私は東京都千代田区・竹橋にある毎日新聞本社ビルのなかにいた。三階の『サンデー毎日』編集部に週一度通って、書評の仕事を手伝っているのだ。いつも通り仕事を終えて、自分の書いた原稿の校正チェックを待っているとき、突如、部屋が、床が、空気が激しく揺れた。体験したことがないような横揺れ、それも長い時間、続いている。じっさいには一分ぐらいだったかもしれないが、体感的にはもっと長く感じた。ガラス窓の外を見ると、街灯の先がぐるぐる腕を回すように運動している。揺れが止まったあとも、しばらく船酔いしたような状態だった。東北地方を中心に東日本を直撃した地震だと第一報でわかった。

JR、地下鉄など交通網は大混乱。結局、この日は帰宅をあきらめて、『サンデー毎日』編集部で一夜を明かした。つけっぱなしのテレビでは、刻々とニュースが被災地の惨状を伝える。大変なことが起きていることを思い知らされた一夜だった。

翌日、うちへ帰ったら、地下の書庫は本棚こそ倒れなかったものの、床に積みあげた本は崩れ、足の踏み場もない状態になっていた。これを片づけるにはかなり時間がかかる。本を踏みしめて歩くしかなかった。都内の鉄道はわりあい早く復旧したが、エリアによって輪番制による停電(「計画停電」と名づけられる)など、不便な状態は続いた。行きつけの古本屋さんはだいじょうぶだったろうか。非常時ゆえ、しばらくは顔を出すのもためらわれたが、一八日、昼間の停電明けに自転車で国立「谷川《やがわ》書店」へ行ってみた。

「谷川書店」さんは、未曾有の震災があったとは信じられないように、いつも通りのたたずまいで店を開けておられた。五坪ぐらいだろうか、広くはない店内に良書がぎっしり詰まって不動の構えだ。

「谷川」さんは「やがわ」と読む。昭和三九年三月現在の東京「組合員名簿」にすでに記載が見える。この時点で、国立にはほかに「銀杏書房」「国立書房」「渡辺書店」「鈴川書店」があり、「銀杏」「国立」は健在。少なくとも、半世紀のキャリアだ。いまはマンションの一階にある「谷川」さんは、かつて独立した店舗だったが、どうやら造作そのものを新築マンションに埋め込むように再現されたようで、昔ながらの古本屋の匂いをいまに残している。マンガ、雑誌、柔らかものを一切扱わず、文学、歴史、美術、哲学など人文系に強く、小説の類は少ない。ストライクゾーンは狭いが、豪速球だ。

ネット検索などせず、自前の経験で値付けをするため、驚くほど安く買えることもしばしば。行けば必ず買える本がある。市場を利用せず、持ち込みと出張買い取りだけで商品を供給。仕入れ帳をよく見せてもらうのだが、そこにベストセラーや一般書はなく、マグロでいえばトロの部分だけ。それも、入ったそばから売れていく(売れた本はチェックされているのでわかる)。人跡未踏の山奥にこんこんと沸く泉のようなもので、見た目は静かながら、内側は激しく律動している。日本随一、といってもいいだろう。

とにかく何か買わねば。入って左の壁棚と、中央の文庫棚をなめまわし、レナード・フェザー『サッチモからマイルスまで――ジャズの巨人たち』(早川書房、一九七六年)を三〇〇円、手放した講談社文芸文庫、吉田健一『乞食王子』(一九九五年)を三八〇円で買う。

翌日一九日には、西荻窪でトークイベントがあったので、少し早めにでかけて散策。同様に被災調査をする。まずは「古書 音羽館」。ここに来れば、最新の売れ筋がわかる。いつも客の絶えない優良店だが、二個一で壁の一部がくり抜かれて往き来のできる店舗の向かって左、文学、建築、絵本、サブカル、文庫などが並ぶ部屋のほうの棚が倒れたという。ただし、「中央の文庫やマンガの棚はスチールラックで、それがかえってゆらゆらと揺れを吸収し、倒れはしたものの、思ったより被害はなく、ダメになった本は一〇冊ぐらい」と店主の広瀬洋一さん。片付けにその日の夜までかかったが、翌日は平常通りの営業。倒れた棚には耐震対策をしたとのこと。

続いて昨年八月に「興居島屋《ごごしま》」から「なずな屋」に改名した「女子の古本屋」へ。店主にして、私の本のデ

なずな屋（写真：望月研）

ザインを多く手がける図案家・石丸澄子さんに話を聞く。こちらも被害はほとんどなく、面陳の本さえ、そのまま棚に収まっていた。

「この店の本棚は自前で作ったのですが、作っていたのが九五年一月で、ちょうど阪神淡路大震災があったとき。だから、本棚だけは、丈夫すぎるくらい丈夫に作ったんです」という。前の大震災の教訓が生きた好例である。店は無事だったし、こちらも計画停電の対象に入りながら実施されずに済んだ。しかし、節電のため、当分営業は夜の八時まで。いつもは夜の一〇時まで開けている店なのだ。

次に向かったのは、中央線高架沿いに東に伸びる商店街の途中にある「にわとり文庫」。こちらも仲良しの古本屋さん。店主・田辺浩一夫人でイラストレーターの西村博子さんが身重の姿でレジにいた。

「どうだった？　地震」と聞くと、こちらもほとんど被害なし。たしかに見上げると、両壁の棚と中央の棚が太い梁で連結され、これならびくともしないだろう。こちらも自前で製作した棚、というから驚く。唯一、棚のいちばん上にあったこけし数体が落下したとのこと。

博子さん、そのうちの一体を取り上げて「ところが、これだけは床に落ちずに、どういうわけか少し離れたこのガラスショーケースの上にまで飛んで、ちょこんとそのまま立っていたんです」と、こけしのウルトラCを動作で再現してくれた。見ればわかるが、頭でっかちで痩身のこけしが、空中を回転しながら着地するのは奇跡に近い。「これは、奇跡のこけしや！」と大阪弁で叫び、買わせてもらうことにした。五〇〇円で買ったこのこけしは家宝にしたい。

そのほか、同じ西荻エリアでは、伝聞だが「比良木屋」さんの本が一部崩落したという。「盛林堂書房」は、若旦那・小野純一さんのブログ「盛林堂の気まぐれ店番日記」から。

「本日午後、大きな地震がありました。いままでで初めて経験した大きな地震。怖いの一言。店は、ショーウィンドーがぐちゃぐちゃになり、数冊の本が落下。棚に陳列中の本が少し出た程度。人・本共に大きなダメージもなく、一安心です」。

神保町の古書店でも、小宮山書店など本棚が倒れて本が散乱するなどの被害があったと聞くが、あれほどの揺れを考えれば、おおむね「無事」ということばを使ってもいいのではないか。被災地の方々の無事を祈りつつ、来るべき東京大地震に備えて、耐震用の本棚はもっと研究されてもいいのではないか、というのが今回の感想です。

*――その後、国立の「谷川書店」「国立書房」、西荻窪の「なずな屋」は店を閉められた。

多摩丘陵を縦横にバス巡り

二〇一一年五月――東京・京王永山「佐伯書店」

佐伯書店

今回はバスに乗って古本屋巡り。JR国立駅南口から出ている京王「聖蹟桜ヶ丘」行きに乗り込み、そこから乗り換えて京王「永山」へ。帰りは「多摩センター」からJR「豊田」へと考えた。テレビ東京の名物シリーズに『ローカル路線バス乗り継ぎの旅』という番組がある。太川陽介、蛭子能収というコンビに、毎回女性ゲストを一人加えて、遠隔地まで鉄道や飛行機、あるいは高速バスやタクシーを使わず、路線バスだけを乗りついてたどりつくという企画。これがめっぽうおもしろく、毎回楽しみにしているのだが、見終わったあと、バス熱が高まるのだ。

地図を見るとわかるが、八王子から日野、多摩の一帯は、細かく区分けした市街図とともに、広く緑で示されたエリアや、等高線で描かれたエリアが見える。一九七〇年代に入居が始まった多摩ニュータウンは、それまでキツネやタヌキの住むような草深い丘陵地だった。スタジオジブリのアニメ『平成狸合戦ぽんぽこ』は、開発のため追い出されたタヌキたちが、手を組んで人間たちに復讐するという物語。そのタヌキを追い払ったニュータウンの一角にできた駅「永山」には、「佐伯書店」という未踏の古本屋がある。ほかの駅では「ブックオフ」が一軒。多摩丘陵を縦横に切り裂く大胆なコースだ。

某月某日、天気は晴れ。桜が散り急ぐ陽気のなか、聖蹟桜ヶ丘行きバスをふりだしとする。乗客は私を含め数名。三〇分弱で終点へ。ただし、駅前まで行かないで、二つ手前の「一の宮ストアー」で下車。すぐ目の前に「ブックオフ」がある。まずはここで肩ならしだ。一階がマンガ、CD、DVD、二階に本と雑誌の中規模店舗だが、拾えるものがまったくない。景気づけに黒柳徹子『トットのピクチャー・ブック』(新潮文庫、一九八四年)を買っておく。これまでに同じものを一〇冊以上は買っている。新潮文庫オリジナルで、武井武雄のイラストがカラーでふんだんに使われているのだ。

聖蹟桜ヶ丘駅前までは歩く。昨年、北口から少し西へ行ったところに、若い女性が「古書 玉椿」という古本屋を始めた。基本的に絵本や児童書が充実した「女子の古本屋」だが、ナチス、核、北欧ものと個性的な棚を作る有望株。古書組合にも加入したと聞くから、腰を据えた営業となるようで楽しみだ。駅前に『耳をすませば』モデル地の案内板があった。スタジオジブリの人気アニメ『耳をすませば』の舞台として使われたのが駅南側から大栗川を渡った桜ヶ丘の丘陵あたり。ファンがよく訪れるとあって、イラスト入りの親切なガイドだ。

駅北口のバスターミナルから「永山駅」行きに乗

り込む。客は二人。広い幹線道路の「鎌倉街道」を行くかと思ったら、バスはその手前で折れ、並走するかたちで伸びる細い道を行く。おそらくこちらが旧街道か。丘陵をかすめるようにアップダウンがあり、楽しい一二、三分のコースだった。永山は高架駅。その下がショッピングセンター、北口すぐに日医大病院がそびえ立つ。こんなところに本当に古本屋があるのか、と心配になるロケーションだったが、少し歩くと「本」という大きな看板の文字が見えてひと安心。「佐伯書店」は、「続々入荷」「店内在庫10万冊」と派手な電飾看板を掲げた二階建ての大きな店舗で、実用一点張りの風情である。

ここは日々更新怠りなく、日本全国の古本屋をしらみつぶしに踏破してレポートするサイト「古本屋ツアー・イン・ジャパン」により知った。圧巻なのは一〇〇円文庫、とにかくその量と質の高さが眩しすぎる、という記述に心魅かれた。階段を二階へ、整然と並ぶ棚に本がびっしり埋まる光景は、ちょっとチェーン店「ブックセンターいとう」を思わせる。たしかに、文庫も単行本も半分以上が一〇〇円均一という値段設定。すごい。ちなみに一〇〇円以外で値段のついているものも総じて安い。新潮日本文学アルバム『寺山修司』(一九九三年)三〇〇円も未所持だったら買っていただろうし、武満徹『遠い呼び声の彼方へ』(新潮社、一九九二年)が七〇〇円というのも安い。欲しいものが見つかれば、かなりの確率で買えそうだ。

しかし、私は私らしく一〇〇円棚に張り付いて以下を買った。海野弘『世紀末パノラマ館』(丸善ライブラリー、一九九三年)、群像日本の作家『宮沢賢治』(小学館、一九九〇年)、和田芳恵『接木の台』(集英社文庫、一九七九年)、庄司浅水『書物の国の散歩道』(現代教養文庫、一九五八年)。レジは一階。近隣の方はぜひ一度、行ってごらんになるといい。

これでカバンが少し膨らんで、京王線を使って「京王堀之内」駅へ。ここにも、駅から数分のところに「ブックオフ」がある。しばらくごぶさただが、娘が小学生のころ、家族で夕食後の散歩と称して、車に乗って多摩一円に点在する「ブックオフ」巡りをしたものだった。そのとき、この「京王堀之内店」へもよく寄ったのだ。岩波書店の旧志賀直哉全集（一九七三年）がほとんど全巻、一〇〇円で出ていたときは、思わず買いかけたが、置場所を考えてあきらめた。そんなこともあった。

この日は、一箱古本市などで売るための仕入れのつもりで文庫を中心に五冊。荒俣宏『新編 魔法の店』（ちくま文庫、一九八九年）、矢野誠一『志ん生の右手』（河出文庫、二〇〇七年）、谷崎潤一郎『潤一郎ラビリンス13 官能小説集』（中公文庫、一九九九年）、木村衣有子『京都のこころ A to Z』（ポプラ文庫、二〇〇九年）、新潮日本文学アルバム『太宰治』（一九八三年）。『日本古書通信』愛読者のみなさんには、申しわけないような駄菓子的な買い物だが、これが真実だからしかたがない。

ただ古本を買うためだけに下車して、ただ古本を買っただけでまた「京王堀之内」駅へ。駅構内にあるセルフのカフェでひと休み。「多摩センター」へは駅ひとつ分戻るかたちになる。行き先が多岐に分かれ、複雑なバス乗り場で「豊田駅北口」行きを案内板で見つけるが、巨大な歩道橋の降り場所が見つからず、たどりつくまでに大回りをしてしまう。人間のスケールと、町づくりのスケールがミスマッチしているようで、多摩センターへ来るといつも疲れるのだ。

しかし、そのうっぷんを晴らすように、多摩センターから豊田へ向うバス「豊32」は、運賃三四〇円、所要時間三〇分弱の非常におもしろく快適なバス旅だった。多摩センターを出たバスは、大きく右へ旋回し、多摩都市モノレールの高架下を北上していく。まるで高速道路のような、無機質な車窓の風景が広がり、途中のバス停で乗り降りする客もなく、ただただすっ飛ばしていく。

堰場交差点で野猿街道を左折、すぐ「ブックセンターいとう」が見えてくる。ここが本店。今みたいに立派な建てものになる前、倉庫を継ぎ足したような魔窟状態のとき、何度も訪れたことがある。中央大南の信号で右折したバスは、静かに山道を登っていく。途中「出現」という感じで目に飛び込んできたのが中央大学キャンパス。よくぞまあ、こんな辺鄙な場所に大学が、と溜息の出るような風景が目の前に広がる。授業をエスケープしても、それこそタヌキと遊ぶしかない。若い学生たちに同情してしまった。

この中央大のあたりがピークで、あとは山里のある谷へ降りていく。かつて多摩テックがあった動物公園通りへぶつかり、さらにバスは丘を下る。ゆっくり走るジェットコースターみたい。地形を身体で感じられるのがバスのいいところ。見たことも聞いたこともない町を抜け、川を越え、豊田駅に着いたころ、空が真っ黒になり、雨が降り出した。あわてて駅へ飛び込む。豊田駅を使うのも初めてだ。そんなことも、ちょっとした旅気分になる。

電車で最短距離をつなぐだけでは味わえない。次のバス巡りの散歩コースを、帰りの車内でさっそく考え始めた。

*——聖蹟桜ヶ丘の「ブックオフ」は駅前へ。「古書 玉椿」は高松市に移転され、現在はネット販売で営業中。

大阪、そして京都

二〇一一年六月——寝屋川市「金箔書房」

七月放送のテレビ番組に、古本ネタで出演することになり、五月に二度、京都へ行くことになった。NHK教育の『極める！』という番組で、一ヵ月四回、あるテーマをその道の達人とタレントが追究する。七月のテーマは「読書」。本好きで女優の佐藤江梨子さん

金箔書房

が出演する。そのうち一回が「古本」というわけで、指南役として私にお呼びがかかった。

二五分の番組ながら、事前のリサーチを含む準備期間があり、京都取材も二回に分けて行なう。ぜいたくな作り方だ。一回は、五月三日から京都市勧業館（みやこめっせ）で始まる古書即売会に、初日、口開けから参戦してほしい、とのこと。これは佐藤さん抜きで、京都の古本屋「善行堂」主人と競うところを撮影されることになった。

春の勧業館、夏の下鴨神社、秋の智恩寺を、われわれ古本者は「京都三大まつり」と呼んでいる。このうち、夏と秋は実家に帰省がてら、わりあい参戦していたが、勧業館はごぶさた。腕がなるというものだ。

前日、京都入りして、翌朝そうそうに撮影が始まる。余裕をもって昼前には京都へ着いていたが、スケジュール帳をあちこち見ていたら、この日、大阪・四天王寺でも古書即売会があると知る。ちょっと迷ったが、こちらは「まだ踏みもみず四天王寺」。ええい、と馬力をかけてJR新快速に乗り換えて大阪に直行だ。

新装なった新「大阪」駅をちらりと見上げて、地下へもぐるといきなり階段下の串カツ屋で、昼間から男どもがきこしめしている。プーンと酷使した油の匂い。大阪へ来たなあとこのとき実感するのだ。谷町線「四天王寺前夕陽ケ丘」駅下車、谷町筋から弓の弦のように細く膨らんで伸びる商店街を行くと、すぐ四天王寺が見える。谷沢永一が若き日、このあたりの長屋に住み、父親に違法増設してもらった鳥小屋のような書斎で、あの開高健と文学的蜜月の時間を過ごしていた。

四天王寺に足を踏み入れてわかったが、大阪出身ながら、ひょっとして即売会どころではない、天王寺さん（通称）に来ること自体、私は初体験ではないか。代表的な上方落語「天王寺詣り」を何度も聞いて、来たつもりになっていたか。落語では南の大門を、死んだ犬のクロを供養(ついでに父親も)に来た男がくぐってくる。私は西門から。けれど南門から入ったほうがよかったみたい。ちょっと会場探しに手間どりました。

天王寺さんでは彼岸に七日間だけ、無縁仏を供養する。その際に撞くのが「引導鐘《いんどうがね》」。それを犬のために撞くというから気楽な男があったもんで……の太子堂を見て感激。これがそうか。感想はそれだけでさっさと古本モードに入るのだから、落語の登場人物同様、気楽な男だ。しかし、境内に立てられたテントの数と、そこに並んだ本の量に圧倒される。規模としては関西最大の即売会ではないだろうか。

昼飯も食べず、二時間近く回遊したが、あまりに本が多すぎて、疲れた頭と目がなかなかついてこない。けっきょく、三〇〇円均一コーナーから、ほるぷ出版の日本児童文学館復刻シリーズのなかではちょっと珍しい、内田百閒『王様の背中』の保存函つき美本(一九七四年)を掘り出したのみ。しかし、浴びるように本を見られたことで満足なのだ。本当は、西門からすぐのところに、若い男性が始めた「一色《いっしき》文庫」という素敵な古本屋があるのだが、この日はちょっと寄れなかった。ごめんなさい。

「浴びるように本を見られたことで満足」と言ったその舌の根も乾かぬうちに、谷町線「天満橋」から京阪電車に乗り換えるころには、やっぱり一冊じゃあ淋しいなと、古本魂がうずき始め、気がついたら「寝屋川」で下車していた。ここに、駅前からすぐ、「金箔書房」があるのだ。私は枚方に長い間住み、高校は守口高校、その後住居は転々とするが、上京前に、最終的に住んでいた町の最寄り駅が「土居」だ。完全なる「京阪」男なのだ。今でも、大阪を走る電鉄は数々あれど、京阪電車に乗ると、裸足になって畳に寝転がったような気分になる。

「寝屋川」には昔から線路端に大衆本・雑本の巣窟たる「ひまわり堂」があり、かつては「徳永書店」「みどり書店」があった。良書を整然と並べた美しい棚を持つ「金箔」ができたときは、寝屋川で途中下車するのが楽しみになったものだ。二〇数年前、当時、まだ若かったご店主の顔を見て、すぐに「あ、天地書房にいた人だ」とわかった。そのうち、帰省した折りに立ち寄ると、あちらから声をかけて下さるようになり、その点でもありがたい店だ。

今回は、少し話をうかがうつもりで参上した。駅間から伸びる商店街の途中、ちょっと路地へ入ったところにある。駅から二、三分か。店頭均一には五〇円から文庫があり、ここでもよく拾わせてもらった。店内の整然とした印象は、通い始めたころと少しも変わっていない。一部エロや実用書、マンガなど下町の古本屋らしきジャンルもあるが、全般は文芸中心に、学術書まで、たぶん神保町へ通う人たちにも、何かしら心をくすぐる本が見つかりそうだ。

挨拶をして、店主・巻田光平さんに、そもそも開店はいつだったかを聞いてみたら、「天皇崩御の前年暮れ、昭和六三年、今年でまる二一年です」と淀みなくでてきた。天地書房上六店へ勤めたのは大学を出てすぐ。「私らのころは就職難。天地書房の先代の店主をちょっと知っていて、喋っているうち、『それならうちへ来い。そのかわり、給料は高卒並みやで』とおっしゃった。もともと、本は好きですし、お世話になることにした」。しかし、高卒の給料では厳しいのでは、と聞くと、「四万五千円です。普通、大卒なら七万くらいかな。そのかわり、昼、夜食べさせてもらって、不自由はしなかった。家族的な雰囲気の店で、よくしてもらったと思っています」ということだった。

本に紙の帯を巻いて、背に値段を書き込むやり方は「天地」ゆずり。その端正なペン文字は、ご本家の天地書房でも見慣れていた。二〇〇円、三〇〇円という本でも、その値段の帯が巻かれているのは驚くが。

天地書房から独立して、これだけは止めようと決めていたのが、通路に本を積むこと。「ついつい、便利でしてしまいますが、そうすると店が汚くなるし、後ろの本も見えない。けっきょく効率、悪いんです」と言われるとおり、みごとに床に本や雑誌が見えない。店にいる間にも、二〇〇円、三〇〇円と、文庫や実用書などが売れていく。駅の反対側には「ブックオフ」もあるのだが、手ごろな本の供給所として、「金箔」は町にうまく溶け込んでいるという印象を持った。

私は、本としてのたたずまいにしびれて、福原麟太郎随筆選集『昔の町にて』（垂水書房、一九六一年）八〇〇円、矢川澄子『アナイス・ニンの少女時代』（河出書房新社、二〇〇二年）五〇〇円、それに『本の雑誌』のバックナンバーを一冊、二〇〇円で買った。値段が思い切って手ごろなのも、「金箔」の魅力。来ると、必ず、また来ようと思うのだった。

翌朝は早起きして勧業館へ。実家からは歩いて行ける距離。開場三〇分前に着いたのに、すでに長蛇の列ができていた。善行堂、撮影するNHKクルーと簡単な打ち合わせ。次第に買うモードが高まってくる。ゲートが開き、各馬一勢のスタート。その結末は、七月一八日放送予定のNHK教育テレビをご覧になっていただきたい。

＊——「一色文庫」は天王寺区東高津町に移転された。

田園りぶらりあと久世光彦

二〇一一年七月——東京・田園調布「田園りぶらりあ」

いまはなき雑誌『アミューズ』（毎日新聞社）の取材で、作家の久世《くぜ》光彦《てるひこ》さんのお宅へうかがったのはちょうど一〇年前。久世さんと古本とのつきあいを聞いたのち、いきつけの古書店として、「田園りぶらりあ」へ

田園りぶらりあ

ご一緒したのだった。その後、二〇〇六年三月二日に久世さんは虚血性心不全で急逝。「田園りぶらりあ」の店主、下《しも》正雄さんも、数年前に大病をされて、しばらく店を休んでおられた。もともと、あんまり用のなかった田園調布がますます遠くなり、今回、訪問するのは、ひょっとしたら一〇年ぶりかもしれない。

再訪することになった理由を、どこから話せばよいか。久世邸へお邪魔したとき、久世夫人の朋子さんにも挨拶したのだが、私は朋子さんが久世プロデュースによるドラマ『ムー』および『ムー一族』に、由利徹の娘として「ともこ」役で出演していたことを知っていた。久世さんと朋子さんの、その後のいきさつは、「久世光彦との日々」という副題を持つ回想、久世朋子『テコちゃんの時間』（平凡社、二〇一〇年）に書かれてある。これ、いい本です。

その朋子さんとある場所で再会、ちょうど前著が出たところなので著者インタビューをさせてもらうことになった。場所は、久世さん亡き後、女手一つで始められた銀座のバー「茉莉花《ジャスミン》」。同い年ということ、私が久世ドラマの大ファンであることもあって、話がはずみ、久世邸へ遊びに行くことになった。ここでようやく「田園りぶらりあ」が出てくる。某月某日、「茉莉花」へ何度も行っている友人の脳天松家くん（ブログのハンドルネーム）と一緒に、東急池上線某駅で待ち合わせた。

久世邸でお茶とお菓子をごちそうになりながら、久世さんが生きて仕事をしていたそのままの書斎、そして書庫を拝見する僥倖も得た。『時間ですよ』『寺内貫太郎一家』の演出など、ドラマ界ではその名を知られていたが、初めて自著を出したのは一九八七年の『昭和幻燈館』（晶文社、のち中公文庫）で、作家デビューが一九九二年『一九三四年冬――乱歩』（集英社、のち新潮文庫）だったから、六〇歳を過ぎていた。私にはよくわかる。もともと大の本好きだったところへ、そういう人が自分の本を持てたことが、どれほどうれしかったか。

朋子さんの話では、本が出るたび、見本として送られてくる分、知人や関係者へ贈呈する分以外にも、自分用に版元からたくさん買い込んでいたという。それが、書庫の壁に段ボール箱に梱包されたまま堆く積み上げられていた。とくに、久世さんの著作は、ほとんど中島かほるさんが装幀を手がけ、変型・ハードカバーの美しい本が多かったから、なおさら、一冊でも多く自分の手許に置きたかったのではないか。

書斎の壁をぐるり囲む本棚には、小説を書くための資料、贈呈本、それによく参照するらしい文庫本などが並んでいた。小沼丹が、小沢書店の作品集と未知谷の全集、両方ともあったのが目についた。前者が出たのは七九年から八〇年。このとき知る人ぞ知る存在で、古書価も高くなかった。その後、現在にいたって、小沼丹は古本屋でも定価以上で楽々売れる人気作家となるのだが、その火付け役は、久世さんだったと私はみている。先に挙げた『昭和幻燈館』のなかに収録された「真青な夏 小沼丹」は、自身の戦中の疎開体験と、代表作『村のエトランジェ』をからめた魅力的な小沼丹論で、私もあわてて河出新書版『白孔雀のいるホテル』(一九五五年)を読みなおしたのだ。カバーのついていないこの河出新書を、一〇代の終わりに、たしか大阪・JR高槻(当時国鉄)駅前の古本屋で買ったのは、大好きだった庄野潤三『夕べの雲』(講談社文庫、一九七八年)の解説が小沼丹、だったからだ。

また、全集類では久保田万太郎(中央公論社版)に目がとまった。そうそう、『週刊新潮』連載をまとめた『冬の女たち——死のある風景』(新潮社、二〇〇二年)で、久世さんが久保田万太郎の俳句について書いていた。あとで確かめたら、全集は持っているが、文庫版の選句集『こでまり抄』(ふらんす堂文庫、一九九一年)のほうを愛用している、という話だった。

久世邸を辞して、朋子さんの運転で墓参り。そのあと、田園調布駅から数分の「田園りぶらりあ」へ寄った。脳天松家くんが真っ先に気付いたのだが、店の壁に、私が取材した『アミューズ』の記事が飾ってあった。朋子さんも、久しぶりらしく、元気になられた店主の下さんと挨拶を交わしていた。

いつ来ても、ここはほれぼれするいい店。まず本の量が多い。整理が行き届いて、本が見やすい。ないのはマンガとエロの類で、ほか各種ジャンルがよく揃っている。本棚が遮って、ご店主の目も気にならないし、ゆったりと本との対話が楽しめそうな店だ。全集類も豊富で、入口の床、あるいは棚の上部に積んである。珍しく入口が二つあり、ガラス窓が多いため、店内が外へ開かれていて明るい。それになんといっても値段が安い。

私はこの日、久保田万太郎を二冊、『火事息子』（文藝春秋新社、一九五七年）と『心残りの記』（筑摩書房、一九五八年）は、いずれも函入りで二〇〇〇円。どちらも見るからにいい本だが、久世邸で引っかかっていなかったら、手が出たかどうか。あと『馬込文士村ガイドブック』（大田区立郷土博物館、一九九六年）と現代教養文庫の大竹新助『写真・文学散歩』（一九五七年）を買う。これでまとめて七〇〇円。一〇〇〇円出しておつりをもらうのが恥ずかしいほど安い。とにかく久保田万太郎が買えたのはよかった。

下さんに挨拶すると、取材をしたことのお礼を言われ、また角田光代さんとの共著『古本道場』（ポプラ社、二〇〇〇年、のちポプラ文庫）で、角田さんが取材に見えたことも喜んでおられた。私が「田園りぶらりあ」へ行くように指令を出したのだ。角田さんもいい本がずいぶん安く買えたことに驚いていたようだ。こういう店を散歩道の途中に持っていた久世光彦がうらやましくなった。

家に帰って調べたら、『火事息子』は中公文庫版（一九七五年）を持っていた。しかし、浅草寺の写真を全面にあしらった函入りの元版はやっぱりいい。角川文庫版の『久保田万太郎句集』（一九五四年）を持っているような気がしたが、見当たらない。戸板康二の労作『久保田万太郎』（文春文庫、一九八三年）を読んでいたら、だんだん久保万熱が沸いてきた。全集を欲しいとは思わないが、手軽に読むとすれば、講談社文芸文庫『春泥・三の酉』（二〇〇二年）、岩波文庫『末枯・続末枯・露芝』（一九八五年）がある。『久保田万太郎』によれば、角川文庫から、浅草に関する随筆を集めた『浅草風土記』（一九五七年）という本が出ていたようで、これは何とか即売会などで拾いたい。いつでもどこでも目にする「ほるぷ日本近代文学館」に、『句集道芝』（一九八〇年）があるみたい。これも探そう。

　手っ取り早く、久保万の概略を手中に収めるには、この戸板康二による評伝を読んで、各社の日本文学全集の類から、久保田所収のものを探せばよい。中央公論社『日本の文学』に、里見弴とペアで一巻収録されている（第二八巻、一九六八年）。これが重宝しそうだ。研究者じゃないんだから、さしあたりこのあたりで十分。戦後に出たものなら、「田園りぶらりあ」の例もあるから、けっこう安く入手できそうな気がしてきた。

　古本巡りには、家を出たときには自分が持ち合わせていなかった新しい関心が加わることがあり、それが古本買いに大きく影響する。日々、発見がある。その見本のような一日だった。

*――角川文庫版『浅草風土記』はその後入手。

神戸から長野、長岡では踏切そばの一軒

二〇一一年八月――長岡市「有楽堂」

有楽堂

　六月二五日には神戸にいた。翌週の七月二日は長野、善光寺周辺をうろつき、翌三日は須坂から追分へ。一日おいて五日は長岡から新潟へ日帰りで旅行。ふだん

はほとんど東京都内でわだかまっている私としては、珍しく移動の多い二週間だった。いずれも古本がらみであるところだけは私らしい。

まずは神戸。元町商店街にある「海文堂書店」で、六月二四、二五、二六の三日間、「『女子の古本屋』による『女子の古本市』」というイベントがあった。拙著『女子の古本屋』がちくま文庫入りしたことを記念して、北は仙台から南は那覇まで、全国各地から五〇店もの「女子の古本屋」が参加、海文堂のギャラリースペースで古本市が開催されたのだ。

なか日の二五日には、私も乗り込み、京都「古書善行堂」、岐阜「徒然舎」の女性店主と一緒にトークをした。古本市会場は押すな押すなの盛況で、当然ながら女子率が高い。これはひょっとして、男子禁制でも成り立つのでは、と思えたほどだった。トークも立ち見が出るなど、「女子の古本」力を感じた一日だった。店売りをするしないは別として、ブックカフェというスタイルも含め、女性店主による古本屋は、これからも増えていくのではないか。

七月二日の長野は、書評委員を務める「信濃毎日新聞」の依頼で、およそ一ヵ月の間に、長野駅から善光寺までの周辺エリアにできた三軒のブックカフェを取材した。うち「ひふみよ」と「遊歴書房」は古本を扱う。三軒とも店主が三〇代前半の男性であることや、いかにも楽しそうに仕事をしているところに、長野の新風を感じさせた。家賃が安いのも魅力。「ひふみよ」など、二階建て店舗つき住宅で、店主はじっさいそこに住んでいるのだが、月に五万円で借りているという。店売りだけではきついが、カフェの上がりとネット販売も併せれば、長野ならあくせくしないでもやっていけそうだ。私も、歳取ったら移住しようかと考えたほどだ。

取材の途中で、「光風舎」に寄る。大門交差点を少し東へ行った道路沿いにある。店内はけっこうな広さ。不統一の大小の本棚を組み合わせて配置してあるので、ちょっと迷路状態。本の量も多い。私はこういう店、好きである。本のほかにレコードやDVDなども置いてあるため「雑然」度がアップ。均一で数冊、ほかに店内から、これはもうなかなか見なくなった金井美恵子の映画論集『映画、柔らかい肌』（河出書房新社、一九八三年）は値段がついていない。おそるおそるレジへ運ぶと、御主人がしばらく眺めて、「これは奥付に書き込みがあるから……」とおっしゃった。ということは「八〇〇円か一〇〇〇円かな」という心づもりを破り、三〇〇円と思いがけない返事にあわてて買った。書き込みといっても、前所有者の記名程度なのだが。

帳場の壁に古い柱時計があって、しかし針は停まっている。「これは、時間を忘れて、ゆっくり古本を楽しんでください、というメッセージですか?」と尋ねたら、ご主人、笑いながら首を振り、「この時計、時を告げる音がけっこう大きいんですよ。うるさいから、停めてしまいました」。おお、これまた思いがけない答えだ。

続いて、「光風舎」からくねくねと裏通りを歩くとすぐ、「団地堂」という長野では新顔の古本屋が見えてきた。二階がライブハウス、道を隔てて向かいは赤、緑、黄色が塗られた「憩カラフルハウス」（何かと思ったら公衆トイレ!）。不思議なロケーションのなかに不思議な古本屋がある。それが「団地堂」だ。「光風舎」を「雑然」と評したが、いやいやこの店に比べれば整理整頓が行き届いている。なにしろ、置かれているものは、本といわず、紙もの類や玩具といわず、散乱する古道具といわず、何がなんだかよくわからない店なのだ。

表にも皿やお盆のようなものなど、古物が転がっているが、これを熱心に値踏みしている老人がいる。首にタオルを巻いて、思いっきりくつろいだ団地堂さんは、この老人を丁重に扱い、繰り言とも思える進言を金言のように聞いている。矢吹丈と丹下段平みたいな関係だろうか。いずれにせよ、立ち寄る価値のある店であった。なんだか、長野に吹く古本の風が、いま熱いぞと呟きながら市中を歩いていた。

七月五日は私用があって新潟まで日帰りで出かけた。用事そのものは一時間ほどで済む。ならば古本屋巡りをからめない手はない。新潟は何度か足を運んでいるが、長岡は未踏。途中下車することにした。滞在時間は一時間半ほど。

長岡駅東口を出て、右の通りを少し行くと踏み切りを挟んで二軒、「成匠堂書店」と「有楽堂」がある。どっしりした手堅い品揃えの「成匠堂書店」では、奥野他見男『夜の巴里』（潮文閣、一九二四年）を一五〇〇円で買う。この戦前に流行したユーモア作家（いま読むと、かぎりなくくだらない）の本を、財布と相談しながら集めているが、『夜の巴里』は未所持だった。

踏切を渡るとすぐ、歳月を感じさせる「有楽堂」が見える。こちらは、「成匠堂」をもっと庶民的にした感じで、文庫新書がほとんど一〇〇円。踏切至近の古本屋と言えば、千葉県市川市八幡の「山本書店」をすぐ思い出すが、ほかにもあるだろうか。ちょっといいものです。文庫数冊を抜き出し、ご店主から少し話をうかがった。吉沢隆行さんは、もと別の場所でネット販売をされていたが、この店で一〇年ほど前から店売りを始めた。じつは、この店、もとは「コスモス書房」の店舗。「コスモス書房」は、この地で古く、数軒の店を経営されていが、この四月、大通りの店舗もたたみ、ネット販売に移行された。

「急に閉められたもんで、長岡の古本愛好家はみんな寂しがって、うちへ来て『なんで、閉めたんだ』と文句を言われる。うちに言われても（笑）」。

有楽堂さんは、東京の西部古書会館の市場へ月一度、本を仕入れに行ってらしたが、だんだん魅力的な荷が減ってきて、三回続けて空振りがあり、行かなくなったのだという。

それで、本が入らないと困ると思っていたら、地震以降、本の買い入れが増えて、なんとかしのいでいる。

棚の一番上に、全集やシリーズものがずらりと並び、その多くに「売約済」の札が下がっている。「これは?」と聞くと、上得意のお客さんが家に本がもう置けなくて、代金済みで商品をそのまま置いているとのこと。古本屋の棚が倉庫代わりに使われている。こんな手もあるんだ。お話のなかに「十日市」ということばが出てきて、さっき棚で見た『十日町小唄物語』(十日町市観光協会、一九九一年)八〇〇円を買うことにした。八〇年前に織物会社の宣伝ソングとして生まれ、戦後、「十日町小唄」として定着流通していく過程が描かれている。

「有楽堂」の帳場に「夕薄暮 踏切傍の古本屋」の句が、額に入って飾られていた。店のお客さんからのプレゼントということであったが、なるほど店にいても、ケーンケーンと踏切の音が響いてくる。古本屋は、置かれている本やご主人もそうだが、ロケーションも「味」になっていることを忘れてはならない。

帰りは城跡のあるほうから駅に向かう。メインストリートに「雑本堂」と看板のかかる古本屋を見つけるも休み。駅近くに、雰囲気のいい喫茶店を見つけたが、コーヒーを飲む時間もないあわただしい旅だ。また、再び長岡を訪れることがあるだろうか。

*――前出のように神戸「海文堂書店」は二〇一三年に閉店。「団地堂」は二〇一二年八月ごろから、権堂アーケードの店舗で営業。

世田谷線ぶらり古本散歩

二〇一一年九月――東京・豪徳寺「靖文堂書店」

靖文堂書店

二〇一一年七月に出た丸谷才一の文芸評論集『樹液そして果実』(集英社)を読んでいたら、「『雲のゆき来』による中村真一郎論」と題する一文で、タイトルに挙がった中村の長編小説を絶賛している。私は中村の長編

（たとえば『四季』）を学生時代に読んで投げ出したことがある。小説のなかでの時間の使い方や、インテリ同士の高級な会話や、心理主義的方法による複雑な心の動きや翻訳調の文体など、空々しくて頭に入ってこなかったのである。

ところが丸谷は「とにかくこの作家で一作を取るなら『雲のゆき来』。人生の真只中に死を投げ込まれて、それを何とかしのいで生きてゆく二人の男をまことに優雅に、まつたく新しい趣向の優雅さで描いてゐる」と褒める。そうまで言われれば触手が動くではないか。それに、『雲のゆき来』では、小説のなかから主人公が読者に呼びかけるかたちの、あっと驚く趣向があるという。その鮮やかなお手並みを確かめたいと思った。

中村真一郎の小説など、いまや誰も読まない。新潮書き下ろし長編に入った『恋の泉』（一九六二年）や『夏』（一九七八年）、その他「四季四部作」だって店頭均一で一〇〇円だ。それでも売れない。『雲のゆき来』（筑摩書房、一九六六年）だって、すぐ手に入るに違いないと思ったが、心が急くのでアマゾンで注文をした。現在、講談社文芸文庫（二〇〇五年）に収録されている。おそらく現在、文庫で読める中村の小説はこれ一冊のはず。

「日本の古本屋」でチェックしたら、『雲のゆき来』の初版本は講談社文芸文庫を定価（一四一八円）で買うより安い。こういうこと、よくあります。文学全集では、『新潮日本文学』の「中村真一郎」の巻（一九七二年）、それに『筑摩現代文学大系』では福永武彦と一緒の巻（第七五巻、一九七七年）に『雲のゆき来』が収められている。こちらなら、均一台で三〇〇円以下で掘り出せそうだ。

それで、待ちかねた一冊を読み始めたのだが、これがなかなかの難物。文庫カバーの解説を借りれば、「彦根藩二代目藩主の生母・春光院の弟、青春時代には江戸の噂になるほどの艶名を売り、やがて隠棲、僧侶としても文筆家としても一代の名声を担った元政上人」について、「私」による池の周りをぐるぐる回るような漢詩談議が始まる。かなり高尚な文学論が長々と続き、物語そのものはなかなか動き出さない。丸谷の後押しがなければ投げ出すところだ。

ただ「私」が桜のころ、近所にある「豪徳寺」を訪ねる場面がある。「元来は吉良氏の一夫人のために建てられたもので、その夫人の院号によって弘徳院と名付けられていた。文明十二年草創というから、十五世紀の末である。それが井伊掃部頭直孝が吉良家に代わってこの地の領主となるに及んで、寺は面目を一新し、直孝は『中興ノ開基』と讃えられ」、寺名も豪徳寺となったというのだ。

小田急小田原線に「豪徳寺」の駅名があるのは知っていたが、由来となる寺があり、井伊大老とその一族の墓があるとは知らなかった。最寄り駅は東急世田谷線「宮の坂」。『雲のゆき来』を読み進めるにあたって、はずみをつけるつもりで世田谷線に乗ることにした。「宮の坂」から「豪徳寺」駅まで歩けば、途中、二軒の古本屋に立ち寄れるはずだ。

この日のスタートは都立大学駅。ある建築家に話を聞くことになっていた。午前中に取材が終わり、渋谷経由で三軒茶屋へ。昼食をすませて世田谷線のホームへ向かうと、ちょうど電車が出るところ。車両は新式のタイプになっており、Ｓｕｉｃａも使える。座席は一人がけシートが両窓際に。最初に乗った二〇年前、まだ床が木材の車両が走っていたように思う。運賃は全区域均一で一四〇円。バスより安いな。

宮の坂駅で下車すると、ホームに隣接して、緑色のずんぐりした旧車両が展示してある。私の知っているのもこのタイプ。車内に入ることも可能で、待合室代わりか、制服姿の高校生が四、五人、シートに座って談笑していた。せっかくだから『雲のゆき来』の舞台である「豪徳寺」へ行こう。あうんの狛犬が乗った白い石柱が両側に。ここからが参道だ。

境内が広いのには驚いた。門をくぐってすぐ立派な三重の塔が見える。正面に緑青の大屋根をいただく本殿がある。「招き猫」で有名な寺、とこれはガイドブックから。なんだか神妙な気持ちになってきた。人影もなく蝉時雨だけがやかましい。左手に進むと一区画塀で囲まれた場所があり、ここが井伊家の墓地だ。桜田門外の変で暗殺された直弼の墓はいちばん奥。墓石に「三月二八日没」とあって（ぼくの誕生日じゃん）と驚いたが、じつは命日は三月三日で幕府がこれを隠そうとした、とこれもガイドブックから。勉強になるなあ。

『雲のゆき来』との対比をもう少し書きたいところだが、あとがなくなってきた。豪徳寺を出て、線路沿いに駅の「豪徳寺」を目ざす。途中、道が弓なりにカーブし、しばらく行くと右手に白っぽい店舗が見えて、ここが「靖文堂書店」。「豪徳寺商店街周辺散策マップ」では左側に記載されているが、つい最近、対面へ移転したようだ。それで店舗がきれいなんだ。

入口すぐ左脇にレジがあり、その下が二冊一〇〇円の文庫棚。ここから二冊拾う。センターに背中合わせの長い本棚。あとは壁沿いにぐるりと本棚が囲む標準タイプ。入ってすぐ右手の本棚二本分が一〇〇円均一。ここでも二冊買う。驚いたのは、文庫棚の右片面ほとんどが一〇〇円均一なのだ。こんなに大量の一〇〇均を店内で拝めるとは。一〇〇円以外も安い。磯田光一『永井荷風』（講談社文芸文庫、一九八九年）三〇〇円。新書にもおもしろいものが。十返肇『わが文壇散歩』（現代新書、一九五六年）が二〇〇円。振り返ると文芸書の棚があるが、こちらは二〇〇円から三〇〇円のものが多い。『長谷川四郎の自由時間』（土曜美術社、一九七五年）三〇〇円、岩阪恵子『掘るひと』（講談社、二〇〇六年）二〇〇円。靖文堂さんは南部古書会館の即売会でおなじみだが、まさに、あの五反田ガレージセールの価格帯だ。天井がいやに低いことも忘れてしまう。

買った本（八冊）をリュックに詰め替えて、先を急ぐ。靖文堂から玄華堂へは二〇〇メートルほどか。ただし、路地の奥にあるので注意。道の左側を注意して歩くことだ。本当に久々の「玄華堂」には、靖文堂とは別のためいきが出た。なんと充実し、完成された本棚だろう。「目のやり場がない」は、普通、色っぽい場面で使うが、玄華堂もいい本だらけすぎて目のやり場がない。とくに建築関係の書棚はすばらしく、『SD』始め雑誌のバックナンバーもずらりと棚を圧している。

美術関係のカタログ類も欲しいものばかりで、とりあえず、未所持だったINAXギャラリー『にっぽんの客船タイムトリップ』(二〇一〇年)九〇〇〇円、ひと目惚れした東京都庭園美術館二〇〇八年のカタログ『1930年代・東京——アール・デコの館(朝香宮邸)が生まれた時代』二五〇〇円を買う。レジで店番をしていた婦人に「いい本ばかりなので驚きました」と、つい言ってしまう。すぐ横の状差に、世田谷文学館の「和田誠展」招待券が見えたので、一枚いただく。うれしい気分が倍増だ(このあと買ったばかりの傘をどこかに置き忘れて帳消しだが)。

玄華堂から小田急「豪徳寺」駅まではすぐ。小田急は高架になって、豪徳寺駅もすっかり見違えるきれいな建物になっていた。成瀬巳喜男『めし』で、原節子と島崎雪子が実家へ向かうシーンがあるが、このとき、豪徳寺駅東側の線路土手が映る。改札を出て、石段をトントンと降りて、めちゃ安のラーメン屋のあるひなびた商店街、という景色はどこに行ったのか? そう考えると、豪徳寺商店街に二軒の個性的な古本屋さんが残っているのが心強い限りだ。駅前の商店街を少し行った左に「ブックオフ」があり、ここが散歩の打ち止めだ。

黒磯という町の女子の古本屋

二〇一一年一〇月――那須塩原市黒磯「白線文庫」

白線文庫

五〇歳を過ぎたら入会できる「大人の休日倶楽部」というＪＲ東日本の会があり、年会費は必要だが、いろいろ特典もある。いまのところ最大は、春と秋に発行される「大人の休日倶楽部」パスだ。期間中、四日間連続使用で、北は函館、西は金沢、長野、熱海あたりまで、新幹線も含め自由に乗り降りできる。六回だけだが指定も取れて一万五〇〇〇円。これ、すごいですよ。

例えば、私の場合、最寄りのＪＲ中央線の駅から仙台まで、大宮から新幹線を利用して、往復で二万円ちょっとかかる。つまり一日使えばもう元を取る感じだ。九月に入ってから、四日に山形県鶴岡、五日は仕事があったので、もったいないが一日分の権利をパスし、六日に松本、七日に栃木県那須塩原市の黒磯へ行ってきた。もちろんすべて古本屋がらみ。日帰りの旅です。早朝に出て、ほとんど一日つぶれるので、仕事のやりくりが大変だったが、旅は楽し。おかげでストレス解消になった。

今回、その三日のうち、黒磯の「白線文庫」のことを書こうと思う。今年、『女子の古本屋』がちくま文庫から出たのだが、単行本の後にできた「女子の古本屋」情報を増補として四〇〇字五〇枚くらい付け足した。取材したところもあれば、簡単なデータを載せただけの店もある。本当は春に、「青春18きっぷ」を使って「白線文庫」へ行くつもりだったが、あの大震災のため、計画は中止。残念に思っていたのだ。

東北方面へ行くのに、これまでは東京駅へ出て、そこから新幹線に乗っていたが、ルート検索できるサイトを使うと、武蔵野線で武蔵浦和へ出て、埼京線で大宮乗り換えで新幹線を捉まえるというのが時間短縮になるようだ。しかし、乗り換えが多くて、めんどうだという気もする。思い迷ったが、指示されたルートに従うことにした。

行きは指定を取らなくてもだいじょうぶ、と思って大宮エキナカで御弁当を買って、大宮駅から「やまびこ」自由席に乗り込んだら、どうしてどうして、けっこう満席に近い混みようだ。どうやら宇都宮以北へ仕事で出かけるビジネスマンたちらしい。みなさま、ご苦労さまです。私は古本屋へ行ってきます。

大宮を出たら一時間ほどで那須塩原。ここで東北本線に乗り換える。那須塩原駅で下りるのは初めてだが、駅前ががらんとして、やたらに広い駐車場があるだけ。無理やり作った新幹線の駅、という感じ。ぐっとローカル色の増した東北本線普通列車で、たった一駅、「黒磯」に着いた。観光案内所に立ち寄って、レンタサイクルがあれば借りようと思ったが、窓口は閉まって誰もいない。黒磯駅前周辺の観光マップだけもらって歩き出す。九月に入ってもまだまだ日ざしがきつい。

しかし、海もないのに、「黒磯」とはいかにと考えてたら、観光マップによれば（いま、それが見当たらない）市中を流れる那珂川を海に見立て、土が黒いところから地名がついた、というようなことだった。黒磯はかつて市だったが、那須塩原市に編入された。駅前からぶらぶら、商店街へ入っていったが、人影もなくがらんとしている。

一〇分ほど歩くと、少しひっこんだところに入口のある「白線文庫」にたどりついた。外見はふつうの民家だ。玄関入ってしばらく続くアプローチ脇に三〇〇円均一の低い棚がある。少し段差のある板間にはそのまま靴で上がる。すでに男性客が一人いて、熱心に本を見ていた。店内はけっこう広く、昔住居だった間取りそのままで、戸をとっぱらった広い空間に、それぞれ本が置かれている。非常に見やすい。中央テーブルにはカタログやビジュアル系の大型本が置かれ、おや、古いステレオがあるぞ。

室内は無音で、ときおり外を通る車の通過音だけが静けさを破る。誰もいなくなったところで、名前を告げ、帳場の若い女性に少し話を聞くことにした。「白線文庫」を経営するのは小島佳織さん。私の目から見たら、若くてきれいな女性。はきはきとためらいなく、お店をオープンするまでのことを話してくれた。

佳織さんの出身は鳥取。中学で吹奏楽、高校でオーケストラを熱心にやって、大阪の音楽大学へ入った。ダンナさんとは大阪で知り合った。大学卒業後、佳織さんはいくつかの大学図書館に勤務。本が好きだった。神戸といえば、いま誰でもその名を挙げる「口笛文庫」へ行ったとき感激して、将来、古本屋をやろうと思ったそうだ。

黒磯との出逢いは同地にある有名なカフェ「SHOZO」を訪ね、いっぺんで気に入ってしまった。ダンナさんが「SHOZO」カフェへの就職を決め、一緒に佳織さんも黒磯へ。思い切ったことだと思うが、「大阪は楽しかったのですが、もともと田舎育ちで、ちょっとゴミゴミした都会から離れたくなった」のだそうだ。たしかに大阪はゴミゴミだ。

最初はマンションを借り、地元で仕事を探したが、なかなか難しい。「図書館は短期だったり、条件が良くなかったりで、ハローワークに通う日々でしたが、そのうち、ハローワークに就職してしまった」というからマンガみたい。ところが、連日、職を求める人たちの応対は「ハードワーク」で、そんなとき、「SHOZO」さんから、いま「白線文庫」に使っている民家の空きがあるという話を聞いた。それが、古本屋開業のゴングとなった。

築四、五〇年の古い木造二階建て。いま、絵本などを置いている部屋の窓にはまった、模様つきのガラスを佳織さんはまず気に入った。すぐさま、マンションを引き払い、夫婦で二階に越して来た。ハローワークを辞め、一階住居部分を改装して古本屋「白線文庫」をスタートさせた。それが二年前。あれよあれよと事態が進展して、カフェほか雑貨や衣服など数店舗を周辺に持つ「SHOZO」を核に、この一帯がたちまちお洒落な文化スポットに変身してしまった。駅前には、週二日だけオープンする「タミゼクロイソ」がある。東京・恵比寿の中古家具「タミゼ」の支店で、一部古本も置かれているとか。

「いま使っている帳場の机も、椅子も、ステレオや家具も、多くは元住んでた方が使っていたものを、そのまま譲ってもらいました。床は畳をはがして、板を敷いたんです。これ、小学校の体育館の板です」。

なるほど、まだ白線のラインが床の板に一部残っている。古いものをそのまま活かした店づくりのせいか、なんだか、古くからこの町で営業しているみたいだ。道路に面した明るいガラス張りの部屋は、いまは作業中で閉鎖されているが、本来はここで自由に本が読める読書室となっている。入口近く、明るくて、いちばんいい場所なのだが、あえて、そこを読書室にする。ショップカードの出来もそうだが、全体にセンスがよくて、それも押し付けがましくなく、本の世界となじんでいる。すっかり感心してしまった。

せっかくだから、何か記念に一冊と選んだのが、深尾須磨子詩集『列島おんなのうた』(紀伊国屋書店、一九七二年)、一〇〇〇円だった。これを手渡すと、「あ、花森安治の装幀ですね。これ、好きなんです」と佳織さん。帰り、おすすめのカフェ「SHOZO」で、コーヒーを注文して、『列島おんなのうた』を開いた。

「私は血の気の多い列島おんな/きょうちくとうの花かげにサッフォと寝て/すみれいろの地中海に濡れそぼった」(「ボスボラスは星合の夜だった」)などと威勢のいい詩行に目が止まり、静かな黒磯の町のことを思っていた。

*——二〇一四年一一月、店主の佳織さんが出産。鳥取へ戻ることになり、「白線文庫」は店を閉じたが、二〇一五年七月、鳥取県東伯郡梨浜町にカフェを併設した「HAKUSEN」をオープンさせた。

値段がついていないのには汗が出た

二〇一一年一一月——山形県鶴岡市「阿部久書店」

前回に引き続き、「大人の休日倶楽部」パスを使った旅行の第二弾。九月の初旬、山形県の鶴岡まで日帰りの旅をしてきた。

阿部久書店

東京駅から新潟駅までMaxとき。ダブルデッカーの二階に予約席はあったが、席につくとき、老夫婦が上と下で離ればなれに席を取ったらしく、女性のほうが階段を降りていった。男性は私の隣り、窓ぎわに座る。それでは不便だろうと思い、「あのう、よかったら、私が下へ降りて、お二人ご一緒に座られたらどうですか」と提案してみた。しかし、意外にも「いやあ、いいんです、いいんです」と固辞される。

そのくせ、しばらくしたら、「ちょっと下へ行ってきます」と言って席を立ち、しばらく帰ってこない。どういう事情があるのかわからないが、戻って来たらまた席を立たねばならず、落ちつかない気分だ。ようやく、戻ってきたと思ったら、ビールの缶を開け、私に向かって話し始めた。富山まで葬儀へ行くという。九〇いくつかの親戚が死んだと、このご老人、聞かないことまで語る。最初のうち、「そうですか」とか「なるほど」と返事をしていたが、そのうち、窓に顔を向けて、勝手に喋っているふうなので、相槌をやめて、こちらは黙ってしまった。いろんな人がいるものだ。

新潟駅から羽越本線乗り換え。指定券の要る快速「きらきらうえつ」に乗り込む。これは、新幹線になんか乗るのはもったいないような優れた快速列車だった。四両編成で、両側二席のリクライニングシート。一両は丸々和風ラウンジになっていて、併設の「茶屋」（ミニビュッフェ）で弁当やビールを買って、そこで食べられるようになっている。先頭車両には運転席後ろに展望スペース。観光ガイドの車内アナウンスもひんぱんにあり、至れり尽くせりだ。鉄ちゃんにはたまらないだろう。事実、それらしき少年たちがカメラ片手に、席を温める暇もなく飛び回っていた。

隣席の初老の男性は横浜から。私と同様、「大人の休日」パスを使って、「一宮《いちのみや》」だけの神社巡りをしているという。神社巡りと古本屋巡りの男一人旅が隣り合わせた、というわけだ。平日の日本海が、車窓から背後に流れていく。どこも淋しい風景だ。一度、冬の日本海を見たいと思いながら、それは果たせないでいる。

鶴岡着が午後一二時半ごろ。駅前の観光案内所で無料のレンタサイクルがあることは確認済みで、向かうと、いま全車が出払っているという。一時になれば一台返ってくるというので、予約して、駅前ビルのなかにある和風食堂で昼飯を済ませる。酔狂な古本旅を続けているうちに、なんだか、旅慣れてきた。

食堂では週替わり定食（一〇五〇円）を頼んだのだが、薄いトンカツに刺身、短冊に切った山芋、香の物、味噌汁、ご飯がついている。中身よりそれを盛る器が、さすがにいい。鶴岡は古道具店が多い町だ。「池徳古美術店」へは寄りたいと思っていた。鶴岡へ行こうと決めて、たまたまテレビを見ていたら、ＮＨＫ『樹木希林の骨董珍道中』という番組の第一回が庄内へ古伊万里を探しに行く旅だった。指南役の尾久彰三が、ちょっと案内したい店があると樹木と訪れたのが、鶴岡市の町はずれにある骨董店「池徳古美術店」だ。骨董もあるが、雑多な生活民具も置かれているふうで、敷居は低そう。ちょうどいいチャンスだから、これも予定に入れる。

鶴岡市は町中の中心を蛇行して横切る「内川」の

北側が観光のメインで、鶴岡城跡の公園を始め、物産館、市役所など心臓部はここにある。そのため か、道中のメインストリートおよび、銀座通りと名のつく商店街は人影も少なくさびれていた。なにしろ、駅前すぐに西館と東館を擁する商業施設「MARICA」のうち、東館は閉鎖され店頭が駐輪場と化していたほどだ。

「阿部久書店」は、古びた商店街の先、内川にかかる大泉橋の近くにあった。二階建て店舗はかなりの年代物。店頭に五〇円均一の本棚がある。かなり広い一階店舗はほとんど新刊売り場で占められ、一部古本も置かれている。メインは二階。全集類が脇に積まれた階段を上がると、本棚が林立した売り場は薄暗く、店員もいなさそうだ。

本棚を少し目で追ってわかったが、厳密な分類はされていなく、あらゆるところにあらゆる本が並べられてあるという印象。各棚には前後の二重に本が並んでいるから、これは相当の量だ。全貌を把握することは早くにあきらめた。しかも、なんと、本に売値は書いてない。これは困った。窓は開閉されておらず、薄暗い通路を目を凝らしながら、しきりに流れる汗を拭く。汗は、値段が書いていない事態に遭遇したための汗でもある。私としては、川越の「坂井ぎやまん堂」さん以来の体験。

野呂邦暢『草のつるぎ』初版・帯の美本（文藝春秋、一九七四年）を見つけたが、なにしろ幾らかがわからない。うーん、とにかく、何か一冊買っておこう。川崎長太郎の『つゆ草』（文藝春秋、一九七七年）が、二刷だったので、高くても一〇〇〇円と踏んで、これを携えて階下へ。

レジにいたご店主に、びくびくしながら『つゆ草』を渡すと、あっさり「三〇〇円」と言う。えっ？ なんだ、そんなに安いの。少し話をうかがうと、もとは貸本との兼業で、のちに新刊を置くようになったという。一九九四年版以降は『全国古本屋地図』にも未記載のこの店を知ったのは、全国の古本屋完全踏破を目ざす「古本屋ツアー・イン・ジャパン」のブログのおかげだ。いまどき、これほど濃縮したような古本屋に出会うことはまれで、しばらく夢のなかに出て来そうだった。

　川沿いに自転車を再び走らせ、鶴岡公園内にある「藤沢周平記念館」を訪ねる。その前、公園の周りを走っていたら「丸谷病院」を発見。おそらく、この地出身の作家・丸谷才一の実家だろう。そういえば、「阿部久書店」には、丸谷の色紙(珍しい)が飾ってあった。藤沢周平記念館は新しく、美しい建物だったが、展示内容についてはこれといった感想もない。半円形のドアがついたカプセルみたいなトイレがいちばん印象的だった、と言えば叱られるか。

　そのあと、池徳古美術店へ行き、「テレビで見ました」なんて言って店のなかへ入ると、テレビそのまま(当たり前だ)の小柄な老女が「そうですか、どうぞ」と言う。ガラスケースのなかは、それなりに立派な道具もあるが、無造作に箱へ突っ込んだぐい呑みなどは五〇〇円から。記念に何か買おうと物色していたら、新潟から車で駆けつけたという老夫婦がにぎやかに乱入し、それを潮に店を出た。

　観光案内所でもらったパンフに、古い紡績工場を改装した映画館(鶴岡まちなかキネマ)があると知り、ここも足跡をつけた。昭和初期に建てられた木造工場が、廃業後、壊される予定だったのを、有志の運動で映画館として再生されることになったという。うれしいではありませんか。

　エントランススペースには、スナックコーナーがあり、壁はギャラリーとして使われており、子連れのお母さんたちにとって、映画は見なくても、ここを憩いの場として利用しているふうだった。こういう場にこそ、絵本や映画の本、雑誌を並べる古本コーナーがあってもいいのではないか、とこれは勝手な古本好きの旅人の妄想。

　さびれた商店街だけを見て、「地方はいま」と即断してはならない。たった数時間の滞在ながら、鶴岡は懐の深い、いい町だった。

＊――拙著『気まぐれ古書店紀行』でも触れたが、川越の「坂井ぎやまん堂」はご主人が亡くなり閉店された。

思いがけず札幌へ

二〇一一年一二月――札幌市「南陽堂書店」「弘南堂書店」

弘南堂書店

前回、鶴岡紀行を書いたとき「旅慣れてきた」なんて、自慢気に書いたバチがあたったか。とんでもないことが待ち受けていた。

一一月三日、映画『海炭市叙景』DVD化記念のイベントに招かれ、函館入りをしたのだが、それが思いがけない事態となったのだ。この佐藤泰志という作家の代表作が映画化されるについて、少しだけ関わりのあった私は、なんとしても行くぞと決めていた。ただし、映画化の実行委員会は、市民のボランティアが中心になっているぐらいで資金がない。告げられたギャラは、まともに航空券とホテルを取れば赤字になる。

なんとかして安く行きたい。一泊のホテル宿泊と往復航空券つきのパックをネット検索で予約。そこで大変な間違いを！　羽田から函館空港行きを予約したつもりが、最終確認書では「新千歳空港」となっている。ただちに、旅行会社に電話してみたが、変更は不可だという。自分のうかつさを呪ってみたが、どうしようもない。スーパー北斗という特急を使えば、イベント開演には間に合わないが、自分の出演（シンポジウムの司会）には滑り込むことができる。あとは、腹をくくって、当日、動くしかない。逆コースで言えば、函館から東京へ行くのに、名古屋回りで行くような感じだ。

朝八時出発の航空機で新千歳に着いたのが九時半。JR「みどりの窓口」で、新千歳〜函館間の往復乗車券と、スーパー北斗の特急券を取ってもらう。するど、札幌から函館までの乗車券を買ったほうが安くつくというのだ。鉄道ファンならすぐわかると思うが、そういう制度があるのだ。「そうか、札幌へ行くつもりなら、この切符で帰りに行けるんだ」とチラとこのとき思った。この時点でも、札幌へ立ち寄ることなど思いもしない。

そして三時間の函館までの旅が始まった。エイのしっぽがくるまったような内浦湾を車窓に見ながら、苫小牧、室蘭、長万部と耳に親しい駅名を過ぎてゆく。函館に着いたら午後二時近くだったが、あまりに長い半日に、気分はすでに夕暮れどきになっていた。会場へタクシーで駆けつけ、イベントも無事務めを果たした。その夜はすでに見知った方たちと楽しい打ち上げ。バー「杉の子」での二次会。函館の夜は過ぎて朝が来た。

早朝の函館駅。改札上の電光掲示板を見ると、指定を取った便より一本早い特急に乗れば終点は札幌で、飛行機の時間まで二時間は滞在できることに気付いた。新千歳空港利用という思いがけない失態のおかげで札幌がぐんと近くなった。これは、行くべし。すぐに特急指定の変更を申し出て、朝七時過ぎのスーパー北斗に乗り込んだ。これだから旅はおもしろい。

予定外の札幌行きだったので、駅に着いたはいいが、古本屋の情報はない。とりあえず記憶に従って北大までぶらぶら歩くことにした。正門南にすぐ「南陽堂書店」の看板が見えたときはほっとした。

通行手形として、店頭の均一から尾崎一雄『末っ子物語』（中公文庫、一九七七年）を一〇〇円で。入り口からは、それほど大きな店とは見えないが、ずっと本棚の列が奥まで続き、その先は店舗部分が広がっている。軽々と二店舗分はある印象。文学全集類も豊富で全体に学術書が多く、郷土史や理工系の本も充実。「老舗」という言葉が本当に似合う店だ。

レジで文庫一冊を差し出しながら、レジの女性に北大周辺の古本屋事情について質問すると、ぼくも持っている札幌の古本屋地図を取り出し、北大周辺で店売りをしているのは南陽堂書店と弘南堂書店、薫風書林は開けていないことが多いと告げられた。帰宅してから確認すると、『全国古本屋地図――21世紀版』の札幌のページには、地図つきで一〇店舗の記載がある。札幌ほどの大都市で、北大が目の前にあっても、いまや古本屋は成り立たないのか。「南陽堂書店」は、「札幌では、かつての一誠堂とならぶ老舗で、先代高木庄蔵氏は業界草分けの一人。弟の弘南堂とならぶ札幌の代表的な店」と『全国古本屋地図』にある。

次に向かったのは、その「弘南堂書店」。〝北13門〟のすぐ近くで、こちらも立派な店構え。入口両側の均一棚に良書がいっぱい。これには目をみはった。北村太郎『ぼくの現代詩入門』（大和書房、一九八二年）、『小沢信男さん、あなたはどうやって食ってきましたか』（編集グループSURE、二〇一一年）を各一〇〇円、『図説上海――モダン都市の150年』（河出書房新社、一九九八年）を二〇〇円、そして八木義徳の随筆集『男の居場所』（北海道新聞社、一九七八年）を二〇〇円で買う。これでも伸びる手を抑えたぐらい。最後の一冊は、北海道新聞社という版元に目が止まり、八木義徳は北大出身ではなかったかと思い出し、確かめたらそうだった。これを帰りの飛行機のなかで読もう。

「弘南堂書店」は広い店内に、あらゆるジャンルの本を整然と揃えた名店。とくに文学書初版本の充実、詩集が一棚あるのが見逃せない。文学書に限っていえば、店内がこれだけ選りすぐりだから、表の均一にどんどん良書を落とせるのだとわかった。和田義雄『札幌喫茶界昭和史』（財界さっぽろ、一九七三年）は一二〇〇円。新書をもう少し縦長にしたサイズで、札幌の喫茶店の歴史を具体的に店名を挙げて詳述している。マッチラベルの図版を多数収録。これも戦利品に加えてレジに。店内奥、長いカウンターには女性が三人。それに老齢の紳士が座っている。

もう少し若い男性が、棚の整理をしていたから、従業員の多い店だ。

お金を支払い、均一の買い物に店専用の紙袋に入れてもらい、恐縮しながら領収書をお願いして、自分の名前を告げると、静かに座っていた店主らしき男性がこちらへ顔を向け、「おかざきさん？ 文章を書いている岡崎武志さん？」と声をかけられたのでびっくり。再び恐縮して挨拶を交わし、「こちらへどうぞ」と椅子をすすめられた。

三〇分ほど、お茶をごちそうになりながら話をうかがったら、「南陽堂」の兄弟店となる「弘南堂」高木庄治さんは、なんと若き日に、「日本古書通信社」に勤めていたという。一九五七年(私の生まれた年だ)に北海道へ戻り、一一月に「弘南堂」を開店させた。

「北大の北正門とイチョウ並木のある北13条門のあいだに店を構えれば、知的関心を持つ者なら素通りできないはずで、じっさいに昔は繁昌しました。今は、なかなか店のなかへ入ってこない。かつては名だたる北大の教授たちとも、この場所でお茶を飲みながら語らったものです。そんなこともなくなりました」。

往時を偲んで、おだやかに高木さんはそう語る。北海道の古本業界史についてもくわしくうかがった。詳述はしないが、札幌古書籍商組合のホームページに「組合の沿革」として、高木さん自身が腕を奮っておられる。

北大構内で古本市が開かれたこともあるという。六〇年代、学生運動華やかりしころの話で、そのころは「吉本隆明などは入荷すれば飛ぶように売れた。いま表の均一棚に並べてもまったくです」という。北大のポプラ並木がきれいですよ、と薦められ、残る古本屋巡りはあきらめて、北大構内を黄葉散策を楽しむ市民に混じってそぞろ歩く。観光客気分で、駅の反対側にある「時計台」もチェック。失敗をいかに成功に変えるか。人生の教訓を得たような北海道一泊二日の旅だった。

あとで、八木義徳『男の居場所』を読んでいると、ページの間から、変色したポプラの葉が一枚出てきた。数十年前のポプラ並木の落葉だろうか。

1月　東京・武蔵小山「九曜書房」

2月　東京・上野「上野古書のまち」

3月　大阪市「駒鳥文庫」

4月　大阪市「キーツ・アンド・カンパニー」

5月　東京・江古田「銀のさじ書店」

6月　東京・北区堀船「梶原書店」

7月　秩父市「武甲書店」

8月　富士吉田市「不二御堂」

9月　京都市「nowaki」

10月　東京・西荻窪「古書 西荻モンガ堂」

11月　東京・板橋区「板橋書店」ほか

12月　青梅市東青梅「青梅多摩書房」

二〇一一【第七部】

晴れた師走に武蔵小山へ

二〇一二年一月――東京・武蔵小山「九曜書房」

九曜書房

一一月末から師走に入って、年末進行で締め切りが早まるこの時期、本連載もご同様でまたたくまに期限が!

一二月四日は日曜日。晴れておだやかな日和の午後、取材の用意をして家を飛び出す。向かうは本所松坂町……というのは「忠臣蔵」。今年は「松の廊下」から三〇〇年目らしい。

もとい、向かったのは目黒線「武蔵小山」。「九曜《くよう》書房」さんを訪ねるのだ。私はこれが初めて。今回、店主の加藤隆さんがお留守で、話をうかがえなかったのだが、南部古書会館(五反田)の古書展ではおなじみの店。お店では買ったことがないが、五反田では何度も買わせてもらっている。仲間から「九曜」さんと呼ばれる加藤さんは、知的で柔和な風貌で、ちゃんと話したことはないが、勝手に親しみを感じていた。

ところで「武蔵小山」だが、この「武蔵」と名のつく駅名がやたらに多く、混乱のもとになっている。北は「武蔵浦和」に始まって、「武蔵関」が西武新宿線、「武蔵小金井」が中央線、東急東横線(東急目黒線)「武蔵小杉」、東急多摩川線「武蔵新田」に、この「武蔵小山」等々と広範囲に散らばっている。そのため、沿線に住んでいないと、駅名を言われても、すぐにどのあたりと見当がつかないのだ。

「武蔵小山」は、二〇一一年一月の回で戸越銀座を歩いたとき、足を伸ばして「戸越」からゴール駅としてすでに踏破済み。しかし、この日は地下駅から地上へ出て、ロータリーを見るまでそのことを忘れていた。『ミーツ・リージョナル別冊――東京通本』(京阪神エルマガジン社、二〇〇九年)という街ガイド本では、「ターミナルの向こう、ゴキゲンなとなり街」の一つとして「武蔵小山」を紹介。該当ページには「目黒から二駅の地方都市」と見出しが付けられている。

たしかに、地上へ出るとすぐ、西口の目の前に立ち飲み客が群がる焼き鳥屋「鳥勇」の赤い幌が目に入るロケーションは、「地方都市」ふう。目黒線は旧目蒲線。駅が地下へもぐったのは二〇〇八年で、駅ビルが完成したのは二〇一〇年。どおりでロータリーが新しい。しかし、この焼き鳥屋とその裏筋にある横丁の飲食店街は、おそらく目蒲線時代の匂いをそのまま残す一角だ。

「九曜書房」さんは東口から、駅前高校と呼びたくなる「小山台高校」の塀に沿って、昭和っぽい路地を進むと数分でたどりつける。右に学校の塀、左が飲食店のなかにある古本屋というのは、ちょっと記憶にない。ずっと「左」を意識していたので、あとになるまで気付かなかったが、店の前、この塀際に黒いカゴを積み木のように積みあげた均一コーナーがあったのだ。店の入口脇には、『サライ』など雑誌のラックがあるだけで、じつは均一台がないことが気になってはいた。なあんだ。ここにいたのか。

店中央に背中合わせの本棚、あとは壁一面ぐるりと本棚が収まっている。入ってすぐ左に五〇〇円均一の本棚が三列。その向こうは大型本で展覧会の図録などが中心。帳場脇の奥にも大型本の本棚があり、こちらは写真集がずらり。森山大道、なんて名前が見える。これだけでも、駅前の横丁にある町の古本屋、と言って思い浮かぶ品揃えとはかなり違うことがわかる。第一、マンガとエロ、主婦向けの実用書といった類がない。

そのほか、どの本棚にも南部古書会館古書展の二階で売られているような本がゴロゴロとある。五〇〇円均一の本棚の背後には、化粧・美容・ファッションなどの女性風俗、新書館、サンリオ、文化出版局の乙女本、鴨居羊子『午後の踊り子』(署名入り、角川書店、一九八〇年)という珍しい一冊ほか揃っていて、その下、草森紳一と徳川夢声が並んでいる。

やくざ、泥棒、キャバレー、性風俗のコーナーがあれば、下着、落書き、トイレと続いて、この「トイレ」本の充実にも驚いた。真鍋博著作および装幀本や書肆ユリイカの吉岡実詩集『僧侶』(一九五八年)、北園克衛詩集『黄いろい楕円』(宝文館、一九五三年)など詩集の珍しいところも。目が勝手に吸い寄せられていくような棚だ。

店番をしている男性に挨拶すると、私のことを知ってくれているという。「『sumus』も集めていますし、京都の『善行堂』さんへも行きました」なんて、びっくり。長く古本屋取材を続けてきてよかったと思える一瞬だ。話している際中に気付いたが、展覧会図録がぎっしり詰まった棚の下に、状態のいい切手シートがたくさん入った箱がある。一〇円、一五円、二〇円切手が中心だが、三〇年以上前のものが多いようだ。しかも、値段は郵便局で買う額面の八割。私は職業柄、切手をよく使うので、デザインのおもしろいものを中心に、ここで五、六枚買わせてもらった。

そのほか、古本関係の本や資料の揃った棚から沖田信悦『植民地時代の古本屋たち』(寿郎社、二〇〇七年)を一〇〇〇円。五〇〇円均一から、すでに所持しているが荒川洋治詩集『渡世』(筑摩書房、一九九七年)には、荒川さんの文章やインタビューなど新聞記事がいっぱい挟み込まれていて、おもしろいと思って買う。

「買う」という行為には、次の購買意欲を引っ張り出す力があるらしく、帳場で精算するとき、ちらりと文庫棚に見えた『ムーンライダーズ詩集』(新潮文庫、一九八六年)二〇〇円を「ついでにこれも」と差し出した。まだまだ買えそうという余韻を残しながら、九曜さんを後に、今度は駅の反対側へ。西口から四〇〇メートル続くというアーケード商店街「パルム」は、村祭りかと思う人出で、満足に歩けない状態。どこにもあるチェーンの飲食店もあれば、地元で長く商売を続ける店もある。その混在ぶりが活気を作っている。『ミーツ・リージョナル別冊』には、

「あか抜けなさ加減もむさこの味」(「むさこ」は武蔵小山の略)と書かれてあったが、どこかに「村」の味を残すところが、「パルム」が成功した理由ではないか。

商店街を抜ければ中原街道にぶつかる。ここを左折して、最初の信号を渡ったところに「小川書店」。こちらも「五反田」ではおなじみ。マンションの一階にあり、二方向から入口がある。店内の半分が軍事・戦争もので、その充実ぶりがすごい。もちろん、東京・江戸関係や映画・芸能などのコーナーもあり、専門以外でも楽しめる店である。さっきからずっと、帳場でパソコンに向かっているご店主の脇で、小さなお子さんが鉄道の写真帳をめくりながら、お父さんにしきりに話しかけている。可愛らしい。

小川書店さんでは、店頭均一の文庫台から抜かせてもらった新潮文庫三冊、各一〇〇円を買わせてもらう。高田隆雄監修『時刻表百年史』(一九八六年)、安野光雅・三木卓『らんぷと水鉄砲』(一九八五年)、横尾忠則編『谷内六郎の絵本歳時記』(一九八一年)は、いずれも本文用紙にアート紙を使った、オールカラーのビジュアル文庫。

古本屋巡りを終え、中原街道を渡って、斜めに住宅地に切れ込んでいく道をまっすぐ行くと「清水湯」がある。黒湯の出る温泉銭湯で、店構えは小料理屋のよう。テレビ番組のなかでも、ひんぱんに紹介されている。「清水湯」の「清水」は、むかしこの一帯で使われた地名の名残りらしい。日曜とあって、男湯は(女湯は覗けないが、おそらく)いっぱいだ。

首まで沈めると、もう腹や手足や見えなくなるぐらい濃い茶褐色の湯は、かつて海だった時代の深層に沈む海草の成分が溶け込んでいて、強い刺激臭もなく、非常に気持ちがいい。東京の銭湯にしては、温度がぬるめなのもありがたい。

さっぱりした身体を冷まして、服を着てから休憩所へ。自動販売機で瓶に入ったコーヒー牛乳を飲む。コーヒー牛乳なんて、何十年ぶりだろう。うまかった。

忍ぶ忍ばず無縁坂

二〇一二年二月――東京・上野「上野古書のまち」

上野古書のまち

新春そうそう、飯倉片町《いいくらかたまち》の梶井基次郎下宿跡を訪ねて植木坂を踏破し、またぞろ「坂」熱がぶり返してきた。一時期、東京の坂巡りに夢中となり、坂だけを拾って、東京の町をジグザグと歩いたことがあった。東京は坂だらけの町、なのである。

ある程度の勾配を持つこと、坂の名と周辺に歴史的由緒があること、ロケーションに明治および江戸の気風を遺していることなどが、名坂の基準。これに合致したAクラスの坂がまだまだ未踏のままなのだ。せっかく灯った「坂」熱の火だから、絶やさずにしたい。

次はどこかと画策しているころ、本の整理をしていたら、『ちくま日本文学全集』の『森鷗外』（一九九二年）の巻が目に止まって、冒頭の「大発見」を初めて読んだ。これは、西洋人もハナクソをほじるかというテーマについて延々研究した短編で、結論は「欧羅巴人も鼻糞をほじりますよ」という。これが「大発見」。陸軍軍医総監にまで上り詰めた明治の文豪が、なんてバカバカしい。

へえ、鷗外って、こんな作品も書いていたんだ、と急に親しみが沸いてきた。かつて山崎正和『鷗外――闘う家長』（河出書房新社、一九七二年）や、森まゆみ『鷗外の坂』（新潮社、一九九七年）をワクワクしながら読んだ記憶はあるが、並び称せられる漱石に比べ、鷗外の作品自体にはあんまり関心がなかったのだ。失礼しました。

そうなると、これはもう「無縁坂」でしょう。明治四四年『スバル』に発表された『雁』は、語り手の「僕」が、同じ下宿に住む帝大生・岡田と、彼に心を寄せる高利貸しの妾・お玉との淡い交流をレポートするスタイルで描かれた短編。この「お玉」が住んでいるのが、上野の不忍池から東京大学へ抜ける途中にある「無縁坂」なのだ。「僕」と岡田が心安くなったのは、同じ古本屋でよく出会うから、という設定もいい。

さあ「無縁坂」を歩くぞ、と決めて一月一三日はスタートした。ひさびさの上野行きだから、駅前にある「上野古書のまち」もからめよう。そうすれば、本連載の取材にもなる。参考書は『東京人』の「特集漱石・鷗外の散歩道」(都市出版、一九九三年七月号)と、森まゆみの名著『鷗外の坂』(新潮文庫、二〇〇〇年)だ。いま、検索したら、後者は品切れですよ。もったいない(その後、中公文庫、二〇一二年に収録された)。

この日は神保町経由で、竹橋の毎日新聞社でレギュラーの仕事をしたあと、心も身体も身軽になる予定。まずは古書会館「愛書会」を軽く撫でて、神保町へ繰り出そう。「愛書会」では、水平書館さん出品のビニール袋にごちゃごちゃ入った紙もの一式を一〇〇〇円で、これは福袋のつもりで買う。なかに昭和三五年一月五日宝塚大劇場のチケット半券が(加茂さくらだ!)。普通ならスルーした、富士川英郎『鷗外雑志』(小沢書店、一九八三年)も、「鷗外」の文字に目が止まり買う。買う理由なんて、いくらでもつけられるものだ。ほか数点がこの日の釣果。まずまずの出足だ。

このあと、神保町古書店街を均一だけ拾って、毎日新聞社で無事務めを果たす。地下鉄を乗り継いで上野の地上へ出たら、顔の上気した修学旅行生らしい一群と出会う。東北の高校生だろうか。「揚げ饅頭を八つも食べた」なんて話している。

西郷口の目の前に昔ながらのビル(上野松竹デパート)があり、この入口と地下に「上野古書のまち」が入っている。八〇坪という広いフロアに一一店舗がひしめきあい、まさに常設の「古本市」。以前はデパート一階のお土産物売り場の奥にあったが、いつのまにか地下に移動していた。

なかへ入ると、四方の壁をぐるりと本棚が取り囲み、その間を本棚とワゴンが林立している。けっこうお客さんが入っている。目立つのは各種美術展カタログや、美術全集やシリーズものの大判の本だ。書道全集、小学館の『土門拳全集』（一九八三〜八五年）、三一書房の『少年小説大系』（一九八六〜九七年）、講談社の一巻本『初山滋作品集』（一九七三年）なんてのもある。簡単には動かないジャンルと思われるが、広いスペースがあるから置けるのだ。八〇坪を持つ余裕だろう。

土地柄、江戸・東京ものや、漱石・鷗外などの文学書がもっとあるかと思ったが、そうでもない。柔らかいものから硬いものまで、何でも揃えているのが特徴。文庫の量も多い。芭蕉の研究書も充実。上野にはぶらりと立ち寄れる古本屋があまりないので、ありがたい存在だ。

じっくり見ていたら、たちまち一時間が過ぎ、本当は散歩の締めを池之端にある黒湯の銭湯「六龍鉱泉」でと思い、用意もしてきたが、その時間はなくなってしまった。上野駅に敬意を表して、「ふるさとの訛りなつかし停車場の人ごみの中にそを聴きにゆく」と歌った啄木の本を一冊買う。角川書店刊『近代文学鑑賞講座』の一冊『石川啄木』（一九六〇年）は三〇〇円。名だたる文学者や評論家によるていねいな作品鑑賞と研究論文が収録されていて便利。このシリーズは好きだ。

上野公園前交差点から不忍池へ。この一角に「下町風俗資料館」がある。明治の下町長屋や銭湯の入口、カフェなどを館内に再現し、生活用具や写真、劇場パンフなど紙ものも展示してあってなかなか楽しい。室内を再現したこういった展示では、普通、なかへ入るなと断り書きがあるものだが、ここはどんどん靴を脱いで入っても大丈夫。粋な計らいだ。おかげで、生まれて初めて銭湯の番台に座った。

葦がびっしり水面を覆った不忍池には、すでに夕暮れが忍び寄っている。空気が急に冷たくなってきた。少し急ぎ足で「無縁坂」へ向かう。『雁』には、「そのころから無縁坂の南側は岩崎の邸であったが、まだ今のような巍々たる土塀で囲ってはなかった。きたない石垣が築いてあって、苔蒸した石と石の間から、歯朶や杉菜が覗いていた」と書かれてある。高い石段の上にある旧岩崎邸は、いま庭園として公開され、北側に暗い影を作っている。

坂の名は、かつて坂上にあった「無縁山法界寺」に由来する。この寺が二つに分かれ、その一つ「講安寺」は今も坂の途中にある。森まゆみ『鷗外の坂』で、講安寺住職に取材した際、「いまやお玉さんの『雁』よりも、さだまさしの作詞作曲した『無縁坂』の方で訪ねてくる人が多いんですよ、と笑った」という。いまや、さだまさし『無縁坂』の効能も怪しいものだ。この曲がヒットしたのは、三〇年以上も前だから。

「無縁坂とは幸薄いお玉の人生を象徴するような坂の名である。いくら心に思っても縁がないと読める。抹香臭くもある」と森まゆみは書いている。また、「明治の殖産興業や立身出世の『明るさ』の象徴が岩崎邸なら、その裏塀の鼻先にひっそり住むお玉は明治の『暗さ』を現している」とも言う。その「暗さ」に引きずり込まれることなく、岡田は、卒業を待たずして洋行していく。彼の未来は「明るい」だろうか。

『雁』の岡田の下宿は、この先、東大の塀に沿って稲妻のように折れ曲がった角にある鉄門近くにあった。鷗外も若き日、同じ場所に下宿していた。岡田は、下宿を出て「寂しい無縁坂を降りて、藍染川のお歯黒のやうな水の流れ込む不忍の池の北側を廻って、上野の山をぶらつく」のが散歩コース。この日、私が歩いたコースとは逆だ。私は春日通へ出て、丸の内線「本郷三丁目」がゴール。東京西郊の自宅から加算されたこの日の歩数は、ほぼ一万歩に達した（携帯電話に万歩計の機能がついている）。

*――「上野古書のまち」は二〇一二年に閉店。参加店を中心に「浅草古書のまち」をオープンされたが、二〇一四年四月に閉店された。

大阪に誕生した映画専門店

二〇一二年三月――大阪市「駒鳥文庫」

駒鳥文庫

『男の隠れ家』（三栄書房）という男性向け趣味雑誌から、古本屋特集をやりたいということで一月末に声がかかった。東京では早稲田、大阪では天神橋筋商店街と、二つの古本屋街を歩きながらガイドするのが役目。仕事とはいえ、古本屋巡りとなったら、毎度のこととはいえ、楽しい。

とくに天神橋筋商店街の各店は、「矢野書房」「天牛書房」「ハナ書房」「高山文庫」「青空書房」「ワイルドバンチ」といずれも各ご店主と顔なじみだからやりやすい。しょっぱなの「矢野」さんでは、「天神橋筋・中崎町界隈 古書店マップ」という一枚ものの地図をもらった。これがよくできている。

作成したのは関西大学の「社会的信頼システム創生センター」のメンバーで、同大学の学生さんらしい。この事務所が「矢野書房」のすぐ近くにある縁から、自主的に制作してくれたようだ。全部で三〇軒が一枚のエリア地図に収まるほど、ここ一〇年くらいの間に、この界隈に古本屋が集まってきたことが、ひと目でわかる。

地図の南の端が大川（旧淀川）に架かる天神橋で、すぐ右脇に天満青物市場跡の印がある。その少し北に位置するのが「駒鳥文庫」。最寄りの駅、地下鉄谷町線「南森町」からは少し歩くことになるが、ここは未踏。取材が終わった翌日、新幹線に乗り込む前に訪れることにした。行ったことのない古本屋、というだけで前日からわくわくする。この昂りがあるかぎり、古本屋探訪は続けていけそうだ。

この日の取材は、ライブイベントも定期的に行なっている「ワイルドバンチ」で打ち止め。編集スタッフと別れて、そこからすぐ、長柄《ながら》東の団地に住む知人の家に泊めてもらうことになっていた。

その知人とは詩人の村岡眞澄さん。かつて、大阪で一緒に同人誌をやっていた仲間で、村岡さんは主宰者だった。いまは短大等で教鞭を取っておられる。私が上京してからも、年に一度くらいは、顔を合わせる仲である。私が甘えられる、大阪の兄貴分といったところ。

村岡さんと、久し振りに四方山話をするうち、大阪へ来たときに、何かをし忘れていたような気がしていた、そのことを思い出した。『颱風一家』(思潮社、二〇〇〇年)という詩集を持つ詩人の本庄ひろしさんが、実家の赤穂を引き揚げ、夫人で川柳作家の大西泰世さんと大阪で居酒屋を経営していると聞いていたのだ。店の名前は「文庫ヤ」さん。

「そうだ、そうだ。『文庫ヤ』へ行かなくちゃ」と村岡さんに言うと、そう言えば、案内をもらっていたから、今から行こうと話は決まった。ただし案内ハガキがすぐには見当たらない。だいたいの場所を覚えているからと、タクシーを飛ばしたのが、今日、古本屋取材でうろちょろしていた天神橋筋商店街の南森町からすぐのところ。

ところが、あるべき場所に店がない。というより、ほかの店名の居酒屋が営業中。店名に間違いはないから、ここではない。通りがかりの男性をつかまえて、尋ねてみると「ここにあったはず」と言うではないか。オープンして一年ほどしかたっていないから、すぐに閉めてしまうことも考えにくい。まったくキツネにつままれたような話だった。

村岡さんが、「文庫ヤ」を知っている知人に電話しても、そこにあるはず、と要領を得ない。電話番号を調べてもらい、そこへかけてみて解決。なんと、北新地に移転していたのだ。すぐに新店舗に電話し、これから行くからと、またタクシーを飛ばして北へ北へ。その夜は北新地で沈没。高級クラブがひしめく大阪一の飲食街へ足を運ぶとは、昼間、古本屋取材をしていたときには、想像だにしなかった。

翌朝は、早くに村岡家を辞し、地下鉄で恵比寿町まで出る。阪堺線というちんちん電車で堺へ。観光案内所で電動自転車を借り、古い寺町を川沿いに二時間ほど散策。雨が激しくなってきたところで、また大阪市中へ戻り、駒鳥文庫を訪ねた。こんなところにまさか、というような裏通りのビル一階に、駒鳥文庫は入っていた。

店の中央に木製の大きな脚立。両側の壁に本棚があり、びっしり埋めるのは、これすべて映画関係の本と雑誌。映画書専門の古本屋なのだ。二〇一〇年一〇月のオープン。一九七四年生まれの若い店主は、阿倍野「黒崎書店」で五年働いて独立したという。だから古書籍組合にも加入している。

少し話を聞いてみたら、もっと若いころは映画の仕事をやりたくて、専門学校にも通ったという。「黒崎書店」に勤めたことで進路を変更。「古本を通して、映画のおもしろさを伝える」ことを目標に、映画書専門の店を持つことにした。『ジョン・カサヴェデスは語る』（ビターズ・エンド、二〇〇〇年）、『アメリカの実験映画』（フィルムアート社、一九七二年）、『ゴダール全集』（竹内書店、一九七〇～七一年）、『遊侠一匹——加藤泰の世界』（幻灯社、一九七〇年）それに『勝手にしやがれ』パンフなどが目の端にちらちらと飛び込んでくる。

「名画座のロビーに、こんな本が並んだ本棚があったら、欲しくなるよね」と言うと、我が意を得たりというふうに、「『映画館のロビーにある本棚』がコンセプトなんですよ」と店主は言った。映画が始まるのを待つ間、あるいは終わってから、ロビーの椅子に腰掛けて、映画に関する本が読めて、しかも買えるとしたら、これは映画館にとってもいいことじゃないか。あっておかしくない。誰かやらないだろうか。

ところで「駒鳥文庫」という名前は、映画用語の「コマ撮り」から来ているとのこと。記念にと、フィルムセンター編集の『監督研究――吉村公三郎と新藤兼人』号（一九八〇年）を一〇〇〇円で買ったが、入れてもらった紙袋には、看板にもある駒鳥のイラストがあしらってあった。

このあたり、天満宮北側に落語の常打ち寄席「繁盛亭」が二〇〇六年に開席してから、人の流れが変わり、にぎやかになってきた。商店街では、地下鉄南森町入口からすぐの肉屋が店頭販売するコロッケがおすすめ。おそらく日本一うまいと思われる。いつだったか、大量買いし、道すがら食べ始めたら、あんまりうまくて八個ぐらい続けざまに口に入れて気持ち悪くなったことがある。

東京へ戻り、『男の隠れ家』の原稿を書く段になって、東京編で早稲田以外に推薦した五軒のうち、「業平駅前書店」が未踏。文字量は少なく、資料を見て書けそうだったが、そういう横着をするところからライターは腐っていくと思い、締め切りの前日に出かけていった。

五月開業のスカイツリーの至近にある店で、近づいて見上げてみると、首が痛くなるほどこの新テレビ塔は高かった。「業平駅前書店」は、下町の古本屋さんらしく、柔らかい風俗ものも多少はあるが、全般的には硬い品揃えで、棚を見るのが楽しい。江戸東京もの、演芸関係、永井荷風のものが揃っているのは土地柄だろう。海野弘『モダン都市東京』（中央公論社、一九八三年）の単行本九八〇円、藤浦富太郎『明治の宵――円朝・菊五郎・大根河岸』（光風社書店、一九七八年）六〇〇円の二冊をうれしく買わせてもらった。値段も安いや。

すぐ脇にある京成「業平橋駅」は、ツリー開業とともに「とうきょうスカイツリー駅」と改名する。『業平駅前書店』さんも、ひょっとして『スカイツリー駅前書店』に改名？」と聞くと、「よく言われるけど、そんなことをしたら、全部書き換えなくちゃいけない。大変ですよ」と店主の高橋良三さんは笑っていた。地区改正で町名変更があっても、飲食店などに旧町名がそのまま残っているケースはけっこうある。むしろ、スカイツリー完成後にも、「業平駅前書店」があることで、「業平橋駅」のことを忍ぶことができるのだ。

*――前出のように「青空書房」は浪花町に移転。「駒鳥文庫」は二〇一四年一一月に移転し、地下鉄「南森町」からさらに近くなった。

店を始めるなら五〇代

二〇一二年四月――大阪市「キーツ・アンド・カンパニー」

キーツ・アンド・カンパニー

私は自分の力を過信することのまったくない人間である。ライター人生も、爪にともした火の灯りで、いつも、とぼとぼと闇夜を歩いている心境だ。しかし、今回だけは、自分に何か「力」があると思わずにいられなかった。その話を書く。

三月半ば、わが母親を起点にした、兄弟、親戚、血縁が一堂に会する集まりがあり、娘を連れて京都へ帰省した。姪が亭主の実家がある奄美へ渡ることになり、しばらくはみんなと会えないだろうと、集まることになったのだ。

京都、大阪、そして九州から総勢二五名が顔を合わせる大所帯の会となった。私は、帰省する際、いつも実家に泊まるのだが、今回は、九州勢が宿とするため、町なかのシティホテルに二泊した。マンガおたくの娘にとって聖地ともいうべき、「マンガミュージアム」がすぐ近く。ここへ放り込んでおけば、私の時間が自由に使える。半日を使って、単独で久々に千林へ。

大阪と京都を結ぶ京阪電鉄沿線に、千林という駅がある。古くからの商店街が駅前から伸び、庶民的かつ安売りの店が軒を連ねることで知られる。ここに四軒の古本屋がある。高校時代、土曜日ともなると、放課後、よくこの町へ古本屋巡りに出かけた。

山口書店、楠書店、川端書店、尚文堂書店といつもこの順番に回るのだが、四〇年を経たいまでも健在である。関西へ帰省すると、数年に一度は再訪したくなるのも当然だろう（二〇〇六年一〇月の回を参照）。

今回も娘を京都に残して、一人、青春古本屋巡りプレイバックを試みたのだが、山口書店でいい買い物をした。左右に別れる店舗の、左側の区画が歴史、文学、美術書などが並ぶ棚。その一番奥に詩集が並んでいる。ここに、高校時代から、ずっと売れないままに残る詩集があった。立山澄夫『詩集 カリアティード』（思潮社）がそれで、今回奥付を見たら一九七〇年の刊。詩人の名は知らなかった。大阪で歯科医を続けながら詩作をしていたようだ。背に回り込んだ波形の青と、「カリアティード」というカタカナ表記のタイトルが印象的で覚えていた。

値段を見ると三五〇円。これは、四〇年間、そのまま。しかも、今は使われていない「山口書店」の値段票が貼ってある。懐かしい。この値段票欲しさに、この一冊を買うことにした。帳場にいたのはご店主夫人のほうで、つい値段票のことを話してしまった。「これが懐かしくて」と。すると、老女となられた夫人も珍しそうに見て、「これは、頼んでいた印刷所がつぶれて、それ以後、作ってないものです」とおっしゃられた。「山口書店」の歴史を知る、貴重な一枚ということになる。あとでスクラップ帳に貼るために値段票をはがすと、その下にも鉛筆で値段が書き込まれてあった。

このあと、楠、川端、尚文堂と巡り、駅までの戻り道、気まぐれで脇道を入ってみた。何がそうさせたかわからない。千林へは、おそらく一〇〇回以上足を運んでいるはずだが、そんなことは初めて。最近、東京中の坂道や裏路地をせっせと探索している経験がそうさせたのだと思われる。

住宅街の細い裏道をくねくねと進むと、「京かいどう」と記された商店街に出た。千林商店街から、脇へ、隣り駅の「森小路」へ伸びている。アーケードはなく、シャッターを閉めた店も目につくが、昔ながらの風情をそのまま残しているらしい。隣りの駅まで行こうと、両側の店を眺めながら四、五分歩いたところで、まったく未知の古本屋に出くわした。

大きなガラス窓の前に、骨董とまでいかない、小皿や古い玩具が並べられていて、古道具も一緒に売っているらしい。木枠の一枚ガラスのはまったドアには、「Keats and Company」と店名が。天井も梁も床も本棚もすべて木を使った内装の店内に、中央には古道具を並べた台。それを取り囲むように、本棚が壁を埋め、文学を中心に、美術、映画、マンガなど私好みが並んでいる。おそらく、店主は私とそんなに歳が違わないはず。並んだ本でわかるのだ。

逆に言えば、すでに持っている本が多く、手は出しにくい。近ごろ、品切れになったと聞いた小林信彦『日本の喜劇人』（新潮文庫、一九八二年）一五〇〇円、それに本のたたずまいに惹かれた函入りの『一休と曾呂利』（自由書院、一九四九年）は六〇〇円。買い易い値段設定だ。この二冊を帳場へ運ぶと、なかにいたご店主に、「岡崎さん、ですね？」と言われて驚いた。緊張を解いて話を聞いたら、店主の北田明さんは、いまは店舗に改装したこの家で生まれ育った。

現在は神戸に在住。両親の死去に伴い空き家になっていた築六〇年の実家で、二〇一〇年一〇月から古本屋をオープンさせた。現在、五九歳。神戸で公務員をしていて、定年まであとわずかだったが、「六〇になると、体力的にもやれない。思い切って辞めました」と言う。

聞くと、一昨年に神戸「海文堂書店」で開催した『女子の古本屋』による『女子の古本市』にあわせた徒然舎さん、善行堂さん、そしてぼくによるトークにも来てくださっていた。最後に質問の時間があったが、そのとき「古本屋を始めようと思っているが、何かアドバイスを」と聞いたのが北田さんだった。私は「女性が入りやすい店にすればいい」と言ったらしい。それを意識して店作りをした、と言うから無責任なことは言えない。

古本屋を始めるについて、奥さんには当初、反対されたが、同年輩のテニス仲間がバタバタと倒れていくのを見て、「一生に一回、したいことをしないとあきらめきれない」と、相当数あった蔵書を元手に始められた。古道具類も一緒に並べたのも、こちらの方面の趣味を活かしてのこと。

店名「キーツ・アンド・カンパニー」は、あの有名な伝説の書店「シェイクスピア・アンド・カンパニー」にちなむ。大学時代、キーツを研究されていたそうだ。その名残りか、店の奥の棚には洋書も多数並んでいる。しかし、散歩の途中で、こうして未知の古本屋を発見するとは思いがけないことだった。

その夜、京都では宿泊したホテルの近くに、今年三月にできた古本屋「レティシア書房」も訪問した。

訪ねたのは夜だったが、古い家並みの残る京都の中心部に、闇のなか、そこだけ明るく灯りがこぼれる店舗があって、ちょっと夢のなかに出てくる古本屋のようであった。こちらも、古い町家だった実家を建て直して、ご夫婦での開業。店番をしていたご主人と話したら、書店に長らく勤めておられたという。こちらも五〇代半ばで、人生の舵取りをしての転向組。ギャラリーを併設し、ミニプレスやCD、LPも置く多角的な営業だ。

「レティシア書房」の〝レティシア〟とは、映画『冒険者たち』たちで永遠のアイドルとなったジョアンナ・シムカスの役名だ。私も一枚買ったが、置いてあるCDのチョイスもじつに渋くセンスがあって、それだけでこの店の質の高さを保証している。本棚は滋賀の家具職人に依頼した特注品。白い壁との対比がじつにいい。「キーツ」もそうだったが、やっぱり本は、木の本棚がよく似合う。

＊——千林商店街の「川端書店」は二〇一三年四月に店を閉められた。

これが野方給水塔か！

二〇一二年五月——東京・江古田「銀のさじ書店」

銀のさじ書店

「丸山猛」そして「自由フォーラム」……今回紹介する東京・江古田にある古本屋「銀のさじ書店」店主の関さんから、「知りませんか？」と言われて、恥ずかしながら、私の頭には何も思い浮かばなかった。まったく、うかつなことである。帰宅してから、ちょっと調べて、「ああ、そうだったのか」と、大いに無知を恥じた。そこに至るまでの、まず序説を。

今回、西武池袋線「江古田」駅周辺を散策しようと、とにかく支度をして家を飛び出した。もう桜はすっかり散って、ぽかぽか陽気。中央線なら、「中野」駅からバスに乗るのが便利だ。終点の江古田まではは三〇分もかからない。途中、「哲学堂公園」を見る。トキワ荘の若き漫画家たちの面々が、野球に興じたグランドもある。

バスは駅前までは行かず、千川通りで下車。すぐ近くに「ブックオフ・江古田店」がある。「なんだ、ブックオフか」というなかれ。東中野店、早稲田通り店などと同じ、フランチャイズ系列で品揃えがいいし、値付けもマニュアルをはみだしている。

哲学・思想、文学の棚が充実、後者には「読書・出版」なんて棚があるし、そこには坪内祐三、四方田犬彦、池内紀の本が集められている。わかっているのだ。文庫棚も、ジャンル化できない、品切本を含む本好き向けのコーナーがある。石川淳『狂風記』（集英社文庫、一九八〇年）の上下は透明なフィルムでパックされ、値札シールに「ヤケ、シミ」などと表記。これも直営店では見られない。文庫一冊、単行本一冊各一〇〇円、それに『芸術新潮』の「特集 高峰秀子の旅と本棚」（二〇一一年）五〇〇〇円をレジへ。

「ブックオフ」ができる前、もう二〇年以上も昔、上京したばかりの私は、東京中の古本屋を行脚していたが、江古田は好みの古本町だった。駅前両側に「青柳書店」「栗野《あわの》書店」があったし、「うさぎ屋書店」「根元《こんげん》書房」とからめれば、じゅうぶん満足の古本散策ができた。雑誌の取材で、まだ店売りをしていたころの「落穂舎」を訪れたこともある。各界に著名な才能を送り出した日本大学芸術学部、武蔵野音楽大学、武蔵大学と三つの大学が、江古田駅を中心として一キロ圏内にあるから、古本環境としても申し分ないはず……だった。

しかも、西武池袋線に有楽町線が加わり、都営大江戸線も新設され、足の確保も充分。土地は肥沃、水もある農地みたいだが、それでも、この二〇年で駅周辺から、店売りする古本屋は徐々に撤退していく。店売りでがんばっているのは二店舗を持つ「根元書房」という印象だった。

そこへ数年前、「銀のさじ書店」という店売りの店舗が開店したと聞き、ぜひともチェックしておきたいと思い、やっとこの日実現した。駅南側から踏切を渡り、斜めに伸びる商店街を少し行けば、すぐ左手に「銀のさじ書店」と書かれた大きな幌が見える。店頭均一はなく、明るく広い店内には、まず雑誌やカタログ、大型本などが目につく。少し目で追うと、教則本や楽譜集など音楽関係の本や雑誌がやたらに多い。これは音大が近くにあるから。

文芸書が少ないぐらいで、あとはまんべんなく、各ジャンルをよく揃えている。UFO・心霊、鉄道、武道関係も多いか。マンガは入口にコンビニコミックスがあるぐらい。右手奥には相当量のエロも備えている。丹念に見ていけば一時間はすぐ。

私は、ちょうど探していた原田康子『挽歌』新潮文庫（宇野亜喜良＝カバー、一九八八年）と、『東京人』「特集東京笑いの系譜」（都市出版、二〇〇四年）を各一八〇円、三五〇円で購入。レジにいた白髪のご店主に名刺を出して名乗り、少し話をうかがうことにした。ネット販売はされていないらしく、店のホームページもなく、前身も全貌もつかめなかったのだ。

昭和三〇年代生まれの関さんは、かつてリブロの書店員。清水店勤務時代に同僚だった丸山猛の引きで、この業界に飛び込んだ。ここで「自由フォーラム」と「丸山猛」という名前を出されたのだ。

つまり「リブロの時代」があった。八〇年代が全盛か。「今泉正光の棚」というものが伝説化しているが、同時期にいたのが丸山猛で、リブロを辞めた後、独自の思想とノウハウで「自由フォーラム」という母体を起ち上げ、古本業界に参入する。

このことについて、ほとんど資料は見当らず、私はネット検索により、ようやく小田光雄さんの記述から、このような知識を得たのだ。丸山はその後、中目黒に「たらの芽書店」を始め、「熊の木書店」などの古本屋を展開、以後またたくまに、「あたた書店」（祐天寺）、「ねこの手書店」（荻窪）、「象のあし」（荻窪）、「本とうです。」（学芸大）、「どですか書店」（小岩）等々の不思議な名前の店が増殖していった。

このことは、いずれちゃんと調べて書かなくてはならないと思っている。そんな流れのなか、丸山の下で働いていた関さんは、独立して二〇〇六年一一月に「銀のさじ書店」をオープンさせた。最初は、沿線で言えば小田急、京王各線で店舗探しをしたがうまくいかず、流れ流れて「江古田」へ。

それなりのリサーチもしての出店だったが、この五年というスパンでも、店売りの状況は悪化しているという。とくに「三・一一」以後の落ち込みは顕著で、「来年来られても、開けているかどうか……」と心細いことをおっしゃる。とても「銀のさじ」をくわえて、店内に流れるロックを聞きながら悠々自適とはいかない。ネット販売にせず、店売りにこだわったのは「仕入れ」の問題。古書組合に未加入のため、客買いに頼るしかない。そのために月曜定休日以外は店を開けている。

坪数二〇坪、蔵書は豊富でジャンルも多岐にわたる。店へ足を運べば、何かしらアンテナにひっかかってくるはずだ。私が猛省をうながしたいのが大学生たちだが、三年生から就活に奔走する姿を見ると、無理も言えないかと矛先は鈍る。しかし、日本大学芸術学部には古本同好会もあったはずだが、どうしちゃったんだろう。

「また、来ます」と「銀のさじ書店」に別れを告げ、日大前の「根元書房」へ寄ってみたら、目の前の日大キャンパスは、巨大な新校舎が建ち、驚くべき変貌を遂げていた。人ひとり通る通路をかろうじて確保して、本がひしめく魔窟状態の「根元書房」は健在。店頭には均一本以外にも、雑多なブツ（運動靴やバッグまで）が置かれているが、ニンニクには驚いた。

するとメガネの店主が店頭に現われ、常連さんらしき男性に「○○さん、ニンニク差し上げます」と手渡していた。これだ、これだよと「古本浴」を楽しみながら、江古田の空は暮れなずんでいく。

帰りのバスは、行きとは別のルートで中野駅を目指す。これがバスの楽しいところ。千川通りを東へ、南長崎六丁目の交差点で中野通りを南下していく。途中「水道タンク前」で運転手が交替。そのとき、右手上空にドーム屋根の「野方給水塔」が見えた。おお、これが！　たしか泉麻人が、怪人二十面相とからめて、この塔の記憶を書いていた。竣工は昭和四年。使用停止されてからも、その威容を残している。二つの路線のバスを利用したおかげで、思いがけない拾い物をした気分だ。

丸山営業所から来た運転手は、ここでバトンタッチ。役目を終えた運転手は、交替した同僚の自転車に乗って、営業所へ帰っていった。

＊――江古田の「青柳書店」「粟野書店」「うさぎ屋書店」、また「たらの芽書店」「熊の木書店」「あたた書店」「本とうです。」各店は店舗営業を終了された。「銀のさじ書店」は二〇一五年八月中をめどに閉店されるとのこと。

買った本はどこに？

二〇一二年六月——東京・北区堀船「梶原書店」

梶原書店

東京都内にはりめぐらされた鉄道網のなかで、まだ降りたことのない駅は、もちろんたくさんある。そんななかの一つ、京浜東北線の「上中里《かみなかざと》」駅へ今回は初の下車。「王子」駅の一つ手前、「旧古河庭園」の最寄り駅、というと少しイメージがわくだろうか。

「王子」から歩いて、古本屋の「山遊堂」へ行くというのは、早くに決めていたが、それだけでは物足りない。ちょうど読んでいた福島泰樹『宮沢賢治と東京宇宙』（NHKブックス、一九九六年）に、賢治の上京して訪れた町として「西ヶ原」が出てくるのだ。これが「王子」と「上中里」両駅の南側一帯に広がる町。

宮沢賢治は短い生涯に、九度も東京の地を踏んでいる。いちばん最初が大正五年三月、盛岡高等農林学校の修学旅行で上京。このとき、一行は西ヶ原農事試験場を訪れ、見学している。この跡地に建てられた記念碑が、滝野川公園のなかにある。

福島によれば、賢治がここを訪ねた大正五年には、まだ「上中里」駅はなく、「『王子停留場』で高崎線を下車し、桜の名所飛鳥山公園を抜けて日光御成街道を農事試験場へ急いだのであろう」と推測している。なんでもないことだが、これらの地名の羅列が、実際にその地を訪れると、はっきりイメージとして定着する。そのことが、もの書きの私には大事だ。この日は、賢治たちとは逆コースで、王子を目ざしたことになる。

丹精したバラ園がまっさかりという「旧古河庭園」もせっかくだから一応覗いてみた。段差を活かした回廊庭園は樹々に囲まれ、強い陽射しをさえぎって気持ちいい。しかし、この日は人が多すぎた。バスでの団体客も次々と押し寄せて、あちこちに設けられたベンチは、すべて老人たちのお尻で温められている。

庭園内でもらったチラシで、北区飛鳥山博物館で「ドナルド・キーン展」が開催中と知り、行ってみた。近ごろ、日本国籍を取得したキーンさんは、四〇年近くも北区西ヶ原に在住。しかも、展示を見てわかったが、旧古河庭園を臨むマンションを日本滞在時の住居にしていた。今回の古本さんぽで、キーンさんの未所持の著作をうまく入手できれば、と考えた。展示された写真に、八〇年代からキーン宅で開かれていたパーティーの風景があり、そこに蝶ネクタイをした庄司薫を発見。薫くんも(もちろん中村紘子さんも)、キーン・パーティーの常連だった。

博物館のある飛鳥山公園を抜けて、王子駅の裏手へ。ガードを抜けると北口へ出る。にぎやかな駅前から伸びる広い道路の左側をずんずん歩いていく。ガソリンスタンドが見えたら、すぐその先、歯科医院の隣りに「山遊堂・王子店」という三階建ての大きな古本屋が見えてくる。店頭にいきなり、大量の一般書と文庫の均一壁がある。マンガ雑誌のラックも路上にせり出し、これだけを見ると、いかにも町のリサイクル新古書店のように見える。

一階はなるほど、ゲームソフトの量も多く、女性向けの雑誌や読みもの文庫などがメインなのだが、二階へ上がると膨らんだ先入観は粉砕される。壁をぐるり取り囲んだ棚には、人文書と文芸書がこれでもか、というほど、質量ともに棚を埋めつくしている。それほど驚くような古い本はないのだが、よく選ばれた棚という印象は途切れない。値付けがやや窮屈で、即売会や中央線の集客力のある店を見ている目では、少し高めに思えるが、それぞれの本の価値を考えれば、もともとこれぐらいつけて当たり前、という価格でもある。

私は、店頭均一で荒俣宏『愛情生活 白樺記』(新潮社、一九九〇年)、店内で、未所持のラフカディオ・ハーン『心』（岩波文庫、一九八五年）、堀江敏幸『未見坂』（新潮社、二〇〇八年）を手ごろな値段で買う。新しめの本が多く、海外文学の棚も充実しているなあ。「山遊堂」は古書組合加入店であり、ほかにも支店があったはずだ。買い入れに力を入れていることは、品揃えを見ればわかる。

「山遊堂」を出て、王子駅へ戻るのではなく、その先、中央環状線が頭上を走る、溝田橋交差点を右折、明治通りを東へ足を運んでいくことにする。石神井川を越え、堀船小学校に隣接する三角公園に見覚えがある。かつて東京書籍へ何度か通ったころ、この脇を右に行ったところに古本屋が一軒あったはず。いま確かめたら、堀船二－一五－一一にあった「原田書店」だ。いい店だった。

なおもしばらく歩くと、王子駅から伸びてきた都電荒川線と交叉する踏切が迫ってきて、前方左手（早稲田行き）の停留所が「梶原」。見えたときには、ちょっとドキドキした。このホームに隣接して「梶原書店」があるのだ。

『古本屋名簿 古通手帖２０１１』（日本古書通信社、二〇一〇年）に「梶原書店」は、最寄り駅として「都電梶原停留所」とある。ふつうは、そこから五分とか一〇分とか歩くことになる。あくまで「最寄り駅」だからだ。ところが、この「梶原書店」は、都電荒川線「梶原」から〇分。これは掛け値無し。本当に〇分。

というのも、梶原書店は都電のホームにくっついて一体化した古本屋さんなのだ。蝸牛式、と言えばいいか。ふだん、都電の停留所として「梶原」を利用している客は、当たり前の顔をして電車が来るのを待っているが、初めての人なら驚きますよ。少なくとも、私の考える古本屋「ナニコレ珍百景」の第一位は、この梶原書店。見れば見るほどすばらしいロケーションだ。

タバコのほか、新聞雑誌なども売られ、一部キオスク的役目も果しているようだが、メインは古本だ。勘定場のある反対の左通路から店内に入ると、実用書が揃う棚が目に入るが、それでもあちこちに、加減良く古びたゆかしい古本くんたちが、ひっそり出番を待っている。私もひっそりと、ちくま学芸文庫の鶴見俊輔『限界芸術論』(一九九九年)が三〇〇円とあまりに安かったので、これを買うことに。ほか、いく冊かチェックしたが、どれも安心して買える価格設定だ。

お金を払おうと、店主のおられるエリアへ回り込んだら、長身でないと手が届かぬ頭上棚に、谷内六郎の新潮社函入りの大判画集、『遠い日の絵本』(一九七五年)が見えた。ひょっとしてこれも、と値段を確かめたら、ちゃんととびきりいい値がついていた。まあ当然だ。卑しい根性を見抜かれたようで、少し恥ずかしい。

このあと、到着した荒川線に飛び乗る。車内はご老人で満杯。ところが、「庚申塚」に来ると「お地蔵さん、ここですよ!」の車内アナウンスがあり、みなゾロゾロ降りてゆく。そうか、とげぬき地蔵はこの近くなんだ。

いつもは終点の「早稲田」まで行くところを、この日は「面影橋」で下車する。面影橋を渡って少し北、南蔵院へ。円朝「乳房榎」縁りの寺なのだ。道をとって返して、早稲田の古本屋街へ出て、「古書現世」で向井透史くんと雑談。「芸術写真」についての展覧会カタログ(『藝術写真の精華――日本のピクトリアリズム』東京都写真美術館、二〇一一年)を買って、えっちらおっちら電車で帰宅し、気づいたらこの日買った古本の荷物がない。電車内に置き忘れたらしい。年に一、二度は同じ失敗をする。いちおう、最寄り駅に電話して問い合わせしてもらったが、結局出て来ず。

ここで怖いのは、「しまったなあ、どうしよう」という気持ちがあまりなく、本だらけの部屋を眺めつつ、まあ、それもいいかと思ってしまう自分がいることだ。

古本屋さんが似合う町

二〇二二年七月――秩父市「武甲書店」

武甲書店

どこでもらったのか、手元に「ちちぶ猫路マップ」という絵地図があって、猫が歩くように路地、路地を結びながら秩父の町歩きができるようになっている。これがよくできているのだ。「ポエトリーカフェ武甲書店」という詩集を中心とした新刊・古本も売る店もあるという。ここをゴールと決め、秩父へ出発だ。

梅雨へ入る前の五月末日、最寄りの西武線の駅までは自転車、あとは乗り継ぎ、乗り継ぎで西武秩父までは約二時間。飯能からは、途中どんどん山のなかへ入っていく。眼下に川を臨む山里の風景があったり、ちょっとした旅気分だ。単線で上下すれ違いのため停車した駅で、ホームに降りたら、空気がひんやりしている。信州へでも来たみたい。

ようやく着いた西武秩父駅を出て、土産物や飲食の店が並ぶ通りを進み、踏切を渡れば秩父鉄道「御花畑駅」はすぐ目の前。秩父鉄道は一九一七年に秩父～影森間で営業を開始。武甲山麓で採掘される石灰石を輸送するための鉄道だった（老川慶喜『埼玉鉄道物語』日本経済評論社、二〇一一年）。今でも秩父の山には、石灰岩を削り出した爪痕が生々しく残っている。

これに比して、西武線が秩父まで開通したのは意外に遅く、一九六九年。原武史『沿線風景』（講談社、二〇一〇年）によると、西武鉄道機関誌『西武』（七〇年一月号）掲載の座談会で、三峰神社の宮司が「明治維新は黒い船で始まったわけですが、秩父は西武の赤い矢で始まったことになりますな」と発言している。三峰神社は秩父鉄道の終点「三峰口」からなおバスで行ったところにあり、「赤い矢」とは、池袋と西武秩父を結ぶ赤い車体の特急「レッドアロー号」のこと。それまで、秩父の人は熊谷まで出て、高崎線で大宮経由により東京へ出ていたのだろうか。いや、大変ですよ、それは。

「御花畑駅」は、たどり着いてみると、華やかな名前に反して、こじんまりした小駅。ウィキペディアによれば、駅舎は国の登録有形文化財指定で、なるほど松本清張の小説に登場する犯人が降りてきそうな駅だ。可愛い名前は、秩父にある羊山公園の名物である「芝桜」にちなみ、副駅名を「芝桜駅」として、「御花畑駅」になったという。しかし、その名の華やかさに反して、改札すぐ前に並ぶ商店は、みな閉じている。なんとも淋しい御花畑だ。

今日のゴールとなる「武甲書店」は、すぐに見えてきた。白い壁に洒落た入り口と、周囲のレトロな空気を切り裂いて、なんとも「いま」を感じさせるブックカフェである。これはゴールが楽しみ。どれどれと「ちち猫マップ」を片手に商店街らしき通りを行くと、目に止まるのは、すべて「昭和」を感じる建物ばかり。秩父は戦災に遇わなかったようだ。しかも、かつては繁栄した町だった。このあと拝むことになる、木造の料亭や、旧松竹秩父国際劇場の口あんぐりの立派な建物でそれと知れる。

まったく、町中がレトロモダン建築の展示場のようで、心のなかではキャーキャー言いながら、次々とデジカメのシャッターを押しまくった。とくに「パリー」と縦に大きく文字の浮き出した食堂にはカンゲキした。昭和初年の建物で、この店名からすると、その昔は「カフェー」だったようだ。「パリー」と染め抜いた紺の暖簾をくぐると、これまた時の止まったような店内の様子。昼時だったが客はまったくいない。「すいません」と声をかけると、禿頭、白い三角のあごひげを生やした店主が奥から出てきた。メニューは和洋中と豊富だが、ここは間違いのない「親子丼」を頼む。

たった一人の経営らしく、仙人みたいなおじいさんが、そのまま厨房へ入って、ごそごそやりだした。壁には歴代の秩父夜祭りのポスター。クーラーの上にはダルマ。江戸の木版画みたいな色のブラウン管テレビも、この際、好ましい。出て来た親子丼は普通においしかった。秩父へ来たときは、昼食はぜひ「パリー」で。これ以外、ありえないという選択だ。少し、町の様子を仙人店主に聞いて、いよいよ本格的な町歩きだ。

歩いてすぐ気づいたのは、昔からある純喫茶に加えて、民家を改造したカフェなど、喫茶店が充実していることだ。カフェあるところに、猫と古本屋があるのは、東京なら常識なのだが、秩父までその熱波は届いていないらしい。ここに古本屋が何軒かあったら、移り住んでもいいのだが。

角がアールになった写真館、朽ち果てたメナード化粧品販売店、木造平屋のビリヤード場（窓には斜めに「びりやーど」）、木造二階建て家屋のカフェと、途切れることなく被写体が続く。被写体は続くよどこまでも、だ。あきれるほど、夢中になってシャッターを切る姿を客観視すると、どうみても危ないおじさんだ。大通りに出ると、「読書クラブ」と看板のある、おそらく秩父一の大きさの新刊書店があった。三階建ての立派な建物だ。

同じ通りをなおも行くと、お目当ての「松竹秩父国際劇場」があった。いまは一階部分が倉庫として使われているが、上部の外観はそのまま。どっしりしたコンクリート壁の円屋根中央に、張り出した原稿用紙のマスみたいな窓があり、その上、横文字でどかんと「松竹 秩父国際劇場」の名が、役目を終えたあとも残っている。浅草国際劇場を模して一九五〇年に建てられた由。周囲に高い建物もなく、その存在感は強烈で、今にも、円屋根が開いて、ドイツ軍の軍用機がそこから飛び立ちそうだ。一度でいいから、ここで映画が見たかった。どうか、このまま保存してほしい第一級の建築だ。

このあとも、古い建築を訪ねて秩父の町をなめ尽くすように回り、携帯電話の歩数計表示を見たら一万歩を超えていた。すっかり、秩父レトロモダン詣でに堪能して、疲れた足を休めるためにゴールの「ポエトリーカフェ武甲書店」へ。古い建物ばかり見てきたので、お洒落ないまふうの「武甲書店」に、目が慣れるまで、すこしまばたきをする。

まだ真新しい店内の三分の二がカフェスペース。壁二面に詩、俳句、短歌の新刊書が並んでいる。写真に掲げた入口近くに小さいながら古本販売の棚がある。ここは詩歌に限らず、店主の趣味らしい文芸書や、秩父の郷土関係本が集められているようだ。おや、古い『少年マガジン』が数冊ある。五〇〇円から八〇〇円と値段も手ごろで、挨拶がわりに、ピースマークが表紙になった一九七一年三月一二日号を買う。「横井庄一特集号」だ。

いまは、五〇代の男性と夫人がペアで店を経営しているが、もともと「武甲書店」は、駅前のごく普通の新刊書店だったらしい。ご主人は秩父を出て、働いていたが、数年前に故郷に戻って、詩集を中心にしたブックカフェとして、旧店舗を再生させた。谷川俊太郎さんを呼んで朗読会をするなど、秩父の文化の拠点となるべく、さまざまな試みをされている。

古い町並みが写った秩父の写真集を何冊か見せてもらいながら、ご主人としばらく歓談。「秩父は水がとにかくいいんですよ」と、おっしゃる。なんでも浄水場では薬品を使わず、何層にもなった濾過装置をくぐりぬけた水が、蛇口をひねると出てくるそうな。水がいい町は、珈琲やお茶がおいしいんですね。

私のほうは、建築を愛でながら街歩きを終えた興奮を伝える。「こんなに古本屋さんが似合う町はちょっとないですよ」と。それは正直な気持ちだった。不動産屋の表に貼ってある物件を見たが、五〇〇万円ぐらいで、西武秩父線沿線の別荘仕様の小さな家が買えるみたいだ。どうです、秩父へ引っ越してきませんか。

＊――「武甲書店」では、その後、知人の近代詩伝道師のＰｉＰｐｏさんが朗読の会をするなど、イベントに力を入れている。秩父国際劇場は外観をそのままに改修され、イタリアン・レストランに生まれ変わった。

「人生はグリコのおまけや」の精神で

二〇一二年八月――富士吉田市「不二御堂」

不二御堂

富士山への入口となる富士吉田に縁ができたのはなぜかと記憶をたどっていくと、あることを思い出した。

私が古本を売るため棚を借りている、東京・三鷹「上々堂《しゃんしゃん》」の主人・石丸徳秀くんが発端だ。あれは何年前か、富士吉田の月江寺《げっこうじ》という町で、カフェやギャラリーが中心になりイベントが開催された。

そのなかで、一軒のカフェに古本を並べたいと石丸くんに協力の要請があり、そこへ私が便乗したのではなかったか。このイベントを運営した中心人物が、富士吉田でギャラリー「ナノリウム」を開く中植和彌さんであった。その後、「一箱古本市」も同地で開催されている。

中植さんとはその後、「ナノリウム」でのトークに招かれ、フォークシンガーの中川五郎さんとのトーク（これは月江寺のジャズバーにて）を中植さんのプロデュースでやったりもしたのだった。このときは、「ナノリウム」館内で、私が放出した古本も売られた。中植さんが昔からの古本好きで、「古本屋」を開業する兆しはすでにあったのだ。

富士吉田駅へは、新宿から出ているバスに乗るのが一番便利。しかし、「鉄」好きの私としては、こんな機会がなければ乗れない「富士急行」で行きたい。中央線・大月駅から枝分かれした単線。「急行」とは名ばかりのチンタラと走る二両連結で、富士吉田まで行けば、さいはての町へやってきたような気持ちになるのだった。駅から外へ出ると、目の前にデーンと富士山。この衝撃もいい。

　しかし、いつのまにやら「富士吉田」駅は「富士山」駅と名前を変えていた。名前で力にあやかりたい、という気持ちはよくわかる。それほど、かつては栄えた富士山への登山口となる観光町は寂れてしまっていた。それでも改称なった「富士山」駅は、飲食店などが入った駅ビルもあり、タクシー乗り場があり、人の姿もある。

　ところが、一つ手前「月江寺」駅となると、ホームは一つ、無人改札の淋しい駅で、その淋しさは、駅を出るといよいよ高まってくる。昭和三〇年代にぴたりと氷結してしまったような町なのである。ここで古本屋を開くというのか。その名も「不二御堂《ふじみどう》」。中植さんとは、一度東京でお目にかかり、開業にあたって私なりの助言はさせてもらったが、どれほど役に立てたかわからない。「女性客が入りやすい店がいいですよ」と言ったことは覚えている。考えたら、いつも同じことを言っている。

　ギャラリーのほうの収入はあるから、家賃さえ出ればいいとおっしゃっていたが、中植さんは「月江寺」みたいに、昭和三〇年代ぐらいで時間を停めてしまったようなお方。パソコン、携帯電話などいっさいのデジタル通信メディアを嫌悪されている。よって、ネット販売などは仮想にさえ入っておらず、店売り一本で行くという。人里離れた無人の林間で、庵を編む修行僧の趣きか。すると、こちらは、その庵を訪ねるためだけに、えっちらおっちら俗塵の渦中から足を運ぶ茶人のような心持ちがしてきた。

　この日（六月二五日）の日記を引いておく。

「自宅から月江寺まで、タイムスケジュールを組んでいたら、中央線の人身事故で上下線が乱れる。なにしろ富士急行の普通電車は一時間に一本。気が気じゃない。立川から特急に乗るつもり。とにかく先へ進もうと高尾行きで高尾まで。しかしこれが失敗。あとから遅れて運行した特急が、高尾で追い抜いていった。高尾に特急は止まらないのか。『大月』

に着いたら、予定していた電車は出たところ。一時間近くの待ち時間。仕方なく改札を出て駅前を歩く。南口ロータリーは改装されたばかり。大月駅は標高三五八メートル。少し肌寒い」。

心細い大月駅から、ようやく着いた月江寺駅。「不二御堂」までは歩いて約一〇分ぐらいか。途中、橋を渡ったら、増水した川の水が濁って逆巻いている。橋のたもとに「村内書店」という新刊書店がある。ちょっと驚きました。シャッターが閉まった店が並ぶ通りを歩いていると、失礼ながらゴーストタウンを歩くガンマンみたいな気分だ。

迷うことなく、無事「不二御堂」へ到着。タイルの外壁、ガラスのショーウィンドウのある洒落た店だ。頭上にうっすらと「インテリア 石川表具」という看板文字の痕跡が。入口のガラスドアには富士山のイラスト。そこに「不二御堂」とある。中植さんに挨拶し、さっそく店内を見る。入って目の前に柱。そこに富士山などの絵はがきがあり、小ぶりの本棚には文庫が並ぶ。ちくま文庫の黄色い背中が目立つ。ぐるりと壁沿いに本棚が据えられ、右壁には哲学、旅・東京・大阪もの、芸能と映画、日本の現代文学、それに詩集もある。正面壁はギャラリーを経営する店主らしく、作家たちによる富士山グッズが展示販売されている。富士山バッグ、富士だるま、富士山コースターと種類も豊富で、これが「不二御堂」の売りでもある。左壁には絵本と児童書。教育関係や、女性の書き手を集めた本棚も……。

通りに面したショーウィンドウ前には、マンガ、LPレコード、『思想の科学』を特集したコーナーもあった。古本屋のない町に、一軒、こういう店があればいいなあ、という店づくりだ。まずはひと安心。じっさい、私が訪れたときも女性客が三人、店にしばらく滞留していた。どうやら、向かいにある民家改造カフェ「月光」のお客さんらしい。手作りケーキを出すこのカフェは、わざわざ遠方から訪ねてくる客もある。いい場所に「不二御堂」はオープンした。二階は、若い宝石デザイナーのショップとして貸しているという。これも女性客誘致には有利。

中植さんは一九四七年大阪生まれ。関西から八〇年ごろ、河口周辺に流れ着き、のちにギャラリーを富士吉田で開く。二〇〇〇年から二〇〇九年まで一〇年間、富士吉田で「まちがミュージアム!」というイベントを開催し、そこで、冒頭に述べた古本販売もしていた。そのとき、町の規模にすれば、古本がそこそこ売れた。その感触が発酵して、この店になったのだ。

「ぼくは、昔から何においても、やる気のない人間で、古本屋に向いているんじゃないかと思っていたんです」と、日本映画黄金時代の性格俳優みたいな中植さんが言う。はなから、ガツガツ売ることはせず、売れるとも思っていなかったが、開店から一ヵ月、数字は思ったほど悪くない、という。中植さんは、小学校の入学式で倒れ、一年休学。以来"人生はグリコのおまけや"の精神で生きている。どこか世を捨てたような古本屋という業態は、中植さんの人生スタイルに合っているようだ。

壁際にしか本棚がなく、そこそこのスペースが確保されているので、いずれ店内でトークやライブなどのイベントも手がけたいという。中植さんは、これまで高田渡、友部正人、友川かずき、中川五郎など、自分が好きなフォーク歌手を招いてライブを開いた経験もある。自身もギター片手に歌われるようだ。イベントタイトルに「イン月江寺」と最後につくだけで、イマジネーションが膨らむ。これからが愉しみ。

私は最後に天野忠の詩集『万年』(編集工房ノア、一九八九年)を一〇〇〇円で購入。中植さんは、かつて天野と手紙のやりとりをしていたという。「不二御堂」で天野忠を読む会が出来ないだろうか。

今年もやっぱり下鴨の夏

二〇一二年九月——京都市「nowaki」

nowaki

夏は京都で！　やってきました下鴨の夏が。

ちょっと、そんなことを書いて、心にはずみをつけてみた。だって、これを書いているのが八月お盆過ぎだが、いやあ暑いもの。よほど強く心のスターターをキックしてやらないと、前へ進めません。

さあ、下鴨納涼古本まつりである。今年でもう二五回目になるという。そうだよ、最初の何回かは、大阪にいたので朝から駆けつけたものだった。あれから二五年か。昨年は参加できなかったが、今年は早いうちから新幹線のキップを取り、その日を待っていた。

京都・下鴨神社への参道となる参道「糺《ただす》の森」は、こんもりとした木々に囲まれ、知らなければ、とてもそこで古本市が開かれているとは想像できない。道の両側にずらりと、各古本屋の屋台ともいうべきブースが延々と続くさまは壮観。その光景を頭に浮かべると、降るような蝉時雨が、耳の奥でよみがえってくるようだ。

じつは初日の八月一一日は空模様が微妙。天気予報でも降水確率は五〇％。中途半端な予想の数字だ。降るのか、降らないのか！　露天の営業だけに、雨が降るとまずアウト。やきもきしながら当日を迎え、朝目覚めたら、なんだかヒタヒタと実家の前の露地を雨音がする。まいったなあ、と思いつつ、とりあえず準備して外へ出る。

帰省したら寄るのが恒例になっている「はなふさ珈琲店」で、なんとも芳しく濃い酸味ブレンドを飲んで、二〇四番のバスに乗る。これで出町柳まで。そこから徒歩で「糺の森」を目指すも、ずっと雨は止まず。それでも続々と〝古本者〟たちが下鴨へ。黙して歩くその姿は江戸城に登城する侍のようだ。

なんと、開場の午前一〇時にぴたりと雨は止んだ。これは、この日に全神経を集中させた「古書 善行堂」の祈りが効いたのだと思われる。ありがたや。

毎回、下鴨の目玉だった一〇〇円均一コーナーが、今年は取りやめとあって、その逸らされた熱気をどこへぶつけるか。古本者たちの動向を、開店前の待機状態で観察していると、どうやらみな、赤尾照文堂の三冊五〇〇円の平台数器に参集し、ぐるりを取り囲んでいる。今年のセンターコートはここらしい。

見ると、本の上にかかった透明なビニールシート越しに、それぞれ目ぼしいものに当たりをつけ、いちばん近い場所を確保して動かない。私は、肩越し、人と人の隙間越しにちらちらと見たが、ずいぶん詩集が多い。あとで知ったが、今年二月に亡くなられた詩人の河野仁昭《こうのひとあき》さんの蔵書が、いっせいに流れたらしい。署名本や、著者からの手紙が挟まった本がたくさんあったとあとで聞いた。とにかく、これだけ大量に詩集や詩論が並ぶことは珍しい。しかも関西詩檀の重鎮らしく、いいところが揃っている。

私はちょうど、「一人古本市」という名の、たった一人で蔵書を処分するための古本市を七月に三日間開いたばかりなので、〝買わないでおこうモード〟に入っている。それでも何も買わないというのも無理な話で、おとなしく詩集を三冊拾わせてもらった。

友部正人第四詩集『ぼくの星の声』(思潮社、一九九二年)、鮎川信夫編『森川義信詩集』(国文社、一九八一年)、阿部恭久『恋よりふるい』(思潮社、一九九四年)。ネットで古書を販売する某氏は、ここで小沼丹『白孔雀のいるホテル』(河出新書、一九五五年)を早々とつり上げ、ほかの古本者たちをあっと言わせた。これは、古書業界で人気のある小沼丹の著作のなかでも、とくに見ないうちの一冊。それが三冊五〇〇円にまぎれこんでいた。こういうことがあるから、古書漁りは止められないのだ。

正午に本部前に集合して、総勢一六名で近くのレストラン「グリル生研会館」で、一緒にランチを食べる。名づけて「スムースランチ」。私に山本善行、それに林哲夫、今回は生田誠と、雑誌『sumus』の同人が主催する食事会なのだ。自己紹介のあと、おいしいハンバーグランチを食べて、この日の戦利品を順に自慢しあう。赤尾照文堂の三冊五〇〇円で、河野蔵書を買った人が多かった。地元の詩書出版社・文童社の出版物にも数票入って、やはりここは京都だ。挟み込みの手紙を披露するなど、単なる自慢話ではなく、はずみがついた。

私がいちばん感心したのは、林哲夫さんが文庫新書の棚から抜いた誠文堂十銭文庫の酒井眞人『東京盛り場風景』だ。昭和五年刊。十銭文庫のなかでもAクラス。いま「日本の古本屋」で検索したら一件がヒット。難有りで一万円がついていた。私もこの日、岩波文庫で、島崎藤村『飯倉だより』(一九五一年)が安く出ていれば買おうと思って、文庫の棚に目を走らせたが見つからなかった。これほど大量に古本が並ぶイベントでは、文庫や新書は目当てのものを見つけにくい。

ランチが終わり、雷が鳴り始めた午後、東京から来た知り合い二人、それに京都からの参戦者と一緒に、バスで三条河原町を目ざす。三条京阪から少し上がったところに「nowaki」という民家を使った雑貨、器、絵画、古本の店ができたのだ。

この店の女性オーナーを私はよく知っている。東京・西荻「古書音羽館」で店員を務め、そのあと川崎「近代書房」でずいぶん長く働いていた菊池美奈さんだ。いつも笑顔のとても感じのいい女性だった。

「nowaki」があるのは、三条京阪の「ブックオフ」から、ほんの数分のところ。しょっちゅううろつく近辺ながら、初めて入る露地を「サンセット・イン」というホテルの角で曲ると、京都らしい町屋が軒を並べる閑静な一角に出る。ほんとだ、あった。看板が出ていないとわからない。見たところ、相当年季の入った木造二階家。玄関でクツを脱ぎ、段差のある畳の間の奥に彼女が立っていた。本当にひさしぶり。結婚して一緒に住んでいるダンナさんとも会った。趣味も合って仲が良さそう。

しかし、普通の民家をほとんどそのまま使っての、大胆な店舗展開である。本棚や器を並べる什器も、骨董店で見つけたような古い家具をうまく使っている。それがまた、この古い民家のたたずまいに溶け込んで、とてもいい感じ。いくつかの楽器を使って、店全体でハーモニーを奏でているようだ。

遠くで雷が鳴る。重い湿気が淀んでいる。格子戸の向こう、ざっと通り雨がやってきた。風を起こして、空気を震わせ、格子戸越しに見える雨も、なんだか京都らしい風景だなと魅入ってしまった。

そんな空気のままに、展示販売された、女性作家の手による小皿をお土産に買う。後ろ座席に犬を乗せて、自動車を運転する女性の絵が描かれた皿だ。値段も一六八〇円と手ごろ。ウイスキーのつまみのピーナッツを入れるのに、これはいい。まだ、本はそれほど多くないが、これから徐々に増やしていきたいと、美奈さんは話していた。古本好きの彼女のことだから、そっちのほうも楽しみ。

さよならを言って店を出て、一緒に来てくれた仲間とは別れ、一人、三条京阪の「ブックオフ」へ寄る。もう雨は上がったみたいだ。文庫の棚を見ていると、古い岩波文庫が一〇冊ほど並んでいる。そのなかに、なんと島崎藤村『飯倉だより』があった。昭和一五年刊で、いまのサイズより少し背が高い。栞紐もついている。表紙の横書きタイトルは右から左へ。なんとも風格がある。

あれほど方々探したのに、なんだ、こんなところにいたのか。こいつを買って、京都での古本旅は終わった。

たった一人の反乱から

二〇一二年一〇月——東京・西荻窪「古書 西荻モンガ堂」

古書 西荻モンガ堂

　このところ、本連載でも「キーツ・アンド・カンパニー」「銀のさじ書店」「不二御堂」など、五〇代にして開業した古本屋さんを紹介することが多くなった。ここに京都「古書 善行堂」「レティシア書房」、東京「しまぶっく」を加えると、この数年で顕著な傾向だとわかるだろう。明日をも知れぬ、長期経済低迷のなか、高齢者と呼ばれる前の足の置場として「古本屋」という仕事が注目されているのであろうか。

　今回、ご紹介するのは、さらに年齢は上。昭和二五年生まれというから「団塊の世代」が、今年九月一五日、東京都杉並区の青梅街道沿いに古本屋をオープンさせた。店名は「古書 西荻モンガ堂」。店主の富永正一さんは、長年勤めた建築会社を無事リタイアして、一年かけて開業にこぎつけた。

　そのきっかけを作ったのが、かくいう私だというから、悪いことはできません。五年前、拙著『読書の腕前』が出た際に、東京・西荻で定期的に開かれている「西荻ブックマーク」というトークイベントで、読書や古本について語ったことがあった。西荻在住の富永さんは、聴衆として来ていて、そこで古本のおもしろさに目覚めたというのだ。

　それまでも、年間三〇〇冊を超える年もあったというほどの読書家だったが、古本そのものには興味がなかった。変な男が変なことを吹き込んだおかげで、古本の泥沼にはまってしまった。以後、古本に関するさまざまな著作を参考に、日々古本屋通いが始まる。また、千駄木「一箱古本市」、雑司ヶ谷「みちくさ市」などの常連出店者となる。長野や名古屋、新潟などで開かれる「一箱古本市」にも遠征。ブログのハンドルネーム「モンガ」さんの名はたちまち、仲間のあいだで知られるようになった。

最近では、それほどアップされていないが、一時期「モンガの西荻日記」というブログには、連日、一〇冊、二〇冊と古本買いの成果が報告されていた。買うのが楽しくて仕方ないのだろう。ほとんど暴走、という感じであった。あとで聞いたら、千葉に小さな倉庫を借りて、買った本はどんどんそこへ収納し、家のなかにも古本が増殖するようになってきた。事態は「売る」しかないところまで、来ていたのである。

富永さんと私は、各種古本市や、古本がらみのイベント、トークショーでしょっちゅう顔を合わせる仲になっていた。そのたびに私は意地悪く、「どう、もうそろそろ（店を開いても）いいでしょう?」とけしかけていたが、重い腰は上がらぬふうに見えた。ところが、裏で着々と開店準備はしていたようだ。

そしてついにオープンの日が来た。初日の午後、取材する準備をして中央線「西荻窪」駅を下車。駅前から北に延びる伏見通りを歩いていくと、これも新しくできた若手の古本屋「TIMELESS」の前で、自転車に乗った「なずな屋」主人・澄子さんとばったり。「これから『モンガ堂』へ」と言うと、「じゃあ自転車、貸しましょうか?」。その申し出に飛びついた。おかげで、徒歩なら一五分はかかるところを五分で到着。

挨拶もそこそこに、さっそく話を聞くことにした。まずは退職から古本屋開業にこぎつけるまで。六〇歳で退職し、すぐ始めるつもりが、ご母堂を亡くされ、猶予期間が続いた。自宅から通える西荻周辺の店舗探しをしたが、中央線沿線は家賃が高い。一時期、姉夫婦の住む新潟で、とも思ったそうだ。

「条件がいいんですよ。古町の近くにある三越の地下で、一〇〇平米からある広い店舗が、家賃は売れた分のパーセンテージでいい、って言うんです。向こうでアパートを借りてもいいかな、と思ったんです」。

しかし東京との二重生活は経費がかかりすぎるとあきらめた。都内西側で探していた物件のうち、しばらく空いていた店舗が家賃が下がり、もうこれが（決める）潮時かといまの店を借りることにした。青梅街道沿いに建つマンションの一室。店名に「西荻」とつけたが、西荻駅からはかなり遠い。

七月に契約して鍵を渡され、自宅から台車を使って本を運び入れる作業が始まった。ご家族は、この開業に反対で、「やるのは勝手で口出ししないが、手も貸さない」。「たった一人の反乱」の始まりだ。「一箱古本市」等で広がった人脈を使って、一声かければ、たちまち助っ人が集まっただろうに、なぜか「モンガ堂」さんは人の手を借りることを拒んだ。もともとシャイな人なのだ。

開業を聞きつけた仲間が、見るに見かねて手を貸したのは八月。「書肆紅屋」「とみきち屋」という、「一箱古本市」でいつも売上げレコードを争う強者が、参謀となって「モンガ堂」さんを盛り立てた。「いやあ、正直言って、仲間の助けがなければ、まだ開店にこぎつけていなかったと思います」とモンガ堂さん。店内に収まった商品はざっと五千冊。千葉の倉庫の蔵書は手つかず、というから頼もしいというか、悲劇というか。

店頭に一〇〇円の均一棚。文庫にも旺文社、ちくま、それに新潮文庫の『谷内六郎展覧会』（一九八二年）があるなど、なかなかのもの。単行本では藤枝静男、尾崎一雄、和田芳恵、吉田健一、山川方夫全集の端本が並ぶ。純文学志向がありありと見える。

店内もメインは文芸書で、これが五年で集めたとは信じられない、かなりレベルの高いラインナップだ。メインの棚を見ると、田中小実昌、後藤明生、小沼丹、野呂邦暢、洲之内徹など、いま古本界での人気作家が堂々と棚を占める。ここだけが古書価が辛めで、あとは買いやすい値段に設定されている。つい先日まで「客」だった目線を活かしての値付けだろう。

入って右の壁が文庫棚で、ここも時代小説や流行りの現代小説、ミステリなどには目もくれず、純正の読書家を対象としたシブい書目が、惜しげもなく並び溜め息が出る。くり返しになるが、よくぞ五年でここまで真芯の蔵書を築き上げたものだ。古本大学の卒業論文を見ているようだ。

本棚一本分には、一箱古本市で知り合った古本猛者たち五名が、貸し棚というかたちで古本を並べている。これも、素人で始めた古本屋の商品構成が偏りがちになるところを、個性ある他人の本が加わることで活性化を狙っているようだ。この〝貸し棚〟は、西荻「盛林堂書房」など、数店が試みて、ちょっとしたブーム。

「始めたばかりで、まだ固まっていなくて、試行錯誤の段階ですが、それがまた楽しいとも言えます」と、新米古本屋となった富永さんは言う。和本や黒っぽい本も相当数があるが、まだ「整理中」の紙が貼られ、値段がついていない。これらが投入されると、また「モンガ堂」が変わってくるだろう。

私は、日本の文芸書の棚から、富士正晴の随筆集『軽みの死者』（編集工房ノア、一九八五年）を六〇〇円で買う。そのほか、富士の著作が一〇冊ぐらい並んでいた。これは東京の古本屋では珍しいことだ。ここへ来ないと手に入らない。そんな店にぜひ育ててほしい。

買ってくるぞと板橋区

二〇一二年一一月——東京・板橋区「板橋書店」ほか

板橋書店

これで三度目か。毎年、大正大学表現学部の渡邊直樹教授からの要請で、一年生を相手に古本の話をしている。なにしろ手塚治虫の名前も知らないような、平成生まれの一八歳が相手だ。どこまで話して通じるやら、皆目見当もつかないが、あまり遠慮しないで、ガンガン古い本を見せながら、その魅力を語ることにしている。けっこう笑いも起きて、古本のおもしろさの一端は示せたのではないか。まあ、そう自己満足するしかない。

終わったのが昼過ぎで、この日は地図をにらみながら、板橋を目ざす。駅周辺に何軒か、古くからの古本屋があることはチェック済み。上京してすぐ、埼京線沿線に住んでいるころは、定期を使って幾度か途中下車したこともある。そう考えると、二〇年ぶりの板橋詣でか。これは何か買わなきゃ。気持ちは「買ってくるぞと板橋区」である。

大正大学に面した明治通りを南へ、掘割という交差点から北西へ延びるのが旧中山道。「滝野川商店街」と名のつく通りだ。六〇〇メートルほど行くと最初の信号。この角に「木本書店」がある。ただし住所の区分は「北区」だ。昔ながらの店構えと品揃えを、そのまま保っている得がたい店だ。そうそう、ここは映画関係の本が充実しているのだった。せめて何か一冊と、文庫を抜き出したが、財布を見たら一万円札しかない。これはいけない。あわてて戻し、心のなかで詫びて外へ出る。

駅前で昼食を済ませ札を崩し、そのまま旧中山道へ戻って踏切を越える。パチンコ屋の角を右折、二つ目の角を左に入ったところに、巨艦というイメージの「板橋書店」がある。ここは広いだけあって、各ジャンルをまんべんなく揃える優良店だ。しかも下町価格。店の前に立って、二〇年前に何度か来たことを思い出す。左手の入口を入ってすぐの柱に、複数の写真を組み合わせた額がかかっていて、これが「板橋書店」の変遷を示している。

帳場のご主人に断って写真に撮らせてもらう。すると、わざわざ出てきて、写真の説明もして下さった。私も所持する沖田信悦『植民地時代の古本屋たち』(寿郎社、二〇〇七年)にくわしいのだが、先代の加藤澄男氏が、大正期に朝鮮に渡って開業した「一誠堂書店」が「板橋書店」の前身。額に収まる写真の一枚が「一九二七年の一誠堂書店」外観だ。

加藤澄男氏に抱かれているのが、いま隣りで説明してくださっている二代目の久典さん。額に収まった加藤「一誠堂」店内の写真を『植民地時代』で確認すると、束《つか》の厚い辞典が店頭に二重、三重に積み上げられている。これらが「飛ぶように売れたのです」と久典さん。

同著によれば、その後、加藤「一誠堂」は内地へ戻り、神戸で「文芸書店」を開き、一九三六年に再び朝鮮・新義州で古書店を開業する。終戦後、板橋に店を再開したのが「板橋書店」だ。最初駅前のマーケットで開業するも、のち立ち退きに遭い、今に近い場所に移転し、さらに移転して落ちついたのが現在の店ということだった。「波乱万丈」という言葉が頭に浮かぶ。もうすぐ創業一〇〇年だ。息子の久幸氏が無事、三代目を引き継いでいらっしゃる。

そんな歴史を聞くと、手ぶらで帰るわけにはいきません。充実した文芸書の棚から、岡保生『文学の旅へ――みだれ髪から井伏鱒二』(新典社、一九九八年)を五〇〇円で。岡保生の名は、角川選書から出た『近代文学の異端者』(一九七六年)で知っていた。これ、たしか坪内祐三さんも書いているけど、あまり取り扱われない作家を論じた名著であります。その著者が書いた本だからと、素っ気ない装幀なのだが買った。

私が本を探しているあいだに、「板橋書店」のご主人は、同じ板橋区で姉上が始められた「坪井書店」の場所を示した地図を描いてくださっていた。お店で、こういう親切を受けたのは久しぶりのこと。なんてありがたい。それまでは「板橋」から池袋へ出て、山手線経由で高田馬場まで行き、開催中の「ビッグボックス古書市」を覗こうなどと思っていたが、地図を見て予定変更。地図片手に「坪井書店」さんを目指そう。だんぜん、そうしようと寝不足の頭と身体に馬力をかける。

都営三田線が地下を走る中山道へ出て、左手に「板橋局」が見えたら、斜めの道へ入っていく。これが「板橋宿商店街」。旧中山道にあたる。「板橋書店」さん謹製の地図によれば、「坪井書店」は、最初「観明寺」附近にあったが、板橋宿の解説板がある公園前あたりに移転し、現在は、先を進んだ場所にさらに移転していた。新「坪井書店」はきれいな店構え。中央に背中合わせの本棚、両壁にも本棚とオーソドックスな配置で、整然と新しめの本が並んでいる。ここでも、何か買わせていただこうと物色し、文庫の値段が安いことに眼をつけ、ちくま文庫の小泉八雲コレクション三部作の一冊、池田雅之＝編訳『さまよえる魂のうた』(二〇〇四年)を四〇〇円でいただく。これは未所持でうれしい買い物だった。

さあ、ここまで来たら、ついでのついで、ということがある。今度はいつも携帯している東京地図をにらんで、大山の商店街にある「銀装堂書店」を訪ねることに。同店は即売会などでおなじみ。いつも楽し気な紙ものを廉価で放出している。たどり着いた「銀装堂」は店構えこそ、ふつうの町の古本屋ふうだが、左手入口すぐの本棚に絵本やビジュアル本を相当量揃え、奥に行くと昔の少年雑誌や絵葉書など、どんどん古本血糖値が濃くなっていく。

本の力で足を止めさせ、滞在時間を長くする工夫が、随所にされているのに眼を見張った。本棚の上、壁際に東洋経済新報社の「家庭文庫」が一〇冊ぐらい積みあげてあり、値段は五〇〇円パー。花森安治の巻があるとすごいんだが、それはなく、古谷綱武『はたらく女性』(一九五三年)を。その近くに積んであった、大阪の紳士服店のカタログも買う。これは執筆中の原稿の資料だ。

顔のみ知る、若き店主・宮川千尋くんに挨拶。お金を払いながら言葉を交わすと、「岡崎さん、駅の向こうにある『ぶっくめいと』がいいですよ」と教えられる。名前からしてリサイクル店みたいだが、「いや、違うんです。幻想文学をたくさん持っている店で、行く価値はありますよ」と言うではないか。

あわてて馬力をかけなおし、大山駅の地下道をくぐり、左手に出てそのまま教えられた道を歩くと、交差点角に「古本」と黄色の標識が。いやあ、参りました。その名で侮ったことを恥じる、まさに良店で、狭い店内にオイルサーディンの缶詰みたいに、各ジャンル、よく選ばれたいい本ばかりが詰め込まれている。しかも文庫も含むすべての本がグラシン、およびビニールつき。

表の均一も充実。両側から挿し込まれたお墓の石塔みたいな均一棚が三台。これにもグラシン、ビニールが巻かれている。どれどれと物色していて心臓がドキッとしたのが足立巻一『詩のアルバム――きりんの仲間17年』(理論社、一九六四年)。なんと一〇〇円。子どもの書いた詩を載せる雑誌『きりん』は、昭和二三年に竹中郁と井上靖、そして坂本遼の編集で世に出た。最初は尾崎書房、それを理論社が引き継いで一七年の歴史を刻んだ。

『きりん』に参加した子どもたちがその後どうなったか。編者の一人だった足立巻一が成長した彼らを訪ねたルポが『詩のアルバム』だ。のち改訂版が出たが、こちらは最初の版。いま「日本の古本屋」で検索したが見当たらず、稀少な本なのだ。

西巣鴨を振り出しに板橋から大山まで、一万歩に達する「古本さんぽ」となったが、帰りの足取りは軽かった。

*――文中で触れた「本木書店」は閉店されたが、中山道沿いの店舗は営業されている。

中高年古本トリオ、大人の遠足の巻

二〇一二年一二月――青梅市東青梅「青梅多摩書房」

青梅多摩書房

　ときは一一月一一日。昨日の快晴がうってかわって、どんよりした空模様。青梅線「青梅駅」の一つ手前、「東青梅駅」という寒駅に降り立ったのが、私のほか、「古書一路」の店主・堀江一郎さん、小柳安夫さんの三人組。昭和三一、三二年生まれという、古本好きが多く集まる年代に属する、真性の「古本者」である。名づけて「古本トリオ」。

　本職の堀江さんはもちろんのこと、その友人である会社員・小柳さんも、即売会やデパート展、各地の古本屋などを踏破している人なのだ。大学時代からのつき合いだという堀江さん曰く「古本については、ぼくより彼のほうが詳しいぐらい」と言うほど。

　今回、東青梅「青梅多摩書房」さんを取材訪問すると打明けたら、お二人が「じゃあ一緒に」と同行してくれることになった。かくて、東京の西の果て、気分としては「大人の遠足」の感じで東青梅へやってきた。がらんとした駅前の目の前に大きなマンション。ここも都心への通勤圏だ。

　駅前から右へ、最初の交差点で左折すると、右手に「青梅書林」と書かれた青い幌が見えた。半分シャッターが閉まっているが、店内を覗くと古本の残骸が見える。店を閉じられてから、だいぶ時が立つ様子。それでもちょっと三人は興奮している。「古本」の痕跡にいきなり触れられたのがうれしいのだ。安上がりの趣味である。

　そこからすぐ、農林高校のフェンスが見え、若々しい男子諸君の声が聴こえる。フェンスに沿って道を進むと、V字形に切れ込むように下り坂があり、段丘の崖の突端にいることがわかる。これは地図からはうかがい知れない。

青梅街道の交差点へ出て、コンビニを挟んで右へ斜めに切れ込んでいく細い道があり、ここまで来れば、「青梅多摩書房」さんはすぐだ。駅から直線距離で一キロ程度か。手前にパチンコ屋の宏大な駐車場があるから自動車で来られる方は、この駐車場を拝借すればいい。その先、二階建て住居に張り付くような小さな店舗が「青梅多摩書房」。「古本」という看板は遠くからでも見える。

ちょうど店の前に店主の中村靖則さんが出ていて携帯で電話中。挨拶もそこそこに店内に足を踏み込んで圧倒された。おもに戦後に出た各種児童書の類が、雑誌を含め、四、五坪ほどの店内を埋めつくしている。少年雑誌の付録マンガなども相当数並び、これほど少年少女ものに特化した棚は、これまで見たことがない。いま、即売会やデパート展などでも値の張るジャンルだけに、そんなに数がないのではと思っていたが、あるところにはあるものである。

もう十数年以上前にうかがったときは（拙著『気まぐれ古書店紀行』一九九八年一二月の回を参照）、床が波打っていたが、その後コンクリートで補強された由。本棚も見やすく、かなり手を加えられたのではないか。やや茫然と棚を見ていると、帳場のところで「古書一路」堀江さんが、「ぼくが客の時代、多摩さんから結城信一の珍しいところを何冊か買わせてもらったんですよ」と中村さんに話しかけている。

たしかに、一九八六年にお店を始められた当時は、主力の品揃えが違った。中村さんからいただいた古本屋の生態を描く小説集『古本屋慕情』（平安工房、二〇一一年）所収の「ささやかな開店記」には「蒐集の範囲は、近代文学の中の、私小説系統の本を集めていた。志賀直哉、葛西善蔵、牧野信一、上林暁、嘉村礒多、等の戦前の著者を蒐めている」とある。その名残りは、帳場近くの棚に見える。『木山捷平ユーモア全集』（永田書房、一九七一年）の背などは、私の目にいち早く飛び込んできた。『古本屋慕情』には、そのほか、コクテイルをモデルにしたと思われる「高円寺古本酒場」や、デパート展や即売会の熱気を描いた「金曜日」など、古本小説が収録され、古本ファンには楽しい作品集だ。

文学書専門から児童書にシフトしたのは、ご自身の話によれば伊勢丹浦和店で開催されていたデパート展に出店した際のこと。「小学生全集」が思いのほかよく売れたのに驚き、鉱脈を発見したという。「文芸書は狭いけど、児童書は範囲も買う人の年代も広いんですよ」と中村さん。以来、年に数度発行される自家目録も、探偵小説、少年少女もの、絵本を含む児童書が全頁を埋めるようになっていった。「いまは昭和四三年ごろに出たシリーズものが人気」らしい。

ところで、店名の「青梅多摩書房」だが、かつて三鷹駅の線路沿いの路地に「多摩書房」という古書店があった。薄暗い店内を圧するように文芸書が並ぶ店だったと記憶するが、この店の店主こそ、中村さんの高校時代の恩師だったのである。前掲の「ささやかな開店」を読むと、母校T校の閉校式にK先生として出てくる。T校とは「多摩高校」であろう。

T先生と「古本屋を始めたそうで」「三鷹だよ（中略）一回目だけは、全部半額にしてやるよ」と会話をした中村さんは、後日、店を訪ねる。

「近代文学の本と、生物の本で棚はうまっていた。言葉通り、五、六冊求めたが、半額にしてもらい、帰りにビールをご馳走になった。店の名前は、T書店であった。母校の名前と同じである」。

その二年後、「古本屋の弟子としては、私が一番弟子として自負」する中村さんが、自宅脇の空き地で始めたのが「青梅多摩書房」というわけか。これで、なにもかもわかった。店名も「心の内では、K先生の店の支店を自負していたのかもしれなかった」とある。高校の恩師と生徒が、ともに古本屋を開くというのは、あまり聞いたことがなく、なんだかいい話だ。

一九九三年版『新版 古書店地図帖』（図書新聞）の

「三鷹」のページを見ると、「多摩書房」の名がある。ただし住所は武蔵野市。同書の一九八四年版にはその記載がない。私が訪れたのはたぶん上京してまもなくのころだろう。はっきり記憶にある店だ。三鷹では、近くに「山岡書店」があった。映画書に強い店として川本三郎さんのエッセイにも出てくる。その後、日野市に移転したそうだ。

いつもそうだが、消えた古本屋の話を書くと、なんとも切ない気持ちになってくる。本好きだった先生の「心」を受け継いだ「青梅多摩書房」も、時代の流れにより、文芸書専門から児童書を主力とする店に変貌してきた。「来年は古稀ですよ」と中村さんはおっしゃるが、私が即売会でお見かけする「青梅多摩書房」さんの姿は、この一〇年余り、お変わりないように見える。「目を悪くして」と言いながら、本を手に取れば元気そのもの。新宿・京王百貨店の古書市にも、次から参加されるという。

何か記念に一冊買って帰りたいが、本に値段がついていない。すべて目録用にデータは保存されているから、訊かれればわかるとのこと。川上宗薫の明朗ジュニア小説『おそまつグループ』(秋元書房、一九六七年)などは、心惹かれたが、やっぱり値段がないと……。迷っていると、中村さんのほうから、「これ、お土産に一冊ずつ差し上げますよ」と古本トリオそれぞれに手渡されたのが、ずしりと重い、昭和四年春秋社刊の『大菩薩峠』第三巻。天金、木版口絵入りの立派な本だ。同じ本(第三巻)が二〇冊近く並んでいたのを「なんでかなあ?」と不思議がりつつ、三人はいまにも降り出しそうな空の下、再び「東青梅」駅を目ざした。

*——「山岡書店」は日野駅前へ移転し営業されていたが、その後、店売りをやめ、ネット販売へ移行された。

【第八部】

二〇一三

1月　姫路市「書肆 風羅堂」

2月　東京・清澄白河「しまぶっく」ほか

3月　東京・江東区「たなべ書店」

4月　東京・北区赤羽「紅谷書店」

5月　武蔵野市「セレクトブック浩仁堂」

6月　多摩市唐木田「ジャルダン・ブックス」

7月　国分寺市「古書 まどそら堂」、所沢市「古書つくし」

8月　福井市「古書 好文堂」ほか

9月　広島市「古本交差点」「本と自由」

10月　千葉・市川真間「古書 春花堂」

11月　東京・五反田南部古書会館「本の散歩展」

12月　東京・大泉学園「ポラン書房」

駆け足の姫路古本屋周遊

二〇一三年一月――姫路市「書肆 風羅堂」

書肆 風羅堂

　岡山駅で新幹線を降り、跨線橋を渡り、発車まぎわの伯備線に乗り込む。「備中高梁」行き。いつか行きたい町だ、「びっちゅうたかはし」は。あの寅さんも下車している。しかし今回、私が目ざすのは倉敷。

『サンデー毎日』に企画出ししたネタが通り、「ただいま古本女子小説増殖中！」というテーマで三ページを取材執筆することになった。きっかけは三上延さんの『ビブリア古書堂の事件手帖』（メディアワークス文庫、二〇一一年）だ。この若い女性古書店主を主人公にしたミステリが大人気となりシリーズ化され、現在、三巻まで出て総計二〇〇万部以上を売上げた。平行して古本女子小説とも呼ぶべき作品が何冊も出ている。これは『女子の古本屋』の著者としては黙っていられない。

　ここに、実際に古書店を営む女性たちを取材できれば、久々の地方出張取材も可能だと考えたのだ。そうすると倉敷「蟲文庫」。そして、姫路に昨年オープンした「書肆 風羅《ふうら》堂」へも行けそうだ。後者の店主は詩人の大西隆志さんだが、ここでオープンよりバイトをしていた女性・中居真麻さんが、経験を生かして『私は古書店勤めの退屈な女』（宝島社、二〇一二年）というユニークな小説を書いたのだ。中居さんを取材すれば、「風羅堂」と未踏の姫路の古書店もチェックできる。こうして、暦の上では冬だが、窓外の景色は晩秋といった趣きの一一月一五日、西へ旅に出る。

　昼過ぎに倉敷、夕方には姫路というスケジュールを組んだので、倉敷滞在は二時間弱。これまでにも取材を含め、何度か訪れている「蟲文庫」では、今回のテーマの要点だけを聞く。あとは雑談。私が持参した「岡山・倉敷」のガイドブックには、両市の古本屋の位置が書き込んであるが、駅からすぐの「川下書房」さんは、ご店主が先ごろ亡くなられたとかで、現在、開けているかどうか不明とのこと。倉敷からとんぼ返りすれば、岡山駅周辺で一時間ぐらい余裕があり、古書店巡りをと考えたがこれで断念。

そのかわり、前から行きたかった「倉敷天文台」を見物しに行こう。蟲文庫・田中美穂さんにそう告げると「ふふ、あの小さくて可愛らしいの」と言う。「小さい天文台なんてあるのか?・?・?」と訝りながら、美観地区を突っ切り、住宅街のなかにあるはずの目的地を探す。天文台なんだから、住宅街の屋根の上に頭がにょっきり出ているはず、と思ったら、本当だ。田中さんが言う通り、塀に囲まれた地所の一角に、二階建てぐらいの丸いドームを頂いた「小さくて可愛らしい」建築物があった。地面のでべそ、といった感じ。

いけない、うかうかしていたら、姫路への新幹線に乗り継ぐための時間が迫ってきた。駅までは一キロ強。途中、何度か小走りで無事、倉敷駅の改札をくぐる。伯備線のホームに着いたら、息も絶え絶え。五〇も半ばになって、こんな無茶はいかんよ。

岡山から姫路までは新幹線を使うと、あっというまだ。姫路駅に降り立つと、あたりはすっかり暮色。駅前から真直ぐ延びる大通りが大手町通り。最初の大きな交差点「白銀」で左折ししばらく行くと、「フォーラス」という東館、西館に分かれた大型商業施設がある。この東西を両断して北へ延びるアーケード商店街に「書肆 風羅堂」はある。

中居さんとは、「風羅堂」で七時二〇分に待ち合わせている。あたりにお洒落な服飾店や飲食店がある、そのなかに溶け込んで、じつに洗練された外観の「風羅堂」はあった。時刻は七時少し前。大西さんとは挨拶もそこそこに、「ちょっと古本屋を回ってきます」と告げる。「そしたら、これ、持っていき」と渡されたのは「風羅堂」特製の姫路マップ。ここに古本屋はもちろん、カフェや、おすすめの飲食店などが記載されている。これは便利だ。しかしリミットは二〇分。またもや五五歳が駆け出した。

風羅堂のある「お溝筋」を北上し、車の行き交う二号線を西へ。角に古い交番のあるレトロ商店街を北へ、すぐ左手に「岩崎書店」が見える。ここが姫路で現存する最古の古本屋と聞いた。本棚を吟味する暇はない。ぐるりと店内を一周し外へ。ごめんなさい。ここからすぐのところに、「小さな町TREE HOUSE」というステキな古本屋ができたと聞いたが、いまは閉店中。そのかわり、隣りの階段を上がった二階に絵本と雑貨の「おひさまゆうびん舎」が新たに開店。ここも寄っている時間がない。ごめんなさい。写真のみパチリ。

すぐさま二号線に取って返し、全速力で東へ。市民会館の角を南下、時間があれば寄りたかったジャズ喫茶「オープン・ドア」のドアも開けずに角を曲がると、これまたレトロ商店街。すぐに「みのり書房」の看板が見えた。残り時間を案配しながら、いちおう棚をなめるように見ていく。文学ほか、宗教、歴史と手堅い品揃え。黄色い背の正岡容『明治東京風俗語事典』（有光書房、一九五七年）を抜き出すと、状態も良くて一〇〇〇円なら、いい買い物だ。これを姫路古本屋スピード周遊のお土産にしよう。中居真麻さんとの約束の時間まではあと数分。

店主の大西隆志さんは、『オン・ザ・ブリッジ』（思潮社、一九九四年）などで知られる、関西の有力な詩人。長らく姫路市役所に勤めながら、各種コンサートや演劇など、文化的な活動をされてきた。姫路ではちょっとした「顔」だ。

それがリタイアを数年に控えて、突如、手持ちの大量の蔵書を元に、風羅堂という古本屋を始められた。大西さんにとっては「念願」だったらしく、古書組合にも加入して、満を持しての船出となった。アルバイトの中居真麻さんはそれまで古本屋に入ったこともない若い女性だったが、すぐに店主の人柄と古本にもなじんでいく。「風羅堂」での七ヵ月ほどの体験を小説化した『私は古書店勤めの退屈な女』は出色の古本小説となっている。「風羅堂」は一〇坪はあるだろうか。奥に伸びたうなぎの寝床式の店内、奥が帳場。その奥にカウンターのカフェスペースがある。それを除いても店内はゆったりと広く、蔵書量はかなりのもの。「あと、ウチと倉庫にも、まだまだ本はいっぱいあります。あり過ぎやけどね」と大西さん。余裕の発言じゃないですか。

フローリングの床。中央に背中合わせの三段の低い本棚。両壁際に設置された棚にもずらりと本が並ぶ。文芸書が圧倒的に多く、詩集と歌集、句集が充実しているのは、やはり店主が詩人だから。とくに現代詩の詩集は、ちょっとこれまで見たことがないほどの量があった。鮎川信夫、入沢康夫、山口哲夫、飯島耕一、吉増剛造、谷川俊太郎、長谷川龍生、小野十三郎、荒川洋治などなど。『佐藤佐太郎全歌集』(講談社、一九七七年)、『アポリネール全集』(紀伊國屋書店、一九五九年)、『福島泰樹全歌集』(河出書房新社、一九九九年)といった、どでかい本も。これは見応えあるなあ。

入口すぐの正面の棚には「店主オススメ」と店主似顔絵入りのポップが貼られ眼を引く。ここには山尾三省、中上健次、ボブ・ディラン、埴谷雄高、ボリス・ヴィアンなどの本が。その前に、八〇年代の『少年マガジン』が平積みされていて、表紙は「あしたのジョー」と「山口百恵」。文芸書専門と片意地はらず、あくまで自分がおもしろいと思う本を悠々と並べているという余裕が感じられる。駅からすぐの商店街に、「風羅堂」始め、これだけ古本屋が点在する都市は、もはや少なくなってしまった。

大西さんはバンド活動もしているし、店内でさまざまなライブも催され、「風羅堂」は一軒の古本屋というより姫路での重要な文化の発信基地となっているようだ。店を閉めたあと、近くの立ち飲み屋で大西さんと杯を傾けながら話した。あれもしたい、これもしたいと、早期リタイアしてわが手にした「自由」。これをたいまつにして前へ進む、「風羅堂」店主は颯爽として、ステキだった。

＊――「書肆 風羅堂」は二〇一四年一月に店を閉め、ネット販売で営業中。「みのり書房」もネット販売に移行。「小さな町TREE HOUSE」はオーナーが変わり、現在、ブックカフェギャラリー「Quiet Holiday」として営業。

いま注目の古本エリアが深川

二〇一三年二月――東京・清澄白河「しまぶっく」ほか

しまぶっく

年明けて、一月一二日。「ティアラこうとう」（東京都江東区住吉）というホールで開かれる「江東フォークフェスティバル」へ行くために家を出た。午後四時の開始に合わせて、この一年ぐらいでみるみるまに古本屋が増えてきた深川エリアを攻めるつもりでいる。

「深川」といえば、芭蕉、そして小津安二郎（荷風もあり）だ。この両者のことも考えつつ、深川を歩くことにした。ちょうど嵐山光三郎『悪党芭蕉』（新潮文庫、二〇〇八年）を読んでいる最中でもあった。

昼前に高円寺で途中下車して、西部古書会館「古本ワンダーランド」展を覗く。単行本がほとんど三〇〇円。けっきょく三〇〇〇円で三冊、そして五〇〇円で一冊買ったのが白石かずこのエッセイ集『わたしの天気予報』（思潮社、一九七三年）。これは珍しい。矢吹申彦の装幀もいい。

駅前の中華でランチを流し込み、中央線から東西線へと乗り継ぎ、門前仲町で下車。地上へ上がってすぐのところに「朝日書店」がある。ここは古いよ（店舗は新しく建て替えられた）。一九七三年『古書店地図帖』（図書新聞）を見ると、「貸本、小説、雑誌」とある。江東区はほかに「中之橋文庫」（大島）、「江東書房」（亀戸）、「角替書店」（東陽）と、当時「貸本」と兼業の古書店が多かった。下町ならではの特色だろう。

すっかりモダンな店舗に模様替えされた「朝日書店」は、奥に鍵型にスペースが広がる。入口近くに一般書、奥に美術書や版画が並ぶ。非常に見やすい棚の作りで、いくつか本を抜き出したが価格設定も抑え気味。奥の文学書コーナーで見つけたのが室生犀星『純粋小説全集第八巻 弄獅子《らぬさい》』（有光社、一九三六年）。青山二郎装幀函入りで二〇〇〇円はかなり安い（買わなかったが）。門前仲町へ来るのがこれで楽しみになった。店内にはずっとジャズがかかっていた。

深川へは、ここから北へ進むところだが、逆に南へ下って古石場《ふるいしば》にある図書館を目指す。ここに「小津安二郎記念館」が設置されているのだ。小津は一九〇三年（明治三六年）深川の生まれ。くわしい住所で言えば深川区亀住町四番地（現・江東区深川一丁目四番地）。その所縁で、江東区の図書館内に記念館が作られた。大横川に架かる巴橋を渡り、左折して牡丹町通りへ。牡丹郵便局の先を右折すると、ちょろちょろと水が流れる堀に架かるのが「小津橋」。小津の本家は、ここら一帯を差配する有力な資産家であった。

その名にちなんだ小津橋を渡ればすぐ、マンションの下に組み込まれた「古石場図書館」がある。同館では郷土が生んだ名監督を顕彰し、映画の上映などに力を入れる。記念館は入場無料で、図書館入口から小津映画のポスターなどが飾られている。記念館内には、ポスター、パンフなどのほか、小津愛用の品々が展示され、ファンとして非常に見応えがあった。

小津生誕地の近くには記念プレートがあるはず。いったん門前仲町まで戻り、清澄通りを北上していく。交差点の角に「東亜」という昭和テイストの純喫茶がある。今日はお茶する時間がないが、この交差点を逆に南へ行けば月島。小津作品『風の中の牝鶏』で、復員してきた佐野周二が妻の不貞を知り、重い気持ちで相生橋を渡っていく。

小津生誕のプレートは、首都高の下をくぐり、深川一郵便局を過ぎた先にあった。小津が通った明治小学校も近くに健在。そこからすぐ、私がいつも東京散歩に携帯する『東京山手・下町散歩』に「採茶庵跡」とある。なるほど、仙台堀の手前に、碑と芭蕉像が立っている。芭蕉は同じ深川の芭蕉庵を引き払ったあと、弟子の杉風の世話で、この「採茶庵」に移り住み、目の前の仙台堀から舟で千住へ。「おくの細道」の旅はここから始まったのだ。

仙台堀を越えれば左手に宏大な清澄庭園。清澄通り沿いには、アールデコ調のデザインが施された二階建ての西洋長屋が続く。そのうちの一軒が「Elephantastic」。従来、個性的なＤＶＤを揃えるレンタル店として知られたが、この一年ぐらい、棚を割いて古本を置くようになった。店の前にも一〇〇円均一。本は文芸書中心に、新しめのところがほとんどだが、ＤＶＤを借りに来て、ついでに古本も買えるというのがいい。

「Elephantastic」の先、道は「く」の字に折れ、次の信号を右折すれば深川資料館商店街。両側に佃煮店、あるいは深川めしの飲食店などが並ぶ。ふだんはひっそりと静かだが、この日は「七福神まいり」の観光客がぞろぞろとグループで散策していた。

深川資料館を過ぎてすぐ、左側にある白いきれいな店舗が「しまぶっく」だ。開店三年目になる。長らく古本の無風地帯だった深川に、風を起こした店だ。店主の渡辺富士雄さんは、名を出せば誰もが知る大手の書店を複数わたり歩いて、終の住処として古本屋という職業を選ぶ。それが「しまぶっく」となった。広めの白っぽい店内に、置きたい本だけを置く方針のようだ。

古本だけでなく、晶文社の在庫僅少の本を本棚一つ分並べ、詩書出版の書肆山田コーナーを作るなど、新刊書店員だった経験を生かし、ユニークな棚づくりをしている。古本も美術、文学、人文書と硬いところを手堅く揃える。組合にも加入せず、客からの買取もしない。すべて古書店からのセドリによる仕入れで、よくぞこれだけの店が作れるものだと感心した。

美術書の大型本の棚に、『Books Do Furnish a Room』(Merrell, 2009)という本を見つけた。「本が素敵に飾られた部屋」ばかりを写した写真集。これはいい本だ。セール価格で一五〇〇円十税と安い。これを本日の古本さんぽのお土産に。

店主の渡辺さんとも少し話したが、同じ商店街の先に「eastend Tokyo Books」、「EXLIBRIS」、森下駅近くに「古書ドリス」と若い人による古本屋が、次々と開店している。いずれも「しまぶっく」誕生以降のことで、渡辺さんによれば、「もう一軒、近くに古本屋ができるそうです」と言う。

急騰する深川「古本」熱について理由を尋ねたが、わからないとのこと。とくに商店街が新規参入を積極的に誘致している噂も聞かないという。ただ、考えられるのは近くに東京都現代美術館があることだ。深川はその城下町。同館はつねに斬新な企画で、若者の関心を集め刺激している。その帰りに、こういうオシャレな古本屋があれば、ふだん古本を買わない若者でも、ついつい手が伸びるかもしれない。落ちついた古い商店街は、いま人気の懐かし町でもあるし、若者にとっては新鮮に映るのだろう。「しまぶっく」には、この日も、若いカップルが談笑しながら、熱心に本を選んでいた。

「しまぶっく」を出て、アルファベットの店名の二店も訪問してみた。前者が美術書、写真集、デザイン書などビジュアル本の専門店。後者は本とともに、家具や時計、置物など古道具も扱うユニークな店だった。その少し先、「深川いっぷく」というカフェ&ギャラリーがある。ここでは、写真展や落語会、それに古本市などを開き、深川に新しい風を吹かせてきた拠点である。二〇一一年春には、「Art Labo 深川いっぷく」としてリニューアル。情報発信地として、より強固になったようである。暖かくなったら、ぜひ深川へ。

*――「Elephantastic」は店舗営業を終了された。「eastend Tokyo Books」は「smoke books清澄白河店」として営業中。

石田波郷の影を追って清瀬から砂町へ

二〇一三年三月――東京・江東区「たなべ書店」

たなべ書店

前回に引き続き江東区を散歩。ただし別の日に清瀬へも行く。清瀬へ行ったことが、江東区を再訪する理由になったのだ。この遠く離れた二ヵ所を結びつけるのが俳人の石田波郷だ。

西武池袋線「清瀬」駅へは、最寄りの駅から電車に乗れば二〇分ほどで着く。降りたのは初めてだ。清瀬には、その昔、結核療養所があった。記念碑として名が残る清瀬村東京療養所には、戦後、石田波郷ほか、結城昌治、吉行淳之介が入所していた。結城が俳句を始めたのは波郷の影響下にある。

今回、散歩のお伴に持って出たのが朝日文庫「現代俳句の世界」の『石田波郷集』（一九八四年）。昭和四四年に五六歳で亡くなった俳人の全作句から約三分の二を収め、ほかに随想、略年譜、解説（三橋敏雄）を加えた、願うべくもないコンパクトな入門書だ。

巻頭に結城昌治の「故郷のごとき」と題した文章があるが、ここに「北多摩郡清瀬村の国立東京療養所、当時はおんぼろ長屋のような平家建てだった」と書かれている。波郷は昭和二三年に入所。二度の手術を受け、年を越してまだベッドにいた。そこへ結城がやってきた。南七寮の五番が病室。となりの六番に波郷。結城が二二歳、のちの俳句の師はまもなく三六歳だった、とわかる。

入所したときのことを波郷は「母来り給ふ」でこう書いている。

「私の入る七寮は病棟の一番外れで深い林に面し部屋も緑に染まるばかりだった」。

同室六人のうち、立木青葉郎、野沢誠子と二人の俳人がいた。当時まだストレプトマイシンのない時代、結核の特効薬はなく安静にしているしかない。俳句はもってこいの創作活動だった。

いまでも地図を見ると、清瀬駅の西南エリアには、東京病院を中心にやたらと病院がたくさん集まっていることがわかる。東京病院の西側には、ハンセン病患者が療養する多摩全生園もある。宮崎駿が、この全生園内を散歩する、とどこかに書いていた。

そんなこんなで、一度この地に足を踏み入れ、あたりを散策しようと思っていた。風の強い二月某日、今日こそと意気込んで電車を乗り継ぎ、清瀬駅前に立った。駅の北側に「エーツー」というリサイクルの古本屋あり。ここの一〇〇円均一で、小沼丹『黒いハンカチ』(創元推理文庫、二〇〇三年)を買う。これを懐ろに入れておけば、とりあえず温かい。古本懐炉だ。

駅の南側へ出て、にぎやかな商店街を歩き出す。野火止用水《のびどめ》沿いの通りが、やや戦後まもなくの清瀬風景の面影を残すか。宏大に広がる竹丘団地を抜けて、東京病院内を歩いてみる。これが移転した旧東京療養所。「おんぼろ長屋のような平家建て」は、立派なコンクリート建築になっていた。壁面が横に階段状になっているのは、各病室に陽光を採り込むための工夫か。

裏手に雑木林があり、ハンセン病資料館へ抜けようと思ったら出口がなく、しばらくさまようことに。この日は風が強く、樹々がしなって悲鳴を挙げている。波郷は容易には結核を克服できず、退所できたのは昭和二五年の二月だ。それでも「排菌まだ止まず」と年譜にある。「希望は褪せぬ冬日にかざす啖コップ」は院内吟。

朝日文庫『石田波郷集』は、帰宅してからもしばらく手放せない懐炉となり、波郷の記念館が、砂町銀座商店街の近く、江東区砂町文化センター内にあることも知った。この一帯、各地下鉄駅からも遠く、何かのついでに行けるところでもない。よし、と心に弾みをつけて、日を措かずに東西線で東へ東へ。

南砂町駅で地上に出れば、「たなべ書店」の駅前店と本店の二軒をチェックできる。古本屋をからめるとからめないとでは、散歩の足の勢いが違ってくる。駅前すぐの公園を抜けたらすぐ、駅前店が見える。建物が変わったのか、ずいぶん印象が違う。私が前に訪れたのは拙著『気まぐれ古書店紀行』によれば、二〇〇〇年。外壁すべてを覆う均一に圧倒されたが、いまも壁面と一部道路にはみだした均一は充実している。

店内もすっきりときれいになった。文庫と新書がメインの品揃えは同じ。ひょっとしてあるか、と探したら、講談社文芸文庫の棚にありました。『石田波郷随筆集 江東歳時記／清瀬村（抄）』（二〇〇〇年）は、今回の企画にぴったりの一冊だ。こんなにうまく見つかるとは。ちょうど読みたかった杉浦日向子『YASUJI東京』（ちくま文庫、二〇〇〇年）と併せてレジへ。同店の古書価は、本体に表示されておらず、すべて基本は定価の半額。品切れや絶版の文庫など、欲しいものが見つかれば、かなりお買い得となる。

幸先良い買い物にほくほくしながら広い通りを北へ。道路左手に「たなべ書店」の看板。こちらが本店。支店同様に充実した均一から、俳優・中村是好の『小もの盆栽』（主婦の友社、一九六九年）一〇〇円と、美術出版社の『有元利夫 女神たち』ビニールカバーなしを、三〇〇円で買う。店内は支店よりはるかに広く、やはり文庫が中心だが、児童書、文芸書など幅広く揃う。こちらも基本的に半額のようだ。

亀高橋交差点で左折、次の境川交差点を北上する。かつてはここを都電が走っていた。境川交差点西に志演尊空神社。この近くに石田波郷宅があったのだ。「砂町との別れ」という一文を読むと、昭和二一年三月、あたり一面焼野原だった場所に家を建てたようだ。「左隣が志演神社の焼跡、右隣が妙久寺の焼跡」とある。「焼跡にあたらしく来し露の歌」は、このころの句か。

すぐ北にかつて小名木《おなぎ》貨物駅があった。いまは「アリオ北砂」という巨大なショッピングモールに変貌している。清瀬から戻って来た波郷は、わずか数年のうちに「焦土は驚くばかり復興して」いるのに驚く。江東区の俳人と交わるようになり、「読売新聞」江東版の俳句選を担当。昭和三二年春から、同紙上にて写真と俳句と随筆による探訪記「江東歳時記」の連載が始まる。連載終了とともに波郷は北砂を離れ、練馬区谷原町に転居した。「今まで方々居を移したが、私がその土地になじみ、土地の人に交つたのは砂町に於て一番深い」と、「砂町との別れ」に書くぐらいだから、記念館が江東区砂町にできる理由はあった。

庶民的で活気のある商店街として、しょっちゅうテレビなどでも紹介される「砂町銀座商店街」は境川交差点からすぐ。ざわめきと呼び込みの声に包まれてしばらく東へ歩くと、「砂町文化センター」の表示がある。このなかに図書館と石田波郷記念館が入っている。入館は無料。階段を上がると、小さな部屋に遺族から寄贈された波郷ゆかりの品々、著作、自筆原稿、短冊など、波郷を偲ぶ小世界が作られていた。「江東歳時記」で自ら撮った写真も多数展示。天秤棒をかついで薬を売る定斎屋《じょうさいや》、牛を飼う牧場の写真など、昭和三〇年代初頭の江東区は、明治のころとあまり変わりないように見える。

さっそく「たなべ書店」で買ってきた『江東歳時記／清瀬村(抄)』を開いてみる。定斎屋の句は「本所柳原町で」の回に見えた。

「定斎屋の影を伴れ来ぬ橋の上」

記念館をあとに、帰りは「境川」バス停から「秋葉原」行きのバスに乗る。車中では講談社文芸文庫で

「江東歳時記」を読む。写真が入っていないのが残念。今度は、この本を持って、江東を散歩しようと考えながらバスは清洲橋を越えて行く。

*――「たなべ書店」は映画パンフレット中心のネット販売も運営されている。

夕暮れの似合う町、赤羽へ

二〇一三年四月――東京・北区赤羽「紅谷書店」

紅谷書店

発作的に長距離を歩きたくなる。これは癖というのか。とにかく連日八キロ、一〇キロといったコースを、取り憑かれたように歩いている。『TOKYO MINI HIKE 東京近郊ミニハイク』(昭文社、二〇〇九年)という本をぱらぱら風呂に浸かりながら読んでいたら、多摩の「草花丘陵」というコースを見つけ、ここを歩くことにしたのが始まり。

いいでしょう? 「草花《くさはな》」という名称が。青梅線「羽村《はむら》駅」を出て、羽村堰を見たあと多摩川を渡り、郷土博物館脇から山道に入る。丘陵地に作られたゴルフ場をフェンス越しに歩くアップダウンのハイキングコースがここに作られている。ピークが二三五メートルの浅間岳というから、たいした高さではないが、それでも東に広がる羽村の町並みを一望できるのだ。

これで、心地よい汗と疲れをもたらす二時間強の少しハードな散歩に味をしめてしまった。同じく青梅線「東青梅」駅から多摩川へ出て昭島へ戻るコースや、中央線「国立」駅から京王線「聖蹟桜ヶ丘」駅まで歩くなど、尻に火がついたように連日歩き倒している。昼間を自由に仕えるフリー稼業ならではの道楽。サラリーマンの諸兄には申しわけないことである。

こうなると、次はどこを歩こうか、とコース探しが楽しくなる。「赤羽」を攻めようと決めたのは、川本三郎さんのエッセイ『東京の空の下、今日も町歩き』（ちくま文庫、二〇〇六年）を再読したから。ここに、赤羽、王子を巡る章があるのだ。つまり北区。川本さんは、特に荒川（放水路）に残された旧岩淵水門のことを、愛おし気にたっぷり語っている。この用済みになった遺跡としての水門を渡れば、小さな島がある。それは「川のなかの横丁といった親しみ」がある島だというではないか。

この岩淵水門を目指すことにして、某日、赤羽へ。周辺には、過去に何度か訪れた「紅谷書店」、未踏の「平岩書店」と二軒の古本屋に「ブックオフ」がある。これを散歩にからめよう。しかも、赤羽の西側には赤羽台団地という昭和三〇年代に建てられた団地がある。洋泉社から出たムック本『僕たちの大好きな団地』（二〇〇七年）を見ると、ここが「聖地」と名づけられ巻頭に登場する。何でも「あらゆるタイプの住棟が立ち並」ぶ「公団団地の理想形」なのだそうだ。こいつは知らなかった。じゃあ、団地にも行きます。

前掲の川本さんのエッセイによると、「赤羽は空襲で焼かれたが、戦後、都内でもいち早く復興した。農産物の産地である関東や東北の玄関口になったのが一因。戦前は、城北地区の繁華街といえば王子だったが、戦後の復興と共に赤羽に移った」とある。たしかに駅の東側には、闇市から派生したような、迷路のような飲屋街がのっそりと横たわる。駅前からすぐのところに隣接して赤羽小学校があるのは乱暴な気がするが、こういう猥雑なエネルギーのなかを駆け抜けて、下町の子どもはたくましく育つのだ。……でしょう？

西口駅前は三角州のようになっていて、いくつかの高層商業施設が建つ。郊外へ延びる路線バスがひっきりなしに音を立てて目の前を走る。左前方に見える「ヨーカドー」を左からぐるりと回れば、弁天通りの角に「平岩書店」が見える。壁一面の均一棚と路上にはみ出したワゴンに興奮する。ここは買えますよという大きな矢印にそれが見えた。

入口両脇を圧する単行本と文庫の壁棚は、一冊一〇〇円、三冊二〇〇円の表示が。毎日通えば、好みの本の二、三冊はすぐ拾えそう。よし、と血圧を少し上げて壁に取りついたが、このとき拾えたのは児童書が一冊。昭和四二年にあかね書房から出た『少年少女世界ノンフィクション全集』の『なぞのインカ帝国』である。これをパスポートに、ドキドキしながら店内へ入ったが、L字型のスペースの三分の二は、柔らかい写真集と雑誌、DVDなど。そうか、勝負は店の外ですでについていたか。

平岩書店の前、弁天通りを行くと、すぐ西側に小高い丘があり、その上が赤羽台団地。こんなに駅から近い団地って珍しいのじゃないだろうか。その下をトンネルが通っているのも、異界に通じる入口のようだ。出がけにカバンに突っ込んできた『僕たちの大好きな団地』を見ると、この団地は「戦前には旧陸軍被服廠跡地であり、国有地であった。米軍の接収を経て、1958(昭和三三)年に払い下げられた時、国や東京都からは、将来の東京のモデルとなる団地空間形成の要請があったという」。二三区初の大規模団地で、ここが「聖地」と呼ばれるゆえんであった。

団地の「華」といわれる、Y字型のスターハウスが、長い階段を昇ったらお出迎え。しかし、南側には囲いがされて、すでに更地となり、建て替え工事が進行中。団地内を歩く人は少なく、猫が数匹、のんびり昼寝をしていた。散る桜を惜しむように、団地の周囲を散策したのち、丘を降りて今度は駅の東側へ。

さきほど触れた「迷路のような飲み屋街」の真ん中、小学校を背にした古いアーケードのなかに「紅谷書店」が健在。昭和四〇年代には、この「紅谷」を始め、西に「豊島書房」「太陽堂」「文華堂」、東に「鳥海書店」「明恭堂書店」などが駅周辺に点在したが、残るは「紅谷」のみ。しかも文芸書中心に、学術書を手堅く揃えて、威風堂々たる存在なのだ。

左の入口脇にはガラスショーケース。ここに限定本や稀覯書が、暗い商店街の乏しい光を受け鈍く光る。左側壁面にはみすず書房始め、いきなり白い背の専門書の棚が目に入る。その下、床近くには『芸術新潮』のバックナンバー。帳場の前を通って右側エリアには、寺山修司や稲垣足穂といった幻想文学系の文芸書が、いまなおけっこうな量を棚にたゆたせている。なにか、誇らしい気持になる古本屋さんである。

川本さんも「いい居酒屋のそばには、なぜか古本屋がある」とこの「紅谷」を推奨。すぐ近くには、朝九時から開店の名居酒屋「まるます屋」ここにあり。この日は立ち寄れなかったが、本当は古本巡りの締めに、ぜひ立ち寄りたい店である。

小学校脇を抜けて、東本通にある「ブックオフ」を軽く撫でて、夕暮れ近づく荒川へ足を速める。荒川と新河岸川の合流点にある旧岩淵水門へ渡る橋は工事中。その手前、住宅街をくねくね歩いていると き見つけたのが、二階建ての木造洋館だ。夕日を受けて桃色に光る、なんとも好ましいビジュアルに目が釘付けになったが、なんとこれは「黒田機器」という機械部品製造メーカーの事務所だった。あとで調べたら、なんでもかつて麻布あたりに建っていた英国人の住宅を、先代社長がここに移築させたとか。思いがけない眼福にあずかった感じ。徒歩による散策には、こうした余録があるからやめられない。

さて、すぐ目の前の橋を渡り、荒川土手を乗り越えると、この日のゴール。真っ赤に塗られた岩淵水門だ。一九二四年竣工。八二年、もっと下流に新しい水門が造られ、役目を果たし終えたが、産業遺跡として保存されてある。水門の赤を通して、照り映える夕日の赤のコントラストは、まさに絶景。森田健作なら夕日に向かって走り出すところ。

この水門を渡った先に、本当に小さな島がある。

流れる川の水と枯れた芦原、遠景に埼玉県のビル群、そしてコンクリート造りの新水門も間近に見える。島では、水面に釣り糸を垂れている影数人。ああ、忙しない東京にも、ぽっかりと時のまにまに浮かぶように、こんな場所があるのだと、なにもかも放り出した気分で、しばらくベンチに座っている私なのであった。

＊――「紅谷書店」は現在、店舗改装中で、二〇一五年夏に新店舗事務所としてオープンされるとのこと。

宇宙だ、空だ。しかし心は地にあり

二〇一三年五月――武蔵野市「セレクトブック浩仁堂」

今回はスタートを中央線「武蔵境」駅とする。東京在住の方でも、降りたことがないという人は多いだろう。三鷹の一つ西隣りの駅。西武多摩川線という支線の始発駅で、けっこう乗降客数は多くにぎわう駅なのだ。

セレクトブック浩仁堂

多摩川線沿いには「国際基督教大学」「東京外国語大学」など大学のキャンパスや、「アメリカンスクール・イン・ジャパン」があり、あの南沙織が後者に通っていた。彼女の古いプロモーションビデオを見たら、まだ地上駅だったころの武蔵境駅ホームで、電車を待つ姿を拝むことができる。中央線高架化に併せ、駅舎も建て替えられ、南北の開発も進行中だ。

今回、訪問した古本屋はご当地新顔の「セレクトブック浩仁堂」。武蔵境では、南口から少し歩いた所に「境南堂書店」という昔ながらの古書店がずっとあって、今も健在だ。もっと昔では、同じ北口から少し歩いたところに、「高野書店」と「民衆書房」があった。ともに法律、政治経済に強い店だったようだ。

数年前、駅から少し離れるが富士見通り近くに、舞台芸術、演劇、映画などを専門とする「プリシアター・ポストシアター」ができたようだが、こちらは行けていない。

新顔の「セレクトブック浩仁堂」は、ホームページを見ると成り立ちが異色の店だ。基本的に、同店は障害者の雇用を創出する目的で作られた。二〇〇六年にネット販売で開始、二〇〇八年に個人事業として独立起業し、二〇一二年一二月、いまの場所にリアル店舗を開業した。しかも、ちゃんと東京の古書組合に加入、各種即売会にも参加している。気合いを感じるのだ。

お店はビルの一階にある。本がなければクリーニング店かと見まがうきれいな外装。表に絵本を挿し込んだラック、木箱を乗せたワゴンなど、均一本がところ狭しと置かれている。目の前には「立ち読み大歓迎!」と紙が! これらをざっと見て、なかへ入ると、眼の前にすぐカウンター。その奥が作業所兼事務所になっているらしく、大勢の若いスタッフが仲良さそうに語り合っている。大学の部室みたい。めちゃくちゃ活気にあふれた古本屋だ。「いらっしゃいませ」と明るく声をかけられたものの、なんだか、お邪魔をしたという感じ。

古本の置かれたスペースは店全体からすると狭く、絵本や雑誌がメインの棚と、あとは新しめの文庫と新書の棚があるだけ。単行本の量は少ない。CDも専用の回転ラックと棚に一部並べられているが、どれも価格は三〇〇円ぐらい。おっと、文庫はすべて一〇〇円のようだ。いくつか、カバー裏の値段シールを確認したがそのようだ。

ここでようやくエンジンがかかり、以下の三冊を抜き出す。小木新造『東京時代』(講談社学術文庫、二〇〇六年)、曽我部恵一『昨日・今日・明日』、滝田ゆう『滝田ゆう落語劇場(全)』(ともに、ちくま文庫、二〇〇八年、一九八八年)。古本漁りの喜びは味わえないかも知れないが、近くにあって、ちょっと喫茶店で読む、あるいは電車の中で読む本をみつくろう、という目的なら、十分、町で機能する店だと思えた。それが知らずして障害者支援に役立つとは、素敵なことではないか。

南口駅前に戻ってバス。狛江駅北口行きに乗り込み、国立天文台前で下車。すぐ目の前に、こんもりと樹々の生い茂った森が見える。表玄関で受付を済ませる。入場は無料。立入り禁止場所の指定がある地図をもらって、入館証替わりのワッペンシールをつけて歩き出す。

この国立天文台は、日本の天文学の総本山であり、大学共同利用機関としても機能している。前身の東京天文台は、麻布狸穴にあったが、大正末期に三鷹へ移転した。

宏大な敷地に、各種施設棟が点在しており、樹木に挟まれた小道を、渡された地図の見学コース通りに歩く。最初にビジターを出迎える「第一赤道儀室」は一番古い建物だそうで、口径二〇センチの屈折望遠鏡がある。いまは使われなくなった施設が、そのまま公開されるかたちで保存されている。これがすごい。現役で実用化されている施設は立入り禁止。しかし、残された古い建物がじつに興味深い。建築博物館のようだ。

『天文台日記』(筑摩書房、一九七二年)でファンになった天文学者・石田五郎もかつてここで働いていたのだ。感慨を抱きながら、骨董品を愛でるように、アインシュタイン塔、大赤道儀室などを写真に撮る。とくに、スクラッチタイル壁の旧図書館のたたずまいは、錆びた表階段といい、石田五郎時代の空気をそのまま残しているようで、じつに興味深い。

あれは最後に見た「資料館」だったか、同天文台に勤務し、のち退職して、雑誌『現代之科學』を発行した異色の天文学者・一戸直蔵の存在を知る。日本で最初に変化星を観測した、とある。中山茂による彼の評伝『一戸直蔵——野におりた志の人』がリブロポート（一九八九年）から出ている。おもしろそう。探究書に加えよう。

すっかり堪能して、最後に訪れたのが、敷地内の端に建てられた「星と森と絵本の家」。パンフレットによると、大正時代に建てられた旧官舎をいったん解体し、新築の管理棟を併設するかたちで再現したという。だから、宇宙や自然の本、あるいは絵本が並ぶ図書館棟は、平屋の民家そのままなのだ。

なかを見学してみたが、日本家屋を生かしつつ、各部屋にテーマごとに図書が置かれている。ゆったりと読めるスペースも設けられ、並んだ親子がそれぞれ本を読む姿は、泣けてくるほどいい。

絵本を見ずに走り回っている幼児とそれを追いかける若い父親もいたが、それも許される雰囲気がこの図書館にはある。授乳室や絵本の読めない幼児のためには、おもちゃ室（もと浴室）があったり、随所に配慮がされている。こんな素敵な施設を市内にもつ三鷹市民は幸せだ。

国立天文台を辞し、宏大な敷地を塀際にたどって、西へ向かう。畑の広がる向こうに、三鷹第七中学の校舎が見えた。左には竹林。この正門前を突っ切ると、思いがけず、丘陵の突端に出て、眼下に町並みが広がる。眼も眩む直下の長い階段を下ればうぐいすの声。蛍の繁殖地の看板もある。そこから調布飛行場はすぐ。

ひんぱんに離陸して空へ放たれる小型機を横目に、飛行場沿いにある「プロペラカフェ」を訪ねて、ここで一休み。大きなガラス越しに、大島、新島、神津島へ飛び立つプロペラ機が見える。さきほどは宇宙、こちらは空へと、ずいぶんスケールの大きな散歩となった。「ゆずソーダ」（五〇〇円）を注文し、母子連れでにぎわうカフェで、まったりと時間を過ごす。ああ、なんだか、思いがけない半日だったなあ、と飛び立っていく飛行機を眺めつつ「浩仁堂」で買った小木新造『東京時代』を拾い読む。万歩計を見ると一万歩を超えていた。

　本当は、このあと武蔵野森公園を突っ切って、多摩川線「多磨」駅から「武蔵境」へ戻ろうと思っていたのだが、さすがに力尽きた。最寄りとなる「大沢コミュニティセンター」バス停まで歩いて、そこからまたバスで帰還。

　武蔵境まで戻ってきたら、最後に「武蔵野プレイス」という、駅前にできた図書館を見学する。豆腐みたいな白く四角い建物ながら、窓や本棚などはすべて丸く設計されている。一階玄関入ってすぐ目の前にカフェがあり、その周辺に読書室や貸出し受付があるというレイアウトも斬新。また、このカフェが本格的で、食事もできて、夜はお酒も飲めるという。夜は二二時まで開館しているというから、勤め帰りのサラリーマンもひと息つくため、ここに寄れるというわけ。武蔵境、いいじゃないか。

＊――「境南堂書店」は現在休業中とのこと。

メタセコイアの実をポケットに

二〇一三年六月――多摩市唐木田「ジャルダン・ブックス」

ジャルダン・ブックス

　もう数週間近く、パソコンのある仕事机の上に、小さな木の実（球果）が転がっている。二センチぐらいか。まことに精妙なるデザインに見惚れて、ポケットに入れて持ち帰ったのだ。これがメタセコイアの実だとわかっているのは、その名がついた通りで拾ったからだ。

というわけで、今回の古本さんぽは多摩ニュータウンにでかけてきた。メタセコイア通りはそのなかにある。京王と小田急が乗り入れる「多摩センター駅」から一つ先、「唐木田《からきだ》」という駅の近くに、「ジャルダン・ブックス」という女性店主の古本屋が昨年開店したことを知った。『女子の古本屋』の著者としては捨て置けない。ついでに多摩ニュータウン内にある「多摩市立図書館（本館）」も訪ねたい。廃校になった西落合中学校の校舎を利用したユニークな図書館らしい。図書館巡りもわが楽しみの一つだ。

心づもりができたところで、立川駅から多摩都市モノレールに乗り換え、南へ南へ空中移動。終点の多摩センター駅まで運賃は四〇〇円。けっこうかかるな。しかし、川を越え、野を横切り、谷を下りと、道中の車窓の風景はダイナミック。移動手段であるとともに、遊園地の遊具に近く、たまに乗ると、やっぱり楽しい。中央大学、帝京大学など、沿線のキャンパスへ通う学生を振り下ろしながら、最後、ヨタヨタという感じで最終のホームに滑り込んだ。

本当はここで小田急多摩線に乗り換え、電車で一つ、唐木田駅まで行くところだが、地図を見たら、駅からちょっと多摩センター寄りに戻る感じ。ええい、歩け歩けと歩き出す。駅周辺には商業施設や企業の馬鹿でかい建物が林立し、その下を歩いていると人間はいかにもちっぽけに感じ、体がふわふわしてくる。ビルを吹き抜ける風も強く冷たい。自然に急ぎ足となる。

「乞田川《こったがわ》」というコンクリート護岸工事により深く掘り下げられた川にぶつかり、ここを左折して川沿いの道を歩く。川沿いの道はなぜか郷愁をそそられる。詩を書かない詩人になった気分。すれ違うのは老人と、学校帰りの真っ直ぐ歩かない小学生たち。何やら心がなごむ。しばらく歩いて橋を渡ると、もう広い道路の対岸に白っぽい瀟洒な店舗が見えている。これが「ジャルダン・ブックス」。二〇一二年一〇月オープンというから、まだできたてのほやほや。

店舗ホームページを見ると、「ゆっくりと本選びの出来る隠れ家的な古書店です」とある。買取価格が示してあるのも珍しい。『ジョエル・ロブションのすべて』（ランダムハウス講談社、二〇〇九年）は定価六七二〇円を、四五〇〇円で買い取るという。展覧会図録『ヴィルヘルム・ハンマースホイ――静かなる詩情』（日本経済新聞社、二〇〇八年）が買取二〇〇〇円。かなり高価な設定だ。そのほか、みすず書房、平凡社ライブラリー、早稲田・法政の大学出版本などが買取強化商品。あと手芸本や料理本を主力商品として掲げているのは、やはり女性店主ならでは。

喫茶店の入口のようなドアを押してなかへ入ると、一〇坪はある店内の三分の二が、現在改装中とかで仕切られていて、商品として並ぶ本のエリアはその手前だけ。壁面はすべてガラス張り。本棚を低くして、整然と雑誌や本が並べられ、外からの陽光はおびただしく店内を浸している。とにかく明るい。並ぶ本は旅行、料理、家庭、絵本、児童書、女性エッセイなどが中心。文庫にも力を入れているようだ。新刊書店と見まがう人も多いに違いない。

奥のテーブルではマスクをした若い女性が忙しく本を点検補修している様子。その分、客としての私は本棚に集中できて、面出しで飾られた女優・片桐はいりのエッセイ集『もぎりよ今夜も有難う』（キネマ旬報社、二〇一〇年）を買い物と決める。これは読みたかったんだ。ホームベースみたいな顔した奇怪な女優・片桐はいりについては、そんなに興味があったわけではないが、『グアテマラの弟』（幻冬舎、二〇〇七年）というエッセイ集が、あんまりみごとで見る目が変ったのだった。

彼女のことを少し調べると、貧しい舞台女優時代に、ずっと銀座文化劇場（現・シネスイッチ銀座）で、「もぎり」のアルバイトをしていた。その体験をつづったのが、この日買った本だ。「これください」と奥に声をかけて、カウンターに出てきた店主は、堀辰雄の小説に出てきそうな清楚な女性だった。「ありがとうございます。ご不要な本がありましたら、買い取らせていただきます」の声も小さな鈴が鳴るようで、ちょっとドキドキした。

今は手に取れないが、奥の壁をぐるりと取り囲んだ本棚には、おもしろそうな本がびっしり詰め込まれていて、これが開放される日が来たら、また訪れようと思う。それまで、風邪をひかないようにがんばってください。

さあ、あとは多摩ニュータウンを巡りながら帰るだけだ。乞田川を越えて始まる坂をうんこら登り、鶴牧西公園を散策する。丘陵地の斜面を利用した広い公園。一部、土の道があって、その脇では竹の子がにょきにょき顔を出していた。かつて一帯が竹林だったのだろう。いまは網を張って管理され、なかへは入れない。それでも足下のあちこちに、小さな竹の子が土の上に顔を覗かせている。こういう光景を見るのは初めて。

少し汗ばむほど、斜面を上り下りしたあと、鶴牧地区へ出て、落合地区を目指す。その途中にあるのが、冒頭に書いたメタセコイア通りなのだ。そう名付けられていなければ、そもそも舗道に並ぶ樹木を意識することもない。しかし、目を落とすと、ビー玉くらいの茶色い実が、舗道にたくさん散らばっている。

そいつを一つ拾い、御守りのようにポケットに入れて、駅へ向かって歩き出した。

ニュータウンといえば、切り分けたカステラみたいな建物が、びっしり建て込んでいるというイメージがあったが、そうではなかった。全体に空間がゆったりとしていて、いたるところに芝生を植えた広い公園がある。その間を、石畳を敷いた歩行者専用の小道がどこまでも続いている。低層のテラスハウスも多く、空が広い。これは、思ったよりはるかに住みやすい町なんだなと感心した。

あとは急ぎ足。廃校になった中学校の校舎をそのまま活用した「多摩市立図書館（本館）」を見学、そこからすぐの「桜美林大学 多摩アカデミーヒルズ」という施設内にある「光明石温泉」という日帰り温泉に入る。ここはもと「ウェルサンピア」という保養施設だったらしいが、厚生年金を湯水のごとくつぎ込んだ悪名高き事業の一つで二〇一〇年に破綻したという。

極端な経費節減のせいか、館内は暗く、空気が淀んでいる。浴室にたどりつくまで、誰とも会わない。八〇〇円を払い、脱衣場へ入ると、三、四人の老人がいるだけ。空いてていいが、古戦場跡へ来たような気分になる。ロッカーでまごついていると、「そこ、お金はいらないよ。いらなくなったの。どこから来たの?」と常連らしい人生の大先輩から声をかけられる。答えると、「へえ、変わってるねえ。ここに来るのは地元民だけだよ」と。まあ、たしかに変わっています。

汗を流したらさっさと出て、コンビニでビールとつまみを買い、外のベンチでひと休み。暮れなずむ夕日が空を少し暗くして、芝生では親子連れが遊んでいる。ポケットに異物があり、何だろうと取り出すと、メタセコイアの実だった。拾ったことを忘れていた。これをお土産にして、多摩ニュータウンさんぽの一日が終わる。

……とここまで書いて、ゲラのやり取りをしていると、「ジャルダンブックス」さんが五月一九日をもって店舗閉店したと知らされた。オドロキ。こういうこともあるんだなあ。お疲れさまでした。

最近オープンした店二軒

二〇一三年七月——国分寺市「古書 まどそら堂」、所沢市「古書つくし」

古書つくし

二〇一三年五月に出た『札幌古書組合八十年史』(札幌古書籍商組合)が、たまらなくおもしろく、寝床に持ち込んで読み継ぎ、あっというまに読了してしまった。ハードカバー、菊判の大型本で、四〇〇ページ強もある、見た目にも立派だが中身も立派。

第一部が前後編から成る組合の通史、第二部が組合員による座談会、第三部が年譜という構成で、いずれも読ませる。明治からの札幌市内における古書店の変遷が、時代背景、それに出版史などもからめて叙述される「通史」編には、教えられることが多かった。昭和一五年の「札幌古本屋分布図」が掲載されていて、当時、市内中心部に新刊との兼業者と非組合員も含め、五六店が点在していたとわかる。これが札幌古本界のピークだろう。

戦後になって、昭和二〇年代後半、「古書の出回り不足から、古書市場の長期休会などで、さらに業者が減り、市内五十数店舗から、十三店舗へ」激減する。このころ、地方の古書店が、古書価の変動を知る一番の頼りとしたのが『日本古書通信』であった。

昭和三〇年代、本書「通史」前編の執筆者で、南陽堂書店次男の高木庄治氏が、札幌大前に「書林 弘南堂」の看板を上げるころから、札幌の古書界が再び活気づく。私がいちばん関心があるのは、古本が店売りで活気があったのはいつごろまでか、ということ。通史や座談会の発言からすると、どうやら昭和六〇年代の初めごろまで、だったようだ。学生運動華やかりし昭和四〇年代、「一番よく売れたのは吉本隆明の著作である。補充がつかなく、新刊を仕入れて、一割引きくらいで販売した」と高木庄治さんは書く。「岩波、みすずあたりだと八掛け、八・五掛けくらいで、平気でそんな値を付けて、それでも売れてた」とは、「並樹書店」瀬木幸彦さんの座談会での発言。強気ですねえ。私の記憶でもたしかにそうだ。

このまま行けば、『札幌古書組合八十年史』の話だけで、一回分費やしてしまうが、もう少し。「石川書店」石川昌治さんは二代目。店は深夜一二時半ごろまで開けていて、「親父と夜の九時頃に店番を替わる」という。昭和五〇〜六〇年ごろ、「マンガ本だけで一日五、六万、一日に何十万と売れてましたといった」うから、商売をやっていて楽しかったろう。

札幌で一番売れたのが、「一誠堂書店」。「だって昭和二十七、八年頃、一誠堂さんではメロンを食べてたそうですよ。三時のおやつに」（「北海堂」小田祐史さん）なんて発言がめちゃくちゃ楽しい。それがインターネット販売の普及、「ブックオフ」に代表される新古書店の進出で、二〇〇〇年ごろから店売りは急降下していく。古書籍業界という一業種の話にとどまらず、日本の社会全体の変化が、この一冊から見えてくる。貴重な写真や図版資料も交え、これだけの質量の記録を出された、札幌古書組合の方々に、心より敬意を表したい。

おっと、いけない。半分くらいを本の紹介で埋めてしまった。急いで、この一ヵ月ほどのあいだにオープンした二店舗を紹介する。

一つは五月中旬に、国分寺で開店した「古書　まどそら堂」。ここがユニークなのは、三坪という狭い店舗で、しかも三角形をしている。ショートケーキみたい。入口の前に「南町二丁目」と書かれた京王バスの停留所標識が立っているのも珍しい。

店主の小林良壽さんは、おそらく私と同年輩。本業はイラストレーターで、作品は店内にも飾られている。趣味が高じての出店、となったらしい。国分寺は、学生時代によくうろついた町だという。専門はSFだが、それだけに特化せず、町の古本屋として、買いやすい一般書も取り揃えての船出だ。

「バス停が目の前なので、バスを待つあいだに、均一台などちょっと覗いてくださるお客さんがいます」とのこと。なるほど。私は開店祝い、というほどのものではないが、菅原克己編『詩の辞典』（飯塚書店、一九六四年）を三〇〇円で買わせてもらった。

もう一軒は埼玉県所沢市の「古書つくし」で女性古書店主の店。六月二日開店。こちらはなんと、こぶし団地内の一角で、CB（コンクリート・ブロック）二階建て住居の建物そのままを活かした店舗での開業だ。店の前に立たないと、それとは気づかない。隠れ家的店舗と言っていいだろう。

以前とすっかり趣きを変えてしまった、新生の西武「所沢駅」を東口へ出て、バスロータリーを挟んで対面に八階建てのビルがあり、いつもこの最上階で「彩の国 所沢古本まつり」が開かれているからおなじみの光景だ。地図をにらみつつ、三〇分も歩けばたどりつくはずと目算を立てて歩き出したが、バス停にちょうど「こぶし団地」経由「航空公園前」行きバスが来ていていた。本数が少ないので、これはラッキーと乗り込む。

ものの一〇分ほどで最寄りのバス停へ。すぐ脇に大きな所沢航空記念公園が広がっている。信号からT字に伸びる道をてくてくと行く。しばらく行くと小さな児童公園と出くわす。ぶらんこが風に揺れている。ここまで来るともうすぐ。しっかり右を見て、地面に立てかけられた「古書つくし」の手描き看板を見落とさないことだ。

ちょっと目には、どう見ても普通の住居だが、水色の看板と玄関前に置かれた均一の段ボール箱で、やはりここが店舗だと知れる。入口から先がコンクリートの土間になっていて、ここにも本棚がある。狭い店の有効利用だ。この土間で靴を脱ぐ方式。すでに先客がいた。両側に部屋がある中央の廊下がそのまま店舗になっている、という感じがした。両側壁に本棚。奥で床に座ってパソコンに向かう女性店主がいる。

店名と女性店主ということから、最初はもっと、「女子」っぽい本棚かと思ったが、文学や歴史を中心にした手堅い品揃え。棚だけ見て、ここは女性店主、とはわからないかもしれない。本棚脇にベンチが据えられていて、しばらくここに座って、店主と話をしていたら、お茶が出てきた。ゆくゆくは「カフェ」も併設したい、とのこと。

まわりに飲食店も見あたらず、ちょっと休憩、しかも古本つき、というのはいいかもしれない。ここに住んでいるのかと思ったら、通いで、もともと所沢住民だという。

「所沢も、以前はもっと古本屋さんがあったんですが、どんどん消えてしまって、地元民は駅前の『古本まつり』、高田馬場駅前のビッグボックス古書感謝市、池袋リブロの古書市などが、古本の楽しみのようです」と教えてくれた。

未所持の文庫を二冊買ったら、開店記念ということで一〇〇円引いてくれた。お金を払う段になって、レジから「じゃあ、四〇〇円」と私に渡そうとする。「いや、払うのはぼくのほうですよ」と制した。「あ、そうか。つい……」と笑っていたが、まだお客さんとしての意識が抜けないのか。なんてウブなんだ。

帰りは航空公園内を通り抜けて行こう。航空公園は「日本航空発祥の地」として知られる。明治四九年、ここに所沢飛行場が誕生。日本初の飛行場だ。戦後は米軍に接収され、昭和五三年、整備された公園として生まれ変わった。一つの町がすっぽり入るほど広い。

木立のなかを抜ける小道は、市民ランナー、お年寄り、犬を散歩させる人、子連れの母親などが行き交う。そんな人々が憩う公園近くに、ひょっこり顔を出したのが「古書つくし」であった。

*――「古書 まどそら堂」は近所の国分寺マンション・アンティーク街に移転。

福井、土浦、山形と、あちこち古本旅

二〇一三年八月――福井市「古書 好文堂」ほか

香澄堂書店

今回は、東京から抜け出し、あちこち回って来ました。そのご報告を。使ったキップは「大人の休日倶楽部」の会員限定パス。なんと、東日本・北陸圏内を、新幹線利用も可で、四

日間連続乗り放題。それで一万七〇〇〇円という驚異のお買い得キップなのだ。

振り出しは京都。京都まで行く車の便があり、それに同乗させてもらうことになった。途中二度の休憩を挟んで七時間、あきれるほどスイスイと京都へ着いた。その夜、「古書 善行堂」店主、そして弟と飲んで、大いに喋った。関西で活躍するタレントのタージンが、ビンゴの司会をすると神懸かり的にうまい、などの情報を得る。翌朝は早く京都駅から湖西線に乗る。

「大人の休日倶楽部」パスの適用圏内は福井から。福井までは新快速をうまく使って普通料金で向かう。朝八時一五分京都発、敦賀まで直通の新快速がある。湖西線を使って琵琶湖の西側をゆったり走るのは、なんだかいい気分だ。琵琶湖は水平線が見える。湖だと知らなければ、海と間違う人もいるだろう。湖畔には瓦屋根の家並みが続く。水面にはさざなみが立って、遠く小さな帆影。風景が際立つ。水墨画の世界だ。

福井着が一〇時四七分。ホームからすでに「古書好文堂」の黄色い看板が見えている。西口を出たすぐのところに観光案内所があり、ここで自転車を無料で貸してもらえる。あとの鉄道を乗り継ぐタイムスケジュールからすると、福井滞在は一時間。自転車はこういうとき大変便利なのです。

「好文堂」は、入口は広くないが、奥に深く店舗が続いている。だから蔵書量は多い。大ざっぱに言えば、右半分がコミック中心の柔らかもの。左半分が文学、歴史、専門書、郷土史などというレイアウト。店舗中央あたりにレジがある。あんまり時間がないので、とりあえず一冊。ほとんど即決で半藤一利(垂見健吾=写真)『昭和史の家』(文藝春秋、一九八九年)を一二〇〇円で買う。宰相、名優、文豪などの自宅をカラー写真で紹介し、半藤一利が解説を加える。車中で読むのはこういう本がいい。

レジにいた女性に、福井の古本屋事情をリサーチしようと思って話しかけたが、パート雇いなので詳しくないという。それでも、お金を払ってブツを受け取るとき、「アメをどうぞ」と、袋入りのアメを一つ手の平に乗せてくれた。古本を買ってアメをもらったのは初めてだ。

なにげないサービスに心がほぐれ、再び自転車にまたがり、ツバメのようにスイスイと福井の町を疾走する。重厚なモダニズム建築の福井裁判所、その向こう、福井新聞屋上のタワー型アンテナもいいなあ。写真をパチリ。しかし、まったりしている時間はない。目当ては、路面を走る福井鉄道・えちぜん鉄道の「田原町」駅舎。

福井の名門「藤島高校」の学生がこの駅を利用して登下校する。藤島高校と言えば、詩人の荒川洋治、歌人の俵万智の出身校だ。とくに俵万智は、駅名(たわらまち)と名前が同じ音。めったにあることではない。お初にお目にかかる「田原町」駅は、木造平屋の長い一面ホーム。昭和が凍結したような駅舎だ。俵万智が乗り降りしたころと、変わっていないと思われた。残してほしい鉄道風景の一つです。

藤島高校もいちおう外観だけ見学し、またツバメのごとく駅へ舞い戻り、一路、東京へ。東京駅へ着いたら夕方の五時二〇分になっていた。

仕事が詰まって、せっかくの「大人の休日倶楽部」パスを一回分ムダにして、別の一日は話題の「つちうら古書倶楽部」へ。五冊ほど買う。常設の古書即売会、という趣きで、ここは買えます。行く価値あり。堪能した。

最後の一日は山形へ。なんだか、連日、忙しい。山形は未踏だと思っていたが、妻に言うと、「いや、昔、二人で行ったよ」と言われてうろたえる。そうだ、火事に遭われて、一部、商品が黒こげになったお店を訪問したのだった。あれ、どこだったんだろう。二〇年ぐらい前の話だ。

そのころあった数軒の古書店はいずれも撤退され、その後、市内では「紅花書房」さんが小白川町で開業されたのがいいニュース。しかし、駅からはちょっと離れている。二〇〇五年には、組合未加入ながら、「香澄堂書店」がオープンした。今回の山形訪問はこちらがお目当て。

山形でも駅改札を出てすぐの観光案内所で自転車の無料貸出しをしている。市内の観光マップをもらって、いざ出陣。「香澄堂書店」は駅東口から五〇〇メートルほど北へ行った、山形美術館の建つ交叉点角にある。非常にわかりやすい。あとで聞いたら、大きなガラス窓の瀟洒な店構えは、店主の本間修さんによれば、もとは喫茶店だったという。入口両脇に仕切られた一〇〇円均一スペースがあるが、そう言われて改めて見れば、ここは喫茶店だ。

一〇坪ほどの店内は、非常によく整理された本棚が、ややうす暗い照明の下、客を待ち構える。ミステリとサブカルに強い棚や、並んでいる本のテイストが私好み。小林信彦『夢の街 その他の街』(文藝春秋、一九七九年)、田中小実昌『ぼくのシネマ・グラフィティ』(新潮社、一九八三年)(いずれも五〇〇円と安い)ほか数冊、脇に抱える。レジで精算の折り、名乗って少し話をうかがった。

本間さんは山形の出身だが、一九九七年ごろまで東京にいたという。しかも中央線在住というから、私とどこかですれ違っているかも。東京ではIT産業の仕事をしていた。脱サラして、故郷へ戻っての開店、となった。秋の山形国際ドキュメンタリー映画祭の際は、国内と海外からも大勢のお客さんが山形に詰めかける。「香澄堂書店」でも、それに合わせて、『キネ旬』や映画パンフを一〇〇円で店の外に並べておくと、とんでもなく売れるそうだ。

「地元のお客さんより、観光客のほうが、うちは多いかもしれません」と本間さん。ついでに山形の古本屋情報をうかがった。数年前にオープンした「紙月《かみつき》書房」はブックカフェ。ミステリに強い店だ。この日は火曜日で定休日。店名は「噛み付き」と「ペーパームーン」のダブルミーニング。残念だなあ、行きたかった。店の前に立って写真を撮る。その隣りに小さな可愛い教会がある。いいロケーションだ。山形市内には、古い建築がたくさん残っていて、自転車で走るのが楽しい。

本間さんの話では、そのほか、蔵王への入口にある中古自転車屋「舘岡《たておか》商店」が古本の棚を兼業で置いているらしい。仙山線「愛子《あやし》」駅前には、萬葉堂チェーンの大型店があったが、社長の死去により閉店されたとか。やっぱり、現地を訪ねてみないとわからない情報もあるのですね。「大人の休日倶楽部」パスを使って、次はどこへ攻めようか。いまから腕が鳴る酷暑であった。いや、暑いですねえ。古本屋巡りも体力勝負だ。

北陸では、富山・高岡両市が未踏。富山では市内に「古本ブックエンド」という新しい店ができた由。行ってみたい！

＊――「紅花書房」はネット販売が中心で、店舗が常に開いているとは限らないとのこと。「舘岡商店」はヤフオクにも商品を出品されている。

広島で芽生えた新しい動き

二〇一三年九月――広島市「古本交差点」「本と自由」

さて、今回、ほかの用事にからめて広島へ出かけてきた。今年七月六日に、広島市の中心地、大手町に「古本交差点」という、複数の古書店がワンフロアで棚を展開する店舗が開業したのだ。

本と自由

管理する代表は財津正人さん。広島で一箱古本市を中心にしたブックイベント「ブックスひろしま（旧お好み本ひろしま）」を起ちあげた人。財津さんの説明を始めると長くなる（二〇〇九年二月の回を参照）。このたび東京にあった事務所を閉じて、もともと本拠にしていた広島で、新しいビジネスを始めることになった。

「古本交差点」に参加するのは、古書あやかしや、神鳥書店、岩書店、スマイルブックスがプロの業者、そのほか古本好きの有志、それに私と京都・古書 善行堂も加わる大世帯だ。財津さんが、東京の事務所をたたむとき、レンタカーで広島を往復するというので、「古本交差点」に出す本を乗せてもらうことにした。段ボールで九箱あったから、宅急便代を考えるとバカにならない。途中、京都でインターを降り、善行堂の本も乗せていくという。せっかくだから、と発作的に、私も一緒に車に乗って京都へ向かうことにした。善行堂に着いたら、財津さんと一緒に私が現われたから、善行堂は驚いた。まさか、と思ったのだろう。こういう演出が、退屈な日々のスパイスとなる。

　そんな流れもあって、「古本交差点」の視察は楽しみにしていた。広島に行くのは何度目か。京都へ向かう車中では、財津さんといろいろな話をして（主に出版界のこと、古本のこと）、それも楽しかったのだが、耳よりの情報を得た。広島駅の一つ先、「横川」駅前に、古本カフェができたというのだ。さっそくネットでチェック。場所を確かめ、「古本交差点」入りをする前に立ち寄ることにした。釜飯で有名な信越本線「横川」は「よこかわ」で、こちらは「よこがわ」。駅を出るとすぐ目の前に広島電鉄「横川」電停がある。書店「フタバ」の角を古い商店街へ入る。ここを抜けると、「星のみち」と掲げられた飲食街。昼間はひっそりとしている。串カツ屋の角を、薄暗く狭い路地へ。すぐ右に、黄色い灯りが洩れていた。自転車が一台止まっている。地面に置かれた看板に「本と自由」と店名が見えた。

　いつもそうだが、未踏の古本屋の入口に立つと、名状しがたい興奮を抱く。しかも、ここは「古本カフェ」といいつつ、まず目に飛び込んで来たのは大量の本だ。奥へ向かって二段階の段差があって、中央には雑誌の棚。その両側に本棚が設置されている。

　入口脇に映画、音楽、美術などの棚。これもけっこうな量がある。次の段差の右が帳場だ。左に二階へ続く階段があり、その下にも本が。坂口安吾の有名な写真がピンで止められている。なかなかやるなあ。一番奥が、この店で一番標高が高いスペースで、ぐるりと内外の文芸書。庄野潤三が、単行本、文庫、全集の端本も一緒に固められる光景を見たときは、「おお！」と小さく声が出た。いくつか、値段を確認したが、思い切り控えめ。これは買えるな。

いま蒐集中の司修の未所持本『夢は逆夢』（白水社、一九九〇年）を見つけ、これを「本と自由」の戦利品に。帳場で精算しようとすると、銀髪、黒眼鏡の芸術家ふうの店主が「岡崎さんですか」と言ってきた。どうやら、財津さんが、ぼくが行くかもしれないと事前連絡してくれていたみたい。

カフェスペースに移動して、荷を下ろし、少し話を聞くことにした。店主の青山修三さんは一九七〇年生まれ。ずっと広島に在住。長く市内の新刊書店に勤めていたが、一念発起して古本カフェを開いた。この不思議な段差のある店舗は一五坪。もとは文房具屋と立ち飲み屋だった二店舗に出入り口をつけて合体させたという。アイデアですね。

周辺は、先述の通り、夜になればにぎわう飲食街なので、昼間の集客は難しい。ただ、近くに自主映画など、ユニークなプログラムを組む「横川シネマ」という映画館があり、ここへ来る客を取り込めば、たしかに魅力的な立ち寄り場所となる。私も広島へ来れば、まずここへ来よう。横川から広電で中心部へ向かうというのも、今まで考えたことのないアプローチだ。

広電「七番」に乗ったら、大阪市電を払い下げた旧車両だった。これも感激。二〇分ほどで「古本交差点」最寄りの「市役所前」電停へ。すぐ目の前に中央郵便局が見えて、これが目印となる。その対面に、一階に「キンキホーム」が入ったビルがあり、その二階が「古本交差点」だ。

通りに面したガラス窓からふんだんに光が差し込む、かなり広い鍵型のワンフロア。本棚は基本、壁際に集中させ、四方から手に取れる背の低いサイズの本棚が、島のように点在している。中央の床には、直接箱を置いて、そのなかにも古本が……。この箱を撤去すれば、たちまちイベントスペースに変身する。実際、財津さんは、トークショーやライブ、手作りイベントなどを次々と仕掛けている。

こういうやり方では、神保町の「古書モール」や、その一階下の「スーパー源氏」を思い出すが、さまざまな個性をもつ店舗が集まることで、いろんな顔をもつ古本販売のかたちが出来上がる。売る眼が多ければ、買う眼の選択肢もまた、増えることになる。一店舗ではまかなえない家賃も、分担すれば負担は少ない。また、「古本交差点」の参加店には、ネット販売の業者も多い。ネットで売るのとはまた違う売れ方も期待できるのではないか。

「ふだんネットで売ってても、条件があえば店売りしたいと思っている人は多い。ただ家賃や店番がネックとなるので、それを手助けする意味でも、『古本交差点』の出店を考えたんです」。

新刊書店、取次、営業代行など、本にかかわる仕事を長年続けてきた財津さんが、次に出した結論が「複合型古本屋」というのがおもしろい。ここでは文庫を一冊と、吉田拓郎のシングル盤『となりの町のお嬢さん』を買う。広島へ来れば、拓郎でしょう。私も売上げがいいようだったら、その上がりを使って、たびたび広島を訪れたいものだ。その夜は、財津さんを中心に若手の古本屋さんたちと、広島お好み焼きの店で飲んだが、楽しかった。

財津さんが取ってくれた宿は「古本交差点」からすぐの「レイノ・イン広島平和公園」。外国人客の多い、ビジネスホテルタイプのユースホステルだ。浴槽こそないものの、シャワーとトイレがついて、大きめのシングルベッドとソファがあって、申し分ない。夜はフロントが無人になると説明を受けて、くわしくはこれをと渡された紙をよく読まずに投宿した。

夜中二時ごろ、眠れずに起き出し、下まで降りて、コンビニでビールとつまみを調達して戻ってきたら、入口のドアが開かない。貼り紙を見ると、夜は暗誦番号を打ち込んで出入りするシステムになっているらしい。緊急連絡の電話番号も書いていない。さあ、困った。このまま朝まで、建物の外で待つことになるのか。夜遊びしていた不良外人がひょっこり帰ってこないかと三〇分ほど待ったが、それもなし。

困り果てて、コンビニへ戻り、交番の場所を聞いて、ビールを飲みながら深夜の広島の町を歩き出した。たどりついた交番で事情を説明するが、打つ手なし。進退きわまったところで、宿の住所を確認するため、紙製のカードキーを取り出すと、なんと、そこに部屋番号とともに、ボールペンで暗証番号が書かれていたのだ。なあんだ、バカみたい。おあとがよろしいようで。

*――「古本交差点」は二〇一五年五月いっぱいで店舗営業を終了。第二期営業として、古本催事への参加、ネットでの販売を継続されるという。神保町アネックスビルで「スーパー源氏」が展開する古本フロアも撤退された。

荷風の影を慕いて市川へ

二〇一三年一〇月――千葉・市川真間「古書 春花堂」

春花堂

中川六平さんが亡くなった。享年六三。一九五〇年新潟県生まれだから『彷書月刊』編集長だった田村治芳さんと同い年。田村さんは二〇一一年元旦に、ひと足お先にあの世へ旅立った。いずれにしても早すぎる。

中川さんは、何といっても、晶文社で高橋徹『古本屋月の輪書林』（一九九八年）、内堀弘『石神井書林日録』（二〇〇一年）、田村治芳『彷書月刊編集長』（二〇〇二年）の三冊を作った編集者として記憶される。植草甚一以来、久しく絶えていた晶文社刊による古本ものの、極めつけの三冊だった。

私は酒席で何度かことばを交わした程度のつきあい。くしゃくしゃの笑った顔と、がらっぱちを装った、内実は繊細なもの言いが印象に残っている。自身の著書に『「歩く学問」の達人』(晶文社、二〇〇〇年)、『ほびっと 戦争をとめた喫茶店』(講談社、二〇〇九年)がある。特に後者は圧倒的な名著で、私は、出た当時、ラジオでも紹介したし、書評も書いた。

中川さんは、同志社大学の学生時代、「べ平連運動」に加わり、山口県岩国市にあった反戦喫茶「ほびっと」のマスターをつとめる。その体験を書いたのが『ほびっと』で、岡林信康に同名の曲があり、その存在を知っていた。

編集体制が変わり、晶文社からは一度離れたが、ひさしぶりに復帰し、石神井書林・内堀弘さんの本を、復帰第一弾として手がけ、意気揚々としているふうが、ツィッターやブログの文章で見て取れた。

「石神井書林さんのゲラが出た。晶文社では、八年ぶりの本作りかしら。あわてることなく、ひとつひとつを、ですね。夏にはきれいな本に。楽しみにしていてくださいな、みなさーん」(五月二七日)とツィッターに書かれたのが『古本の時間』(二〇一三年)として結実する。平野甲賀=装幀による、いかにも晶文社らしい、「きれいな本」だった。

内堀弘さんの「図書新聞」連載コラムによれば、ぎりぎり、死の間際に『古本の時間』は届けられたようだ。

「校了の日、神保町の喫茶店で会うと『昨日病院に行ったら、オレ癌だって』と六さんが言った。それから、あっという間の夏が過ぎた。／八月の末に出来上がった見本刷を、六さんは病室で読んだ。『大丈夫。面白いよ。オレ勘がいいんだから』そう言って笑った。九月四日、配本。東京堂書店で平積みになった写真を病室で見て、その晩、眠ったまま逝った」

これは慟哭を押し殺して、内堀さんが精一杯、中川六平さんへの尽きぬ思いを語った名文である。私だって今年、五六歳。早い死を嘆き悲しんだって、何の役にも立たない。ひとつひとつ、やり残したことを、精一杯やり遂げていくしか道はない。田村さんや中川さん、もっと早く逝ったノンフィクション作家・黒岩比佐子さんの無念を考えれば、つべこべ愚痴を言っている場合じゃない、と思うのである。懸命に生きる。それが残された者の礼儀だろう。

さあ、そして今回の古本さんぽだ。千葉県市川市へ行ってきました。JR総武線「市川」駅と、京成「市川真間《いちかわまま》」駅は千葉街道をあいだに挟んで、四〇〇メートルぐらいの距離か。このエリアに数軒の古本屋がある。いちばん古いのが、京成線線路沿いにある「智新堂書店」で、これは戦前からの店。今回、訪問したがドアが閉まったままだった。そこから西へ行って、かつて「国府台」駅との中間に「田沢書店」があった。古書展にも出品している店だったようだ。私が市川を訪問したのは、もう二〇年近く前で、記憶は薄れてしまっている。

そのほか「市川真間」駅の南に「青山堂」があり、ここは「国分店」という支店もあったが、いまは姿を消した。そのあと、組合未加入の店として、「古書春花堂」と八幡神社近くに「即興堂」と、二店が誕生した。後者は美術書などを中心にした店らしいが、残念ながらこの日は休み。

結論から言えば、この日触れたのは「古書 春花堂」だけ。それでも、店売りの店舗が少なくなった千葉県では、この市川周辺は貴重な古本エリアを形づくっている。歩き甲斐のある町だ。

市川駅から北に伸びるメインストリートを横目に、その脇を東へ、途中、敷石のある商店街を北上していく。千葉街道を渡り、しばらく行くと、道は右へカーブする。右手を注意していると「春花堂」がある。奥に細長い通路みたいな店で、両側の本棚にびっしり本が突き刺さっている。

入り口の均一は二〇〇円。ずっと入ると、右側の棚が文庫だ。これはかなりの量。真ん中ほどに帳場らしきものがあるが、ここは無人で、人の気配を感じたのか、どん突きのドアが開き、そこに店主がいた。まだそのドアの向こうに、思いがけぬほど広い空間があり、ここに優に一軒分の古本が埋まっている。

「見せてもらっていいですか」と断ると、「どうぞ」というので奥の院へ入る。二〇年前近くに訪れたときの私の記憶では、たしか、途中で左に入ったところに、同じような空間があったと思ったが、店主に訊ねると、やっぱりそうで、いまは事務所となり閉鎖中だという。

一般の客は普段は奥の部屋までは入れないのだろうか、ドアが関所のような役目を果しているようだ。ずらりと並ぶのは、古い文芸書で、そのすべてに手書き文字による帯がかかっている。文庫の棚もそうで、書名と値段がいちいち書き込まれているのだ。マジックペンによるものか、端正で読みやすい文字だ。安岡章太郎や水上勉の著作、作品社の「日本の名随筆」シリーズ、『耕治人著作集』の端本、上林暁、各種日本の近現代文学の研究・評論が眼についた。

値段は目録に載せるぐらいのレベルで、底値狙いの私のようなヤクザな買い手には、ちょっと手が出ない。つまり、適正相場だ。しかし、一冊ぐらい、記念に買っておきたい。市川といえば、永井荷風が晩年を暮らした土地だ。岩波文庫の『花火 雨瀟瀟』を三〇〇円で買う。現在、品切中。これにも手書きの帯がかかっていた。「帯もそのままで」とお願いして受け取る。

「古書 春花堂」の前の道をさらに北へ。真間川を渡る。荷風は、この真間川堤に咲く桜を愛したと言われる。ここからすぐの「手児奈霊神堂」もよく訪れた。市川には荷風の影が、あちこちに潜んでいる。昭和二〇年春の空襲で「偏奇館」を焼失した荷風は、終戦まであちこちを転々とし、九月に市川へ移ったのだ。「花火」は、大正八年に「偏奇館」時代のことを書いた随筆。荷風が麻布市兵衛町の偏奇館で、押し入れの壁を貼っていると、しきりに花火の音がする。第一次大戦講和を記念しての花火であった。文庫の奥野信太郎解説によれば、これは「明治政府以来の疑似西洋文明に毒された」社会に批判を加えた文章であるという。

　真間川に架かる橋を渡り、真間小学校の壁を左に住宅街を抜けると、こんもりと樹々のある一画にぶつかる。ここが「芳澤ガーデンギャラリー」。もとはこの地に住む芳澤家から、市川市が寄贈を受けた約千坪の敷地とその庭園をそのまま活かし、市川市芳澤ガーデンギャラリーとして平成一六年に開設されたという。入館は無料で、この日は「京成電鉄展」を開催中。これには入場料が必要で、かつての鉄道の硬券を模した入場券が洒落ている（これまた懐かしいM型パンチが入る）。

　少しの時間だが、さらりと往時の写真や鉄道模型などを見学し、ロビーに出ると、白髪の老人が聴衆を前にトークをしていた。あまり気にせず、そのままギャラリーを出たが、あとで調べたら、老人は絵本作家・イラストレーターとして有名な井上洋介氏だった。氏は市川市在住なのだ。なあんだ、それなら話を聴いておくべきだった。

＊――「智新堂書店」は現在も営業されている。「古書　春花堂」は閉店された。

南部の眼

二〇一三年一一月――東京・五反田南部古書会館「本の散歩展」

南部古書会館

　神保町ではぜったいに恥ずかしいマネや悪いことはできない。いや、他のどこでもそうだが、とくに……。

　一〇月一〇日は文省堂の外からなかへ、わずか一〇歩のあいだに三人の知り合いに会い、翌一一日は、駿河台交差点から小宮山書店ガレージセールへ行く間に四人と挨拶を交わした。他のどんな町でもこんなことは考えられない。「逃げられないぞ。お前はもう、包囲されている」と言われるがごとき事態であった。ときどき、ひとり言を言ったり、あるいは昼食のあと、口のまわりに食べカスをつけたまま歩くことがあるので、気をつけなくちゃあ。

このところ、私の神保町行きの異変は、いつもの靖国通りとすずらん通りを流して歩くルートに、神保町交差点から北へ、水道橋方面のルートがつけ加わったことだった。

きっかけは天ぷら「いもや」へ再び通い始めたこと。「いもや」とは神保町に数店を構える大衆向け天ぷら屋で、天ぷら定食が六五〇円と破格の安さ。しかも揚げたてで旨い。いつも行列のできる店である。かつてパチンコ屋「人生劇場」の近くに一軒あったときはよく通ったが、いつのまにか無くなって足が遠のいていた。

ところが、あれは一〇月の始めごろか、何の気なしに、そうだ「いもや」へ行こう! と心に決めてひさしぶりに食べたところ、いや、これがじつにおいしいではないか。炊きたてのゴハンと味噌汁のクオリティも高く、大した理由もなく通わなくなった自分を責めたぐらいである。

それから三度、昼は文句なしに「いもや」ということが続いた。いま、「いもや」があるのは先述の水道橋へ向かう通り沿い。そのため、これまであまり足を向けなかった古本屋の前を通ることになった。神保町交差点からすぐ、左手にある「アムールショップ」は、アダルトDVD、雑誌中心の店で、かつては単行本も置いてあったように思うが、いまは柔らかもの専科となっている。

その店頭に、大量の文庫と新書の均一棚があり、これが二冊一〇〇円という低価格で、いつも人が群がっている。しかし、どうせたいしたことはなかろうとそれまで黙殺していたのだが、このところ、ハヤカワ文庫のロバート・B・パーカーのスペンサー・シリーズにハマっていて、未読のタイトルがあるかもと立ち寄ったら、ここが案外よかった。

文庫も各社の絶版ものがさりげなく混じっているし、新書もなかなかおもしろい。安岡章太郎『青馬館』は昭和三〇年刊の河出新書で、装幀は初山滋。ここに「サアヴィス大隊要員」「麦藁帽子の頃」といった、文庫で読めない初期短編が収録されているのだ。普通の新書判よりやや丈の高い「朝日文化手帖」の秋山安三郎『みつまめ随筆』（一九五五年）と抱き合わせて一〇〇円は、かなりうれしかった。そこで、「いもや」とセットで「アムールショップ」店頭も覗くようになったのだ。これは、私にとって神保町における新大陸発見だ。

この日も、まずは東京古書会館「ぐろりや会」展を覗いたあと、田村書店、小宮山書店の均一をさらりと触れ、「いもや」で堪能したあと、五反田へ向かう。南部古書会館で「本の散歩展」が開かれているのだ。都営三田線で神保町から三田へ。ここで都営浅草線に乗り継ぐのだが、五反田直通という便は少なく、ひと駅だけ泉岳寺まで進んで、ここでまた乗り換えなくちゃあいけないのが面倒。こうなったら出久根達郎さんを、東京都知事に担ぎ出そう。当選の暁には、神保町と五反田を一本でつなぐ、古本者専用の週末バスを走らせていただきたい。

五反田では、地上に出るとき、JR側ではなく、A6出口からが便利。ここから少し歩くことになるが、しばらくすると赤い幟が前方に見えてくる。その先、タイヤキ屋の手前を左へ進むとすぐ、人だかりした一画あり。そこが南部古書会館。いったい、これまで何度通ったろう。木造平屋だった時代から知っている。そのころは靴を脱いで会場に入ったのだった。

ここで、なないろ文庫ふしぎ堂・田村治芳さんや、月の輪書林・高橋徹さんなど、多くの人と知り合った。南部古書展の魅力は、何といっても一階の均一。たいがい二〇〇円から三〇〇円の値がついていて、たまに五〇〇円なんて札を見ると高く感じるほどだ。本会場は二階なのだが、ほとんど古本に使う精力は一階で尽きてしまう。そのまま二階へ上がらず帰る客もいるみたいで、帳場の田村さんが「えー、本会場は二階になっております。ぜひ階段を上がりまして二階へ」と、元気に誘導していた声を思い出す。

この日は一階で六冊は買ったか。やや低調で、午後からの出陣ではこんなものか。小林亜星『あざみ白書』(サンケイ出版、一九八〇年)二〇〇円が一番の買い物。ちゃんと帯もついている。あの「寺内貫太郎」の作曲家による赤線探訪記、という珍本で、帯の推薦文が吉行淳之介、装幀と挿絵が滝田ゆうとよだれが出そうな布陣。のち『軒行灯の女たち』と改題されて光文社文庫(一九八五年)に入ったが、こちらも品切中で、単行本ともどもめったに見ない。

すでに神保町で本まみれ、五反田でも再び本にまみれ、二階へ上がったときは力尽きていた。そうなると、本以外の紙もの、駄菓子本に目がいく。この日は「シルバーゼラチン」さんが、紙ものや古道具っぽいものをたくさん陳列していて、私の滞留時間はここが一番長かった。「東京」と右から文字の入ったガラスの薬瓶が戦前を匂わせて鈍く光っている。これいつをまず手のなかに。三〇〇円。

新宿の歌声喫茶「カチューシャ」の小型歌本が五冊で五〇〇円という袋があり、これも買おう。昭和三〇年発行なのに、ずいぶん状態がいい。縒れも焼けもない。ほぼ同じ判型の、昭和三三年『たのしい三年生』付録の『楽しいうたの本』も、微笑ましい一冊。

「歌声喫茶」は一九五五年、新宿に「カチューシャ」「灯《ともしび》」がオープンしたところから活気づく。労働者や学生が、ともにロシア民謡や唱歌、労働歌などを合唱した。私が買った「カチューシャ」歌集には価格が書かれていないが、たぶん客がお金を出して買ったのだと思う。一喫茶店が、歌集を出版していた時代があった。

しかし、半世紀を経てこうして保存状態のいいブツが流れ着くというのがおもしろい。同じ時代に出た家電製品がもし残されていれば、扱いはもう骨董品に近い。本は紙の束だが、意外に保存性、耐久性に優れ、時代が変わっても楽々と享受できる。大変すぐれた媒体だ。

化粧会社「パピリオ」の包装紙は佐野繁次郎デザイン。訴求力が強く、すぐ目に飛び込んできた。赤地に白い線でデフォルメされた女体が大胆に構成されている。裸本にこれを巻いてカバーにするといいのだが、ちょっともったいない。額に入れてもおかしくないデザインだ。これが一〇〇円というから何とも安い。百貨店の包装紙など、後世に残りにくいものの一つだ。

南部古書会館では、こうして視点をいろいろ変えて、買う楽しみが二重、三重に増えていく。また子どもの小遣い程度の値段で放出されるから、私は私の古本の眼を、「南部」にずいぶん養われた、という気がしている。帰り、フレッシュネス・バーガーというハンバーガー店で、コーヒーを飲んで一服するのも、おなじみになってきた。しかし、こういうこと、よく続けているもんです。

古ツアさんと古本ツアー

二〇一三年一二月——東京・大泉学園「ポラン書房」

ポラン書房

「古ツア」さんというのは、「古本屋ツアー・イン・ジャパン」の略称で、たぶん、私が言い出したはず。いまでは、みんなそう呼んでいる。知らない人は、何言ってるの？　という話だろうが、その名の通り、全国の古本屋をツアーして回り、ルポをブログで発表しているのが、古ツアさんだ。

本名は小山力也。同姓同名の声優がいる、とのことだが、我々が知る小山力也とは古ツアさんだ。本職はグラフィックデザイナー。古本屋好きが嵩じて、ほぼ毎日、古本屋探訪記をウェブ上にアップするようになった。奇特な方ですよ。

最初は正体不明であったが、私はあることから、当人と知り合うようになり、以来、つき合いが続いている。なお、全国の古本屋を二〇〇〇軒は踏破したという前代未聞のブログは、今年一一月、原書房から書籍化されることになった（『古本屋ツアー・イン・ジャパン』、二〇一三年）。それを記念して、というわけでもないが、今回、私の古本屋探訪につきあってもらうことにした。だから「昨日も今日も古本さんぽ」の特別版である。

最初は、どこかへ遠出して、沿線をかたっぱしからツアーする、なんて企画もたてたが、繁忙期とあり、手近で済ませることにした。さあ、どこがいいか。メールをやりとりするうちに浮かんだのが、西武池袋線「大泉学園」駅からすぐの名店「ポラン書房」さんだった。古ツアさんも私も踏破済みながら、しばらくごぶさたしていた。ここなら、間違いなく本が買える。そしてあわよくば、店主の石田恭介さんに「ポラン書房」の成り立ちなど、話をうかがおうと目論んでいた。

古ツアさんとの待ち合わせは同店で、それまでは両者別行動。私は中央線沿線在住なので、西荻窪で用を済ませて（というのは、古本屋巡りのこと）、北口駅前から出ている「大泉学園」行きバスに乗ることにした。何度も書いてきたし、たぶんこれからも同じことを書くと思うが、東京西側は、横にはたくさんの鉄道が走っているが、縦の動線が弱い。路線バスが便利なのである。

西荻窪から大泉学園南口駅前まで、バスの所要時間は三〇分強。意外に近い。地図を見ると、青梅街道へ出て、途中、脇の道を曲がって入っていくと、あとはほぼ一直線に、行き先の大泉学園を目指すように道は伸びていく。駅南口の終点でバスを降り、駅なかの通路を通って北側へ出る。こちらのほうが、昔ながらの駅前の雰囲気を残しているようだ。

駅前から右に延びる斜めの道をしばらく行くと、右側に「ローソン」。その少し先にまた「ローソン」。この二つ目の「ローソン」を目印に、左折すると、にぎやかに人が集まる「永楽ストアー」が見える。大泉学園駅周辺には南口に「ライフ」という大きなスーパーがあるが、北口はまだ個人商店が強いらしい。この下町によく見られるタイプの、八百屋の発展形である食料品店「永楽ストアー」も熱気が路上まであふれていて気持ちよい。店頭のじゃがいもや玉ねぎなど、どれも安い。そこに客が群がる。なぜか、心の安らぐ光景であった。

「ポラン書房」は、車が盛んに行き交う大泉通りに出てすぐ。ポラン書房という屋号の回りにイラストをあしらった大きな看板が目印。古書店の看板コンテストがもしあれば、この「ポラン書房」が第一位だ。訊ねるまでもなく、出典は宮澤賢治の童話だろう。ほかにも神保町「虔十書林」、一ノ関「虔十書店」、矢巾温泉「イーハトーブ本の森」など、賢治に由来した店名をつける古書店がある。探せばほかにもありそう。古書店主に賢治ファンが多いというのが興味深いですね。

店の前に痩身の男性が熱心に均一台を見ていて、これが古ツアさん。挨拶を交わすと、ここに来る前、肩ならしとして西武池袋線沿線の古書店をチェックしてきたという。まったく、油断も隙もないな。「ポラン書房」の均一台は文庫が二冊一〇〇円でいいものがある。うなりながら凝視していると、「岡崎さん、均一見ながら、うならないでくださいよ」と古ツアさん。うなるのを止めて二冊ひねり出す。佐多稲子『歯車』(旺文社文庫、一九七五年)と尾崎一雄『虫のいろいろ』(新潮文庫、一九七二年)。前者はちょっと珍しいんじゃないかな。

この二冊を胸にいざ店内へ。「ポラン書房」は、六年前ぐらいに、大泉学園町から移転してきた。開業は一九八五年。もうすぐ三〇周年を迎える。店主・石田恭介さんは俳人でもあり、俳句雑誌『花林花』を発行。「彼の地にも吹くや背を押す若葉風」は最近の作の一つ。残念ながら、この日、帳場にいたのは若い男の店員さん二人。石田さんは不在だった。

広い店内の正面の棚に、俳句や詩歌の本がたくさん置いてあるのはそのため。店主の趣味が出ている棚があると、店に気品が漂う。いまは亡き大森「天誠書林」さんもそうだった。女性客が多いのだろうか、絵本や児童書、それに手芸、料理といった趣味の棚が充実。文庫は、分野別、作家別に分類されている。講談社文芸文庫やちくま文庫は、文庫別に固める店が多いが、ここではその方式を取らない。全体に本の量が多く、細かなところにまでよく手が入っているため、目が離せない。見ると、古ツアさんも熱心に文芸書の棚に取り付いている。どうやら、掘出し物を見つけたらしい。目がキラキラ光っていた。

私のほうは、いつもながらの低空飛行。すでに脇に二冊の均一文庫あり。あとは、気ままに棚から棚へそぞろ歩きながら、角川文庫の寺山修司『さかさま映画論——地球をしばらく止めてくれ ぼくはゆっくり映画を観たい』(一九八一年)という映画論集を抜く。角川文庫の寺山本は、ほとんど今でも流通しているが、これは品切れで再版されないまま。見つけると欲しくなる文庫だ。ほか、多和田葉子『雲をつかむ話』(講談社、二〇一二年)、加藤秀俊『車窓から見た日本』(日本交通公社、一九六七年)を適価で購う。あとで知ったが、古ツアさんは、このとき、野呂邦暢『愛についてのデッサン』(角川書店、一九七九年)を二〇〇〇円で釣り上げていた。「帯つき初版で、これだけ状態がいいと、ふつう五〇〇〇円はついてますよ」と言うではないか。

帳場にいた店員さんに、二人とも名乗って、少し言葉を交わしたが、「ぼくが来たのは田村（治芳）さんが、ここでトークして以来」と言うと、「それじゃあ四年は経ってますね」。ポラン書房では、店内スペースを使って落語会始め、さまざまなイベントが開かれている。地域密着型の古書店だ。あまり間を空けずにまた訪れて、石田さんに一度、じっくり話をうかがいたいものだ。

じゅうぶん満足の戦利品を抱えて、二人は駅まで戻り、南口からバスに乗って吉祥寺へ出た。もうとっぷりと秋の日は暮れて、夜のバスは、明かりをこぼしながら走っていく。席は離れているので、古ツアさんとは話さない。一人黙ってバスに揺られていた。それにしても「ポラン書房」はいい店だったなあ、などと思いながら……。吉祥寺に着いたら、凝りもせず「藤井書店」をチェックして、「戎《えびす》ビアホール」へなだれ込む。それからノンストップの古本屋談議が始まった。相手にとって不足なし（いまや私のほうが分が悪いが）「古本屋ツアー・イン・ジャパン」VS「昨日も今日も古本さんぽ」のバトルだ。いやあ、みなさんにお見せしたかったなあ、ビール片手に古本屋の話以外はまったくしない二人を。

【第九部】二〇一四

1月　東京・高円寺「アニマル洋子」

2月　横浜市「たけうま書房」ほか

3月　東京・葛飾区お花茶屋「青木書店」

4月　三鷹市「水中書店」ほか

5月　京都市「ヨゾラ舎」ほか

6月　東京・白山「誠文堂書店」

7月　東京・西荻窪「にわとり文庫」ほか

8月　小田原市「高野書店」ほか

9月　京都市「ありの文庫」

10月　香取市佐原「古書 武雄書店」ほか

11月　国分寺市「古本 雲波」

12月　東京・東松原「古書 瀧堂」

セーラー服のぶらさがった古本屋

二〇一四年一月――東京・高円寺「アニマル洋子」

アニマル洋子

ひとの気持ちというのはありがたいもの。出版の営業代行始め、書き手やアーティストのイベントプロデュースなど、本回りの裏方仕事を手広く展開する「Ricochet（リコシェ）」の柳ヶ瀬和江さんの「気持ち」に、今回、すっかりお世話になった。

二〇一三年の夏、ある事情から体調を崩し、酷暑ということもあり、息絶え絶えと日々を過ごしていた。気力もなえ、すっかり弱気になり、ブログにつづる言葉は、「もう死にたい」などと後ろ向きなことばかり。それを読んで、柳ヶ瀬さんが本気になって心配し、「岡崎さんに元気になってもらおう」と「岡崎武志展」を企画運営して下さった。

墨田区両国の駅から徒歩一〇分のところにある、フリースペース「緑壱《りょくいち》」は、民家の一階を改造した一〇坪ほどのギャラリー。長らく経営していた製本所をリタイアされたご夫婦により、今春にオープンした。このご夫婦と親しくされていた柳ヶ瀬さんが、私が自著で描いてきた挿絵の展示即売を「緑壱」で開催することを提案され、実現の運びとなった。これは本当にうれしかった。

もちろん絵は素人ながら、それでも過去に、イラストでギャラをもらったことも何度かある。マスコミへのデビューも、じつは四コママンガであった。そんなこともあり、ちくま文庫の古本に関する著作、そして『上京する文學』（新日本文学出版社）の「赤旗」連載時のイラストは自分で手がけ、原画などが溜まっていた。一部は、今年初めに国立の民家ギャラリー「ビブリオ」で開催した「一人古本市」でも展示販売したが、絵に特化した展示は今回が初めて。せっかくだから、自分の記事をスクラップしたものとか、各種アルバム、古本に挟まったものコレクションなど、仕事周辺の私物もどしどし持ち込むことにした。

柳ヶ瀬さんが企画してくださったのは、あくまで「挿絵展」だったが、次第に私のライター仕事全体を回顧する「仕事展」の様相を帯びてきた。柳ヶ瀬さんもそのことを喜んでくれたのだった。開催は一一月一三日から三〇日まで。月火はギャラリーの休みで、実質一五日間の展示となった。私も寸暇を惜しんで、「緑壱」へ通った。両国は、雑誌の取材で歩いたことがあるぐらい。「江戸東京博物館」へは何度か訪れている。しかし、両国という町自体はそんなにくわしくない。「ブックオフ」以外の古本屋がないからだ。

だから、自分の個展会場へ足を運ぶ理由で、両国へ通うのは楽しかった。私は東京の西側に住み、東側がずいぶん遠くに感じられる。私が使う最寄り駅を告げると、両国住まいの「緑壱」オーナーのご主人は、「それは、こちらから行くとしたら、一泊もので すな」とおっしゃったほどだ。そんなバカな！ それほど遠く感じられるということだ。

JR中央線快速を「お茶の水」駅で、ホームの対面に来る総武線に乗り換え、三つ目。途中、黄色い電車は隅田川を渡る。私が通った一〇日間ほどは、不思議と晴天に恵まれ、眼の前に広がる大川は陽の光を受けてキラキラ光っている。がたんごとんとレールの響きをしばらく体に感じ、いよいよ川を越えて、別の町に入っていくという実感があった。川一つ越えるだけで、下町っぽい匂いまでが濃くなるようであった。

そんなこんなで、一一月後半は眼の回る忙しさとなった。年末進行の本誌締め切りがあっという間に迫り、取材の準備も店選びもできないまま、リミットとなった。さあ、どうする。近場で行くなら中央線だが……そこで思いついたのが、二〇〇七年六月の回でも訪れた高円寺「アニマル洋子」だ。『古本屋

名簿 古通手帖2001』（日本古書通信社、二〇一〇年）にも記載はないし、店名からして、古本と縁がなさそうだが、これがれっきとした古本屋なのだ。

かつては「朝日屋洋品店」という一〇〇％の古着屋だったが、古本好きの店員オコノギさんにより、一部古本が置かれるようになった。のちオーナーが変わり、オコノギさんが引き継ぐときに「アニマル洋子」となった。それでも最初は、店内に置かれている商品の半分以上は古着だったのだが、次第に古本が古着を圧倒する。いまや、古着が一部展示された古本屋という印象だ。

「アニマル洋子」は、JR「高円寺駅」から南に伸びる「パル商店街」を抜けて始まる「ルック商店街」の途中にある。私は三〇代半ば、高円寺南在住だったので懐かしいエリアだ。パル商店街がもうすぐ途切れる少し手前の角に「ポッポ」という名の喫茶店があった。その角を曲がったところに「富士川食堂」という定食屋があり、というのは前にも書いた。

ここを少し南下して「大石書店」をチェックする。この日は日曜で定休日だったが、出たばかりの文芸、人文書がよく棚に並んでいた。新刊書店と見まがう人もあったのではないか。そこから指呼の位置に「アニマル洋子」、反対側に「西村屋書店」がある。「西村屋」さんは相当古い。文芸書の充実した覗き甲斐のあるお店。この日も、昔ながらの古本屋の匂いのする店内から、新書館「フォアレディース・シリーズ」の一冊、『ビートルズ詩集2 世界のはてまでも』（一九七二年）を三〇〇円で抜く。後ろ見返しで記された鉛筆文字価格の褪色具合からして、長らくその棚にあったと目される。

その先、左側に「勝文堂書店」があったはず。しかし見当たらない。あとで検索すると住所が変わっていた。店売りは止められたかもしれない。「アニマル洋子」の店頭には、若い客が群がっていて、お目当ては三ヵ所ある均一台らしい。なるほど、文庫から雑誌、単行本のあれこれと量が多い。私は、函入り時代の岩波少年文庫『フランダースの犬』(一九五七年)と、野口五郎の自伝エッセイ『哀しみの終るときに』(立風書房、一九七五年)、『GORO特別編集 素足のアイドルたち』の小学館文庫版(一九八八年)を各一〇〇円で。我ながらよくわからない、思わぬチョイスである。これもひょっとしたら「アニマル洋子」力ではないか。

野方図に増殖した感じの店内棚は、海外文学のいいところが揃っているかと思えば、エロや古い実用書の類もある。懐かしい音楽雑誌『guts(ガッツ)』は面陳で。そして頭上にはセーラー服がぶら下がる。反「神保町」色の強い店である。しかし、古着を買いにくるような若者には刺激的なのか、ユニークな髪型やファッションの二〇代、三〇代がせっせと棚を漁っている。これはいかにも高円寺らしい光景である。

古着屋や雑貨店が軒を連ね、休日にはほかの町から若者が買い物にやってくる。ルック商店街の入口がそんなカラーになった最初の一石が、「アニマル洋子」の前身である「朝日屋洋品店」ではなかったか。すると、二〇年前あたりのこと。私がちょうど、高円寺に下宿して、町をうろついていたころだ。西部古書会館の即売会や、古本酒場「コクテイル」など、高円寺を訪れるときは、いまでも血が騒ぐ。ひさしぶりにルック商店街を散策し、丸ノ内線「新高円寺」駅のある五日市街道へ出ると、並木のイチョウはすっかり黄色く色づいていた。季節は冬だが、遅い秋を実感する一日だった。

*――その後、「西村屋書店」は店を閉められた。

昼の姿もとてもキレイね横浜

二〇一四年二月——横浜市「たけうま書房」ほか

たけうま書房

今回ガイドするのは横浜「関内《かんない》」駅から「黄金《こがね》町」駅へ至るルート。古本屋ガイドの人気サイト「古本屋ツアー・イン・ジャパン」が原書房から書籍化（二〇一三年）され、その記念に、著者の小山力也さんをガイドとする、読者を連れての「古本屋ツアー」を開催することとなった。担当編集者と私は言わば付き添い。あまりたくさん募集をかけて、店に迷惑がかかるといけない。六名限定で、二〇代から五〇代の参加があった。全員が男性。編集者の夫人が紅一点のツアーであった。

コース選定をイセザキモール中心にしたのは、ここがわりあい古本屋を回るのに効率のいいエリアだから。あと、昨年オープンした「たけうま書房」に、まだ私が行けていなかった。「たけうま」さんの紹介はあとに回すことにして、暮れも押し詰まった一二月二二日にツアー敢行。題して「古本屋ツアー・イン・ジャパン・ツアー・イン・ヨコハマ」。どうでもいいが、長いねえ。

この日集まったのはそれぞれが初対面のメンバー。ただし集合場所の喫茶店で、名乗りあわなくても、なんとなく「古本者」の匂いで、難なく顔合わせができたのがすごいところ。なかには二〇代の若者もいた。さっそく店内は、新刊『古本屋ツアー・イン・ジャパン』のサイン会と化した。点呼ののち、いざ古本軍団の出陣！

先頭は小山さん。長い髪を後ろでくくって団子にした、その団子が先頭の目印だ。駅の北側からビル街をするすると進んで、路地をひと曲りすると「中島古書店」の入ったビルが見えた。一一時開店、とあるが、果して開いているか？　だいじょうぶ、ちゃんと開いていた。小山さんの解説だと、まだ若い店主・中島賢治さんは、ネットやイベント等で古書を販売していたが、昨年八月に実店舗をオープンさせたという。神奈川の古書組合にも加入。偉いじゃないか。

古いビルの二階のワンフロアに店舗を展開、三階にある雑貨店「小さな星雲」と共同で店舗借りをしていて、今後、協力してさまざまなイベントや企画をやっていくという。人通りの少ない裏路地だから、何か積極的に発信していかないと、集客は難しそうだ。店は五、六坪の見当。タングステン灯の照明はやや薄暗い。しかし、並べられた本は古書っぽいものが中心で、とくに詩集が充実している。文芸書の棚には上林暁が数冊肩を並べていたり、なかなかのもの。

集合した喫茶店では、「今日は、自分では本を買わずに、古ツアさん(小山力也さんの愛称)と岡崎さんが買うところを見ていきます」なんて言ってた御仁も、棚を前にすると真剣な表情で古本浴に勤しんでいる。そうこなくっちゃ。私はちくま文庫に入った堀口大學『詩人のナプキン』(一九九二年)を買わせてもらった。レジの中島くんは、狭い店にこれだけ客がぎゅうぎゅう詰めになったのは初めてらしく、コートとマフラー姿で肩をすくめ(暖房がない)、驚いていた。

店内中央に稀覯書を収めたガラスのショーケースを置き、階段まわりの空きスペースにも本を並べ、広くない店舗を有効利用している。ほぼ全員がこの初心の若き古本屋で満足いく買い物をしたようで、ツアーは好調な滑り出しを見せた。

「中島古書店」を後に、大岡川へ出て、橋を渡れば桜木町。かつては桜木町かいわいにも何軒か古本屋があって、横浜古本屋巡りは、桜木町を起点とした。「天保堂苅部書店」「恵比寿書店」「友愛堂花咲書店」各店が至近にあったように思う。今回は、川沿いに黄金町方面を目指す。途中、湾曲した川にへばりつくように二階建ての長屋ふう店舗を目にし、「あれは?」と指さすと、小山さんが「岡崎さん、あれが『都商店街《みやこ》』ですよ」と言う。

映画やドラマのロケでもよく使われる極小長屋ふう飲食街で、たしかにドラマチック。私は初めて見た。古本屋散歩のおかげだ。川沿いに陽を浴びながら歩き、旭橋のたもと、京急本線のガード下にあるガラス張りの店舗が「黄金町アートブックバザール」。二〇〇八年秋にオープンした、アート系専門の合同古書店。うさぎ書林、古書 玉椿、くりから堂、九曜書房、東塔堂、リズム&ブックス各店が本を持ちより、棚を作っている。

光がさんさんと降り注ぐ温室みたいな店舗で、中央の柱回り、四隅の壁に本棚と、所蔵量が多い。美術、写真、建築、デザインとオシャレな造りの店に似合った品揃え。一〇名がゆったりと本棚を回遊できる。私はここで、住まいの図書館出版局の『東京セレクション 花の巻』(一九八八年)を二〇〇円で買う。

再び一行は路上へ出て、今度はようやくイセザキモールを目指す。途中、青江三奈の「伊勢佐木町ブルース」の大きな看板を見て、石畳敷きの商店街へ。「なぎさ書房」はすぐ。このモールの関内駅寄り、オデヲンビル五階の広いワンフロアに「先生堂書店」があった。ビルの二階「誠文堂書店」とともに、かつてイセザキ古本散歩は、ここから始めたものだった。

「なぎさ書房」は即売会でもおなじみ。いつも古いおもしろいものを出品している。店内には紙もの、雑誌など奥行きの深い品揃え。ツアーの参加者の滞在時間も長い。私は元『群像』編集者・徳島高義の回想『ささやかな証言』(紅書房、二〇一〇年)を七〇〇円で。こんな本が出ていたとは知らなかった。均一台からは『東京人』バックナンバーを二冊。

さらにモールを西へ。最寄りの喫茶店で一服。急に一〇名もの客が席を陣取り、老夫婦の店主はてんてこまい。注文を何度も聞き直す。私はすでに疲れ気味。それにしても、古ツア小山さんは、いつもこんなふうに町なかをグルグル精力的に巡っているんだ。痩身なのもむべなるかな。

「川崎書店」も古くからある店だ。マンガや風俗、一般書が目立つが、棚をよく見るとおもしろそうな本がところどころに差してある。中野実のユーモア小説『坊ちゃん重役』(東方社、一九五八年)が五〇〇円。文庫棚から品切の鹿島茂『子供より古書が大事と思いたい』(文春文庫、一九九九年)一〇〇円。意外に見ない一冊だ。ほかのみなさんも戦利品があったみたい。

さあ、京急「黄金町」駅へ続く太田橋付近まで来ると、もうツアーのゴールが見えた。古いショッピングセンターの二階ガラス窓に「古本」と赤い文字が見える。ここが昨年オープンした「たけうま書房」。店主の稲垣「たけうま」篤哉さんは、普通のサラリーマンだったが、千駄木の「一箱古本市」の常連出店者で、選書のセンスの良さと音楽CDを販売することで、ずっと注目されてきた。それが、ついに本職として古本屋を選んだのだ。もっと早く門出を祝したいと思いながら、一年がたってしまった。

入口の看板を見ると、開店一周年で、全品一割引セールを実施中。大型本棚を連ねた表均一棚にまず見るべきものが多く、私は河出文庫の森山大道『犬の記憶』『犬の記憶・終章』(ともに二〇〇一年)を抜いた。

一〇坪以上あるかと思える白っぽい店内は、中央を本棚でつぶさず、ゆったりしたレイアウト。聞くと、トークショーなどイベントにも使うため、そうしているという。文学、美術、音楽を中心に本好きの心をつかむ棚だ。

店内では、未所持だった「とんぼの本」『星新一 空想工房へようこそ』(新潮社、二〇〇七年)五〇〇円、それに文庫棚から柳原良平『良平のヨコハマ案内』(徳間文庫、一九八九年)という地元本を二〇〇円。気が付くと、レジには列ができていた。「うちで行列ができたのは初めて」なんて言いながら、たけうまさん、精算に忙しい。こうして、ツアーは無事終了。古ツア・小山さんのおかげで、思いがけなく横浜古本地図が新しく塗り変わった現場を見せてもらった。暖かくなったら、今度は一人で歩いてみよう。

さあ、諸君、これから打ち上げだ。

＊——「中島古書店」は実店舗を閉め、近くに事務所を移され、ネット販売で営業中。

下町に咲いた親子の花

二〇一四年三月——東京・葛飾区お花茶屋「青木書店」

青木書店

青木正美さんから『詩集 古本屋人生史』（二〇一四年）をいただいた。発行は青木書店だから、ご自身による出版。青木さんといえば、近代作家の肉筆、あるいは無名人の日記などの蒐集と研究で知られる。同業では出久根達郎さんと並ぶ健筆で、『東京下町 古本屋三十年』（青木書店、一九八二年）など著書多数。『日本古書通信』でも「古本屋控え帳」を現在も連載中だ。

そして、今度は詩集。若き日よりずっとつけていた日記も刊行されているが、ずっと詩も書いておられたことがこの一冊でわかった。「子沢山の貧家の長男として出生、宿命的劣等感をもって生きた少年。古本と文学を追う職業を天性のものとする」と帯にある。古本屋稼業を始めた二〇歳から、病を得た現在まで、書かれた詩が『詩集 古本屋人生史』に集められている。

恋の悩み、孤独など青春の苦悩がつづられた詩もあるが、私などはやはり古本屋稼業についての詩に目が吸い寄せられる。「俺が下町古本市場の開くのを待っていると／ここ山谷の空から／どこかの煙突から出たすすが舞い降りて／風に吹かれてあっちこっち」は「山谷の朝」と題された第一連で、一九六八年の作。青木さん三五歳。「七夕大市会で、業界の偉人が当店出品の夏目漱石の長文書簡を三百五十万円で買う。みなざわめいて、先輩の一人は、『ご祝儀だよ』とからかう」は「漱石書簡」(一九八九)。

これだけ古本、古本屋が登場する詩集は珍しいのではないか。青木正美さんならでは、という気がする。楽しくページをめくりながら、そう言えば、私はまだ「青木書店」を訪れたことがないことに気づいた。これより少し前、テレビで『一葉の恋』というドキュメント番組が再放送されて、折よく見ていたら青木書店と青木さんが映っていた。一葉の本を探しに来た女子大生のお相手をする、古本屋店主の役である。セリフもちゃんとあって、青木さん、堂々たるもの。

そんなわけで、「青木書店」および青木正美さんに取材させてもらおうと、電話をかけたら、「次男がお花茶屋駅で開いている『青木書店』のほうで会おう」ということになった。テレビに映ったのは堀切にある本店のほう。こちらは長男さんの経営となる。

簡単に「青木書店」の歴史を振り返っておく。青木正美さんは一九三三年生まれ。上野高校中退後、半年ほど玩具工場に勤めたあと、葛飾区堀切に「間口一間、奥行き二間」の「一間堂《いっけん》」を開業。これは父親が経営する自転車店の一部を借りてのことだった。『詩集 古本屋人生史』の表紙カバーに、この小さな店の店頭写真が使われている。たしかに隣りは「自転車店」だ。のち増床して「青木書店」とし、現在のお店は、一九五三年堀切菖蒲園駅前にできた。

これは福武文庫に収録された『古本屋四十年』(一九九二年)を脇に置いて書いているのだが、下町の古本屋の最盛期は昭和五年から一〇年ぐらい。下町だけで三〇〇店を構えて、市場も七、八ヵ所あったが、東京大空襲で壊滅となった。下町の主力は古雑誌。『古本屋四十年』にも建て場回りの話はくり返し出てくる。直接お話をうかがった際にも「建て場はざっくざっく宝の山だった」とおっしゃっていた。

「建て場」とは、古紙回収の倉庫のこと。

さて、青木さんと待ち合わせたご次男・信二さん経営の「青木書店」は、車とオートバイの雑誌、本、資料の専門店。駅前から北に伸びる商店街を少し進むと、角にすぐ見える、わかりやすい立地。店頭ガラス窓の向こうにずらり文芸書や一般書が並んでいたが、青木正美さんに言わせれば「これは看板。古本屋ということがわかるようにそうしてある」とのこと。確かにガラスが邪魔して手には取れない。

中へ入ると右側の壁一面に、各種自動車、オートバイ雑誌のバックナンバーが並ぶ。うひゃあ、と声がもれるほど専門化されていて、自動車というと車輪が四つあるという認識しかない私には、ただ眺めるだけ。左側の本棚は自動車関連の書籍、メーカーの社史、創業者の自伝など。『はとバス三十五年史』(はとバス、一九八四年)なんて本もある。これはなんだかおもしろそうだ。

奥の帳場でUの字に曲がると、こちらはパンフレット、カタログなどの資料が、きちんと分類されて販売されている。信二さんによれば、「ブックオフができてから、下町の古本屋が商売しづらくなりました。それに対抗するには、ブックオフがやっていないことをやるしかない」と、専門店を始めたそうだ。自動車やバイクは、もともとお好きだったという。好きなことだから飽きない。これは商売の鉄則だ。

自動車専門の古本屋は全国に数軒あるらしい。ネットで売り、またネットでお客さんから買う。「どこに顧客がいるか、わからない分野だから、ネットに向いているんですよ」と言う。古本屋という商売については「かたつむりのよう」と語られたことばが印象に残った。「はためにはのんびりしているように見えて、じつは重い家を背負って汗をたらして動いているんですよ」が、その答え。

脇で青木さんがニコニコしながら話を聞いている。青木さんは、店番はしないが業者市へは足を運ぶ。「(自動車・バイク関係の)けっこういいもの、おもしろいものを、おやじが落札してきてくれるんです。その方面のことは知らないはずなのに、やっぱり勘がいいんですね」と信二さん。「こんなものがあるんです」と見せられたのが、一束のモノクロ生写真。これすべてさまざまな種類の車を写したもの。なんでも、戦前に中野駅前にあった自動車メーカーが自社の車を撮影したものらしい。なるほど、背景に中央線の電車が写り込んでいる写真もある。軍用車らしい車種もあり、これは貴重な資料だ。

本当はもっとあったが、それはお客さんの手に渡り、ダブリの写真だけ取りのけていた。それでも五〇枚ほど残った。「よくやった」とホメる父親の青木さん。「生」原稿を愛する父と、「生」写真資料に顔をほころばせる子と、古書の遺伝子が受け継がれているようだ。

このあと、近くの喫茶店で青木さんと少しおしゃべりさせてもらった。古本屋稼業で触れ合った人たち、あるいは掘り出したお宝の話。「古本屋は五〇代以前では一人前になれない」とおっしゃった。鈍く光るには雪が降り積もるような修業が必要だ。

NHK『新日本風土記』で、古書市場が撮影された回があるという耳よりの話も聞いた。それはぜひ、見てみたい。

別れ際、青木さんが「あなたが私小説がお好きと聞いたのでこんなものを」と手渡してくれたのが、上林暁『聖ヨハネ病院にて』（新潮文庫、一九四九年）の某氏宛て献呈署名入り本。「くわあ、こんなもの、本当にいいんですか?」と言いながら、もう手に取って自分のものにしている私。笑みを浮かべ去っていく青木さん。

家並みの向こうに、にょっきり顔を出すスカイツリーを車窓に見ながら、夕陽のあたる京成線で上野まで。車中で『詩集 古本屋人生史』を開く。「貧乏な文学青年は、ガリ版での『詩集』『小説集』を出すことこそ一生の念願だった。その悶々たる気持が『日記』でわかる。出す気なら、毎年でも出版出来る『今の世』」（「さかさま世界」）という一節に目が止まる。もうすぐ電車は荒川を越える。

三鷹聞いたか この賛歌

二〇一四年四月——三鷹市「水中書店」ほか

水中書店

しばらく病気で休んでおられた国立「谷川《やがわ》書店」が、二〇一四年一月、一度復活されたと思ったら、二月で今度はとうとう店を閉じられた。国立における「顔」の一つだと思っていただけに残念だが、お年を考えれば仕方ないだろう。

これは大阪「青空書房」さんも同じ。みな引き際があって、それを誰よりも自分が感じて、そう決められたのだ。安易な感傷で「惜しい」「あと少し何とか」とか言うべきではないと、そう思うのだった。

同じ国立在住で、ネット販売の古書店を営む「古書肆 桐壷《きりこ》屋」さんが、谷川書店についての情報を集めてくださった。私信のメールだが、知りたい方も多いと思うので、ここに引用させていただく。二月一〇日段階の情報とお断りしておく。

「先般ご連絡の谷川書店に行って、近所の聞き込みをしてきました。昨年一〇月ごろから調子が悪いと言っていたようで、定休日以外の休みが多くなった。昨年一二月には入院したらしく、店仕舞いされ、本は撤去された。ただし、店名看板表記は未だ撤去していない。

本人の弁によると、谷川書店の谷川さんは国立に来る前、戦後の新制中学を卒業し、新潟から集団就職で神田の法律専門古書店『波木井《はきい》書店』に入社。大原簿記学校の近くに本店と支店があり、店の二階に住み込み、夜は法律辞書をアイロンでシワを取り、きれいにして高値を付けて販売したとか。

神田は店舗賃料が高いので、昭和三五年に一橋大学のある国立に移り、谷川書店として開店（現在の場所よりもう少しNTT国立ビル寄り）。店がある通りは舗装されておらず、店前には水はけのため、ドブがあった。バスが通るとホコリが立ち、店内が汚れたとのこと」。

神田で修業されたとは知らなかった。叩き上げ、ということばがぴったりの、誠実な仕事をされていて、谷川さんを慕う顧客は多かったのである。一度復活された際、店を訪れたら「病気しちゃって、休んでました。いやあ、もうダメです。くたびれちゃって」とおっしゃっていた。普通なら退院した時点で、もうここまでと思うところだが、それでも一度、店を開けられた。そこがすごいと思う。待っている人が多いからで、これほど顧客と密接な関係を作っていた古書店も、あまりないだろう。

私は十数年前、国立エリアへ引っ越してきた新参客だが、少しの間でも谷川書店さんへ通えたことは、本当によかった。わが古本人生の上で、強く印象に残るお店の一つだった。

武蔵小金井駅前では「伊東書房」さんが店を閉じられたようだし、三鷹以西、古本屋事情が淋しくなったと思う一方で、新しい顔もできつつある。なんたって中央線。古本屋が栄える最後のエリアとなるかもしれない。

今回ご紹介したいのは、まず三鷹駅前からすぐのところにできた「水中《すいちゅう》書店」。これまた珍しい店名だ。たしか、店主の今野《こんの》くんは、学生時代、水泳部と言ってなかったかな。彼は、長らく西荻「古書音羽館」の店員を務めていた。優秀な店員だった。先に独立した先輩・天野くんの阿佐ヶ谷「古書コンコ堂」と兄弟店、ということになる。「音羽館」は、将来、古本屋になろうという意志をもつ若者を、店員として積極的に採用。「ささま書店」店員の野村くんも、一時「音羽館」で働いていた。中央線に頼もしい「音羽館」山脈ができつつある。

さて、その「水中書店」だが、二〇一四年一月一八日オープン。前年から開設したホームページのブログに、開店準備の様子が綴られていて、こうして古本屋ができあがっていくという様子がうかがえる。

これから店を始めようと考えている人の参考にもなるだろう。本棚も床も木を使い、全体にウッディな店だ。開店してから二ヵ月ほどの間に、三度ほど足を運んだが、店頭均一にも店内にも、いつも客の姿が見えた。須賀敦子ラインの、文化系おばさまが客に多いのも特徴か。

私は開店三日目に訪れ、野呂邦暢『ふたりの女』(集英社、一九七七年)一〇〇〇円、『「松本竣介展」図録』(ときの忘れもの、二〇一二年)一六〇〇円、「港や書店古書目録」一二五〇円、それに充実の一〇〇円均一から、山川静夫『上方芸人ばなし』(日本放送出版協会、一九七七年)、飯島正『映画の本質』(第一書房、一九三六年)を抜く。とくに野呂の『ふたりの女』は珍しい一冊ながら、安めの値付けで、このあたりにも師「音羽館」の影響を感じさせる。

本棚の背が低いこと、面陳の本が多いことなどから、ゆったりした空気が店内に流れている。「水中書店」を紹介するブログ、ツィッターを見ると、いずれも「いい店」「素敵な店」と絶讃の嵐。私は溜まった新刊を二度持ち込んだが、いずれも高値の評価をしてくれた。まだ、空いている棚もあり、買取強化の最中らしい。三鷹駅北口にはほかに、「水中書店」からも近い場所にブックカフェ「点滴堂」もできた。「才谷屋書店」が国分寺へ移転してから、古本濃度の薄まった三鷹北口であったが、降りるのが楽しみなエリアになってきた。

武蔵小金井駅では、北口に長らくあった「伊東書房」が二〇一四年閉店。小平在住時代、しょっちゅう棚を覗きに行った店だった。そのバトンを受け取るように、昨年末、駅からはちょっと遠いが、バスを利用すれば「中大付属高校前」下車すぐのところに、「古本はてな倶楽部」ができた。地図で確認すると、私が前に住んでいたマンションから至近の位置だ。俗にラーメン街道と呼ばれる新小金井街道沿い。さっそく某日、自転車をすたこら漕いで見参した。

道の両側がラーメン屋だらけの見慣れた街道に、

見慣れぬ造りの店舗が現われた。緑色の木をうまく使った、ショートケーキみたいな可愛らしい店だ。表の作りつけの棚には一〇〇円均一の本が並ぶ。ガラス窓から店内が覗けて、ひと目で古本屋だとわかる。頭上には「古本はてな倶楽部」と書かれた看板。なんだか、いいアプローチだ。

入口は引き戸。もうずっと以前からここで商売をしているような、落ち着いた雰囲気は、若き男性店主が、神保町の古書店で修業されていたせいか。料理、絵本と女性向けの本もあれば、山岳、建築と硬めの本もある。そんなに広くはない店内に、町の古本屋として機能していこうという姿勢が感じられる。これはいい店だ。中大付属高卒で年上の友人・本庄ひろしさんは詩人だが、「伊東書房へは、毎日のように通ったんや」とかつて言っていた。本庄さんがいま高校生なら、この「はてな倶楽部」へ寄らず帰ることはないだろう。

あと中央線で付け加えれば、高円寺のガード下にあった「都丸書店支店」が、「藍書店」と名を改めた。ずっと店長をしていた鈴木さんが、そっくりそのまま店を受け継ぐかたちで独立して、再出発となった。私見ながら名物の壁均一棚がますます充実したという印象。常連の客は、店もレジに座っている男性も同じだから、名前が変わったことも気づかないかも。これを機会に「藍書店」と名前を覚えてほしい。

「はてな倶楽部」見参の帰り、ついでだから国分寺駅北にある「ら・ぶかにすと」へ寄った。ずいぶん久しぶり。こちらは女性店主の経営。店は狭いが、古書と呼べる黒っぽい本から、マンガや文庫まで、手堅くジャンルを横断し、それぞれ見どころがある。何も買えずに店を出た覚えがない。中央線は古本屋天国である。

*——「才谷屋書店」は即売会を中心に営業されている。

「ヨゾラ」の向こうには「星」が見える

二〇一四年五月——京都市「ヨゾラ舎」ほか

ヨゾラ舎

三月末、京都へ。今年八〇になる母親が、これまで住んできた家を空け、姉のいる福岡へ引っ越すことになった。その準備と相談のため帰省した。そういう年代なのだ。

いつものごとく、「古書 善行堂」へ寄り、帳場の椅子に座りながら、店主とあれこれ喋る。横浜から年に何度か善行堂に立ち寄るという男性客が、熱心に本を選んでいる。「こんな本もありますよ」と店主から手渡された古本を品定めし、気に入れば腕に抱え込む。そんなやりとりを楽しみにしているようだ。結局、総額で一万円ちょうど、買われていった。いいお客さんだなあ。

次に入ってきたのが、この春から京都の大学生となった若者。すでに善行堂へは何度も来ている。小林秀雄や吉本隆明を読み始めているという。「埴谷雄高はありませんか」の声に、善行堂も驚いたが、私も驚いた。「ううん、埴谷雄高かあ。シブいなあ」と言いながら、講談社文芸文庫で『死霊』（二〇〇三年）が出ているよ、と店主が教えると、「文庫はちょっと……。単行本が好きなんです。重さがいい」と言うではないか。

私は善行堂へ入って来た二人のお客さんが、それぞれ、本を大事に読もうとしている人であることに感動した。まだまだ捨てたものではない。「本が売れない」「若い人が本を読まない」と、わりあい簡単に言うが、何の解決にもならない。芽はあるのだ。その芽をいかに見つけ、育てていくかが問題なのだ。

今回の帰省では、そんなに時間の余裕はなかったが、このところオープンした古本屋をなるべくチェックしたいと思っていた。京都は稀にみる、古本屋の新規オープンが多い都市なのだ。最初に訪ねたのが「ヨゾラ舎」。御所の東南、寺町通りから一本東の通りにある。私も京都に長く住んだが、初めて歩く通りだ。

目印は丸太町通沿いに建つ京都中央信用金庫丸太町支店。この角を南へ入っていくのだ。これは鉄筋コンクリートにレンガをはめ込んだ二階建ての古いモダンビル。円形アーチ窓がじつに洒落ている。もとは第一銀行の建物で、昭和二年竣工だという。設計はこの手の銀行、庁舎などを手がけた清水組の西村好時。振り返ると、丸太町通の対岸に、これまた古い建物が見える。一九九五年に廃校となった旧・春日小学校で、二〇一四年解体が決まっているとあとで知った。見ておいてよかったのだ。こちらも昭和初年の建築。

ヨゾラ舎のある通りは新烏丸通り。まだ古い町家がけっこうそのまま残っていて風情がある。壊れた漆喰壁からは植物の芽が吹き出し、花を咲かせている。いかにも時代を感じさせる光景だ。おそらく梶井基次郎も、三高(第三高等学校)在学時代、このあたりをうろついたはずだ。「檸檬」の舞台となった寺町通りはすぐ隣だから。私も若き日、梶井になりきって、夜の寺町通りを彷徨したものだった。

ヨゾラ舎は周囲の雰囲気とは違う新しいビルの一階にあった。外から本棚が見えるので、古本屋だとはわかる。あとで聞いたら、もとはギャラリーだったという。なるほど、そんな感じ。看板に「古本・中古音盤」とある通り、音楽CDなども販売している。店に入ると、「ああ、どうも」と笑顔を見せたのが店主の山本浩三さん。いつか京都の古本屋でばったり出くわし、挨拶を交わしている。二〇一四年三月一日に、まだ準備中のままフライング気味でオープンした。細長い店内の片側に本棚。反対の壁にCDが並んでいる。音楽中心の棚と文芸中心の棚に分かれていて、丹念に好きな本を集めてこられたことが棚作りでわかる。

音楽ではボブ・ディランの本が揃っていて、そう言うと、徳島にいた高校時代に、ボブ・ディランを観るために、大阪まで旅行したことがあるという。山本さんの生まれは一九五九年と、ほぼ同世代。十字屋、HMVと音楽ソフト販売のチェーン店に長らく勤め、この春、独立して古本屋を開業した。古本に関する本もコーナーができていて、私の本も多数揃う。うれしくなって、サインを入れさせてもらった。

もとの職業柄、音楽のソフトは相当量持っているらしく、これから続々と投入すると意気込んでおられた。私が滞在する短い時間にも、二人ほどすでに常連らしき男性客がやってきて、本を選んで買っていかれた。オープンまだ一ヵ月で常連客ができるのは、このあたり古本屋の無風地帯であることと、やはり店主の人柄だろう。物販を長らくやっておられただけあって、笑顔が自然で、当たりが柔らかい。

山本さん自身が善行堂の常連客でもあったから、文芸の棚は善行堂の影響を強く受けていることがわかる。「善行堂へ行くまでは、こういう(純文学)本には、あまり興味がなかった」と言う。善行堂が京都にできた影響が、徐々に浸透しつつある。

このあと、寺町通りの「尚学堂書店」へ寄って、いつ見てもおもしろい表の均一で三冊選び、なかへ入ると、客から「岡崎さん」と声をかけられた。見ると、古民家を若者が共同で古本屋に変えた「町家古本はんのき」の初期メンバーの石田くんだ。いまは無店舗で、紙もの中心に収集し、東寺の骨董市などに店を出しているという。一口に古本屋といっても、いろんなやり方があるものだと感心させられる。

このあと百万遍に移動。次に向かったのが、これもできたてほやほやの若い古本屋「古書 星と蝙蝠」。秋には境内で大きな古本市が開かれる「智恩寺」のすぐ近く、ペンシルビルの三階に店がある。二階から上、赤く塗られた螺旋階段は急いで昇ると目が回る。こういうアプローチも初めてだ。入口の均一で講談社文芸文庫、三浦哲郎『拳銃と十五の短編』(一九八九年)を一冊抜いて、店内へ。すぐ目の前の帳場で、若い男性が作業をしている。彼が店主だろう。まだ若いなあ。すでに一人、先客がある。本棚を回遊すると、文芸、サブカルなどを手堅く集めた品揃えだ。

もとは住居仕様だったのか、窓際にシンクとガス台の調理スペースがあるが、いまそこは「きりりん堂」がスペースを借りて古本のフェアを開催している。へえ、おもしろい。「きりりん堂」はおそらくネットショップで、ほかにも「ガケ書房」「はんの木」でも棚を借りて古本を販売。宿り型とでもいうか。こちらにも、坪内祐三さん始め、古本関係の本がよく揃っている。窓に立てかけた本の向こうに知恩寺境内に立つ樹々の生い茂った緑の葉が揺れている。こういう光景も初めて見た。

また螺旋階段を降りて、再び今出川通りへ。「進々堂」で一服と思ったが、この日は休み。その先、こちらは老舗の「井上書店」を久々に覗く。ちょっと棚に目を走らせただけで、買いたい本が次々と見つかる。一九七三年に作られた「祇園祭」パンフは矩形の小型本。イラストと写真で祇園祭の興奮を伝える。下段の協賛店の広告も、今となれば貴重な資料。あれこれ五冊ほどレジへ持っていくと、ご店主から「久しぶりに来はったから、少し、おまけしておきます」と値を引いてくださった。覚えていてくださったんだ。ほくほくと戦利品を片手に、吉田山へ登った。頂上(といっても一〇〇メートル強)からの眺めは最高だ。梶井もおそらくこの眺めを見ただろう。

ひさしぶりに坂と文学さんぽ

二〇一四年六月――東京・白山「誠文堂書店」

誠文堂書店

ひさしぶりに坂と文学さんぽに出かけることにした。ただし、その日はスケジュールがたてこんでいて、所要時間は一時間半。スタートは「誠文堂書店」と決めて、都営三田線で「白山《はくさん》」駅へ。A1出口から地上へ出て、白山下交差点から斜めに切れ込んだ細い道「京華通り」へ入っていく。すぐ左に第一の「誠文堂書店」。ここは新刊を扱う。ただし一部古書も置いてある。京華通りをさらに進めば、「誠文堂書店」がもう一軒あり、こちらは古書専門ということらしい。

まずは新刊を扱う店のほうへ。一番奥、正面の本棚の上から二段分に古本が置かれている。そう紙に書かれているが、その下の段にも明らかに古本という本が混じっている。こういうシステムは珍しい。背を見ただけでは、見分けがつきにくい本もあるが、細い色付きの付箋が、ちょっと頭を見せているのが古本。どうやらネット販売のため、数字の書き込まれた付箋で管理されているようだ。ほかに文庫が長い本棚の片面一つ分、古本として売られている。価格はだいたい定価の半額。裏表紙カバーに、ラベルで表示。新刊で流通している書目も多く、気づかない人は、新刊のつもりでレジへ出して、値を告げられて驚くのではないか。見た目は完全に新刊書店なのだから。堀江敏幸の、よくまあこれが文庫にという高踏的な読書論集『子午線を求めて』（講談社文庫、二〇〇八年）を二八〇〇円で買う。

レジで女性に「古本を売っているお店のほうは」と聞くと、「もう少しで開くと思います」ということなので、対面にある蕎麦屋「大むら」で昼食をとることにする。

昼のランチとして「親子丼七〇〇円」とあったのでこれを注文。蕎麦屋の親子丼ならまず間違いがない。隣の席に座った初老の紳士は「とり蕎麦に玉《ぎょく》をつけて」と手慣れた注文ぶり。「玉」とはタマゴ。どうして食べるのかと思って観察していたら、タマゴを割って箸で溶き、蕎麦つゆの中に流し込んだ。そうか、これを蕎麦にからめて食べるのか。粋なもんだなあ、と感心する。

　普通においしい親子丼をきれいにたいらげ、開店したばかりの「誠文堂書店」へ。まだできて間もない（というより建て替えられた）店だ。奥へ進むと空間が広がり、入口で想像したより遥かに広い。棚と棚の間はひどく狭く、下の段の本は見づらいが、町の古本屋というイメージより、本の量も多く、扱うジャンルも幅広い。これは、と目を留める本が何冊もあり、思わず長居をしてしまった。

　値段がしっかりついているのは、店を長く維持するために当然のこと。買いやすい価格帯の本もあって、この日は丸岡明『堀辰雄――人と作品』（四季社・四季叢書）という昭和二八年（一九五三年）刊の函入り文庫サイズの小型本を購う。本文はもとはアンカットだろう。ペーパーカットで切られた後の小口がぎざぎざしている。だいたい八〇〇円から一〇〇〇円ぐらいと値を踏んだが、二五〇円と思わぬ安値。見ると函の表部分に「早作 風去りぬ美しい村」と万年筆の書き込みがある。「風去りぬ」は「風立ちぬ」の間違いかと思うが、「早作」の意味がわからない。

　まあいいや、とお金を払って、軽い本をカバンに入れていよいよ坂と文学巡り。白山通りを横断して、蓮華寺坂の上り口に取り付く。工事中の東洋大学キャンパスを左に、小石川へ抜けていく通りだ。

　蓮華寺坂は上り、御殿坂が下りで、同じ道なのに名前が違う。前者は緩くカーブがかかり、後者は整備された舗道つきで、ストンと落ちる坂。T字路で右折すると、小石川植物園の入口。時間があれば寄りたい。もとは小石川養生所なり。山本周五郎『赤ひげ診療譚』の舞台となった。あるいは寺田寅彦の亡妻の思い出を美しく描いた名作『団栗』にも、この小石川植物園が登場する。

植物園入口をなおも直進、左折すると千川通りへ。植物園前交差点脇に共同印刷本社社屋の大きな白い建物がある。正面が真っ直ぐじゃなくて婉曲して風を受け止めて建つ。白く化粧をしているが、かなり古そうな建築物で、ペンキを剥いでみたくなる。一九二六年、この印刷所で大規模な労働争議が繰り広げられ、渦中にいた徳永直が『太陽のない街』にくわしく描いた。たしかに、小石川台地のここは谷底で、その脇、吹上坂はまた上りとなる。吹上坂途中右側に、注意していないと気づかない「極楽水跡」の表示がある。ここに古井戸があって、「ごくらくみず」と呼ばれた由。夏目漱石『琴のそら音』に「極楽水はいやに陰気なところである」とある。漱石は若き日、この近くで下宿していたようだ。石川啄木終焉の地も、ここからすぐ。小石川は文学の記憶が掘れば無尽蔵に出てくるエリアだ。

その先の信号で左折。細い道を入っていくと右手から子どもたちの声がする。制服姿の中学生がバスケットボールをして遊んでいた。いまは昼休みか。ここは「学芸大附属竹早小・中学校」。なんと国立の小・中学校である。南側に都立竹早高校も隣接している。

このまま進めば「未来社」のある建物を右折して傳通院の前に出るが、学校の途切れたところで三百坂を上っていく。おもしろいことに、この坂を駆け上がる場面が、手塚治虫『陽だまりの樹』(小学館・ビッグコミック、一九八一〜一九八六年)にある。松平藩の武士・伊武谷万二郎が、殿のお籠を追って毎朝、三百坂を走るのだ。なぜそんなマネをしたかは、坂の由来を記した表示板を見ればわかる。ぜひ、実地にお訪ねください。なお、『陽だまりの樹』は、手塚治虫の祖先である蘭方医・手塚良庵を描いた作品だが、その手塚宅も竹早小・中学校の一画にあったのだ。

三百坂を途中、稲妻のように折れ、広い春日通りへ出る。ここが台地の馬の背。突っ切って、また坂を下るのだが、途中「永井荷風生誕の地」があったポイントにさしかかる。荷風は明治一二年、小石川区金富町（現・春日二丁目）に生まれた。この坂を下りたところに、いかにも古い高級マンションがある。これが川口アパートメントだ。作家の川口松太郎が、自邸跡の広大な地に高級マンションを建てた。竣工一九六五年だから半世紀前。ここに加賀まり子、安井かずみ、ムッシュかまやつらが暮らし、伝説のアパートメントとなった。実は、今回は、このアパートメントを確認するためのさんぽだった。うんうん、よしよしと目で愛でて、先を急ごう。

金剛寺坂を下ろうとしたら、橋の下、線路が見える。あれ、こんなところに電車が走っていたっけと一瞬考えたが、そうだ、東京メトロ丸ノ内線が地上に姿を現わす区域だった。『東京山手・下町散歩』という優れた地図帖を携帯しているおかげでそれがわかった。凸版印刷の超近代的高層ビルが目の前に現われたら、もう神田川。凸版印刷の前でこの川は大きく屈曲する。「大曲《おおまがり》」と呼ばれる場所で、かつてこの川に沿って都電が走っていた。

川を渡れば目白通りだ。ファミリーマートを右に南下。すぐ左に見える巨大マンションの敷地は、もと同潤会「江戸川アパートメント」の跡地。ここはもう新宿区。ぐんぐん歩くぞ。筑土八幡の交差点を過ぎれば、もう飯田橋だ。年間会員になっている「飯田橋ギンレイホール」で、一本映画を観るために先を急いだのだ。万歩計は八〇〇〇歩を超えていた。

アンニョンハセヨ、ソウルの古本屋さん

二〇一四年七月――東京・西荻窪「にわとり文庫」ほか

にわとり文庫

　韓国へ旅行したのは三六歳のときだから、もう二〇年以上も前。尊敬する詩人の荒川洋治さんが、毎年、詩塾の生徒や編集者、仕事上の付き合いのある人を慕って、韓国旅行ツアーを組んでいた。ある年、というのは一九九三年のこと。私は横浜で開かれている荒川さんの詩の教室をモグリで聴講していた。そこで、ある日「どう、岡崎くんも一緒に行かない？　韓国」と誘われて、二つ返事でついて行くことになった。私は、生来のものぐさと出不精で、自分から計画して旅行する、ということがそれまでなかった。海外旅行も、九一年に当時勤めていた出版社の社員旅行で、シンガポールへ行ったっきり。誰かがお膳立てしてしてくれないことには、重い腰が上がらないのだった。

　荒川さんの詩塾の生徒さんたち（これまでも触れたが、そのなかに現在の妻が混じっていた）を中心に、荒川さんが出演するＴＢＳラジオの担当者二人、そしてぼくという全部で一〇人くらいの混成チームで四泊五日の旅をした。最初はソウル、スアンボ温泉、プヨと移動し、最後がスオンという行程。プヨでちょうど私は三六回目の誕生日を迎え、みんなに祝ってもらう、なんてこともあった。だから韓国は、個人的に思い出深い国である。

　その韓国で、古本屋をしている男性が日本の古本屋のことを取材し、紹介したいと言う。ついては私にガイド役を務めていただけないかと、仲介をした日本人男性から依頼があった。名前はユン・ソングンさん。三〇代後半。ソウルで二〇〇七年から「不思議な国の古本屋」という店名の古本屋を経営している。ユンさんは書き手でもあり、これまでに、あ

えて邦訳すれば『不思議な国の古本屋』、『深夜書店』、『ベッドの下の本』、『古本が語りかけてきた』といった本を出しているという。なんだか、他人じゃないみたい。

仲介者によれば、韓国では古本屋は約三〇〇軒ほどしかなく、それほど古本について関心があるわけではない。一種の「古本先進国」として、日本の古本屋事情を勉強したいという趣旨の依頼であった。私は喜んでこれを引き受け、六月某日、東京・西荻窪でユンさん夫妻、そして日本で海外営業の仕事をする通訳の文基泰さんと落ち合った。「アンニョンハセヨ」とこちらから挨拶したが、私が喋れる韓国語はそれぐらい。聞くと、神保町へはこれまで何度か行っており、中央線沿線はこれが初めてのようだ。

さまざまな外観、営業形態、個性的な品揃えをする店を、とにかくいろいろ見てもらおうと思って「にわとり文庫」、「盛林堂書房」、「古書 音羽館」の順にガイドすることになった。道すがら、冒頭に書いたような、私と韓国の関わりについて喋った。聞かれて思い出したが、そう言えば、ソウルで古本屋を覗いている。何か買えたわけではないが、古本屋の様子というのは、どの国でも似たようなものだと思ったことを覚えている。

最初にお連れしたのが「にわとり文庫」。白抜きで店名の書かれた青いホーロー看板が目印。ガラス越しに表から見える入口脇のコーナーに、いっぱいコケシが並んでいる。「コケシと古本は、なぜか昔から相性がいいんです。コレクターも一部リンクしている」と告げると、これに強く反応したのが、通訳の文さん。古本屋に民芸品、というのが思いも寄らない組み合わせだったようで、店主の田辺くんにも質問していたし、あとで一本、自分用に買っていた。

「にわとり文庫」は、レジ近くに、古い児童書とマンガが並べられている。光文社版の江戸川乱歩「少年探偵団」シリーズ（一九四七～一九六〇年）も。そのことを説明すると、「乱歩は韓国でも人気があって、知られています」とユンさんが言う。さすが、乱歩。そのほか、「にわとり文庫」の本棚や内装が、業者に頼まず、店主とその知り合いの手によること、田辺夫人が西村博子さんというイラストレーターであることも告げる。ショップカードを始め、さまざまなイベントちらしなど、イラストの描ける人が身内にいると心強い。ここでユンさんは『不思議の国のアリス』の挿絵入り英語版を買う。店名の由来となった本を、さまざまなバージョンで収集しているのだという。

次に「盛林堂書房」。ちょうどユンさんにあげようと思って、各種古本屋の地図などを探していたら、一九五一年の中央線古本屋地図（一枚もの）が見つかった。これをコピーに取って、店主の小野純一くんに手渡す。「盛林堂書房」の住所が、この地図では吉祥寺になっている。「じゃあ、一九五一年というのはぎりぎりかもしれません。その年にウチが西荻に移転していますので」と小野くん。ここでは、古書価の仕組みについて、小野くんがユンさんに教授する。実物を手に取り、同じテキストでも文庫版と初版単行本、さらに帯付きと値段が十倍、数十倍に化けていくと教えると、ユンさん、驚いていた。少なくとも、韓国ではそのようなプレミアムのつけ方は確立されていないらしい。盛林堂では、SF・ミステリの稀少な本には、すべてパラフィンか、ビニールで全体をくるんで保護してある。ユンさんは、その点にも興味をもったようだ。

最後に「古書 音羽館」へ。中央線沿線でも、「ささま書店」と並び、もっとも集客力のある店。表の均一が充実していて、一日のうち、何度も店員が補充する。そのおかげで、店内の棚に並ぶ本の質も保てる。そんなことをユンさんに語ると、しきりに通訳を介しうなずいていた。古本関連の本が並ぶ棚から、『古本の雑誌』（本の雑誌社、二〇一二年）を取り出してユンさんに説明していると、偶然、本の雑誌社の編集者・宮里くんが店に現われる。「この本を作ったのが彼ですよ」と紹介すると、またまた驚く。同書内に、私が書いたページも目ざとく見つけ、ニコニコしている。笑顔がきれいな男性だ。記念にユンさんは、この『古本の雑誌』を買っていった。

このあと「なずな屋」へと思っていたが、異国の人に古本について通訳つきで説明するのに疲れてしまった。「音羽館」からすぐの喫茶「物豆奇《ものずき》」へ移動して、お茶しながら歓談する。ユンさんは元ＩＴ関連の仕事をしていた。古本販売は、だから逆にネットではなく店売りにこだわりたいと言う。「音羽館も基本、ネット売りはせず、店売り専門ですよ。また、石神井書林、月の輪書林のように、紙の目録だけで商売をしている古本屋もあります」など、思いつく限りのことを語ったが、うまく通じたかどうか心もとない。

日韓間はこのところ、難しい問題を抱えているが、せめて古本好きぐらいは仲良くしたい。最後に、ユンさんから自著の新刊をいただいた。古本にあるさまざまな書き込みを写真に撮り、解説したものだという。日本でも『痕跡本のすすめ』（太田出版、二〇一二年）と言って、「古書 五つ葉文庫」の古沢和宏くんが同じようなことをしていますよ、と言うと、ウンウンとうなずいている。なんだ、知っているんだ。五つ葉くん、有名じゃないか！

＊――前出のように「なずな屋」は二〇一四年秋に閉店された。

高岡、富山、小田原へ欲張り紀行

二〇一四年八月――小田原市「高野書店」ほか

これまで何度もご紹介した「大人の休日倶楽部」パスで、方々へ出かけてきた。古本屋中心に、そのご報告を。

今井古書堂

最初は高岡から富山へ。どちらも訪れるのはこれが初めて。季刊文芸誌『en-taxi』（扶桑社）に「ここが私の東京 続・上京する文學」という連載をもっていて、今回は藤子不二雄Ⓐ『まんが道』を取り上げることにした。私はこの私小説マンガに大きな影響を受けている。北陸の城下町、高岡で育ったマンガ少年のコンビが、昭和二九年に上京して藤子不二雄となった。その足跡を訪ねて、一度は高岡へ、と思っていたのだ。

高岡でのくわしい話は前出の連載（『en-taxi』vol.42 Summer 2014）に譲るとして、とりあえず訪ねたのが商店街のなかにある「文明堂書店」だ。帳場に座っておられた女性に訊くと「昭和二年の創業」だという。入口ドアすぐ横に大きく「読書は精神の糧」と大書。スチール本棚には、「文学」「歴史」など、ジャンルを示したプレートが貼られている。店中央に背中合わせの本棚、両脇壁に本棚というスタンダードなレイアウトだ。郷土史関係の本も揃っていて、地方老舗古書店の威厳、というものを感じるのだ。厳かに一冊、昭和九年毎日年鑑別冊の『現代日本人名録』（毎日新聞社）を、高岡訪問記念に買わせていただく。

はかつて『全国古本屋地図――21世紀版』を見ると、高岡には「伝統の奥深さを垣間見るような奇書、珍書も出る見逃せない店」として「啓仙堂」が清水交差点近くにあったようだが、今はない。残念なり。

高岡の滞在は約二時間半だった。昼飯を駅前ビル内の蕎麦屋で済ませて（入って気づいたが、東京にもあるチェーン店だった）富山へ移動する。高岡にも富山にも路面電車が走っている。しかし、時間効率を考えて私はいつもレンタサイクル派だ。富山は観光案内所で申し込むと無料だった。

富山も城下町。ただしこちらには天守閣がある。藤子不二雄Ⓐは、高岡高校卒業後、九ヵ月間だが、富山新聞にサラリーマンとして通勤していた。その通勤の道筋をたどりながら城址大通りを富山城址公園の脇を抜け、大手モールと呼ばれるにぎやかな一画へ。このなかに「今井古書堂」がある。店内は広く、かなりの蔵書量だ。店の奥、カウンターで区切られたゆったりしたスペースで、店主らしき初老の男性が作業中。目が合って、軽く挨拶する。

ここも郷土史の充実を核に、満遍なく、各ジャンルを揃えた総合的な古書店だった。ちゃんと見ていくと、けっこう時間を要する。話をさせてもらうきっかけにと、シンプルな函入り造本が好ましい、中谷宇吉郎『花水木――あめりか物語』（文藝春秋新社、一九五〇年）を棚から抜き出す。代金を支払いながら、お店のことを聞くと、「もう、あと二ヵ月で店は閉めちゃうんですよ」と言うではないか。ネット販売へ事業を集中させるらしい。

「今井古書堂」は現在の店主・上田保さんの義父が、この地で始めて四〇年。上田さんは五〇代での転職組。その後もコンサルタント業を続けながらの古書店経営だったという。「だから、本のこと、あまり知らないんですよ。みんな、お客さんのほうが教えてくださる」と奥ゆかしい。一週間に一度のゴルフが楽しみで、「これがないととてもやっておれません」。たしかに、この日も店内のテレビでゴルフ観戦中であった。

このあと城址大通りを横断し、アーケードの総曲《そうが》輪《わ》商店街へ。途中、くねくねと路地を北上し、富山本願寺駐車場脇にあるのが、「ブックエンド」。高岡市にある「上関文庫」と、金沢市の「オヨヨ書林」が共同で経営している小さな古書店だ。この日は上関文庫さんが店番をしていた。まだ、若いなあ。三〇代じゃないか。絵本、雑誌、サブカル本など新しいタイプのお店のようだ。若い客でこの日もにぎわっていた。二階には人文書や美術書など。以前は何のお店だったんだろう。

音楽書の棚から、これは初めて見た、泉谷しげるの語りによる初期エッセイ集『何故うたうおれは――泥んこの唄』（エレック社、一九七二年）を一〇〇〇円（安い！）で買う。レジで本を手渡すと、面が割れていて、少し言葉を交わす。「高岡へ行ってきたんだよ」

と言うと、「そうですか。以前、南陀楼綾繁さんが富山にいらしたときも、ぼくが高岡をご案内したんです。射水神社でおみくじを引いて、感激してらっしゃいました」とのこと。『まんが道』に出てくる神社だ。南陀楼さんも、藤子不二雄世代だな。

残り、あわてて小田原の話を。小田原へは、東京駅から踊り子号を利用。新幹線にはかなわないが、けっこうなスピードで走る。小田原あたりまでなら、この踊り子号で十分だろう。小田原は久しぶりだ。さっそく小田原城址公園まで歩き、公園内で自転車を借りる。三〇〇円と保証金一〇〇〇円を取られるが、ボランティアの係員がとても親切だった。途中、故障したりパンクしても各所に特約の自転車屋があり、そこで修理すれば無料（正確に言えば、領収書をもらうと、そのお金が返ってくる）。こういうのは初めてだ。

さっそく市内の「高野書店」へ。ちゃんと開いていた。どこかで見たことがあるような、堅実な町の古本屋さんタイプの店舗だった。ただし、店内の本は専門書中心で、文庫などもわずか。帰りの電車で読もうと、半藤一利『漱石・明治・日本の青春』（新講社、二〇一〇年）を買う。定価九〇〇円で、わりと新しめの本だから、まあ五〇〇円、安くて四五〇円と踏んで値を見たら三〇〇円。意外に安い。「これから抹香町を訪ねようと思うんですが」と話かけてみたが、老店主は首をふり「行ったって、今は何も残っちゃいませんよ」とのことだった。

つれない返事を背に、とにかく川崎長太郎が通った旧赤線跡を目指す。あんまり詳しく書くと、現在お住まいの方に迷惑がかかるかも。町名はぼかして、高野書店から海に向かって東へ。「何にも残っちゃいませんよ」と言われたが、それは商売としてであって、観光客の来ない、ひっそりした住宅地の一画に、明らかにそれとわかる異形の建物が散見できた。もちろん今は普通の住まい。だが、路地の奥まったところにひっそりとある玄関や、覗き窓が上部に続く造りなど、まさしくここが旧遊郭であることをうかがわせる。しかも、ある家の入口ガラス戸には、はっきりと「抹香町」と書かれた千社札まで貼られていた。マンションにでも建て替わらない限り、意外に町の匂いは残されるものだ。

このあと、海沿いを走る西湘バイパス近くにある川崎長太郎の碑（この近くに、住み処としていたバラック小屋があった）を拝み、自転車を降りて、浜辺へ出る。白い波を眺めながら、女の子みたいに、きれいな小石をいくつか拾う。これとカマボコが小田原のお土産だ。駅の北側にある「お濠端古書店」はお休み。自転車を返す際、「どこを廻って来られました？」と係のご老人に聞かれ、「川崎長太郎、抹香町」と答えると、意外、という顔をされ、貴重な情報を教えて下さった。長太郎夫人はご存命で、某旅館の離れでひっそりと暮らしておられるとのこと。へえ！ 長太郎がいつもちらし寿司を食べた「だるま」は、あいにく満席で行列もできていたが、収穫の多い小田原行きだった。

＊――「今井古書堂」は二〇一四年九月にネット販売に移行された。店舗は「古本ブックエンド 2号店」が引き継がれている。

天国への階段はくたびれた

二〇一四年九月――京都市「ありの文庫」

私はこれまで京都に実家があり、母が一人で住んでいた。岡崎中学校の裏手、岡崎神社の前の道を南下したところにあり、住所は岡崎天王町。岡崎尽くしの立地であったが、事情があって、母は福岡に住む姉の家に同居することになった。よって、これまで京都滞在の宿泊先だった場所を失った。

ありの文庫

京都の夏は、毎年お盆のころに、「下鴨納涼古本まつり」（以下「下鴨」）に合わせて帰省するのを習わしとしていたが、泊まる家もなく、今年はなしかと思っていた。ところが、うまくしたもので、ちょうど同じ時期に、大阪・梅田の阪急百貨店で古書市が開かれることになり、特設会場で古本の話をしてくれ、と依頼があった。これで往復の旅費と、ビジネスホテルなら二泊できるぐらいの資金が確保できた。阪神は一三日から。下鴨は一一日スタート。先乗りして、京都の下鴨の初日参戦を目指し、動くことにする。

この関西帰省には、講師時代に三年間お世話になった高校の同僚の先生方と飲む会、その会には参加できないがどうしても会いたかった人との再会がオプションで追加された。それに、阪神百貨店のトークの当日には、大阪のFM局で、大塚まさじさんがパーソナリティを務める音楽番組「ムーンライト・マジック」への出演依頼もあり、三泊四日が何だかむやみに慌ただしくなってきた。

綿密にスケジュールを組み、新幹線と宿の手配をして、悠々と下鴨からスタートさせるつもりが、折り悪く、前日の一〇日に、大型の台風一一号が西日本を北上中。いつも下鴨は、前日と前々日を使って、各店舗の設営がされることになっている。それができなくなった。きわめて異例のことながら、よって今年は初日は延期、一二日からの開始となった。このことは、前日に京都古書組合のHPなどへ告知されたが、見ていない人も多いはず。初日はえらいことになりそうだ。

私も京都駅に着いたら、本来ならば二〇五番のバスで、下鴨神社へ直行するつもりでいたが、仕方なく、と言っては何だが、友人が経営する「古書 善行堂」へ。しかし、京都駅の観光客の多さはどうだろう。駅前のバスターミナルの主要観光地を効率よく巡る「洛バス」一〇一系統の乗り場は、悪夢のような長蛇の列。しかも海外からの観光客が大いに目立つ。混乱を避けて乗った五番のバスでは、一番後ろの座席で、ドイツ語を操るバックパッカーの男女三人組と一緒になった。荷物と大きな身体で占領していたのを、隙間を空けてもらってもぐりこんだのだ。少し前の座席では中国語が飛び交う。諸外国から目がけて押し寄せる観光都市に、古本一本槍で名所も見ない私は、申しわけないような気持ちだ。

善行堂に着いて、店主と流れた下鴨初日のことなど情報交換をしていたら、なんと、われらが『sumus』（岡崎が参加していた雑誌）の親分、林哲夫さんが現われた。聞くと、延期を知らずに、初日の鴨川へ行ってきたという。林さんともあろう者がなんというミステイク。林さんによれば、やはり同じように、フライングで足を運んだ人が大勢いたようだ。「それは、延期とわかっていても、これだけ晴れているんだから、ひょっとしたらやるんちゃうか、と思った人もいたはずですよ」と善行堂。たしかに。

しかし、林さんは転んでもタダでは起きぬ人だ。善行堂の通路に山を成した未整理の本のなかから、アメリカ尖端文学叢書『尖端短篇集』（新潮社、一九三一年）を買っていた。やられたなあ、これはいい本ですよ。私はまったく気づかなかった。私のほうはといえば、大塚まさじさんの番組に出演するので、話のタネにと古い『プレイガイドジャーナル』を一冊。

このあと、林さんと一緒に、久しぶりに「アスタルテ書房」へ行こうという話になった。昨年あたりから、店主の佐々木一彌さんが、入院、再入院と闘病が続き、店を閉められるのではとささやかれたが、体調と相談しつつ、ときどきは開けておられると聞いたのだ。しかし、マンションの階段を上がってみると、ドアは閉ざされていた。とくに貼り紙もなく、これは仕方がない。

いったん、古本モードに入ると、古本者というのはいたしかたないもので、なんとか古本に触れて、フィニッシュしたいという気分になってくる。「ちょっと歩きますけど、『ありの文庫』へ行ってみます？」と林さんに聞かれ、こちらはもう、飢えた犬みたいに舌を出して、ただワンワンと吠えている風情。カラコロとカートを引く林さんと並んで、京都の裏筋を歩いていく。

途中、「イノダ本店」で冷たいものを飲んで小休止、再び歩き出すとすぐ、大丸百貨店そばのペンシルビル下に、「ありの文庫」の看板が出ている。入口から見上げると、そのまま天に届くかと思われる、細く長い長い階段が伸び、見上げた天辺に、なるほど明かりがもれている。あそこを目指すのか。これはまた、ギアを二つ三つ上げないと、たどりつけそうもない。覚悟を決めて、えっちらおっちらと昇り始めた。

息切れしてたどりついた一室は、こじんまりした白壁の空間で、本の量はそれほど多くはないが、よく選ばれた品揃えであるのはすぐわかる。ガロ系のマンガがあったり、現代詩の詩集もあったりで、なんだか同年輩の人の店のようだが、きりもりするのは若者の男性。友人の女性と五年前に始めたという。ちょうど「古書 善行堂」「町家古本はんのき」「カライモブックス」が同じ時期のオープンだ。申し合わせたわけではないだろうに、おもしろい現象だ。

書棚のなかに私の本が一冊あり、これはサインさせてもらう。棚で区切ったスペースに小さなテーブルと椅子があり、ここに座るとお茶が出てくる。「せっかくここまで上がってきたお客さんに、心ばかりのおもてなしを」と店主が言う。いい心がけだ。私はここで未所持のジュウ・ドゥ・ポゥム『パリの本屋さん』（主婦の友社、二〇〇八年）を買わせてもらう。写真がたくさん入ってきれいな本。

まだはずむ息をととのえて林哲夫さんと二人っきりでまったりしていると、店主が、屋上にご案内しますと、ドアを開けてくれた。その向こうは、たしかに屋上。錦小路が見下ろせる広いスペースだ。「お店より広いじゃない」と言うと、「そこが残念なところで。でも、ここは気に入ってるんです」と顔に笑みがこぼれる。

店名の由来を聞くのを忘れた「ありの文庫」を辞し、今度は真っ逆さまに転がり落ちそうな階段を慎重に降りる。店を出たところで林さんと別れ、一人、錦市場を歩く。京都で下宿生活をしているころは、訪れたこともなかった。京都市民のふだん遣いの活気ある市場なのだが、いまや観光地として、大勢の人が詰めかけて真っ直ぐ歩くのも容易ではない。

　翌日朝、無事に下鴨で古本三昧。おとなしく何冊か買った。神戸からの出店、口笛文庫が三〇〇円均一で、古くておもしろい本をたくさん出しているのが目を引いた。会場で知り合いにたくさん出会う。古本漬けになった常連のご老人のほか、若いカップルや、若い女性客が目立つようになったのも、最近の傾向か。定着した恒例行事とはいえ、古本市にこれだけ集客力がある、というのは、店売りが厳しくなった現状と、どうすりあわせて考えればいいのだろう。それにしても、今年の京都もやっぱり暑かった。

*――「アスタルテ書房」の店主・佐々木一彌さんは二〇一五年六月一五日に逝去された。よって同店は閉店となる。

千葉で「買える店」二店へ

二〇一四年一〇月――香取市佐原「古書 武雄書店」ほか

　春、夏、秋と期間中五回まで、普通電車（快速を含む）一日乗り放題の特別切符が「青春18きっぷ」。この夏、使用期限が半分以上過ぎた八月の終わりに、あえて買うことにしたのは、ごぞんじ「古本屋ツアー・イン・ジャパン」の小山力也さんと、遠乗り古本屋ツアーをしようと盛り上がったからだ。彼は早くに「青春18」を買って、着々とツアーを敢行中。その勢いを借りて、二人でとりあえず千葉県の佐原へ行くことにした。

古書 武雄書店

　さて「佐原」である。最初「サハラ」と読んで、小山さんに「岡崎さん、なにもアフリカへ行くんじゃないですから」と笑われたが、これは「サワラ」と呼ぶ。成田よりまだ先、霞ヶ浦に近い水郷の町である。ここに昔からあるのが「古書 武雄《たけお》書店」だ。

と、ここまで書いて、ポストに届いた郵便物を見ると、『日本古書通信』九月号が。驚いたことに「21世紀古書店の肖像44」で取り上げられたのが「古書 武雄書店」だ。これで、二号続いて誌面に掲載となるが、まあいいだろう。

八月三〇日朝、阿佐ヶ谷駅で小山さんと待ち合わせ、総武線で錦糸町。ここで乗り換えて成田へ。成田から成田線で佐原に着くのは一一時一〇分。約二時間半の行程だ。錦糸町から佐原まで、ずっと我々の対面の席に座っていた若い女性が、手に文庫本を持っている。有島武郎の『生れ出づる悩み』だ。お年ごろで「生まれ出づる悩み」でいっぱいなのかな？

本はけっこう古びていて、古本屋で購ったものか。スマホが席捲する車中で、有島武郎を読む若い女性がいるなんて、ちょっとうれしくなる。そっとカメラの端に収めさせてもらった。

佐原に着くまで、座席で私と小山さんは、止めどなく古本屋について情報のやりとりを続けていた。『気まぐれ古書店紀行』の著者と、『古本屋ツアー・イン・ジャパン』の著者が揃えば、どうしてもそういうことになる。ちなみに小山さんは「古書 武雄書店」へは、今回が三度目。私は初めてである。成田線も成田から離れると、車窓には、えんえん田園風景が広がる。途中、窓ガラスを雨が叩き出したが、佐原に着くと、雨は止んでいた。地方の小都市らしく、こぢんまりした駅前から、観光の中心地となる小野川を目指す。

途中、寂れた商店街のたたずまいが、古本心をウォーミングアップする。ご当地には失礼だが、半世紀近くかけてにぎわいが失われた残骸が、看板建築を含め好ましく目に映る。向かい合わせに一軒、新刊書店を見つけた。一軒は半分シャッターを閉じ、おそらく陽が挿し込んで本を焼けさせるのを防いでいる。開いているのは間違いなさそうだが、足を踏み入れるのは躊躇してしまう。駅前にセブンイレブンがあったが、その後、いまやどこへ行っても見かけるコンビニやラーメン店、牛丼屋などが見当たらない。人影も絶え、そのくせ車の交通量は多い。通り過ぎるだけの町なのか。

小野川に架かる忠敬橋が見えるあたりになると、さすがに観光客の姿がちらほら。土日にはけっこうにぎわうという。この忠敬橋の名の由来は、近くに郷土が生んだ偉人・伊能忠敬の住居があったから。記念館も建つ。「古書 武雄書店」は、橋の少し手前。川沿いには蔵造りの商家の町並みが保存されている。

武雄書店はそんな古い町並みでひっそりと営業している。店頭では「たい焼き」を販売するというユニークな営業形態。ただし、暑い間は中止のようだ。「創業は三十数年前、武雄一郎氏が古本屋を始めた。一〇年前から一郎氏がたい焼き屋を始め、娘の武雄露《つゆ》さんが古本屋を引き継いだ」と、これは前述「21世紀古書店の肖像」からの引用。そうだったのか。入口に二冊一〇〇円の文庫と雑本、入ってすぐの棚も一〇〇円均一が。足を踏み入れてわかるのだが、この店、けっこうな広さだ。

なにしろ本の量が多く、いまどきのリサイクル店とは違って、珍しく古い本がけっこう普通に棚差ししてある。本棚と本棚の間を逍遥するのが楽しい店だ。しかも値付けは安い。これは、と何冊も手に抱えることに。夏の間は、汗をかいているから脇の下に挟むのは厳禁だ。これまでに何度も失敗した。いちばんの買い物は、国文社・ピポー叢書の一冊、南川周三『詩集 蒐集癖の少年』(一九五七年)だろう。限定二五〇部、著者署名入りで一〇〇〇円。南川は東大の美学を出て、詩誌『日本未来派』の編集発行人であり、本名・井上章名義で美術評論も執筆……なんてことは帰宅後に調べた。なんといっても「蒐集癖の少年」というタイトルがいい。

ほか、徳川夢声『お茶漬哲学』（文藝春秋新社、一九五四年）、『美粧ニュース』（東京美粧倶楽部、表紙に「カドヤ」という佐原の化粧品店の名前が印刷）、松野一夫＝画の少年向け伝記『野口英世』（小学館・幼年文庫、一九五六年）、文庫では青木正美『古本屋四十年』（福武文庫、一九九二年）、藤沢桓夫『凧は緑に』（春陽文庫、一九六八年）などを格安で買う。地方の古本屋へ入って、これだけまとめて買うのは、私としては珍しい。「買える」店なのである。『凧は緑に』は、あとで小山さんが悔しがっていた。へえ、藤沢桓夫なんかに興味があるんだ。

「古書 武雄書店」を出て少し小野川周辺を散策した。忠敬橋たもとには、明治一三年建築の「正文堂」がある。土蔵造りの書店だ。かつては和本が並べてあったと小山さんは言うが、今は本は見当たらずガランとしている。忠敬橋から少し上流の橋は、定期的に橋から水が噴き出す仕掛け。そのたもとに「バンドワゴン」と看板のある建物が見える。東京下町の古本屋を舞台とした小路幸也の小説『東京バンドワゴン』（集英社、二〇〇六年）が二〇一三年にドラマ化され、ロケで古本屋として使われたのが佐原の喫茶店「遅歩庵《ちぶあん》いのう」だ。その際掲げられた「バンドワゴン」の看板が、そのまま喫茶店として使われているのだ。

その対面にある伊能忠敬記念館へは入らず、裏庭の忠敬像前で、小山さんを入れて記念写真をした。前者は測量、後者は古本屋巡りで日本国中に足跡を残す偉人だ。興味深いツーショットが撮れた。佐原はただいま、「伊能忠敬を大河ドラマに」を旗印にキャンペーン中。あちこちに幟が立っていた。

二時間ほどの滞在で、さっさと佐原を後にし、帰り、西千葉で途中下車。小山さん推薦の「鈴木書房」へ寄る。ここはリサイクル系の雑本店なり。ただし、表の均一が五冊一〇〇円という破格値だ。店内にも五〇円均一の本が大量にある。均一以外でも一〇〇円の本が多い。こういう店も初めてだ。さすがよく売れるらしく、棚は三分の一ぐらい、空きのある状態。もちろん、ハッスルするほど目ぼしい本があるわけではない。落穂拾いの心境で、それでも野見山暁治『四百字のデッサン』（河出書房新社、一九七八年）、菊地信義『装幀談義』（筑摩書房、一九八六年）、中山正男『にっぽん秘録――安藤明の生涯』（文藝春秋新社、一九六三年）と文庫数冊を買う。「安藤明」は、昭和の鹿鳴館といわれた「大安クラブ」を作り、天皇制護持に奔走した右翼の大物……と、これも後からつけた知識。ここも「買える」店だ。家の近所にあれば、毎日通ってしまうだろう。

しかし今回、道中を共にしながらの古本談義で、駅名を告げるとただちに古本屋の名前を挙げ、駅で降りても、検索やメモなしで、スタスタ目的の古本屋のある場所へたどりつく小山力也さんの実力には驚いた。人間古本屋登録マシーンと化している。彼の脳髄を、どこかでソフト化してもらえないだろうか。

雲の波を乗り越えて国分寺にオープン
二〇一四年一一月――国分寺市「古本 雲波」

古本 雲波

一人出版社「トマソン社」が手がける雑誌『BOOK5』は、これまでに古書店を含む書店や、本についてユニークな特集を組んでいる。最新の一三号が「本屋道具図鑑」。本屋で使われている什器や道具に着目し取材、これが読ませる。

そのなかで取り上げられたのが、古本屋の内装と什器製作を手がける「フォレスト・ピア」の中村敦夫さん。そんな名前の俳優がいましたっけ。しかし、こちらの中村さんは、単に内装と什器に携わるばかりでなく、総合プロデューサー的立場から、新規開業する古本屋店主を手助けしているようだ。

これまでにも三鷹「水中書店」、小金井「古本はてな倶楽部」など、この一、二年でオープンした古本屋の店作りに協力し、新しいタイプの古本屋を生み出し続けている。たしかに両者とも、山小屋ふうの内装など、似通った雰囲気をもっている。本棚についても、本について関心のない業者と、中村さんのように深く本を愛し、熟知した人が手がけるのとでは、使い勝手に雲泥の差が出てくる。市販のもので、本を効率よく、美しく並べられる本棚はほとんどない、と言っていい。

また頑丈、効率一点張りの本棚でも困る。どこか、客と本との関係を柔らかく受け止める余裕のようなものが欲しい。これは難題だが、中村さんの手がける本棚や什器は、水中書店やはてな倶楽部にしばらくいればわかるが、本好きを安心させる空気が、醸しだされているのだ。

その中村さんが手がけた新店舗が、二〇一四年九月五日に東京・国分寺市に生まれた。店名を「古本雲波《うんぱ》」という。由来の説明は後に譲るとして、国分寺市の市民としては、わが領土の新参者に挨拶をしないわけにはいかない。オープンしたその日に一度訪ね、約一ヵ月後に、今度は取材目的で再訪した。

JR国分寺駅を、再開発中で物々しい北口を出て、西友のある商店街を東へ東へ。国分寺街道へぶつかって左折し、あとは西側にある舗道の坂を上っていく。「国分寺七小」の信号が見えたら、その少し手前に店舗がある。駅から普通に歩いて七分ぐらい。私は二度目は自宅から自転車で。

店頭入口両側に均一棚。地面に置かれた箱には「どうぞご自由に」と無料の本も置いてある。一度目にうかがったとき、日本のフォークソングの棚が充実していて、友部正人がけっこう揃っていた。私は、ここで未所持だった最初のエッセイ集『ちんちくりん』(詩の世界社、一九七八年)を見つけた。なんとその横に、これを増補改訂した『ちんちくりん』(ビレッジプレス、二〇〇一年)もあった。後者には前者未収録のエッセイや詩も増補されているようだし、買うなら後者だが、ううん、しかし前者も珍しいぞと迷っていたが、「なあんだ、両方とも買えばいいんだ」と納得して両方とも買ったのだった。

「雲波」には、読書、古本の本を集めたコーナーがあって、私の著作がかなり揃っていた。これは私と面識があるなと察して、代金を払う段になって挨拶させてもらったが、ご店主は慣れないレジ打ちに気を取られ、それどころではないといった風情であった。「あ、話しかけないほうがいいですね」と、初回はおとなしくそのまま引き揚げたのだった。

そして二回目。今度はちゃんと挨拶して、話を聞かせてもらえることになった。店主の佐藤勝彦さんは、一九五三年生まれ。「古本 雲波」の店舗はもと実家だという。三二年前に他界された父親が、ここで長く理容店を経営されていた。佐藤さんも、ここに住んでいた。地元高校を卒業後、司書の資格を取り、国分寺市の図書館に勤務。そこで奥さんと出逢い結婚した。本好き同士の職場結婚、というわけ。定年後に念願の古本屋オープンとなったようだ。

この不思議な店名は「うんぱ」と読む。佐々木幹郎の著作『雨過ぎて雲破れるところ』(みすず書房、二〇〇七年)の「雲破れる」を「雲波」と変え、ほか中国の青磁の色、ロアルド・ダール『チョコレート工場の秘密』(評論社、一九七二年)に登場する「ウンパッパ」という言葉など、いくつかのイメージが音で混合されている。いずれにせよ、わが店への並々ならぬ思いが込められている。

佐藤さんは、もともと本好きだったが、新刊専門で、二〇年前ぐらいまでは古本にはとくに興味がなかったようだ。今年閉店した国立市の個性的な古本屋「谷川《やがわ》書店」へ通い出したのが、古本とのつきあいの始まり。高値で買ってくれるので、お小遣いに困ったときなど、よく売りに行ったそうだ。高く買って安く売る。これが谷川さんだった。お店の本が、あんまり安いので、安い、安いって言ったら、谷川さんがへそを曲げて、「安いなんて、言うもんじゃない。そんなに言うなら、高くするよ」と言ったという。いかにも谷川さんらしい話だ。

谷川さんでは、あるとき、同店によく顔を見せた地元の作家・山口瞳所蔵の貴重な本を、タダでもらったこともある。次第に定年後は古本屋に、という夢がふくらんできた。じつは、市役所内で部署が変わったとき、フライングで始めようと思ったらしい。谷川さんに相談したら「冗談じゃない。市役所に勤めていて、古本屋をやるバカはいませんよ。後悔するから、定年後にしなさい」とアドバイスされた。親身で的確なアドバイスだ。最後の数年はじりじりするように待って、ついに定年を迎え、実行あるのみということになった。

始めるにあたって、店探しをしたが、中央線沿線はどこも家賃が高い。閉店したまま放置されていた実家の理容店を、古本屋に改装することに決めた。その後押しをしてくれたのもフォレスト・ピアの中村さんだった。店に並べる本は、自宅に溜め込んだ蔵書が約二万冊あった。古本屋を始める理由の一つに、この増えすぎた蔵書を処分したい、という気があったから。

店の半分は佐藤さんの蔵書。片岡義男、山田稔、長田弘、橋本治、鷲田清一などの著作が揃っている。ほか、荒川洋治、井坂洋子と現代詩にも強い。プロレスや性風俗、ガロ系のマンガ、海外文学も充実し、これはいかにも中央線沿線の古本屋っぽい品揃え。もう半分は、図書館で児童書・絵本を担当していた奥様が、得意な分野で棚を作った。このバランスがいい。

もう六一歳。この先、二〇年もやろうとは思っていない。ネット販売もしない。宣伝も特にしない。出張買取りもしない。ないないづくしで、無理のない営業を、夫婦で続けていけたらと佐藤さんは考えている。開店して一ヵ月が過ぎ、レジ打ちにもようやく慣れた。しばらく私も店にいたが、入ってきた客への「いらっしゃいませ」、出ていくときの「ありがとうございました」の声も自然に出てくる。

佐藤さん、なんでも八ヶ岳に別荘があるらしい。「もっと親しくなったら、ご招待しますよ」と言ってくださった。私はすかさず「今、親しくなりましょうよ」と言ってしまった。なんて図々しい男だろう。佐藤さんと、八ヶ岳の別荘で、お酒を飲みながら、本の話ができる日が来ればいい。

古本のいい匂いをかぎに世田谷さんぽ

二〇一四年一二月——東京・東松原「古書 瀧堂」

古書 瀧堂

いま手元にちょっとその切り抜きが見つからないが、今年の「朝日新聞」の家庭欄だったろうか、「加齢臭」について書いた記事が掲載された。年に三度催される、雑司が谷での一箱古本市「みちくさ市」に出店した際、常連の出店者の男性が「岡崎さん、ここにヒドい記事が」と持ってきてくれたのだ。何をそんなに怒っているの、と見たのが「加齢臭」の記事だ。

そこには、おやじになると「臭い」と排撃される「加齢臭」なるものの、原因と対策が書かれてあった。まあ、それはいい。問題は、「加齢臭」とは譬えて言えばどんな匂い、という例に「古本」があったのだ。ここに我ら「古本者」は激しく反応したわけだ。失礼だろう、と。それに、「古本」の匂いと言われてピンと来る人が世の中にそれほどいるとは思えない。第一、「古本」はいい匂いじゃないか、と我らは言うのだった。

テレビCMで流れるモデルルームの映像のような、無菌、無臭の部屋なんかに住みたくない。あの埃をかぶった紙が時代を経て変質した匂いは、心を休ませる鎮静効果がある、と我ら「古本者」は思っている。京都在住の学生時代、お金がない日でも、一日に一度は、左京区に点在する古本屋を何軒か巡るのを日課にしていた。それは本と対峙する意味もあったが、なにより、古本屋の店内に漂う空気が好きだったからだ。不思議なことに、店によって匂いが違ったものだ。

よく古本を「カビ臭い」と敬遠する向きがあるが、カビ臭いと思ったことはない。あれは木の棚や紙が醸し出す独特の匂いなのだ。酸味や苦味のブレンドが店によって微妙に違うコーヒーみたい。その匂いを楽しんだのだ。オシャレな古本屋さんが増えたことは、若者の古本界への参入を後押しする、いい傾向だとは思うが、どこかで、あの時間が生み出した古本の匂いが消されているようで、淋しく思っていた。まあ、おっさんの繰り言ですね。無視してくださってかまわない。

いい古本屋にはいい匂いがする。そんな持論を証明してくれる店に行ってきた。最寄り駅は京王井の頭線「東松原」だ。急行の止まらない小さな駅に降りたのは本当に久しぶり。じつは「古書瀧堂」は、元「中川書房」があったところで、同店で働いていた青年が、後を継いで始めた店なのだ。中川書房・中川哲さんは、もと「ささま書店」店員で、一時期、井の頭線「高井戸」にあった「ささま書店支店」を受け継いで「中川書房」を経営していた（拙著『気まぐれ古書店紀行』二〇〇二年五月の回を参照）。「中川書房」は現在、神保町に進出。こうして古本屋の血脈が順調に受け継がれているのは、慶賀の至りである。

さて「古書 瀧堂」だが、駅から至近の距離。「中川書房」時代に取材のため、訪れたのはもう一〇年以上前か。なんとなく体が場所を覚えていた。店頭にせり出した均一台がまず充実していて、ご老人が熱心に物色中。そこへ割り込ませていただく。単行本、文庫のほか、雑誌、ムックなど、そこだけすでに古本屋的空間を築いている。価格帯のほとんどは一〇〇円。なかに三〇〇円のものが混じるといった具合。たちまち単行本二冊と、図録二冊を手に抱える。均一でいい本が買えたので、あとは余裕だ。すでにこのあたりから、いい店のいい匂いがする。

壁側ぐるりの本棚以外に、中央に二列、背中合わせ本棚のしつらえ。入口すぐ左脇が絵本と児童書。ほか女性向けの選書。そのまま左側にまわりこんだら、白っぽい背の人文書の棚。つまり、みすず書房、東京大学出版会などの本が並ぶ。振り返ると、海外文学と日本文学の充実した棚が控えている。反対側のエリアには江戸・東京、映画、音楽、選びぬかれたマンガ、真ん中の通り両側は文庫だ。

くんくん鼻を鳴らせながら、本棚を見ていく気分は、猟犬のようだが、今回、とくに文庫の棚に見るべきものが多いのには驚いた。講談社文芸文庫が手ごろな値段でずらりと並び、その下、さりげなく稀書といっていい洲之内徹『気まぐれ美術館』(新潮文庫、一九九六年)と、まだ流通しているが古本屋ではめったに見ない宇佐美承『池袋モンパルナス』(集英社文庫、一九九五年)が仲良く肩をくっつけ合っている。しかも値段は半額ぐらい。

右のほうへ目を移せば、おやおや現代教養文庫の橘外男や田中小実昌がある。目が素通りする箇所が少なく、ビューポイントがあちこちにある文庫棚だ。とりあえず出口京太郎『巨人 出口王仁三郎』(社会思想社・現代教養文庫、一九九五年)と、未所持だった河出文庫の『須賀敦子全集』の「7」(二〇〇七年)を買う。店頭均一で四冊、なかで文庫を二冊買って合計一四〇〇円。古本は安い、と書きかけて、おまえが安い本ばっかり買っているからじゃないかと突っ込まれる声が聞こえたので自重する。

　店主の瀧野さん（それで「瀧堂」だ）がいたら少しお話をと思ったが、品の良い女性が店番されていた。いい店だったなあ、と店を後にして、石炭をたっぷり釜にくべた機関車のような気分で歩き出す。このあと、「古本屋ツアー・イン・ジャパン」のブログで知った「十二月文庫」へ行こうと考えたのだ。同店は京王井の頭線「池ノ上」からこのほど東急世田谷線「若林」へ移転した由。井の頭線の「東松原」からだと、ひと駅「明大前」へ戻り、乗り換えて京王線「下高井戸」から世田谷線という手がある。しかし、ちょっと面倒だな。地図を見たら、「東松原」から世田谷線の途中駅「山下」まで一・五キロぐらい。それなら歩こうと、商店街を抜け、住宅地をくねくねと南下していく。

　豆腐屋、靴屋、花屋、和菓子屋など古い店が軒を連ねる商店街は歩いていて楽しい。小さなスーパー「パルケ」の先を右折、あとは番地表示を確認しながら、住宅地を歩いていく。このあたり、道が複雑に枝分かれしていて、慎重を要するが、知らない町を歩くのは「小さな旅」といった趣きがある。別れ道に小さな道祖神。軽く会釈して、スタスタ歩を進める。松原大通りにぶつかったら左折、意外なほど急な坂になっている。

　赤堤通りの手前あたりから、また両側に商店が並びだし、「松原6」交差点を渡れば、もう豪徳寺駅前から始まる商店街だ。少し行くと左側に小規模の「ブックオフ」がある。軽く古本のお参りを済ませ、豪徳寺駅前へ。高架になりすっかり様子の変わった駅前だが、少し手前の路地を右折した世田谷線「山下」駅前は、ハッとするほど、昔の様子を残している。世田谷線に乗るのも久しぶり。運賃は全線均一で一五〇円。カードを使えば少し安い。

　そうか、本連載で「靖文堂書店」さんを訪ねて以来（二〇一一年九月の回を参照）だと、世田谷線の古い車両をホーム脇に保存した「宮の坂」駅を通り過ぎるとき思い出した。ゴトゴト揺られて「若林」駅まではすぐ。古ツアさんが踏破した記述「駅からは、踏切から北に『若林中央商店会』を100mも進めば、左手に現れる」を頼りに歩き出すが、結局見当たらず。おかしいなあ。たぶんこの日は休業だったのだろう。一二月の回に「十二月文庫」を取り上げるのは、洒落ているな、と思ったのだが、仕方がない。またの日があると、再び世田谷線に乗り込む。

せっかくだから「三軒茶屋」へ出て、三宿の「江口書店」と「山陽書店」を覗こうかとも思ったが、初期の目的は達したので、おとなしく帰ることにする。じつは、最寄りの駅前の銀行駐車場に自転車を止めてきたのだが、四時で門が閉まってしまうのだ。だから急いでいる。帰りの車内はけっこう混んでいる。世田谷線が沿線住民にとって便利な足となっていることが今回、よくわかった。

あとがき

「一九九八年一月号から『彷書月刊』誌上にて、この連載は始まった」と書いたのが、前著『気まぐれ古書店紀行』(工作舎、二〇〇六年)の「あとがき」冒頭部であった。その後、『彷書月刊』は、編集長の田村治芳さんが病に倒れ(二〇一一年逝去)、二〇一〇年一〇月号(通刊三〇〇号)で休刊。連載も終了した。古書店探訪のルポをライフワークと考えていただけに残念なことだった。

というわけで、宙に浮いていたこの連載を、拾って続けてやろうと申し出てくれたのが『日本古書通信』の編集長・樽見博さんであった。二〇一〇年一一月号から、タイトルを「昨日も今日も古本さんぽ」と改め、原稿枚数もやや増えての再開となった。タイトルデザインは、本書を装幀してくれた石丸澄子さん。ありがたいことだ。二誌を股にかけた連載も、現在一八年目に入った。

前著に引き続き、編集担当の工作舎・石原剛一郎さんから、そろそろ続篇としてまとめましょうと声がかかり、ここにこうして『気まぐれ古本さんぽ』が出来上がることになったのである。今回、足掛け九年分の原稿を通覧して気づくのは、ここに紹介しながら、その後閉められた(あるいはネットへ移行)された店が多いことだ。これは致し方ないこと。むしろ、続々とオープンした新しい店に大いに期待したい。

『日本古書通信』に移って変わったことは、連載タイトルに「さんぽ」と名付けたことで、それまでより町歩きの要素をさらに意識して盛り込んだことか。都市区分地図とネットの検索機能を使って、次はどこへ行こうかと机上でプランを練るのは楽しかった。本書にもたびたび登場する「古本屋ツアー・イン・ジャパン」のサイトも、貴重な情報源として参考にさせてもらっている。サイト運営者の小山力也さんには、めまぐるしく変動する古書店情報のチェックをお願いした。ここに感謝申し上げる。

また「青春18きっぷ」「大人の休日倶楽部パス」といった期限付きの格安鉄道切符を使うことは、東京にとどまらず、足を地方へより遠く伸ばすためのはずみとなった。自分を飽きさせず、いつも目新しい何かを求めて生きるのは、我が人生の重要なテーマである。これからも果敢に挑戦して行きたい。

古本屋へ行くための明日がある。それだけでも、生きる勇気が湧いてくるのだ。古本屋巡りの楽しみを若いうちに知って、続けてくることができてよかったと思っている。そんな奇妙な情熱が、読者に少しでも伝わってくれれば、書いた甲斐があったというものである。そして古本さんぽはまだ続く。

岡崎武志

二〇一五年八月

著者紹介

岡崎武志●おかざき・たけし

書評家、ライター、編集者。「均一小僧」のニックネームをもつ。一九五七年、大阪府枚方市生まれ。立命館大学を卒業後、国語教師を七年間勤めた後、九〇年に東京に移住。以後、新聞・雑誌などで書評、取材記事を中心に執筆活動を続ける一方、講演会、ラジオ番組などでも活躍。書物ミニコミ誌『sumus』同人。古本では私小説、ユーモア小説、演芸、出版マスコミなどの分野を収集する。

主な著書に『気まぐれ古書店紀行』、山本善行との共著『新・文學入門』（以上工作舎）、『ご家庭にあった本』（筑摩書房）、『上京する文學』（新日本出版社）、『ベストセラーだって面白い』（中央公論新社）、『雑談王——岡崎武志バラエティ・ブック』（晶文社）、『蔵書の苦しみ』（光文社新書）、『古本道入門』（中公新書ラクレ）、『古本でお散歩』『古本極楽読本』『古本生活読本』『古本病のかかり方』『女子の古本屋』『昭和三十年代の匂い』『貧乏は幸せのはじまり』（以上ちくま文庫）、『読書の腕前』（光文社知恵の森文庫）、角田光代との共著『古本道場』（ポプラ文庫）などがある。

また編著として『夕暮の緑の光——野呂邦暢随筆選』（みすず書房・大人の本棚）、『親子の時間——庄野潤三小説撰集』（夏葉社）、小山力也との共編『野呂邦暢古本屋写真集』（盛林堂書房）などがある。

＊——本書は、『彷書月刊』（彷徨舎）に連載された「均一小僧の気まぐれ古書店紀行」二〇〇六年一月号〜二〇一〇年一〇月号までと、『日本古書通信』（日本古書通信社）に連載中の「昨日も今日も古本さんぽ」二〇一〇年一一月号〜二〇一四年一二月号までを収録し、加筆したものです。刊行にあたって、元『彷書月刊』編集部・皆川秀氏、『日本古書通信』編集長・樽見博氏に感謝いたします。

気まぐれ古本さんぽ

発行日——二〇一五年一〇月三〇日
著者——岡崎武志
編集——石原剛一郎＋葛生知栄
編集協力——小山力也（古本屋ツアー・イン・ジャパン）
エディトリアルデザイン——宮城安総＋佐藤ちひろ
カバー装画・レタリング——石丸澄子
カバー八コマ漫画——岡崎武志
印刷・製本——株式会社精興社
発行者——十川治江
発行——工作舎　editorial corporation for human becoming
〒169-0072　東京都新宿区大久保2-4-12 新宿ラムダックスビル12階
phone：03-5155-8940　fax：03-5155-8941
URL：http://www.kousakusha.co.jp　E-mail：saturn@kousakusha.co.jp
ISBN978-4-87502-468-2

気まぐれ古書店紀行

◆岡崎武志
古本的なるものを求めて北へ南へ。『彷書月刊』人気連載8年分を集大成。全国漫遊の日々には、家族のため息、古本界の動向も浮かび上がる。著者による書き込みも大好評。
●四六判●432頁●定価　本体2300円+税

新・文學入門

◆岡崎武志+山本善行
人気古本ライターと関西古本業界の雄の痛快な文学談義。絶版文庫、随筆、詩集…埋もれた名作を古本めぐりで発見する楽しみ。架空の日本文学全集企画全60巻構想付き。
●四六判●456頁●定価　本体2300円+税

古書の森 逍遥

◆黒岩比佐子
惜しくも急逝した気鋭のノンフィクション作家が古書展通いで出会った魅力的な雑書たち。村井玄斎、国木田独歩など、近代日本の出版文化が浮き彫りに。カラー口絵4頁、写真多数。
●A5判●396頁●定価　本体3200円+税

書物の灰燼に抗して

◆四方田犬彦
タルコフスキーからパゾリーニまで論じた、著者初の比較文学論集。アドルノらに倣い、批評方法としてエッセーの可能性をとらえる表題作など、書き下ろしを含む全8編。
●A5変型上製●352頁●定価　本体2600円+税

本の美術誌

◆中川素子
中世キリスト教絵画から現代美術、マルチメディアまで、美術の視点から「本とは何か?」をたどる書物論。古今東西の美術家の本にまつわる30作品余を収録。朝日「天声人語」でも紹介。
●四六判上製●220頁●定価　本体2500円+税

雑誌のカタチ

◆山崎浩一
雑誌が時代を先導し、扇動できたのはなぜか?『POPEYE』『少年マガジン』『ぴあ』など、「雑誌の黄金時代」を彩る編集者・デザイナーたちの「雑誌のカタチ」をめぐるドラマに迫る。
●A5変型●180頁●定価　本体1800円+税